本书系国家社会科学基金项目
“学生网络生活方式的现状调查与对策研究”
（批准号：ACA090008）的成果

中国学生网络生活调研报告

王珠珠 等/著

人民教育出版社
·北京·

图书在版编目（CIP）数据

中国学生网络生活调研报告/王珠珠等著. —北京：人民教育出版社，2016. 11
ISBN 978－7－107－25454－3

Ⅰ. ①中… Ⅱ. ①王… Ⅲ. ①互联网络—影响—中学生—学生生活—调查报告—中国 Ⅳ. ①G635. 5

中国版本图书馆 CIP 数据核字（2016）第 288921 号

人民教育出版社出版发行
网址：http://www. pep. com. cn
人民教育出版社印刷厂印装 全国新华书店经销
2016 年 11 月第 1 版 2016 年 12 月第 1 次印刷
开本：787 毫米×1 092 毫米 1/16 印张：19. 75
字数：403 千字 印数：0 001～1 500 册
定价：61. 80 元

联系地址：北京市海淀区中关村南大街 17 号院 1 号楼 邮编：100081
电话：010－58759215 电子邮箱：yzzlfk@pep. com. cn

前　言

生活方式与社会和时代的发展密切相关。1969年，美国出于军事目的将加利福尼亚大学洛杉矶分校、斯坦福大学研究学院、加利福尼亚大学、犹他州大学四台计算机连接起来，形成了首个互联网络。之后，随着各类标准和协议的出台以及数字技术的发展，互联网逐渐发展成一个开发和使用信息资源的全球性信息海洋。互联网技术的发展标志着全球逐渐进入信息时代。

互联网的普及和发展使得当今社会网络生活成为一种重要的生活方式。人们可以利用互联网进行社交、交易、学习、娱乐等多种社会活动。互联网已成为现代人物质生活和精神生活的一个重要空间。在以技术为媒介的交流工具更替过程中，青少年（12—25岁）总是社会中最为敏感和易受影响的群体。从电话到电视，再到计算机和互联网，信息传播与交流工具的更新都直接影响到青少年的行为和发展。美国学者唐·塔普斯科特（Don Tapscott）在1998年提出了"Net Generation"（网络一代）的理论。所谓"网络一代"，是指在信息技术环境中成长发展起来的新兴世代。他们与父母一辈不同，计算机和互联网已成为他们生活中的重要组成部分，他们从小就能熟练使用这些技术，通过网络与同伴进行沟通和交流，完成作业，获取信息，互动合作以及创造社群。根据中国互联网络信息中心（CNNIC）2016年1月22日发布的第37次《中国互联网络发展状况统计报告》，截至2015年12月，我国网民规模达到6.88亿人，互联网普及率为50.3%，其中学生群体的占比最高，为46.4%。由此可见，青少年学生（本书主要是指中学生和大学生）上网人数众多，网络活动已经成为青少年学生的一种重要行为模式。

目前，学术界关于网络社交对于青少年学生发展影响的研究可以概括为两类。一类研究认为网络社交可以给青少年学生发展带来积极影响。青少年学生通过网络上的海量信息获得大量学习资源，与他人沟通交流，重新认识社会和世界，进行娱乐和放松，甚至由此建立新的世界观和价值观。同时，网络社交也有利于青少年学生的个性发展和自我人格的完善。网络这个自由、平等、开放的交往空间使青少年学生变得自信、开朗、幽默，也为青少年学生探索自律、独立的自我起到了牵引的作用。另一类研究则认为网络社交对青少年学生的身心发展皆有负面影响。青少年学生正处于身心发展的关键时期，他们对于网络的认识并不全面，缺乏自制力和辨别力。许多研究表明，青少年学生在借助网络获取信息、了解新闻、促进学习、扩大交往、休闲娱乐等正当使用的同时，也出现沉溺网络（聊天、游戏）、浏览有害信息、交往不当、游戏人生、滥用资源等违反道德甚至违反法律的行为，这对个体的学业成绩、情感发展、行为活动等产生非常消极的影响。

鉴于以上所述，本书聚焦于青少年学生的网络生活状况，探究网络生活对青少年发展的重要意义。

第一章至第三章呈现了青少年学生的网络生活方式现状，论述了网络生活对青少年学生的影响，提出了相应的引导和应对策略，旨在促进青少年学生形成健康的网络生活方式。

我们从网络生活方式的角度出发，在借鉴国内外相关的研究理论和模型的基础上，将青少年学生的上网行为划分为四个部分，分别是网络学习、网络社交、网络交易、网络娱乐。课题组首先围绕这四个部分展开了预研究，进行问卷设计和初步检验，其次对四个分问卷进行整合，并于2013年12月形成分别针对大学生和中学生的“学生网络生活方式调查问卷”。课题组于2014年3月就中学生版的“学生网络生活方式调查问卷”在全国范围内进行实际调研，按照严格的抽样方法对吉林、河北、浙江、福建、西藏、青海、湖南、湖北、重庆、北京和新疆等省份进行抽样，共回收问卷24 679份。我们将中学生按地域分为大中城市中学生、县镇中学生和农村中学生。各年级分布，我们按照2010年《中国教育统计年鉴》中的数据抽取相应的全日制普通初中生、全日制普通高中生和全日制职业初、高中生。通过网络问卷的形式，以学校为单位统一填写，回收原始问卷24 679份，经处理后保留有效问卷19 943份。

中学生版“学生网络生活方式调查问卷”包括基本信息、网络使用概况、网络学习、网络社交、网络交易、网络娱乐和网络成瘾七个部分，共44道题目。问卷形式为网络问卷，研究对象设定为中学生，包括各类初中生和高中生。每一部分相对独立，题型包括填空、单选、多选、李克特量表等题型。为了保证数据输入的效度和信度，在网络后台对数据输入进行了设置；界面风格简单明了，便于输入。回收后的问卷采用Excel和SPSS进行处理分析。数据统计分析的结果如下。

1. 网络使用概况

中学生的上网普及率约为99.9%，其上网设备以电脑（包括台式电脑和笔记本电脑）和智能手机为主；其上网地点主要在家里，其次是朋友或亲戚家；其上网时长为每周457分钟，约7.6小时，其中网络娱乐比例最大。中学生最常见的网络应用是QQ、微信等聊天工具、网络音乐、网络游戏、网络学习和网络视频。家长和学校对中学生上网都较为重视，并存在一定程度的指导。

2. 网络学习

家长和学校对中学生网络学习较为支持，但中学生除课堂以外的学习仍然以线下学习为主，他们最常见的网络学习行为是为完成作业或解决问题而上网搜索知识、通过互联网浏览各种新闻、下载与学习相关的辅导资料。听音乐、保持聊天软件在线以及玩游戏是中学生网络学习的主要干扰因素。中学生对网络学习的总体评价较高，但中学生的网络学习具有碎片化、不系统和偶发性等特征。

3. 网络娱乐

中学生网络娱乐包括网上聊天、听音乐、游戏等多种应用，时间段以晚上、午休和周末为主，在网上交流的人主要以现实中的同学、朋友、亲人和老师为主。他们进行网络社交的主要依据是“兴趣爱好相似”和“熟悉、认识”。一半以上的中学生会在网络上提供个人部分真实信息，他们进行网络社交的目的在于与周围熟悉的人保持联系。当前中学生对网络社交的整体评价良好，认为网络社交以积极作用为主。

4. 网络交易

网络购物是中学生网络交易的主要形式，大部分中学生进行网络购物的历史时间为两年以内，中学生学会网络交易的途径是向同学、朋友或父母学习，网络购物频率与国内网民平均水平相比较低。中学生通过网络购物购买的商品以服饰和文具用品为主。没有网络购物经历的中学生仍然对网上购买的商品质量存在疑虑，父母负责购置物品也是部分中学生没有进行网络购物的主要原因。

5. 网络娱乐

中学生网络娱乐以聊天、听音乐、看视频和玩游戏为主。玩游戏是其中最容易上瘾的网络应用，中学生玩网络游戏的时间段主要集中在下午和傍晚，地点是在家中或者亲戚朋友家。大多数与同学或朋友一起进行。在游戏平台的选择上，中学生选择手机游戏的比例最高。中学生热衷于网络游戏的原因大致可以分为休闲娱乐、社交、逃避、成就感四类。但中学生整体认为网络游戏利大于弊。

6. 网络成瘾

中学生网络游戏成瘾是所有网络成瘾现象中最严重的问题，大约有一半以上的中学生存在疑似轻度或中度网络成瘾现象，约15.68%的中学生在8项网络成瘾评判标准中肯定答复均超过5项，存在网络成瘾症状，突出问题表现在上网时间过长，刻意逃避学业压力或减轻焦虑，其中男生更为严重。

第四章对影响中学生基于网络社交发展的因素进行了深入研究，在青少年积极发展理论的基础上，对网络社交对于青少年的积极发展包括学习能力、建立更加广泛的社会联系、增强自信心和自我效能感以及与身边的人建立更多的关心进行探究。本章选取青少年学生中的中学生作为研究群体，对影响网络社交促进中学生积极发展的因素，比如网络社交强度、动机、现实社交、学校和家庭的指导因素等进行实证分析研究，从而为学校和政策制定者更好地理解中学生网络社交行为以及促进中学生积极发展研究奠定基础。

自第五章起，我们就青少年学生中的大学生群体的网络生活环境以及网络生活行为，例如网络学习、网络娱乐、网络交易、网络角色等方面进行了深度调研，并形成了相关报告。本章对高校数字化校园的应用与发展状况进行了调研。本章以数字化校园的构成要素及结构6E模型为基础，从多个侧面调研信息通信技术在高校中的建设、应用及发展趋势，如信息技术在教学、科研和学生校园生活等方面的应用情况及存在的问题。本章力求从应用的角度为高校数字校园的规划与建设提供一些参考，并为后续研究奠定基础。

第六章以北京大学为案例，对大学生网络生活方式进行了实证研究。我们以社会学研究中生活方式及其测量方法为基础，提出了网络生活方式的概念、内涵及分析模型，并通过问卷方式调查北京大学学生网络生活现状，通过因子萃取与聚类分析等统计方法，将目标研究人群细分为网络沉溺型、冷静保守型、信息前沿型和社交活跃型四种基本类型。在此基础上，我们提出了根据大学生网络类型而实施分类引导的相关教育建议。

第七章较为全面地勾勒出云南省高校在校大学生公共英语网络课程的学习现状。我们从学习者自身因素、教师因素、课程因素和网络学习环境因素四个角度，分析了学生在公共英语网络课程中的学习现状以及对于课程教师、课程本身和学习环境的感知。同时，我们还分析了不同特点的（性别、所在年级、专业背景、学校层次）学生在学习过程中的不同表现与感受，并据此提出了提高公共英语网络课程学习效果的对策与建议，对于高校公共英语网络课程的开办具有积极的意义。

第八章针对大学生网络娱乐行为进行了深入调查和研究。我们在广泛参考网络游戏、网络行为、大学生成长发展相关文献的基础上，设计了“大学生网络娱乐行为调查问卷”，并在北京市部分高校中发放问卷和实施调查。最终回收有效样本570份，以定量研究为核心，借助数理统计方法对大学生网络娱乐现状、娱乐动机及娱乐结果进行描述。此外，我们还设计了多元嵌套线性模型，分析网络娱乐动机对大学生造成的影响，即网络娱乐动机与网络娱乐结果的相关性。

第九章对大学生的网络购物行为进行了深入的实证研究。本章旨在了解大学生网络购物行为的影响因素、动机、维度，从发展的角度探讨了其对大学生能力和网络价值观的影响。首先采用质性研究中的焦点团体访谈法，以大学生网络购物行为作为主题进行访谈，根据访谈内容自编调查问卷，随后对北京、上海和贵州的几所大学的学生进行问卷调研，采用SPSS进行数据分析。结果显示：（1）大学生网络购物经验具有明显的性别和专业差异，网络购物月支出保持理智水平，商品类型平均；（2）性别、学科、家乡所在地、网络购物时间、网络购物频率对于大学生网络购物存在显著影响；（3）大学生网络购物动机通过影响相应的网络购物行为，进而对大学生个人能力和网络价值观的形成产生影响，大学生网络购物行为对于其个人能力发展和网络价值观具有显著的正向预测作用。

第十章重点研究了五所高校在校生的网络生活，据此了解大学生网络生活对“学生成人成才”的正、负面效应，研究大学生网络生活对学校校风、学风、教风、考风、工作作风以及对大学生寝室文化建设的影响。本章从树立正确的世界观、人生观、价值观的角度，关注大学生如何在网络环境中去除浮躁、看清形势进而努力提高自我教育、自我管理、自我服务、自主创业的能力和水平问题。本章最后提出了针对高校大学生网络角色定位的建议与对策，不仅对石油高校校园网络文化与管理制度的建立具有重要意义，对于其他高校同样具有借鉴价值。

本书各章的具体分工如下：

第一章到第三章主要由李秀晗、尚俊杰、祁涛、王珠珠等人完成；

第四章由陈霏、汪琼、王爱华、高峰完成；

第五章由赵国栋、黄超完成；

第六章由赵国栋、原帅、王珠珠完成；

第七章由何彦彬、张家良完成；

第八章由樊青丽、尚俊杰、王珠珠完成；

第九章由吴筱萌、代良、雍文静、何旋、赵柳婷、王为淇完成；

第十章由蒲和平、张桂力、唐礼寿完成。

李秀晗、尚俊杰和冯菲整理了部分章节。全书由王珠珠和汪琼统稿。

此外，中央电化教育馆、各地方电化教育馆、北京大学教育学院等单位还有很多人参与了本课题研究工作，这里不再一一列出，敬请谅解。

由于我们自身水平所限，本书肯定还存在纰漏之处，敬请各位读者指正。

王珠珠

2016年10月

目　录

下编

上编

上编共分四章，主要介绍中学生网络生活的相关情况。这部分包括两项调研内容：一项是面向全国中学生，针对中学生网络生活进行的整体性调查；另一项是影响中学生基于网络社交发展的因素研究的专项报告。第一章至第三章围绕第一项研究展开，第一章讲述了调查背景、调查目的和调查过程与方法；第二章详细描述了调查结果；第三章论述了中学生网络生活的影响因素及对策分析。第四章是影响中学生基于网络社交发展的因素研究的专题报告。

第一章　绪　论

第一节　调查背景与目的

一、网络生活方式的起源和发展

近年来，中国的信息技术发展迅猛，互联网的应用和普及同样处于快速发展阶段。尽管各地区互联网资源的发展水平存在较大差异，但就整体而言，互联网已经深度影响和推动着中国社会的政治、经济和百姓生活的变革。根据中国互联网络信息中心2016年1月发布的第37次《中国互联网络发展状况统计报告》数据显示，截至2015年12月，中国的互联网域名总数为3 102万个，其中CN域名有1 636万个，网站数量为423万个，国际出口宽带数5 392 116 Mbps。中国网民数量达6.88亿人，互联网普及率为50.3%，其中手机网民数量达6.2亿人。

互联网的出现和普及可以说是人类通信技术史上的一次革命，发展至今，已经不能单纯地从技术角度来理解互联网对于人类的意义，它的应用模式和范围已经渗入政治、经济、文化等各个领域。随着全球互联网的盛行，网络为人类的生产和生活开辟了一个全新的空间，这个空间已经逐渐褪去了最初虚拟的特性，成为人们日常生产和生活的重要场所，为其提供便利的技术支持。基于互联网的新兴产业正在为人类创造新的生产方式，例如各类网络技术开发、电子商务、国际合作等。同时，互联网也从思想观念和价值取向上逐步颠覆传统模式，人们在网络世界中逐步脱离现实世界的标签，例如职业、收入、性别、年龄等。网络为人们提供获取信息的平等机会，通过信息交流、学习、交易、娱乐，甚至参与政治，从而衍生出一种新型的生活方式——网络生活方式。

网络生活方式起源于互联网的高度普及和应用，在技术和文化的变迁中不断快速发展。从社会大众到专家学者，每个人都对网络生活方式有自己独特的理解和感悟。人们会通过电子邮件、QQ、微信等交流和传递感情，从而取代费时费力的书信往来。人们会通过电脑和手机获取各类信息，而不再依赖收音机、广播、报纸、电视等传统媒体带来的官方信息，甚至通过网络成为信息的发布者和传递者。人们不一定要亲自出门购买商品和缴纳水电费，而只需通过点击屏幕完成相关事宜。人们甚至发现自己成为网络的一个重要的组成部分，为某些民间和官方的决策发表自己的意见和观点，在网络中实现民主参与和治理。早在1998年，《新周刊》杂志就曾刊登专题《网络就是新生活？》，探讨过社会大众对于网络介入生活的看法，随着时代的进步，这样的议题已经不再具有疑问的价值。诚如科技杂志《连线》纽约分部主编约翰·埃布尔（John Abell）所言：人类已经无法再退回到一个没有数字的世界中①。

在传统生活方式的研究基础上，不少学者也对网络生活方式进行概念界定。何明升认为，网络生活是人们借助互联网所营造的超时空情景，从而实现以符号传递为表征的社会活动②。这种定义将网络生活最终定性为社会活动，这种社会活动是以媒介技术为中介，发生在依赖于情景定义下的虚拟空间，但同时又表现出现实与虚拟共生的主体特征。而鉴于其虚拟的特性，杜修望则认为，网络生活是与人的现实生活相对应的一种存在状态，是一种去肉体实质、纯粹的精神生活。在网络生活中，主体以符号为表征，摆脱肉体和物质束缚，打破时空的界限，在现实与虚拟中游走③。我们暂且不论作为哲学研究，这种定义是否意味着网络生活的主体能完全摒弃掉现实生活标签，在网络中惬意地过着乌托邦式的理想生活，是否能够完全从事现实中一切可以从事的活动。但其所阐述的网络生活似乎更符合互联网发展之初人们对虚拟空间的认识，认为自己在网络中可以掩盖掉在现实中的身份，做着现实中不敢做的事。但当前渗透人们日常生活的网络很难与现实剥离，达到完全的虚拟，有时甚至要获取与现实标签的连接，才能完成主体的诉求，例如网络交易和网络支付。

有关“网络生活方式”的词性解析，到底是基于网络工具的生活方式，还是网络社会生活的方式化？两者有重合的部分，也有各自侧重的关键点。黄荣怀等人将网络生活方式定义为上网者在多种多样的网络应用的使用过程中逐渐建立起来的，与其物质和精神生活息息相关的生活方式。这种定义笼统地概括了网络生活方式的修饰的限定，关键词在于网络应用、物质及精神生活、生活方式，认为“网络生活方式”一词中网络是生活方式的修饰语，即以网络应用为工具、网络化的生活方式，并且与现实生活息息相关。另一种解读则是网络生活的方式化，并将互联网环境衍生为网络社会，将这个社会环境下的各项行为归纳为具有社会性质的方式类型，例如网络学习、网络消费、网络娱乐。相比之下，前者是基于工具视角下的技术论，后者则更具有社会学和哲学色彩。

二、网络生活方式的内容及特征

移动上网终端的普及和手机网民的骤增，标志着互联网已经成为人们日常生活的重要工具，而不仅仅是在固定时间和地点通过台式电脑进行单一目的的上网平台，也并不

① 陈新国. 网络与生活［J］. 决策与信息，2000(7).
② 何明升. 网络生活中的情景定义与主体特征［J］. 自然辩证法研究，2004(12).
③ 杜修望. 网络生活怎样走向伦理生存［J］. 经济与社会发展，2008(3).

是完全的虚拟空间。笔者较为赞同何明升[①]对网络生活的定义，认为网络生活究其根本还是社会生活的一种，而且需要存在于特定的情景中。互联网的出现也使得传统单一的物理的生存空间分为现实和虚拟的双重生活世界，但是二者并不是完全割裂和分离的。有关网络生活的具体内容，广义上可以认为一切与网络相关的以人为主体的活动都被当作网络生活，例如网上聊天、网上购物、网上学习、网上视频等。

技术的革新和思想观念的创新推动着Web不断进入一个又一个新时代，从Web1.0到Web x.0，名称的变更意味着互联网鲜明的时代特征的变迁，这也意味着不同互联网时代下的网络生活特征存在差异。互联网普及初期的Web1.0时代主要是以信息浏览为主的时代，用户可以获取经过编辑处理后的网站信息，这是一个网络技术操作者到网络用户的静止的、被动的单向行为，是信息共享的开端。这个时期大众的网络生活主要是以获取信息来满足学习、娱乐等需求，其特征主要表现为单向传输和信息的高效获取，早期所使用的名词“网上冲浪”也正是想表达用户运用鼠标在纷繁复杂的网页间随意翻动，犹如在信息海洋中方便快速地获取到自己所需的信息。

Web1.0的普及是互联网与大众的第一次亲密接触，随后O’Reilly公司和Media Live国际公司在一次头脑风暴中迸发出Web2.0概念。从2004年起，Web2.0开始进入大众视野中。在Web2.0模式下，用户不再是单一被动的信息接受者，他们开始成为网络的维护者和生产者，主动参与和共享。无论是技术革新引领思想转换，还是思想创新推动技术研发，Web2.0从观念和技术上都深深地影响着用户。观念上Web2.0模式去中心化，每个用户都是网络的一个中心节点，是由专业人员织网，到所有用户参与织网的创新民主化进程的生动注释。Web2.0的技术特征主要表现在用户可以发布信息、生产知识，并且与其他节点强烈交互，例如即时通信工具、博客或微博、维基百科、SNS等。

尽管目前业界根据技术发展趋势阐述了Web3.0、Web4.0乃至更多阶段的发展和期望，但就国内而言，Web2.0对于大众是一个相对成熟并且广泛普及的网络模式，基于Web2.0的网络生活方式也逐渐成熟，表现出一些显著的特征。首先，网络生活自由、平等、开放。自由开放是互联网最根本的特性，网络生活没有时间、空间和地理上的性质，甚至可以不受职业和身份的制约，衍射出另一种生活形态。例如，受很多人追捧的Secondlife，就是通过网络营造另一种社会形态，突破了网络游戏的单一性，将娱乐、社交和生产联系在一起。没有人和机构能够阻止信息的流通和传递，除非摧毁整个互联网，但这是不可能的。科技使得社会发展呈现不可逆形态，人们也只能在技术和思想革新的推动下不断向前走。Web2.0下的网络生活将整个世界联系在一起，很多技术和源代码的公开使得特权并非掌握在少数人手里，广大网民成为互联网的维护者和建设者，人与人之间的交流和沟通更加平等。其次，虚拟与现实并存。网民在网络生活中并不能做到绝对的虚拟性，尤其是云计算和物联网的兴起，使得个体现实生活与网络生活的衔接更为明显。再

① 何明升.网络生活中的情景定义与主体特征[J].自然辩证法研究，2004(12).

次，互动性是Web2.0时代下的网络生活核心特征，网民不再是信息的浏览者，而是作为一个网络节点与其他节点强烈互动，例如即时通信、实时交易等，很多商业网站成功与否取决于与用户的互动程度，大多数门户网站也在不断推出互动措施来争取广大网民的关注。最后，以上特征的并存造成了当前网络生活的多样性和个性化，网络主体更加鲜明，网络标签更加多样、个性，网络生活多元化。

正如很多学者试图对传统意义上的生活方式进行分类和测量，随着互联网应用的普及和网络生活的发展，一些学者也试图探究当前多样性的网络生活方式的测量和衡量标准，尤其是不同人群中的网络生活特性。这些研究主要以AIO生活方式量表为基础，例如"中国市场与媒体研究"（CMMS）、"中国大学生消费与生活形态研究"（CUS21）、"中国儿童消费与生活形态研究"（TWEENS）等连续性研究都涉及网络方面的调查，但它们只是把网络作为其中一个影响因素，并没有直接探讨在网络环境下不同人的行为模式和生活形态。

此外，从营销学理论出发，各种消费行为是体现生活方式的重要标准。1999年史密斯和怀特·莱克提出衡量网络消费方式的13个维度，包括家庭、游戏、兴趣爱好、电脑技能、朋友、工作、社交、实干家、变化、竞争、非计划和综合。我国台湾学者康志玮在研究网络产品时，深入探求网民的网络使用动机、对科技信息的敏锐度、参与科技产品使用活动以及对信息技术和咨询科技的看法和观点，从意识、参与和评价三个层面洞察我国台湾网民的网络生活形态。龚俊霖在此基础上，制定了一套科技生活方式量表。他使用这套量表在我国台湾部分网民中进行实际调研，最终通过聚类分析将网民分为六大类：网络探索族、初学保守族、娱乐八卦族、数字潜力族、科技快走族、善用网络族。他把该项目称为网络族群分析，是对网络主体的行为进行分类①。

三、青少年学生网络生活方式研究现状

在对不同人群的网络生活进行调查研究时，青少年是其中一个重要人群，一般是指12—25岁的人群。因此无特殊说明，本书中的青少年学生是指在校中学生和大学生两类人群。今天的青少年学生是在网络和数字环境中成长起来的，他们深受互联网的影响，被形象地称为"网络一代"（Digital Generation）或者"网络原住民"（Digital Native）。根据中国互联网络信息中心2015年6月发布的《2014年中国青少年上网行为调查报告》，截至2014年12月，中国青少年网民规模达2.77亿人，占青少年总体的79.68%，远远超过我国互联网平均普及率（47.90%），其中12—24岁的人群占92.40%。青少年手机网民规模已经达到2.43亿人，移动终端（手机、平板）上网比例为87.60%。

由此可见，探讨青少年学生的网络生活意义重大。各种数据显示，青少年对互联网

① 康志玮. 涉及程度于网路商品行销之应用［D］. 长庚大学，2001.

的关注远远高于其他年龄群体。青少年成为使用互联网的主要人群，而网络生活也已经成为青少年的一种重要而普遍的生活方式。青少年时期是人生成长的重要阶段，是思想意识和价值观生成的关键时期。网络对青少年的影响是复杂的，兼具积极和消极双面性。青少年利用网络交友和学习，同时也会迷失在各种有害信息（虚假、色情、迷信、消极甚至反动）和网络游戏中。因此，深入了解青少年的网络生活方式现状及网络生活对他们的影响，帮助和引导其正确看待网络生活，促进其拥有健康的网络生活方式是时代向社会和教育研究者提出的重大挑战。

21世纪初，国内外都开始广泛关注青少年的网络使用现状并进行深入研究。2005年，美国一项针对10—17岁青少年网络使用行为的调查显示，超过90%的12—18岁的年轻人使用网络。2006年，韩国一项针对1 573名城市高中生的调查发现，网络成瘾是青少年学生成瘾因素中比例最高的因素，网络成瘾率为1.6%。2007年，英国一项针对3 000名医学专业学生的调查发现，所有学生都感兴趣并熟悉Web2.0技术，例如即时通信、社会性网络。2008年，土耳其、挪威、日本等国家都曾对本国青少年在网络使用和网络成瘾方面的情况进行过调查和研究。

在国内，中国互联网络信息中心、中国青少年网络协会等机构会不定期地针对青少年，尤其是青少年学生的上网概况及网络成瘾进行调查并发布报告，也有许多学者从不同角度进行过调查研究。

冯晓明对河北某高校大学生校外网络生活的一项研究发现，大学生校外网络生活以娱乐为主导，近89.6%的学生在网上进行娱乐活动，包括聊天、游戏、看电影等，仅有10.0%的学生以论坛、搜索等形式进行学习活动。82.0%的学生上网的目的是为了放松身心、寻找快乐。不同年级校外上网频率明显不同，随着年级的提高，上网的目的性逐渐增强[①]。

郭文斌以温州师范学院和温州医学院的286名大学生为对象，对大学生网络交往进行了研究，他发现大学生网络交往带有普遍性，而且有自身的现实特点。大学生网络交往的主要形式按使用频次顺序有网络寻呼、e-mail、网络游戏、网上论坛和BBS等。大学生网络交往的原因主要为娱乐或放松、课程作业的需求或学习新知识、浏览信息和搜索信息、同朋友或家人交流思想，保持联系、关注自己感兴趣领域的最新动态[②]。

吴慧华和李禄香对江西省有代表性的9所高校的1 828名学生进行了问卷调查，结果显示：46.22%的大学生每天上网；大学生主要的网络应用依次是搜索引擎（76.19%）、聊天（75.19%）、音乐（63.29%）、视频（49.57%）、新闻（45.33%）、网络购物（39.81%）、电子邮件（27.62%）、游戏（25.14%）、博客（24.57%）、浏览其他信息（24.1%）、网上银行（15.05%）。上网已根植于大学生的日常生活，成为大学生生活的重要组成部分，成为

① 冯晓明.大学生校外网络生活现状分析［J］.河北农业大学学报（农林教育版），2008(1).
② 郭文斌.大学生网络交往调查研究［J］.中国健康心理学杂志，2006(4).

他们获取信息、沟通思想、传递情感、休闲娱乐、体验人生的重要方式[①]。

陈申宝对浙江工商职业技术学院500名学生的网络生活现状进行了问卷调查，结果显示，网络已成为高职学生生活的一部分（包括手机上网）。每天上网2小时以上的比例高达56%，学生业余时间大部分在上网，影响了学生正常交往，每天上网6小时以上的比例高达18%。至于上网目的，用于放松的比例达39%，用于娱乐的比例达37%，用于获取知识的比例只有16%，还有8%的同学纯粹为了打发时间[②]。

殷瑾等人对宿州学院500名在校大学生网络生活进行了问卷调查，结果显示，大学生的上网目的按照百分比由高到低表现为：浏览信息（浏览新闻、QQ空间、朋友圈、发微信等），占22.18%；使用QQ或MSN等即时通信工具，占17.04%；玩网络游戏，占14.37%；看影视或娱乐节目，占13.35%；网上购物，占11.29%；网上学习，占8.83%；其他，占2.67%。此外，每天在线累计时长超过5小时的占39.83%。当问及对上网的时间能否有效控制时，有67.15%的学生回答大体上能把握；有14.78%的学生回答不能自我控制；有9.45%的学生回答想控制时间，但一上网就忘记了；有8.62%的学生回答没有时间概念，顺其自然。这些数据表明大学生的网络生活渐趋理性，但自控能力相对不足[③]。

王海波等人针对景德镇陶瓷学院的约700名大学生进行了问卷调查。当问及对上网的依赖程度时，47%的同学认为很轻，只是为了娱乐放松；24%的同学认为上网是学习的需要；14%的同学对网络相当迷恋。这说明大学生已经融入了网络生活中，并且在网络虚拟群体中扮演着重要角色。此外，结果显示网络为大学生提供了学习求知的新渠道。在调查中，认为网络对当前大学生的影响主要是开阔了视野，拓展了知识面的占34.24%；通过网络认识朋友，通过与网友的交流，减轻学习或其他方面所造成的心理压力的占30.95%；获取网络上丰富的教育资源，学习成绩得到提高的占15.89%；认为花费太多时间上网而使成绩下降的占6.02%。这个比例也可以在每天上网时间调查中反映出来：平时每天上网时间在5小时以上的占12.17%，认为网络已经影响了自己原有的生活习惯的占12.88%[④]。

陈创荣等人针对广州中医药大学的约700名大学生进行了问卷调查，结果显示：每天上网1小时以内的占1.8%，1—3小时的占56.4%，3—5小时的占23.6%，5小时以上的占18.2%。至于上网目的，聊天的占80.9%，浏览新闻资讯的占79.1%，看电影、音乐等的占78.2%，获取学习资料的占70.0%，网上购物的占28.2%，玩游戏的占23.6%。由这些数据可以看出，上网已经成为学生获取信息、休闲娱乐、扩大交往、丰富业余生活的重要

① 吴慧华，李禄香.江西省大学生网络生活方式现状调查与思考［J］.上饶师范学院学报，2014(2).
② 陈申宝.高职学生网络生活现状调查分析与对策研究［J］.浙江工商职业技术学院学报，2011(1).
③ 殷瑾，周婷，井红波.大学生网络生活方式调查与分析——以宿州学院为例［J］.宿州学院学报，2014(11).
④ 王海波，王文生，刘龙材.当代大学生网络生活方式的现状调查与分析［J］.长春理工大学学报，2011(10).

方式。不过网络也对大学生的身心健康产生了一定影响，72.70%的人易对网络形成依赖，73.60%的人在上网过程中出现过不适，主要为眼睛疲劳、干涩，颈椎不适，头晕、头痛及失眠等。由此可见，大学生上网亟须正确的引导①。

以上主要是对大学生和高职学生进行的调查研究。黄荣怀等人曾针对北京市中小学生进行过专项调查研究。结果显示：互联网已经成为北京中小学生获取知识、休闲娱乐以及人际交往的主要媒介平台；网络化生活已经成为中小学生的主要生活方式，网络化学习、网络化休闲、网络化娱乐、网络化交往、网络化思维与网络化参与构成中小学生网络生活的基本特征。另外，学生过度用网是近几年社会普遍关注的问题，结果显示多数（70.4%）学生的用网时间平均在每天2小时以内，比较适度。过度用网的学生人数不多，仅1.4%的学生过度使用网络，10.6%的学生趋于过度用网。但对这些学生个体来说，问题不容小视②。

谢泽琛和陈丽霞曾经对粤东四市高中生的网络生活方式进行过调查，发现高中生上网的时长和频率较为合理（51.52%的同学每周上网时间少于2小时），而上网最主要的目的是聊天交友、娱乐、游戏③。

孙彩平等人通过对中美青少年的网络生活的比较，将中美青少年的网络生活分为人际交往、收集信息、网络购物和网络游戏四大部分。其研究结果显示：网络生活在中美两国青少年的人际交往、日常生活及休闲娱乐中都扮演着越来越重要的角色，而娱乐是中国青少年最经常使用的功能。该研究同时还指出，相对而言，美国对于青少年网络生活的研究比中国更细致和深入，美国的研究细化到了每一个具体行为的各个方面，这有助于深入了解、分析青少年网上行为的原因、结果等因素，有助于提出切实可行的策略。而中国现有的研究大多是从总体上调查青少年在线生活基本状况，只能提供一个笼统的数字，没有对相关网络行为进行较系统、较全面的调查，这不利于对青少年网络生活进行全面、深入的分析，因而相关研究还有待深入④。

除了以上研究以外，近十年来，各地区以及各研究机构都曾对青少年上网情况进行过不同方面、不同程度的调查，很多高校硕士、博士论文也关注过该课题，取得了大量的研究成果。但是受各种客观条件影响，之前的研究大多具有局限性和地域性，缺少在全国范围内进行的高质量的研究结果。此外，目前针对大学生网络生活的调查研究相对较多，针对中小学生的调查研究比较少。所以，本书希望在前人的研究基础之上，对青少年学生的网络生活进行系统科学的梳理和论证。考虑到青少年学生中，中学生与大学生在各个方面存在差异，为了突出重点，有针对性地设计调查问卷，本书上编中的调研

① 陈创荣，林涵，夏静娴. 90后大学生网络生活方式调查及对策分析［J］. 黑龙江教育学院学报，2012(4).

② 黄荣怀，王晓晨，周颖，董艳. 数字一代学生网络生活方式研究——北京市中小学生网络生活方式的现状调查［J］. 电化教育研究，2014(1).

③ 谢泽琛，陈丽霞. 粤东地区高中生网络生活方式的调查及分析［J］. 电脑知识与技术，2014(11).

④ 孙彩平，卢敏，赵彤. 中美青少年网络生活比较研究及启示［J］. 教育科学研究，2008(4).

将挑选中学生作为抽样群体，着重论述中学生的网络生活现状。

本书广泛参考了相关调查结果和文献，提出描述中学生网络生活方式的理论框架和指标体系，设计与开发一套科学的、完整的和可操作的中学生网络生活方式调查问卷，然后在全国不同地区不同类型的中学（含初中、普通高中、职业高中）按照分层抽样的原则选择样本学校进行调查，之后进行深入的数据统计分析，描述当前中学生网络生活的现状，并提出中学生网络生活方式的正向激励和规避风险的策略，以便对中学生的行为进行积极有效的引导，从而促使他们更好地使用互联网。

第二节　调查过程与方法

一、研究框架

我们以具有上网条件的中学生为主要研究对象，借鉴国内外相关的研究理论和模型，综合使用文献调研、量化研究和质化研究方法，对中学生的网络生活方式进行深入细致的调查和分析，找出中学生网络生活的影响因素，从而提出相应的应对策略建议。

具体研究框架如图1-1所示，其中将网络生活方式分为网络学习、网络社交、网络娱乐、网络交易四部分，力求全面反映中学生的网络生活现状，并探究中学生网络生活的影响因素，包括个人、家庭、学校和社会等，在充分了解现状和影响因素的前提下，给出应对策略。

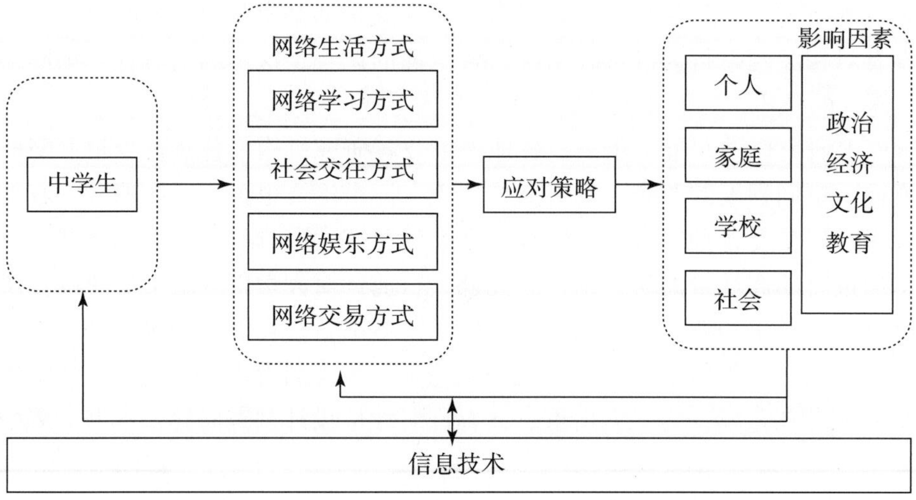

图1-1　中学生网络生活研究框架

二、问卷设计

在本次调查之前，课题组分成网络学习、网络社交、网络娱乐、网络交易四个子课题，并分别设计了子问卷，在全国进行了抽样调查，随后对子问卷进行了修改完善。在此基础上，综合形成了本调查问卷。为防止问卷信息超载带来的认知疲倦，调查问卷挑选出子问卷中信度、效度较高的问题，删除信度、效度较低、重复的问题。最终设置包括基本信息、网络使用概况、网络学习、网络社交、网络娱乐、网络消费六大部分。每一部分相对独立，题型包括填空、单选、多选、李克特量表等题型（见附录一）。

第一部分，基本信息（共6题）。主要调查中学生性别、年龄、年级、生源地、家庭状况及是否住校等信息，以便于了解不同年龄和不同生活环境下的中学生的上网行为和网络生活方式的差异。

第二部分，网络使用概况（共6题）。用于调查中学生上网的方式、地点、时间和频率以及偏好，另外还添加了家长和学校对中学生上网的态度和指导程度的调查。

第三部分，网络学习（共5题）。主要调查中学生在网络学习中的主要行为、遇到困难时的解决方案、网络学习同时进行的其他网络活动以及对网络学习的评价。

第四部分，网络社交（共7题）。网络社交主要是指利用e-mail、QQ、微信等工具进行网上交往。调查中涉及中学生的网络社会交往的对象、喜好、时间、目的、评价以及与现实的联结。着重调查中学生的网络社交的目的及认知。

第五部分，网络交易（共7题）。该模块问题采用二分法，没有网络交易经历的调查者可以直接跳至下一模块。网络交易主要调查中学生网络购物的年限、频率、额度、购买物品以及对网络购物的看法。

第六部分，网络娱乐（共12题）。网络娱乐（包括网络游戏）是家长和中学生最担心的问题。我们也设置了比例较大的问题来调查中学生网络娱乐的现状，主要调查中学生网络娱乐的现状、中学生进行网络娱乐的动机、网络娱乐对中学生身心的影响以及青少年对网络娱乐方式的应对策略。其中的网络成瘾调查问题引用目前认同和借鉴最多的扬（Young，1999）的8个判断指标，如果被试者肯定回答超过5个，就认为存在网络成瘾。

本次调查采用网络问卷，为了保证数据输入的效度和信度，在网络后台对数据输入进行了设置。界面风格简单明了，便于输入。

三、调查对象

本次调查对象为中学生，包括全日制普通初、高中生和全日制职业初、高中生。本次调查在前面几轮预调查的基础上，经过问卷合并和网络发布，于2013年年底开始，至

2014年6月结束。

在社会调查中，对于规模较小的总体（1 000人以下），研究者需要比较大的抽样比率（大约30%）以保证有较高的精确性，即需要大约300个样本；就超大规模的总体（超过1 000万人）而言，研究者可以使用0.025%抽样比或者大约2 500个样本，即能达到要求的抽样规模。2009年全国初中在校生为5 279.3万人，高中在校生为2 427.3万人，共计7 706.6万人，按照0.025%的抽样比例，本次抽样数量大约为2万人次。

本研究的样本筛选过程如下：首先按照全国地域划分，根据2010年《中国教育统计年鉴》中各地区国内生产总值的平均值（如表1-1所示），从东北、西北、华北、华东、华南、华中、西南七个地区选择一个接近平均水平的省份作为代表，并参照全国国内生产总值（GDP）平均值选择最接近全国平均水平的两个省份，另外再加上北京和新疆维吾尔自治区。

表1-1　各地区国内生产总值平均值（2009年）

地域	省份	GDP平均水平（元）	代表省份
东北	辽宁、吉林、黑龙江	28 093	吉林
华北	北京、天津、河北、山东、河南、山西、内蒙古	28 575	河北
华东	上海、江苏、浙江、安徽、江西	40 423	浙江
华南	广东、福建、广西、海南	27 576	福建
西南	四川、重庆、贵州、云南、西藏	15 880	西藏
西北	陕西、甘肃、宁夏、青海、新疆	19 146	青海
华中	湖北、湖南	21 551	湖南
全国		25 575	湖北、重庆

经过上述抽样范围的计算，最终选定吉林、河北、浙江、福建、西藏、青海、湖南、湖北、重庆、北京和新疆共11个省份作为抽样区域，根据2010年《全国教育统计年鉴》各省份2009年的中学生总数比例，本次调查共抽取大约20 000份问卷，在0.50%的误差范围内，按照不同种类学生人数比例分配到抽样省份。

四、数据分布

本次调查在选定省份内进行抽样调查，主要以吉林、河北、浙江、福建、西藏、青海、湖南、湖北、重庆、北京和新疆为主，共回收问卷24 679份。各省份样本分布如图1-2所示。除福建省外，其他各省份的回收问卷数与该省份的学生总数比例大体一致，在数据处理过程中按比例随机剔除了部分福建省数据，以保证抽样的均衡性。另外，针对问卷中部分数据出现的极值进行删除，最终获得有效问卷19 912份，具体模块样本数稍有差别。

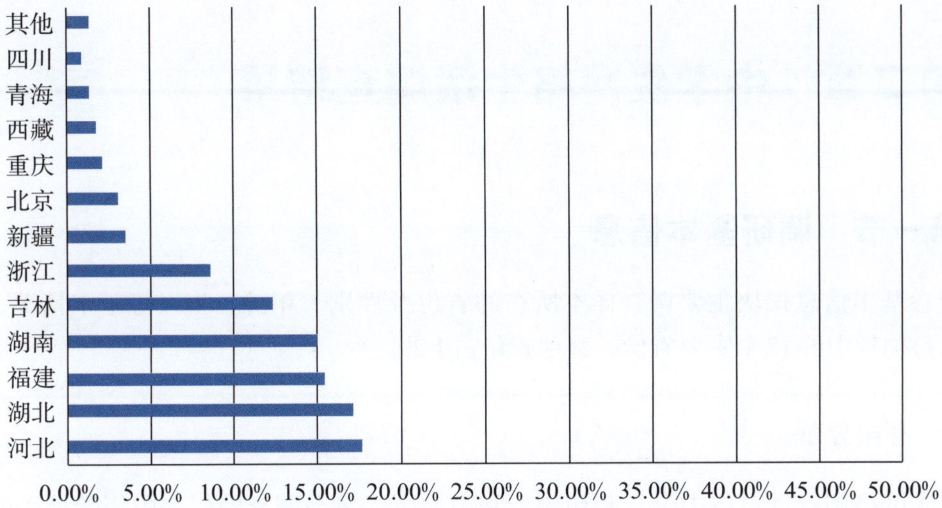

图1-2 有效样本省份分布图

大部分问卷以固定终端提交，仅有0.33%的样本采用手机提交的方式，数据显示主要在中午或下午时间段完成。

第二章　中学生网络生活调查结果

第一节　调研基本信息

问卷基本信息模块主要调查样本所在的省份及性别、年龄、年级等基本情况，有效样本来自抽样中的12个主要省份，其他省份占1.2%。

一、年龄分布

本次网络调查针对各类全日制初中生和高中生，参与调查的样本中年龄最小的为10岁，最大的为22岁。样本年龄分布主要集中在12—18岁，平均年龄为14.9岁（如图2-1所示）。

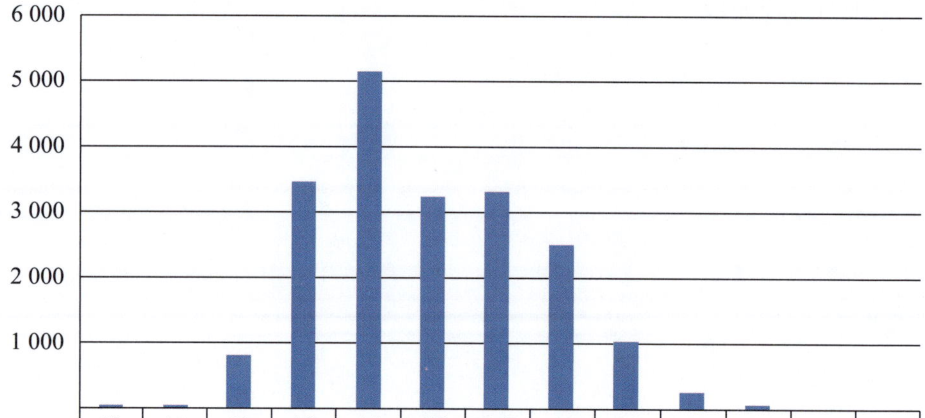

	10	11	12	13	14	15	16	17	18	19	20	21	22
■频数	18	39	821	3 456	5 148	3 260	3 312	2 484	1 034	269	58	5	4

图2-1　样本年龄分布

二、性别分布

有效样本中，男生为9 622人，占48.3%，女生为10 290人，占51.7%。男女比例分布如图2-2所示。其中，独生子女占53.7%，男生中独生子女的比例为59.9%，女生中独生子女的比例为46.7%。

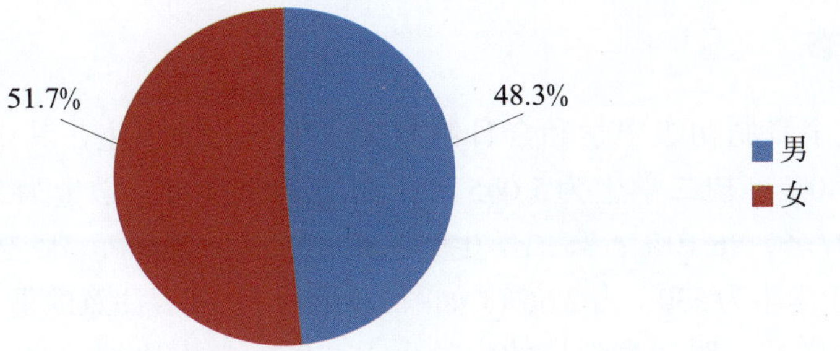

图2-2　样本性别分布

三、家乡情况

调查样本中，家乡为农村的中学生占42.96%，县镇的中学生占27.78%，大中城市的中学生占29.25%（如图2-3所示）。

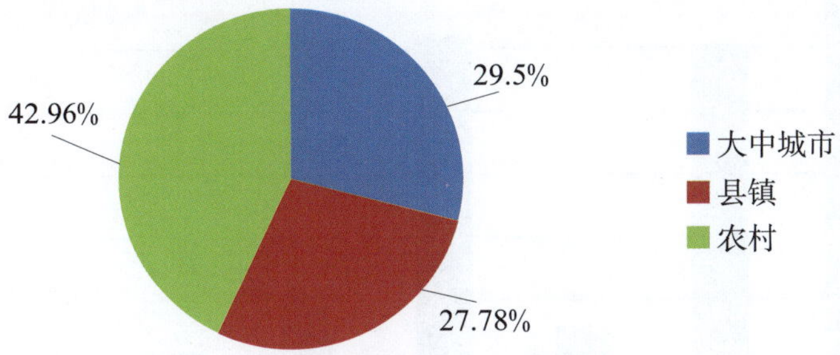

图2-3　样本家乡属性分布

大中城市中学生和县镇中学生以非住校生为主，分别占各自整体的76.48%和76.39%，农村中学生以住校生为主，大约占整体的67.88%，农村非住校生比例为32.12%（如图2-4所示）。

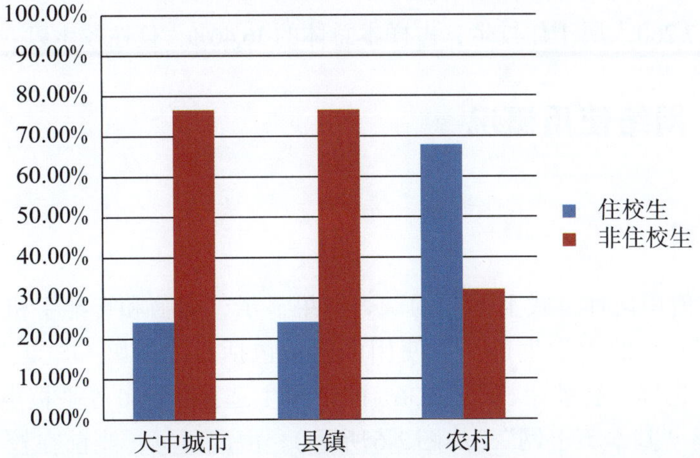

图2-4　不同地域的住校生的比例

四、在校状态

样本年级以全日制初级中学和全日制高级中学各年级为主，其中初一年级学生为7 247名，占36.40%；初二学生为5 045名，占25.34%；初三学生为596名，占2.99%；高一学生为5 197名，26.10%；高二学生为1 103名，占5.54%；高三学生为158名，占0.79%；职业高中学生为530，占2.66%（如图2-5所示）。需要注意的是，职业初中的抽样和职业高中的抽样是按照两类学校的中学生占全国中学生比例抽取的，目前各地职业初中相继取消，本次抽取了36个职业初中样本，样本数较少，在年级分析中忽略其差异分析。

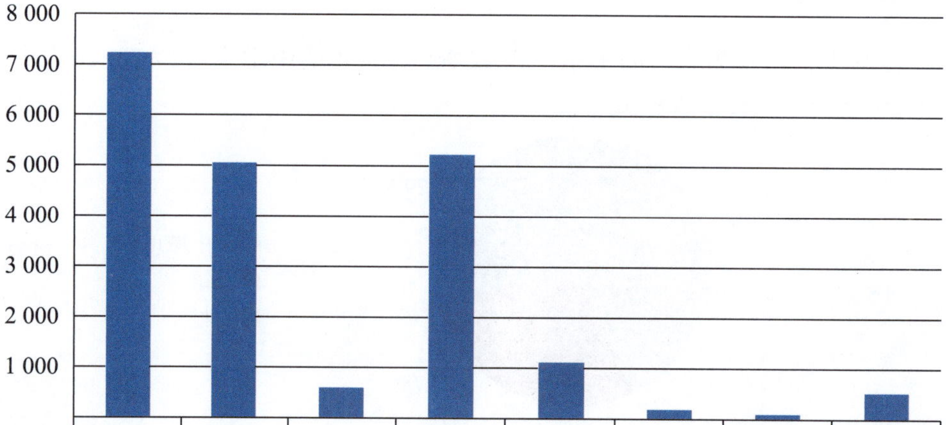

	初一	初二	初三	高一	高二	高三	职业初中（或等同）	职业高中（或等同）
■频数	7 247	5 045	596	5 197	1 103	158	36	530

图2-5　样本中各年级频数分布

调查中，有7 260人属于住校生，占样本总体的36.46%，且住校生以农村中学生为主。

第二节　网络使用概况

一、上网方式

有关“经常使用何种方式上网”的调查结果显示，电脑和智能手机是中学生上网最常见的工具。49.69%的中学生选择“使用电脑（包括台式电脑和笔记本电脑）上网”，40.33%的中学生选择“智能手机”，7.36%的中学生选择“iPad等平板电脑”，仅有不到0.1%的学生填写“基本不上网”（如图2-6所示）。由此可见，当前在校中学生的上网普及率非常高，大约为99.9%，无论是在农村或大中城市，中学生都可以通过各种方式接入互联网。

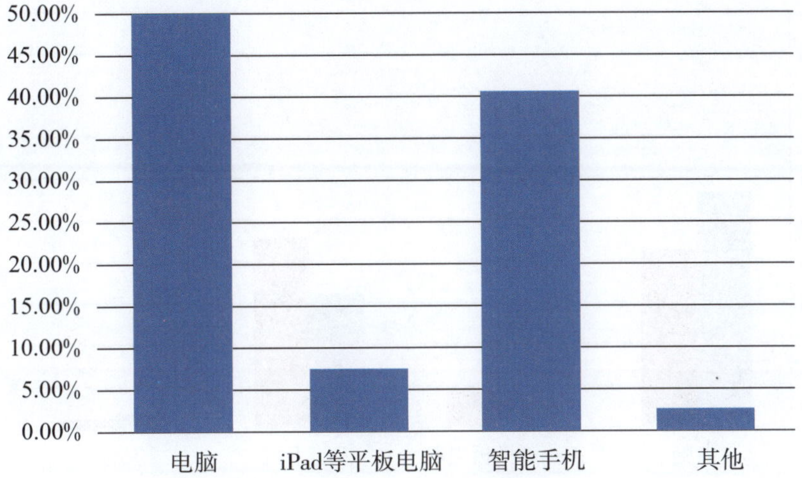

图2-6　中学生上网设备使用比例

而在交叉分析中，如图2-7所示，13.39%的大中城市中学生选择经常使用iPad等平板电脑上网，而县镇学生的比例为8.77%，农村学生的比例为3.34%；33.01%的大中城市中学生选择经常使用智能手机上网，而县镇学生的比例为36.04%，农村学生的比例为45.26%。由此可以看出，从城市到农村，iPad等平板电脑的使用率逐渐降低，而智能手机的使用率则逐渐升高，台式电脑和笔记本电脑的使用在地域上无明显差异。

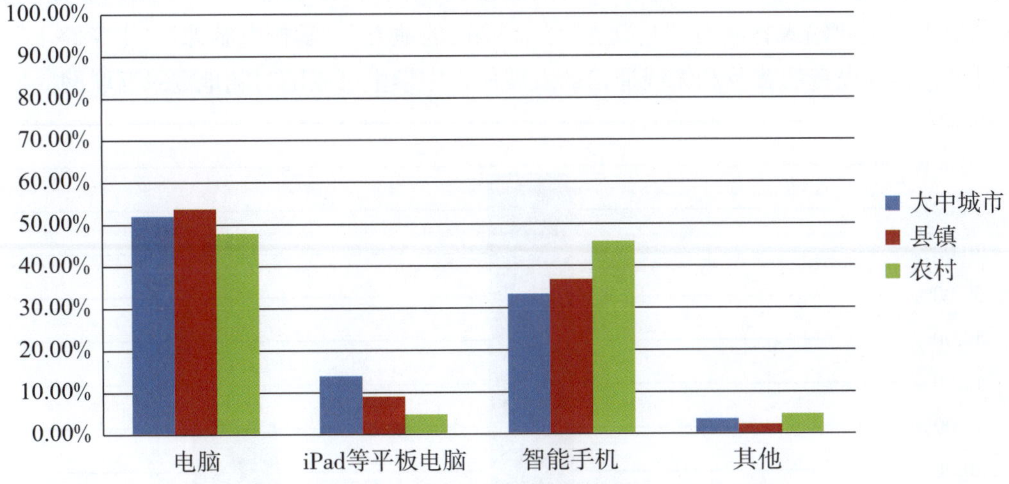

图2-7　不同地域中学生上网设备使用比例

在性别差异上，57.06%的男生选择经常使用台式电脑上网，而女生的比例为42.93%；32.43%的男生选择经常使用智能手机上网，而女生的比例则为46.36%（如图2-8所示）。由此可以看出，男生更愿意使用台式电脑上网，女生更愿意使用智能手机上网。这与二者上网的目的有关。偏好网络游戏的中学生多选择台式电脑或笔记本电脑，而对社交和即时通信需求较高的则多选择智能手机。

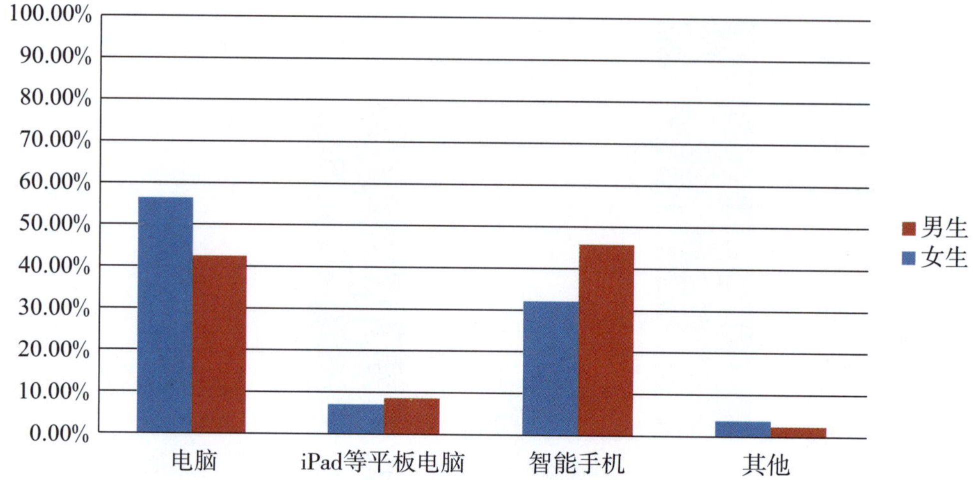

图2-8　不同性别中学生上网设备使用比例

二、上网地点

有关中学生经常上网的地点（如图2-9所示），百分比排在前三位的是家里、朋友或亲戚家、教室；分别占总数的88.4%、31.9%以及13.7%；而在互联网发展早期，最常见的上网地点——网吧仅占9.4%；在宿舍上网的人数比例仅占7.9%（如图2-9所示）。而在其他输入选项中，主要输入答案有“公交车”“有WiFi的地方”“学校电脑课”“上学路上”等，由此可见，移动设备的普及和无线通信的发展使得中学生可以随时随地登录互联网。

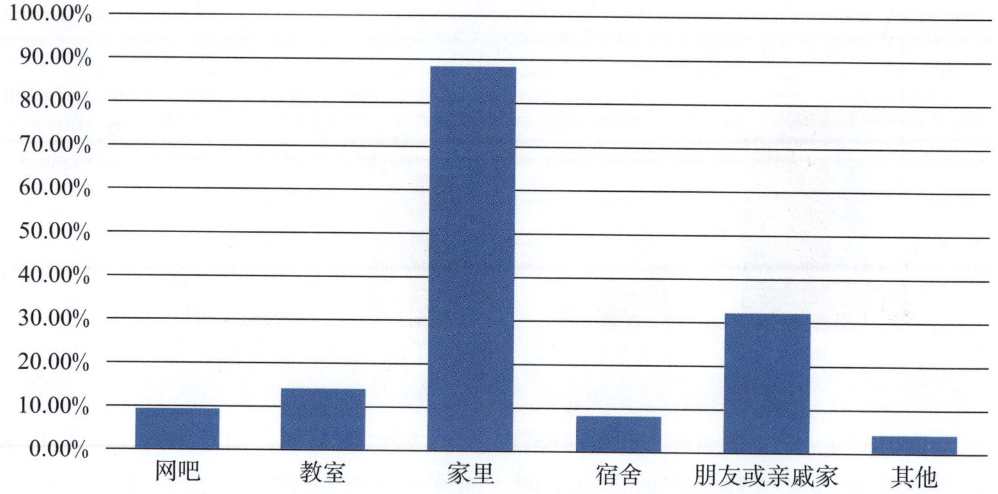

图2-9　中学生上网地点分布

在中学生上网地点偏好的性别分布上（如图2-10所示），差异较大的是网吧和家里，18.95%的男生选择去网吧上网，而女生选择的仅为5.09%；81.02%的男生选择在家里上网，而女生选择的为89.67%。二者在其他选项上无明显差异。这表明，前往网吧上网的男生数量大约为女生数量的4倍，而女生更倾向于在家里上网。

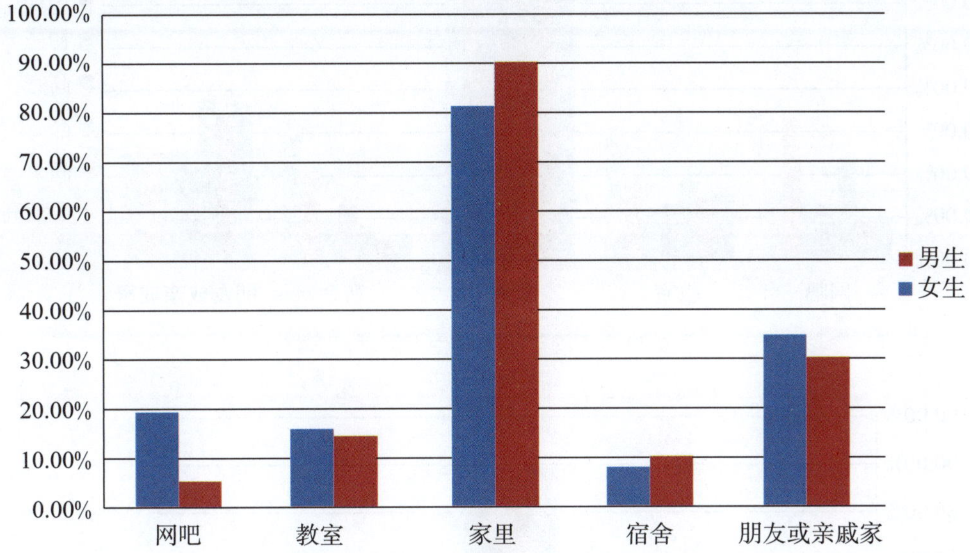

图2-10　不同性别中学生上网地点偏好

而在上网地点偏好的年级分布上，经常选择网吧上网的中学生中，初一学生占9.42%，初二学生占9.26%，初三学生占23.60%；高一学生占13.30%，高二学生占13.50%，高三学生占33.33%；职业高中生占16.02%。由此可见，学业压力越大的年级，前往网吧上网的学生越多。与此相关的是，约86.00%的初一、初二学生选择经常在家里上网，而初三学生的比例为66.94%；约87.00%的高一、高二学生选择经常在家里上网，而高三学生的比例仅为63.67%。学业压力越大的学生，在家里上网的人数越少，前往网吧上网的人数较多。而选择在教室和宿舍中经常上网的学生以职业高中学生的比例最大。与高中学生相比而言，初中学生在朋友或者亲戚家上网的比例大（如图2-11所示）。

在上网地点偏好的地域分布上，不同地域的中学生在上网地点的选择上略有差异，但总体上差异不大。如图2-12所示，有约9.70%的大中城市中学生和县镇的中学生选择经常在网吧上网，而农村中学生的比例为15.44%；89.52%的大中城市中学生选择经常在家里上网，农村中学生的比例为80.73%；约6.21%的大中城市中学生和6.10%的县镇的中学生经常在宿舍上网，而农村中学生的比例为16.95%；24.23%的大中城市中学生选择经常在朋友或亲戚家上网，而农村中学生的比例为36.76%。由此可见，农村中学生选择网吧和朋友或亲戚家上网的比例更高，在家里上网的比例稍低。这一方面与农村地区网吧监管不严有关，另一方面也与地域经济和社会发展有关。

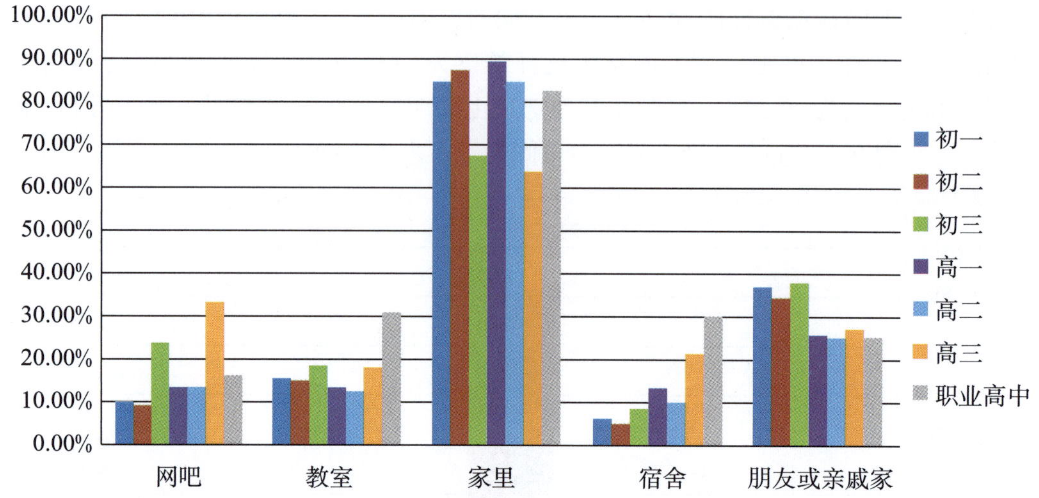

图 2-11　不同年级中学生上网地点偏好

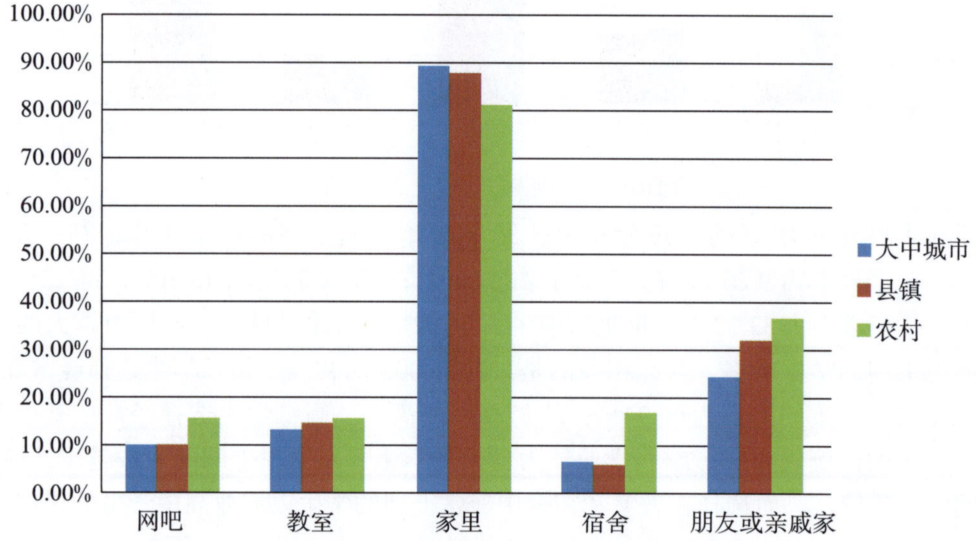

图 2-12　不同地域中学生上网地点偏好

三、上网时间

调查中，我们将中学生的上网内容分为网络学习、网络社交、网络购物和网络娱乐四个模块，要求被调查者填写出每周在每个模块上大约花费的时间（单位：分钟），共分为平时上学日和周末、节假日两个时间段。根据回收数据分布在平时上学日的网络花费上，大约有69.4%的女生进行过网络学习，男生的这一比例为61.3%；66.2%的女生进行过网络社交，男生比例为59.5%；大约有23.4%的女生进行过网络购物，男生比例为18.7%；

52.9%的女生进行过网络娱乐，而男生的这一比例为65.0%（如图2-13所示）。由此可见，在平时上学日，女生在网络学习、网络社交和网络购物上花费的时间和比例高于男生，而男生则在网络娱乐方面的比例高于女生。

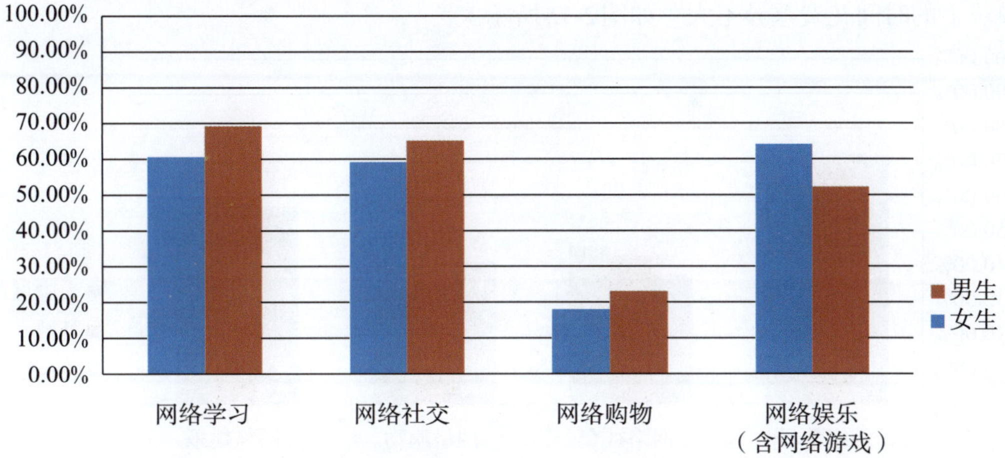

图2-13　不同性别中学生平时上网时间分布

而在周末、节假日中的网络花费上，与平时上学日对比大致相同，男生仍然是在网络娱乐模块上的比例高于女生，而女生在网络学习、网络社交和网络购物模块上的比例高于男生（如图2-14所示）。87.54%的女生会在周末进行网络学习，男生这一比例则为77.63%；88.56%的女生会在周末进行网络社交，男生这一比例则为79.88%；43.88%的女生会在周末进行网络购物，男生这一比例则为35.62%；90.00%的男生会在周末网络娱乐，女生的比例则为72.36%。

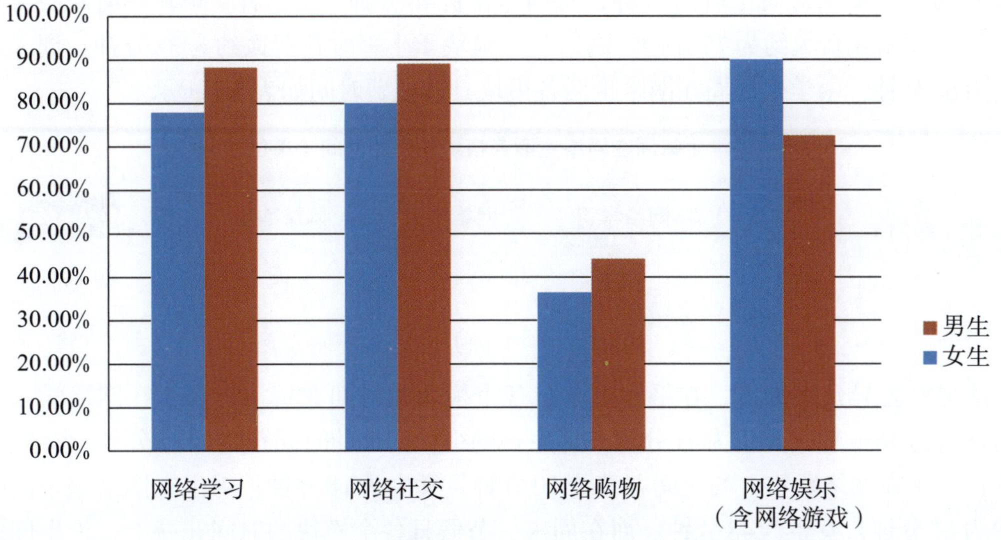

图2-14　不同性别中学生周末上网时间分布

而在地域分布上，以平时的网络花费为例，71.66%的大中城市的中学生在网络学习上花费时间，农村中学生的这一比例为63.47%；大中城市中学生在网络购物上的花费比例为41.25%，农村中学生的这一比例为32.89%。不同地域的中学生在网络社交和网络娱乐模块上的时间花费差异不大（如图2-15所示）。

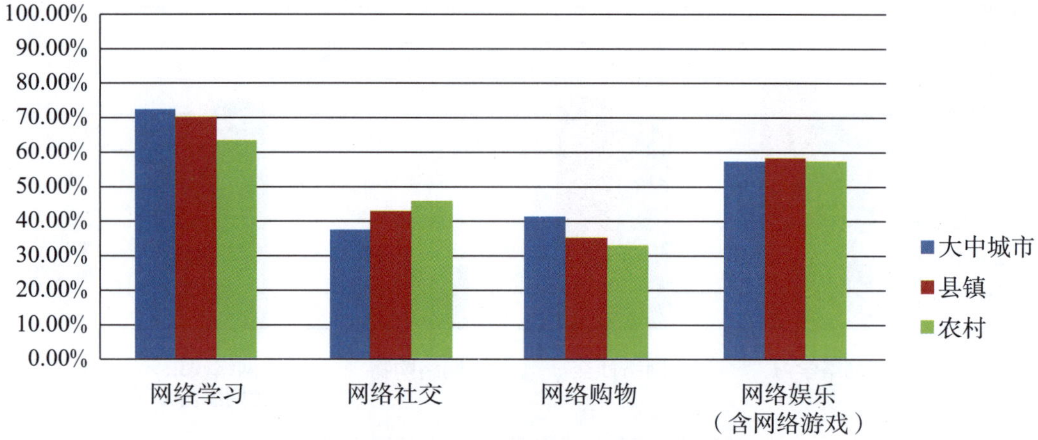

图2-15　不同地域中学生平时上网时间分布

对于在各个模块都有参与的中学生，每周除周末、节假日以外的上网时间约为145分钟，每周周末上网时间约为312分钟，每周上网时间共约为457分钟，约为7.6小时（本数据针对全日制在校中学生），而周末上网时间是平时上网时间的2倍之多，网络娱乐部分则多至2.5倍。具体而言，四个模块中时间花费最多的模块是网络娱乐（含网络游戏），平时每周平均为55分钟，周末平均为138分钟；花费最少的是网络购物模块，平时每周花费15分钟，周末每周花费31分钟，每周总花费46分钟。网络社交模块平时花费大约为37分钟，周末花费大约为75分钟。网络学习模块学生平时花费大约为38分钟，周末花费大约为68分钟，中学生每周在网络生活各模块具体花费时间如表2-1所示。

表2-1　中学生每周在网络生活各模块花费的时间（单位：分钟）

模块 时间段（每周）	网络学习	网络社交	网络购物	网络娱乐 （含网络游戏）
平时	38	37	15	55
周末	68	75	31	138

从男女差异角度分析，在平时上学日各个模块的时间花费上，男生在网络学习上的时间花费为36分钟，女生为41分钟；男生在网络社交上的时间花费为35分钟，女生为40分钟；男生在网络购物上的时间花费为10分钟，女生为18分钟；男生在网络娱乐的时间花费为67分钟，女生为48分钟。而在周末、节假日各个模块的时间花费上，男生网络学

习、网络社交、网络购物、网络娱乐四个模块的时间花费分别为59分钟、71分钟、19分钟、161分钟，女生的各项时间花费分别为72分钟、80分钟、45分钟、114分钟。如表2-2所示，男生在网络娱乐上花费时间大约为女生的1.5倍，在网络游戏的时间花费倍数更多。

表2-2 中学生不同性别每周在网络生活各模块花费的时间（单位：分钟）

时间段（每周） \ 模块		网络学习	网络社交	网络购物	网络娱乐（含网络游戏）
平时	男生	36	35	10	67
	女生	41	40	18	48
周末	男生	59	71	19	161
	女生	72	80	45	114

从年级分布上分析，以平时上学日上网时间和周末、节假日上网时间之和为每周总的上网时长，初一学生每周上网约为8.6小时，初二学生每周上网8.8小时，初三学生每周上网6.8小时，高一学生每周上网约为8.9小时，高二学生每周上网9.1小时，高三学生每周上网约为5.9小时，职业高中学生每周上网约为10小时（如表2-3所示）。由此可见，在时间分布上，学业压力越大的学生上网时间越少，初三、高三学生在同类学校学生中的上网时间最少，高中生比初中生整体上网时间长，职业高中生在所有中学生中上网时间最长。在各模块分布上，不同年级的中学生与整体数据分布基本保持一致，在网络娱乐和网络社交上花费的时间多，在网络购物中花费的时间少。

表2-3 不同年级的中学生在网络生活各模块花费的时间（单位：分钟）

时间段（每周） \ 模块	网络学习	网络社交	网络购物	网络娱乐（含网络游戏）	总时间
初一	120	123	50	220	513
初二	125	134	52	217	528
初三	105	97	36	170	408
高一	131	135	49	218	533
高二	129	136	48	233	546
高三	97	105	31	119	352
职业高中	99	140	57	302	598

四、上网应用

对于“最经常使用的网络项目”，课题组罗列了包括“网络新闻”“搜索引擎”在内的16项最常见的网络应用，要求被调查者至多选出应用频率最高的5项。数据显示，网络应用频率排在前五位的分别是QQ等聊天工具、网络音乐、网络游戏、网络学习、网络视频。其中QQ等聊天工具应用占65.05%，网络音乐应用占60.52%，两者均超过50.00%，而网络游戏应用占49.46%，网络学习应用占46.26%，网络视频应用占39.53%。网络应用中，比例低于5.00%的选项是论坛/BBS、网上支付、电子邮件、旅行预订、网络炒股等，这些在成人中应用较多的网络服务在中学生网络生活中应用较低。同时，网络小说和网络新闻分别占27.13%、24.75%。中学生各项网络应用的具体比例如图2-16所示。

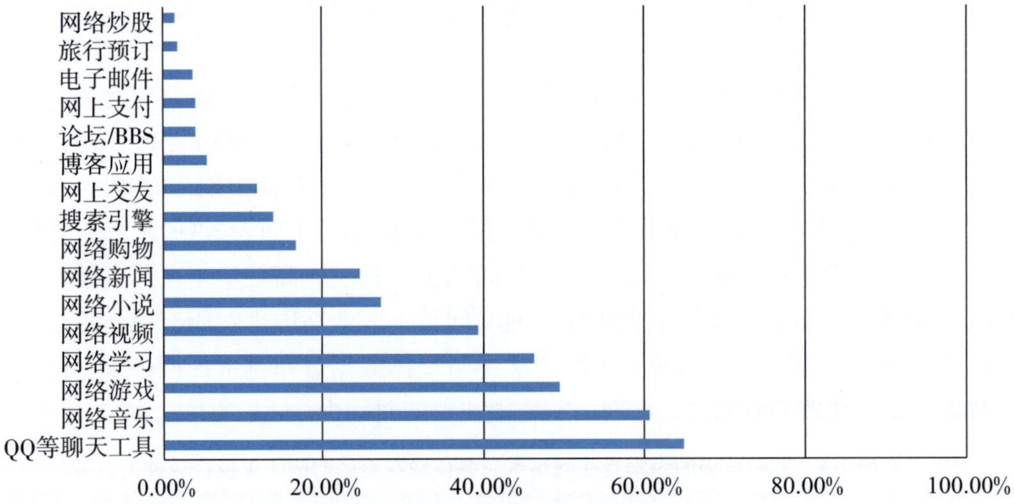

图2-16　中学生各项网络应用比例

在应用最广的五个网络应用中，对QQ等聊天工具的使用，女生占70.98%，男生占60.51%；对网络音乐的使用，女生占68.25%，男生占52.96%；对网络游戏的使用，女生占31.47%，男生占67.03%；对网络学习的使用，女生占49.86%，男生占42.74%；对网络视频的使用，女生占40.15%，男生占38.93%（如图2-17所示）。由此可见，女生在QQ等聊天工具、网络音乐、网络学习模块中比例较大，而男、女生差异最大的模块是网络游戏，67.03%的男生选择网络游戏，而女生仅为31.47%，男生大约为女生的2.13倍。

在上网应用偏好的地域分布差异上，约有69.12%的农村中学生选择QQ等聊天工具，大中城市的中学生为62.28%；约有63.76%的农村中学生选择网络音乐，城市中学生为57.79%；53.29%的农村中学生选择网络游戏，城市中学生为45.91%（如图2-18所示）。由此可见，更多的农村中学生把QQ等聊天工具、网络音乐、网络游戏作为最常用的网络应用，而大中城市的中学生选择网络视频作为最常见的网络应用的比例较大。

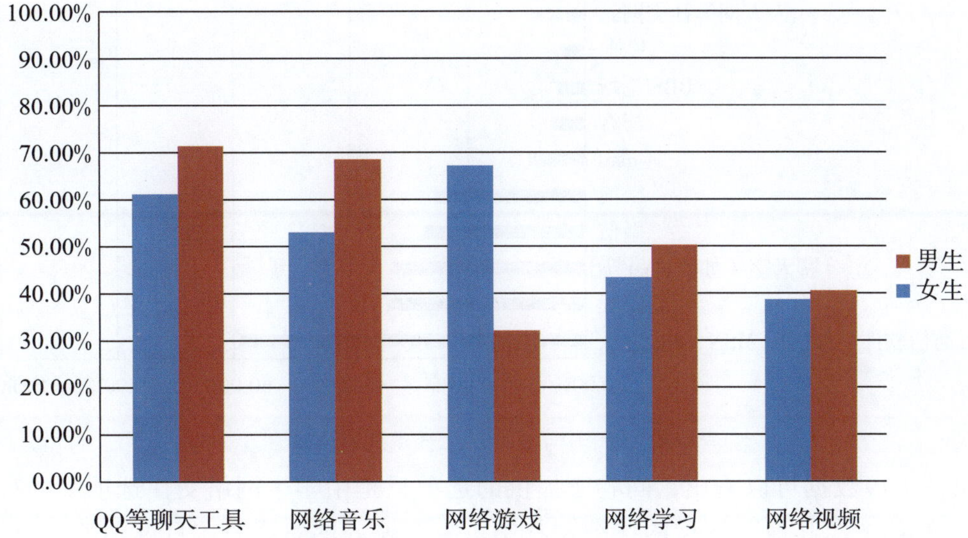

图2-17　不同性别中学生网络应用偏好

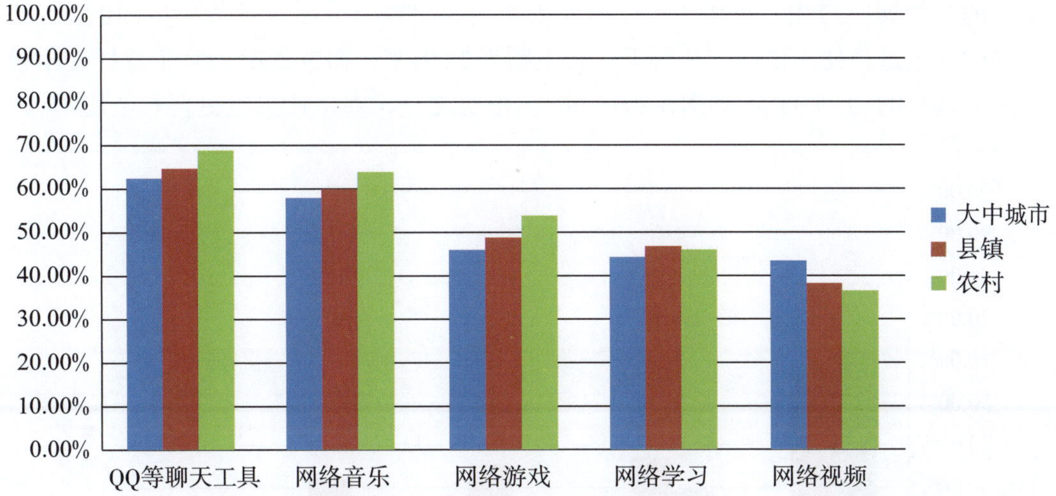

图2-18　不同地域中学生上网应用偏好

以上数据显示，中学生最常见的网络生活方式是利用QQ、微信等聊天工具进行交往互动。本次调查列举了常见的部分“交往工具或系统”，要求被调查者选出经常使用的三项。结果显示，使用率排在前三位的是“实时通信软件”“聊天室”和微信。59.39%的中学生选择“实时通信软件”，37.70%的中学生选择“聊天室”，33.75%的中学生选择微信（如图2-19所示）。

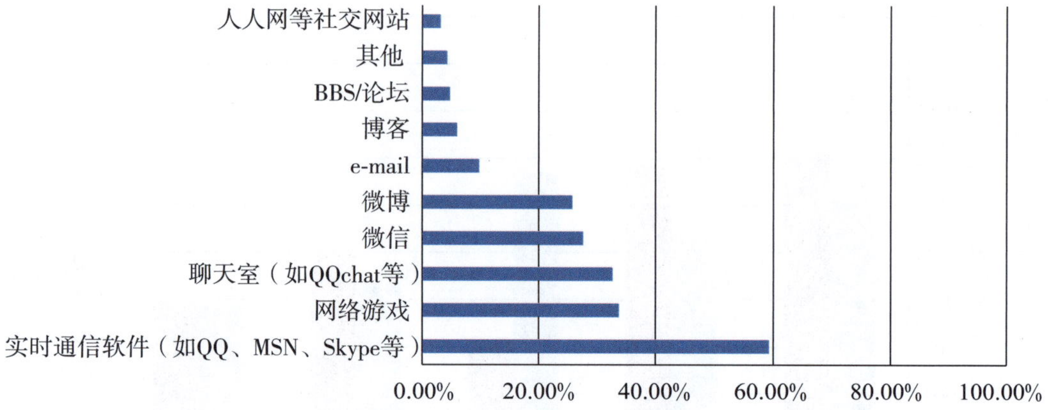

图2-19　中学生网络交往工具的选择

由图2-19数据可以看出，问卷所提供的选项只是中学生网络交往选项中的很少一部分，在4.19%“其他”选项的详细调查中，主要输入的答案有“百度贴吧”“视频网站”“淘宝网”等。而在性别差异上，男、女生在实时通信软件（如QQ、MSN、Skype）和e-mail的选择上没有太大差异，比例分别为62.09%、58.69%和9.65%、10.17%。而差异最大的是微博的应用，男生占17.22%，女生占34.33%，女生大约为男生的2倍。其次31.63%的女生选择使用微信交往聊天，男生则为22.95%；而36.53%的女生选择使用聊天室，男生选择的为29.93%（如图2-20所示）。相比之下，女生比男生更喜欢使用聊天室、微博和微信。

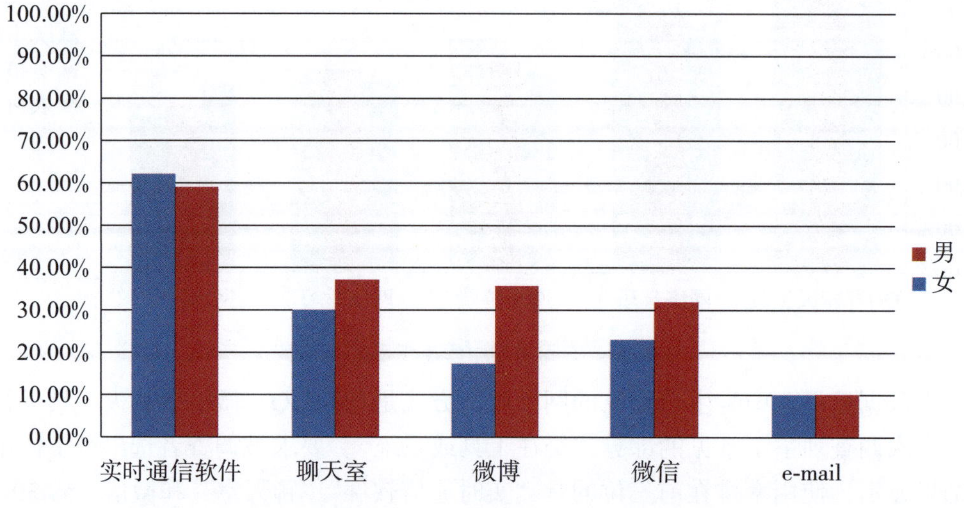

图2-20　不同性别中学生网络交往工具选择偏好

在网络交往工具选择偏好的年级分布上，最常用的网络交往工具或系统选择中，68.64%的高一学生选择实时通信软件，初一学生则为52.48%。31.69%的高一学生选择微博，初一学生为21.83%。高中生在实时通信软件和微博的选择比例高于初中生，同类学校中高年级学生比低年级学习选择比例小。33.78%的初一学生选择聊天室，高一学生为29.16%，初中生比高中生在聊天室的选择比例上略高。不同年级的学生在微信和e-mail的选择上差异不大，职业高中生选择微信的比例为43.00%，居所有中学生之首。职业高中生选择e-mail的为5.48%，居所有中学生之末（如图2-21所示）。

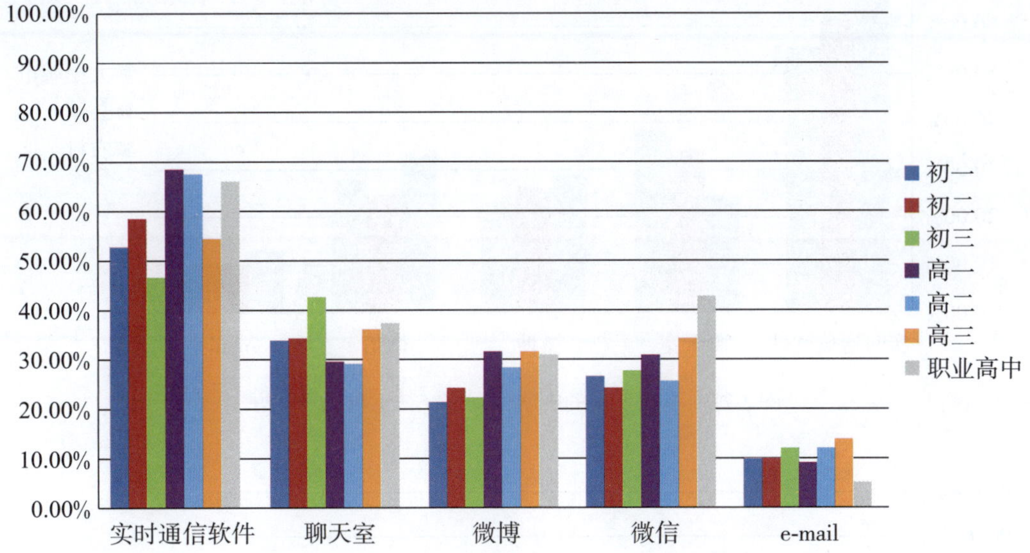

图2-21　不同年级中学生网络交往工具选择偏好

在网络交往工具选择偏好的地域差异分布上，65.31%的大中城市中学生选择了实时通信软件，县镇中学生的比例为60.52%，农村中学生的比例为55.34%；而38.18%的农村中学生选择聊天室，县镇中学生则为33.46%，大中城市中学生为23.79%。以上两项是网络交往工具选择偏好在地域上差异最大的两项，大中城市中学生选择实时通信软件的人较多，农村中学生选择聊天室的人较多。不同地域的中学生在微博、微信和e-mail的选择上差异不大，但基本上大中城市中学生的比例较大（如图2-22所示）。

而在设备的选择上，经常使用智能手机上网的中学生中，约有57.69%的经常使用微信，经常使用电脑的中学生占比为21.46%，经常使用iPad等平板电脑的中学生占比为33.23%。经常使用智能手机上网的中学生中，33.65%的人经常使用微博，经常使用电脑的中学生占比为21.87%，经常使用iPad等平板电脑的中学生占比为31.71%。经常使用电脑和平板电脑的中学生中，大约有12.40%的人选择使用e-mail，而经常使用智能手机上网的中学生中占比仅为5.45%（如图2-23所示）。由此可以看出，微博和微信在移动设备上使用比例较大，尤其是微信在智能手机上的使用率最高。实时通信软件和聊天室等应用在不同设备上的使用率差别不大。

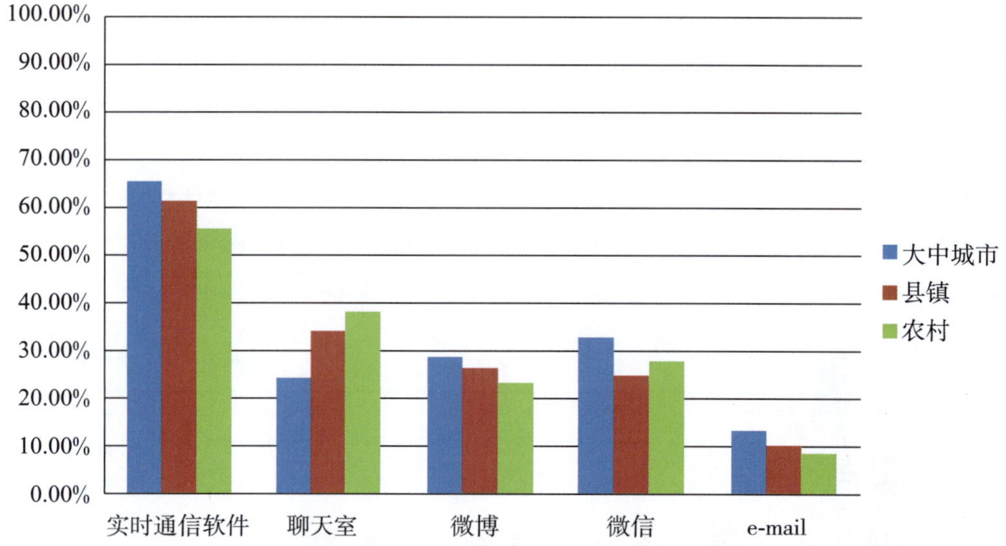

图2-22　不同地域的中学生网络交往工具选择偏好

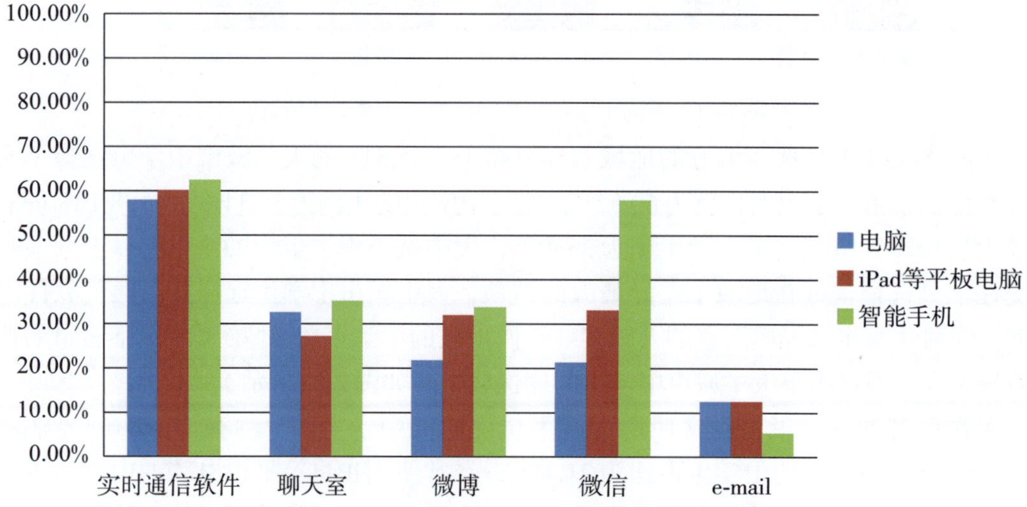

图2-23　中学生在不同设备上网络交往工具的选择

为了更好地了解中学生的上网环境以及家长和学校对中学生上网的态度，本次网络调查要求被调查者对家长和学校的态度及指导进行评判。当问及“学校和家长是否就如何合理使用网络对你进行指导（例如，规定合理的上网时间，处理网络生活与学习的关系，处理与网络的关系以及如何避免网上欺诈等）”，学校与家长的关注和指导程度大体相似，43.70%的中学生表示学校“经常指导”，25.04%的中学生表示学校“有时指导”，仅有15.00%左右的中学生选择“很少或者从未指导”。而有关家长的指导程度，41.74%

的学生表示家长“经常指导”，25.04%的学生表示“有时指导”，15.00%左右的学生表示“很少或者从未指导”（如图2-24所示）。家长对中学生上网指导平均分为3.89分（满分为5分），学校平均分为3.78分。由此可以看出，学校和家长对中学生的上网关注和指导程度大体相同，指导程度较高；二者相比，家长指导程度稍高。

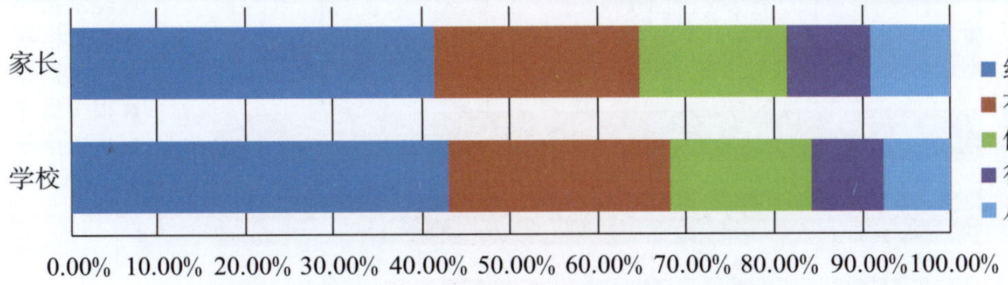

图2-24　家长/学校对学生网络生活的指导程度

在家长指导方面，数据显示女生比男生获得更多的指导，平均分为3.97分，而男生平均分为3.82分（如图2-25所示）。

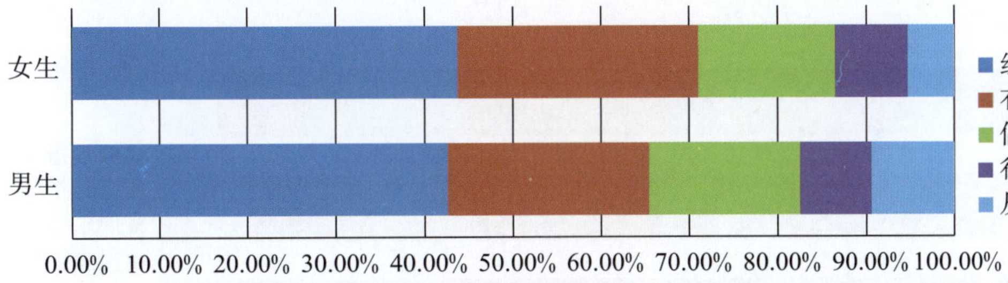

图2-25　家长对学生网络生活的指导程度在性别上的差异

在年级分布上，初一学生认为在家长指导方面，平均分为4.04分，初二学生为3.92分，初三学生为3.85分，高一学生为3.75分，高二学生为3.66分，高三学生为3.51分，职业高中生得分为3.61分。各个年级的中学生上网在家长指导方面的得分均超过了3.50分。由此可见，中学生的家长非常重视中学生正确上网。而随着年龄和年级的增长，中学生认为家长指导的程度逐渐降低。认为家长指导度最低的是职业高中生，但仍然高出及格线3.00分（如图2-26所示）。

而在地域分布上，大中城市中学生认为家长的指导平均分为3.89分，县镇中学生则认为家长的指导平均分为3.76分，农村中学生的平均分为3.63分（如图2-27所示）。由此可见，大中城市的中学生获得家长的指导更多一些。

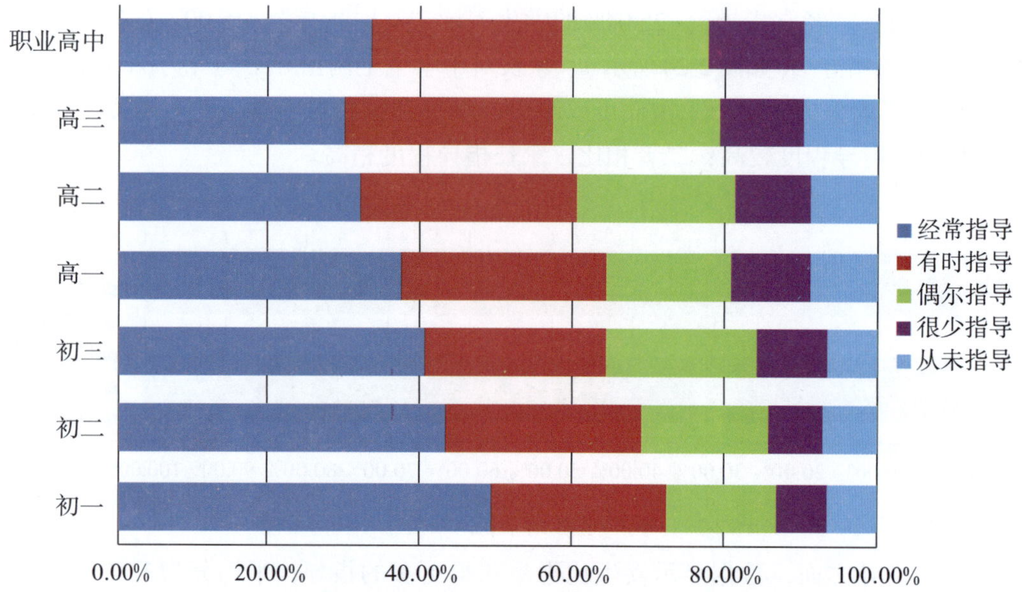

图2-26　家长对学生网络生活的指导程度在年级上的差异

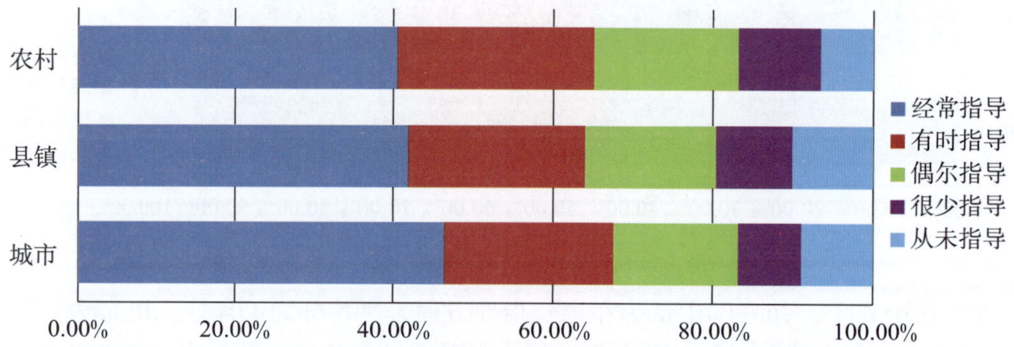

图2-27　家长对学生网络生活的指导程度在地域上的差异

而在学校指导方面，对于学校的指导程度，女生同样比男生的得分较高：女生认为学校指导的平均分为3.90分，而男生认为学校指导的平均分为3.71分，各年级在学校方面获得的指导度没有明显差异，平均分约为3.75分（如图2-28所示）。

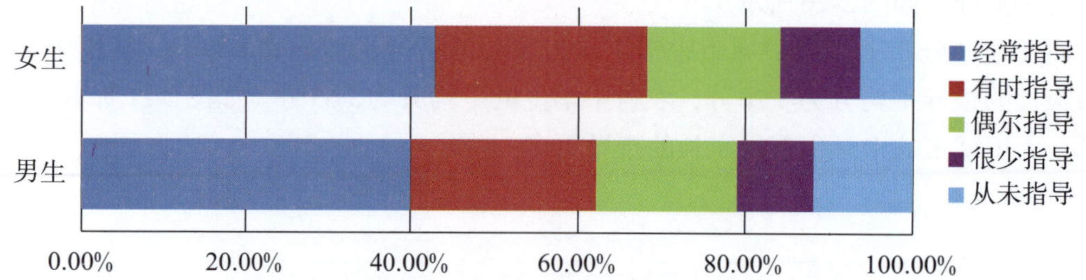

图2-28　学校对学生网络生活的指导程度在性别上的差异

在学校指导差异的地域分布上，71.27%的农村中学生认为学校“经常或有时指导”他们如何上网，县镇中学生的这一比例为67.40%，大中城市中学生的这一比例为64.24%（如图2-29所示）。农村中学生认为学校指导度的平均分为3.96分，县镇中学生认为学校指导的平均分为3.85分，大中城市中学生认为学校指导的平均分为3.77分。由此可见，农村中学生获得更多来自学校的上网指导，这是由于地域经济和社会发展状况不均造成的。大中城市中学生比农村中学生更方便接触互联网，其信息技术素养也更高，学校对他们的指导相对农村中学生较少；而农村中学生则需要更多来自学校和家长的指导，包括上网的技术、时间的分配以及安全注意事项等。

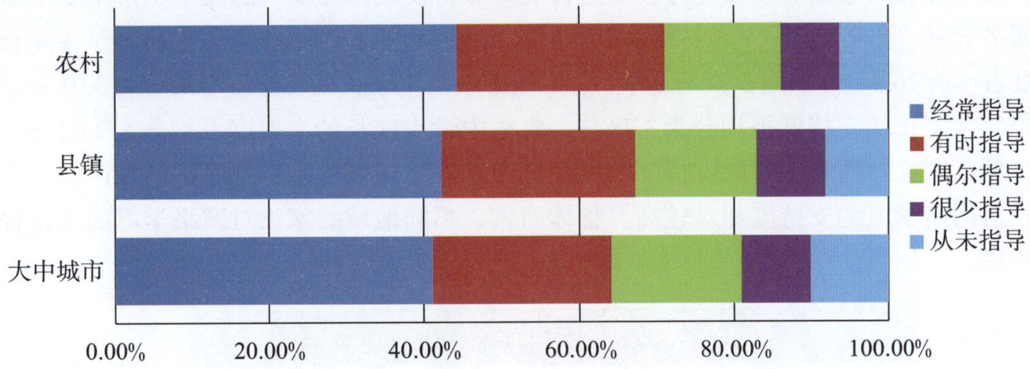

图2-29　学校对学生网络生活的指导程度在地域上的差异

第三节　中学生网络学习方式

一、家长和学校对网络学习的态度

信息技术的快速发展使得电脑和网络成为学生学习的重要工具和媒介，但家长和学校仍然担心中学生网络学习的效率和网络对他们的干扰，因为中学生上网的地点通常主要在家里和学校，所以父母和学校对于中学生网络生活的态度直接影响着他们网络生活各个模块的具体程度。调查显示，30.69%的中学生认为家长“非常支持”网络学习，28.31%的中学生认为学校“非常支持”网络学习，分别有10.52%和12.11%的中学生认为家长和学校“不太支持或非常不支持”网络学习。家长对于中学生网络学习的支持度平均分为3.76分，学校对于中学生网络学习的支持程度为3.67分；相较而言，学校对网络学习的支持度略低于家长（如图2-30所示）。这表明，当前家长和学校对于网络学习的态度比较趋同，对网络学习的地位和作用较为认可，认为在特定条件下中学生可以利用网络进行有效学习。

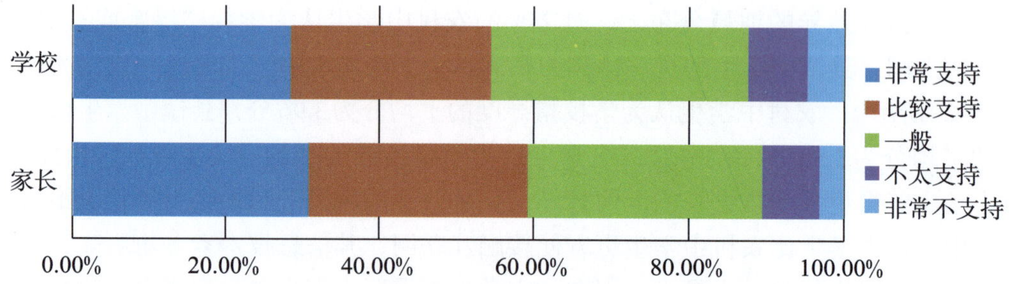

图2-30　家长和学校对学生网络学习的支持度

我们对不同地域的家校支持程度进行交叉分析发现，36.87%的大中城市中学生家长对网络学习“非常支持”，其中县镇中学生家长支持度占比为30.35%，农村中学生家长支持度占比为26.44%（如图2-31所示）。大中城市中学生家长的支持度平均分为3.91分，县镇中学生家长的支持度平均分为3.78分，农村中学生家长的支持度平均分为3.64分。由此可见，家长对网络学习的支持度由大中城市至农村逐渐递减；越发达的地区，中学生家长对网络学习的支持度相对较高。整体而言，不同地域的家长对网络学习的支持程度都较高。

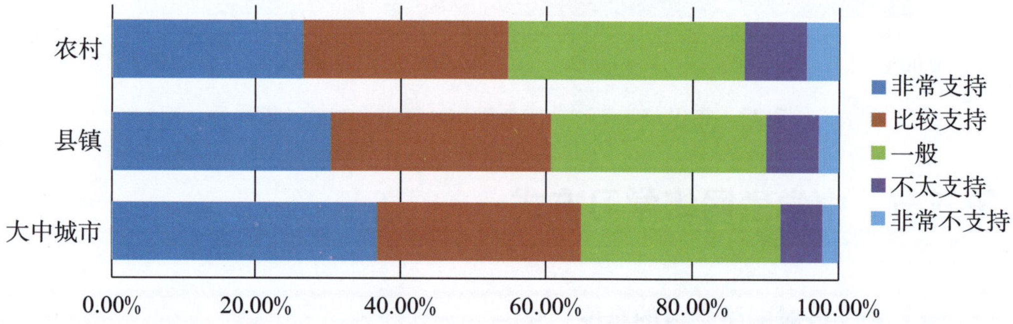

图2-31　家长对学生网络学习的支持度在地域上的差别

在年级分布上，不同年级的中学生在家长支持度平均分上无太大差异，得分最高的为职业高中学生的家长，平均分为3.81分；得分最低的为初三学生家长，平均分为3.70分（如图2-32所示）。整体上，不同年级的家长对网络学习的支持度普遍较高。

学校对网络学习的支持程度也由大中城市至农村逐渐递减。33.40%的城市中学生认为学校对网络学习“非常支持”，而农村中学生这一占比仅为24.40%，县镇中学生比例为28.65%（如图2-33所示）。大中城市中学生认为学校支持度平均分为3.80分，县镇中学生的这一平均分为3.70分，农村中学生的这一平均分为3.53分。由此可见，无论是在大中城市还是农村，学校对网络学习的支持度都较高；经济越发达的地区，学校对中学生网络学习的支持度越高。

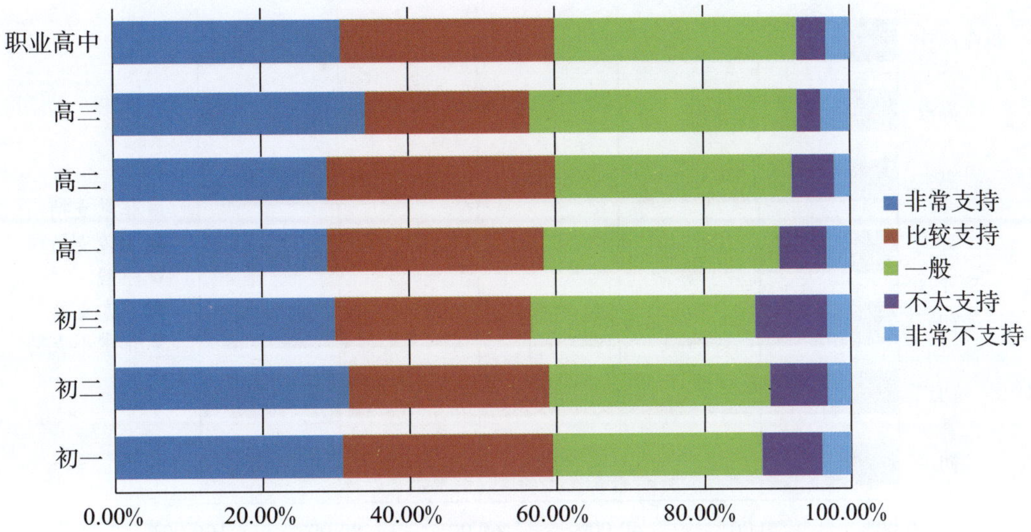

图2-32　家长对学生网络学习的支持度在年级上的差别

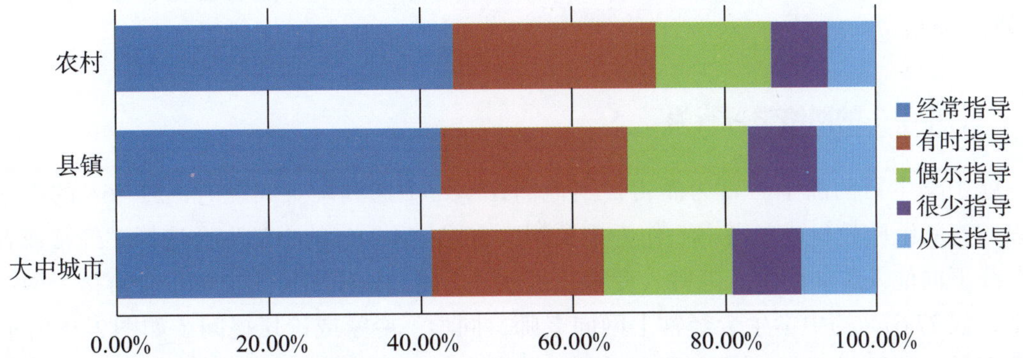

图2-33　学校对学生网络学习的支持度在地域上的差别

而在所有学生类别中，有关学校对学生网络学习的支持度，从初一到高三和职业高中，平均分依次是3.80分、3.72分、3.58分、3.52分、3.50分、3.46分、3.72分，各年级中学生认为学校对学生网络学习的支持态度分布如图2-34所示。由此可见，高年级的中学生认为学校对网络学习的支持度低于低年级的，这反映学校对网络学习的支持度与学生学业压力存在一定的反比关系。

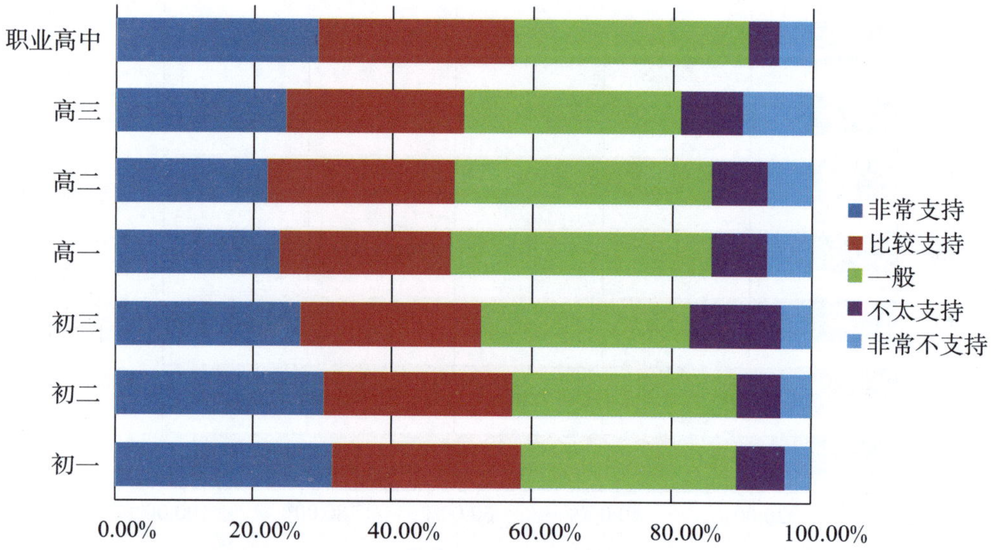

图2-34　学校对学生网络学习的支持度在年级上的差别

家长和学校对中学生网络学习的支持态度在中学生性别、是否住校、是否独生子女等方面无明显差异。

二、中学生的网络学习行为

就中学生目前的学习行为而言，当他们在学习中遇到疑难问题时，51.46%的中学生会以“查阅纸质教材或参考书”作为主要解决方式；51.21%的中学生会选择“经常或者总是”线下向他人（如同学、老师、专家、家人等）请教；31.97%的中学生会直接上网搜索答案；仅27.67%的中学生会经常上网向老师、同学、专家或论坛提问（如图2-35所示）。由此可见，线下学习仍然是当前中学生的主要学习方式，有相当一部分学生会借助网络解决问题。

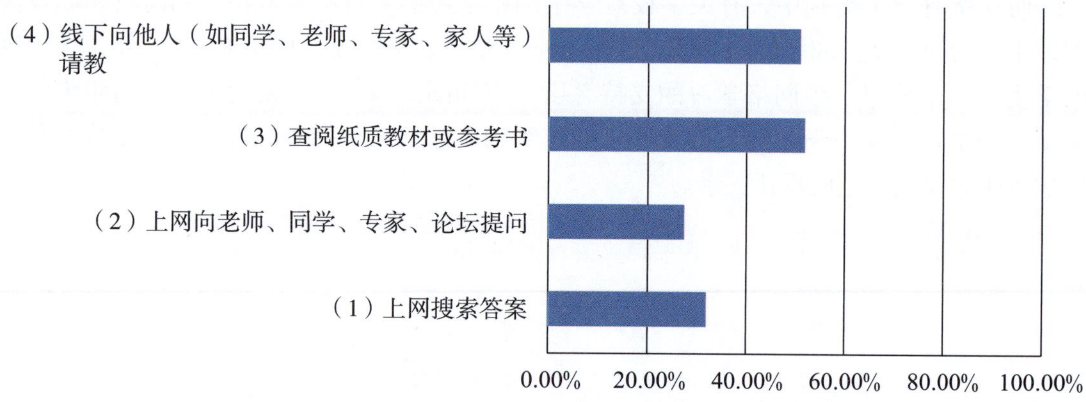

图2-35　中学生针对学习问题线上线下解决方式比例

在线上线下解决学习问题的方式的使用频率上，如图2-36所示，中学生使用“上网搜索答案”的频率平均分为2.92分，“上网向老师、同学、专家、论坛提问”的频率平均分为2.65分，“查阅纸质教材或参考书”的频率平均分为3.42分，“线下向他人（如同学、老师、专家、家人等）请教”的频率平均分为3.52分。前两项均低于中值3.00分，后两项得分均高于中值3.00分，这说明中学生对于线上解决问题的使用率不高，他们更倾向于在线下向老师和同学请教，或者查询纸质资料。

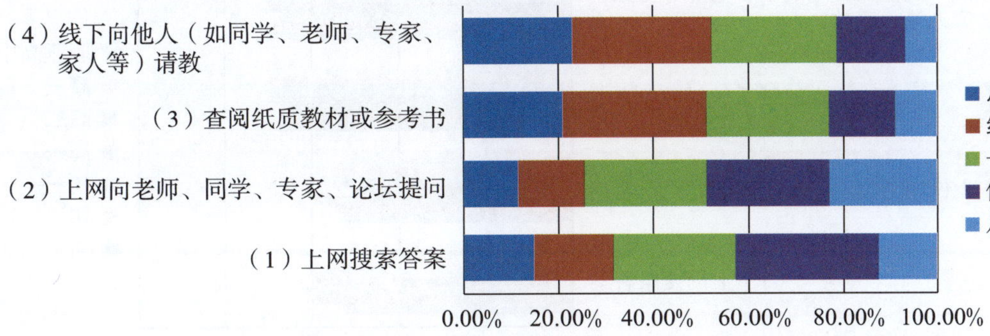

图2-36　中学生针对学习问题线上线下解决方式频率分布

对于解决学习中疑难问题的各种途径的使用程度，男、女生在性别上呈现出一定的差异。如图2-37所示，中学生中男生使用“上网搜索答案”的频率平均分为3.10分，女生为2.76分，男生“上网向老师、同学、专家、论坛提问”的频率平均分为2.90分，女生为2.53分；而男生“查阅纸质教材或参考书”的频率平均分为3.27分，女生为3.57分；男生“线下向他人（如同学、老师、专家、家人等）请教”的频率平均分为3.32分，女生为3.58分。由此可见，在线上解决问题途径的使用上，男生的比例高于女生，而女生在线下解决问题的途径的使用上要高于男生。

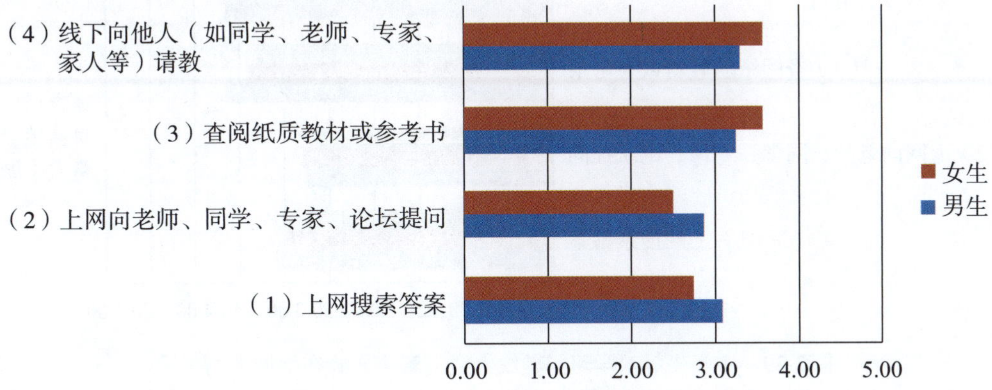

图2-37　中学生针对学习问题线上线下解决方式在性别上的差异

在年级分布上，如图2-38所示，对于“上网搜索答案”选项，使用频率最高的是职业高中生，平均分大约为3.33分（5表示经常、1表示从不），高于中值3.00分，高二和高三学生平均分分别为3.08分和3.05分。对于此选项，年级越高的学生使用频率越高。而对于“上网向老师、同学、专家、论坛提问”，所有类型的学生使用频率得分均较低。对于线下解决问题方法的使用频率，得分最低的是职业高中生，其余年级的中学生得分均在3.50分及以上。由此可见，职业高中学生通过线上解决问题的频率较高，其他类型的中学生则以线下解决为主。

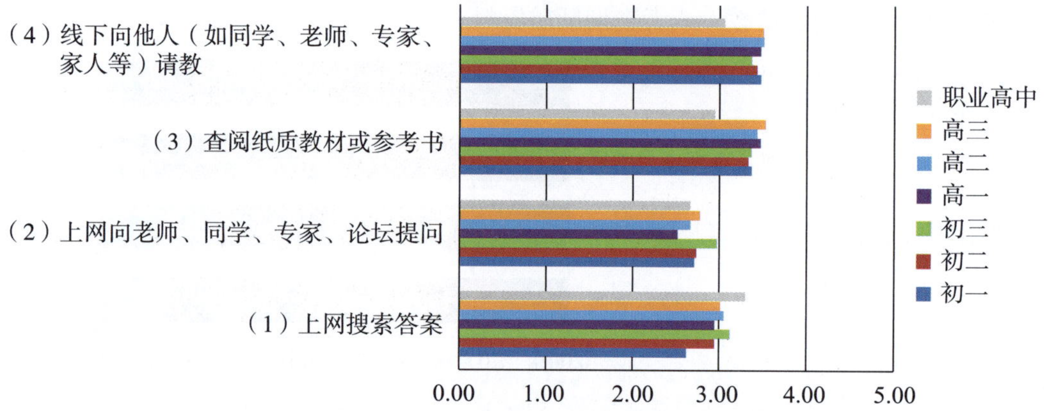

图2-38　中学生针对学习问题线上线下解决方式在年级上的差异

在地域分布上，大中城市中学生使用“上网搜索答案”的频率平均分为3.10分，县镇中学生的为2.98分，农村中学生的为2.74分；而三者在其他三个选项上的得分没有太大差异（如图2-39所示）。但通过图2-39可以看出，大中城市中学生在各项的使用频率平均分上均高于县镇中学生和农村中学生，这反映了城市中学生在遇到学习疑难问题时更倾向于通过线上或者线下的方式主动寻求解决。

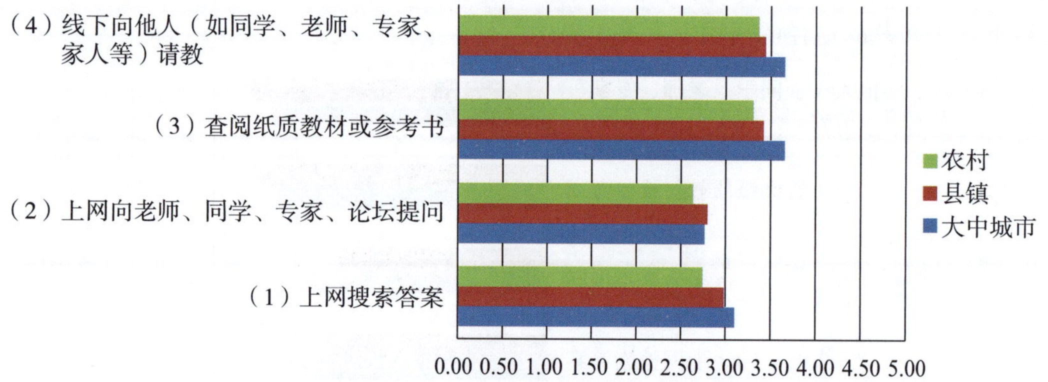

图2-39　中学生针对学习问题线上线下解决方式在地域上的差异

对于网上学习的具体内容，中学生可以通过网络查阅资料，登录课程网站以及参加网校或网络教学平台学习课程，获取与升学考试相关的辅导类资料，通过网络与他人交流作业问题，使用外语学习或考试网站和论坛（BBC/太傻网等），通过互联网浏览各种新闻。调查显示，45.41%的中学生总是或经常为完成作业或解决问题而上网查询资料，总是或经常通过互联网浏览各种新闻的占比为43.83%，总是或经常下载与升学考试相关的辅导资料的占比为39.95%，总是或经常登录网校或教学平台参与网络课程的占比为30.55%，总是或经常通过网络与他人交流作业问题的占比为28.04%，总是或经常使用外语等学习网站的占比为21.17%（如图2-40所示）。

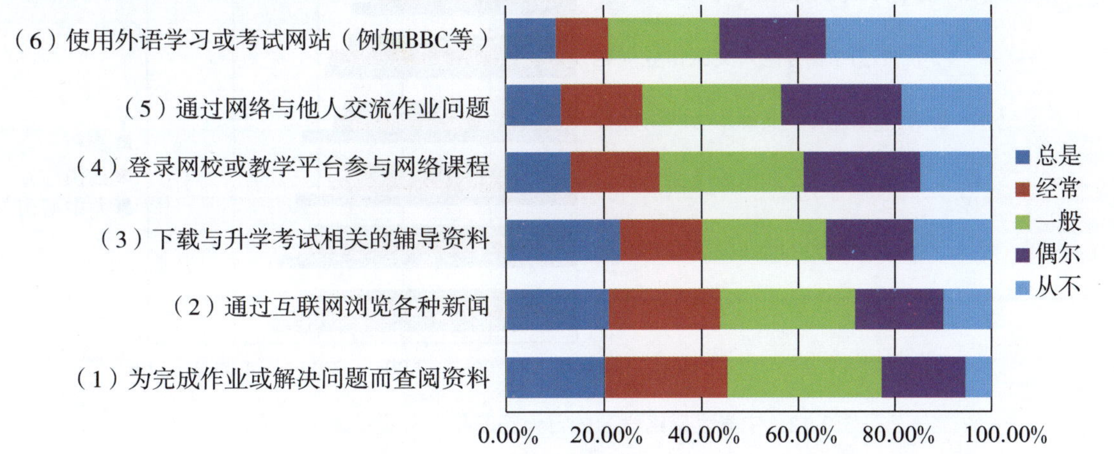

图2-40　中学生网络学习的行为频率

如图2-41所示，中学生在进行网络学习时的具体内容的使用频率上，最高的是“为完成作业或解决问题而查阅资料”，平均分为3.38分；最低的是“使用外语学习或考试网站（例如BBC等）”，平均分为2.42分。除此以外，低于中值3.00分的还有“通过网络与他人交流作业问题”和“登录网校或教学平台参与网络课程”。由此可见，中学生网上学习的主要表现形式是通过互联网查阅、浏览和下载各类学习资料和信息，大部分是一种偶发的、不系统的个体行为。

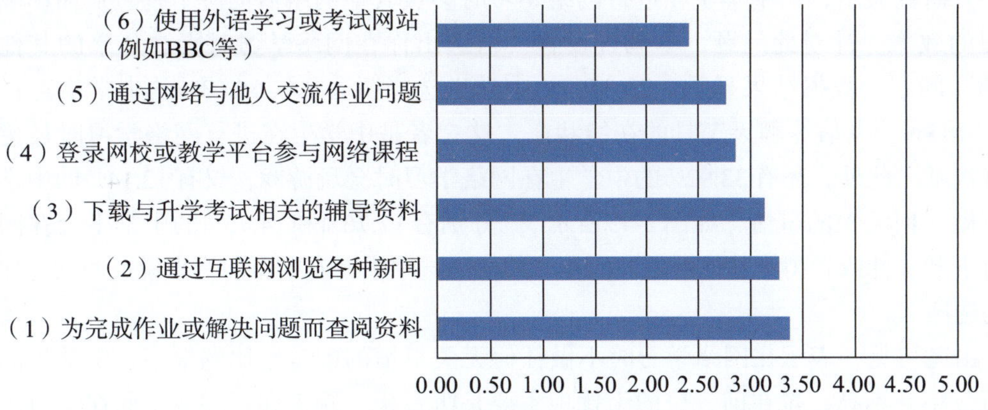

图2-41　中学生网络学习的行为频率平均分

而在地域差异上，如图2-42所示，整体上大中城市中学生对线上学习各个选项的使用频率均高于县镇和农村中学生，差异最大的是“登录网校或教学平台参与网络课程”，大中城市中学生使用频率平均分为3.21分，超过了中值3.00分，而县镇中学生和农村中学生的得分分别为2.90分和2.70分，这说明网络课程和教学平台在经济发达的地域普及程度较高。

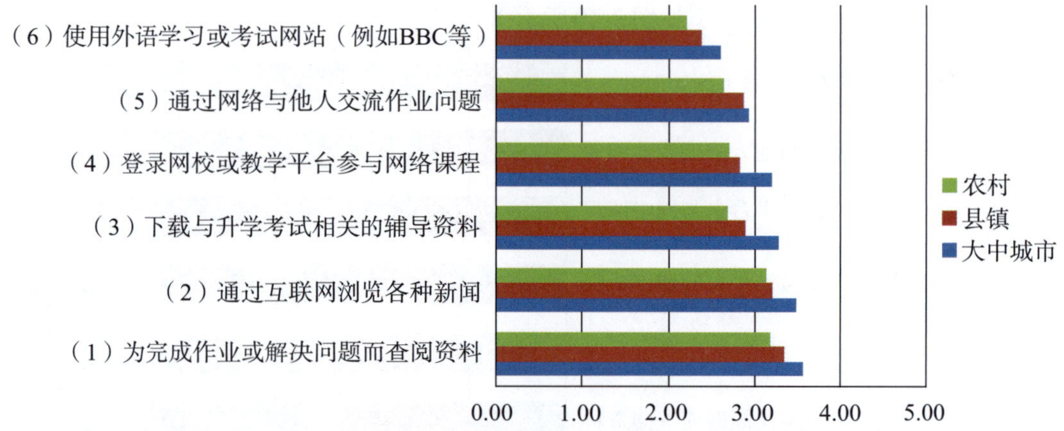

图2-42　中学生网络学习的行为频率平均分在地域上的差异

而在年级分布上，初中生比高中生为完成作业或解决问题而上网查阅资料的频率更高，初中生的平均分为3.54分，高中生的平均分为3.30分，职业高中生的平均分为3.21分。有关“通过互联网浏览各种新闻”，各年级使用频率差异不明显。有关“下载与升学考试相关的辅导资料”，初三学生的平均分为3.36分，高三学生的平均分为3.35分，是所有类型的学生中平均分最高的学生。有关“登录网校或教学平台参与网络课程”的使用频率，职业高中生的平均分最高，为3.07分，其余均低于中值3.00分。其他项则在年级分布上无明显差异。

有研究显示，当中学生在进行网络学习时会被其他网络活动所干扰，从而影响网络学习的效率。针对此问题，本调查设置“请选出你在网络学习时喜欢从事的其他网络活动”问题。数据结果显示，70.35%的中学生选择听音乐，65.63%的中学生选择保持QQ、MSN、飞信等聊天工具的在线状态，这二者是中学生在进行网络学习时最主要的干扰选项。此外，还有33.92%的中学生在网络学习时会玩游戏，仅有12.14%的中学生表示不做任何无关的事情（如图2-43所示）。分别有17.76%和14.75%的中学生会在网络学习时下载文件或者浏览其他网页，而在“其他”选项中，看电影和看小说这两项是比较常见的选项。

由此可见，表示在网络学习时不做任何无关事情的中学生比例很小，中学生的网络学习效率并不高，排在前三位的干扰项主要是听音乐、聊天和玩游戏。而在学习工具的选择上，当使用电脑时，“不做无关事情”的比例更高，大约为14.44%。换句话说，使用电脑进行网络学习的效率比其他设备效率更高，而智能手机效率最低，经常使用智能手机上网的中学生中74.74%的人会选择同时听音乐，73.29%的人会选择保持QQ、MSN、飞信等在线状态。“听音乐”和“挂着QQ、MSN、飞信等”两项网络活动在智能手机上的使用比例都显著高于其他设备；网络游戏在电脑上的使用比例较高，大约为36.91%（如表2-4所示）。

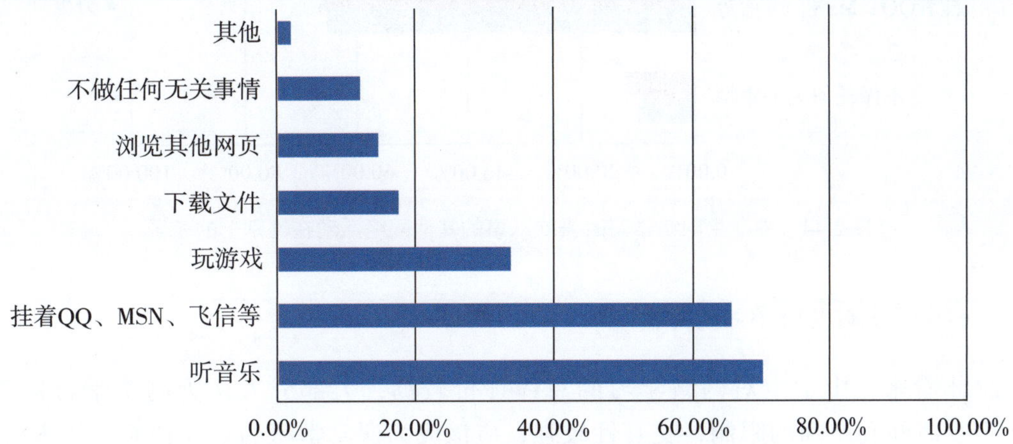

图2-43　中学生网络学习时喜欢从事的其他网络活动

表2-4　不同上网设备上网络学习干扰应用比例

网络干扰性应用 / 上网设备	不做任何无关事情	挂着QQ、MSN、飞信等	听音乐	浏览其他网页	下载文件	玩游戏
电脑	14.44%	60.81%	67.74%	15.03%	17.09%	36.91%
iPad等平板电脑	13.58%	61.96%	66.29%	14.94%	19.59%	29.44%
智能手机	9.04%	73.29%	74.74%	14.49%	18.22%	30.66%
其他	11.86%	53.19%	65.58%	12.78%	17.99%	38.72%

对于中学生进行网络学习时主要的三个干扰项，男生中有65.26%的人选择保持QQ、MSN、飞信等聊天工具的在线状态，女生的这一比例为66.00%；男生中66.14%的人选择听音乐，女生选择听音乐的比例为74.56%；男生中56.72%的人选择玩游戏，女生则仅为20.81%（如图2-44所示）。由此可见，在干扰项的选择上，女生选择听音乐的比例比男生高，而男生在玩游戏的比例上远远超过女生。二者在“不做任何无关事情”的选择比例上无太大差别，男生为10.56%，女生为12.74%。

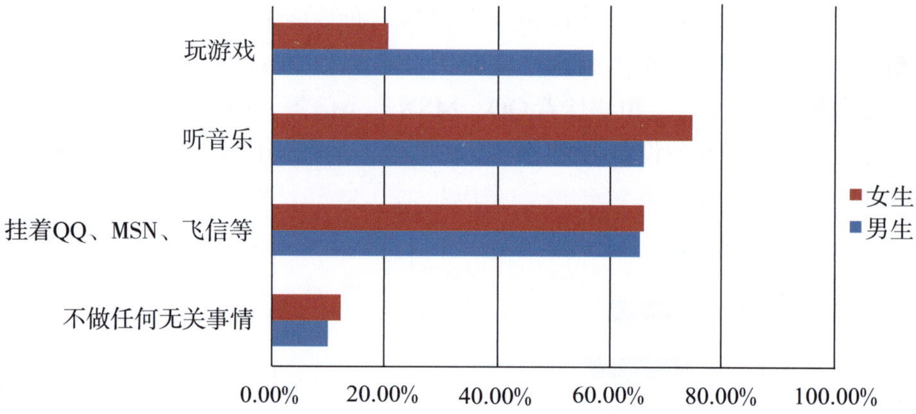

图2-44　中学生网络学习时喜欢从事的其他网络活动在性别上的差异

三、中学生对网络学习的评价

总体看来，中学生对网络学习的总体评价较高，大部分人认为网络学习资源丰富，不受时间和空间的限制，交互性较强，应该成为课堂学习的重要补充。具体来说，68.93%的中学生认为网络学习资源丰富，57.86%的中学生认为网络学习交互性强，大约50.00%的学生认为网络不受时空限制，对课程学习有帮助，应该成为课程学习的重要补充。仅有3.42%的人不认同“网络学习资源丰富”的观点，11.64%的中学生不认同“网络交流及时，不受时空限制”（如图2-45所示）。中学生对于线上学习资源最为认同，其次是网络学习的交互性，反对较多的则是“网络交流及时，不受时空限制”。因此，在中学生看来，网络学习在某些时候交流反馈并不及时，而且受到时间和空间的限制，这与中学生的学校生活和课程安排有关。

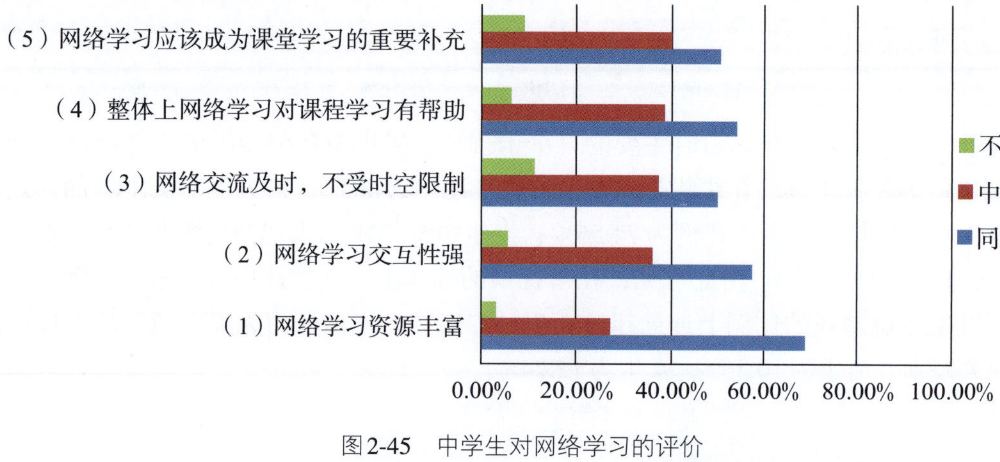

图2-45　中学生对网络学习的评价

就地域分布而言，大中城市中学生比农村中学生对网络学习的认同度更高；对于网络学习的各项评价，大中城市中学生比县镇及农村中学生表现出更高的评价，对网络学习的总体评价由城市到农村依次递减。

如图2-46所示，图中数据是指对于各项评价，不同地域的中学生分别选择“非常同意”的比例。从图2-46中可以看出，有关“网络学习资源丰富”，42.59%的大中城市中学生选择“非常同意”，而农村学生的这一比例为30.50%；35.04%的大中城市中学生非常认同“网络学习交互性强”，而农村中学生的这一比例为21.23%；33.07%的大中城市中学生非常认同“网络学习交流及时，不受时间和空间上的限制”，仅有19.14%的农村中学生非常认同此观点；这也是二者比例差距最大的一个选项。32.31%的大中城市中学生非常认同“整体上网络学习对课程学习有帮助”，农村中学生该比例为20.06%；33.06%的大中城市中学生非常认同“网络学习应该成为课堂学习的重要补充”，21.82%的农村中学生非常认同此观点。

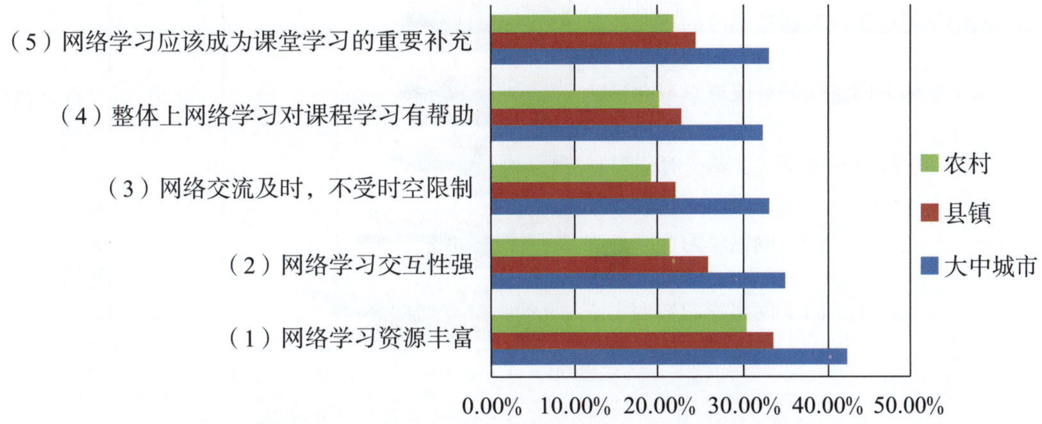

图2-46　中学生对网络学习的评价在地域上的差异

而从性别分布上看，如图2-47所示，在李克特5点量表中，男生对于“网络学习资源丰富”的认同度平均分为4.18分，女生的平均分为3.90分。男生对于“网络学习交互性强”的认同度平均分为3.94分，女生的平均分为3.69分。男生对“网络交流及时，不受时空限制”的认同度平均分为3.65分，女生的平均分为3.49分。男生对于网络学习的各项优势认同度均高于女生。整体上，男生关于“整体上网络学习对课程学习有帮助”的认同度高于女生，他们更倾向于认同网络学习应该成为课堂学习的重要补充。

从年级分布上看，高中生比初中生对于网络学习的各项优势表现为更认同。如图2-48所示，高三学生关于“网络学习资源丰富”的认同度平均分为4.12分，初三学生的平均分为3.86分；高一学生对于“网络学习交互性强”的认同度平均分为3.93分，初三学生的平均分为3.62分；高二学生对于“网络学习交流及时，不受时空限制”的平均分为3.79分，初一学生的平均分为3.49分。整体上，中学生认为网络学习对课程学习有帮助，应该成为课堂学习的补充，认同度平均分为3.70分。

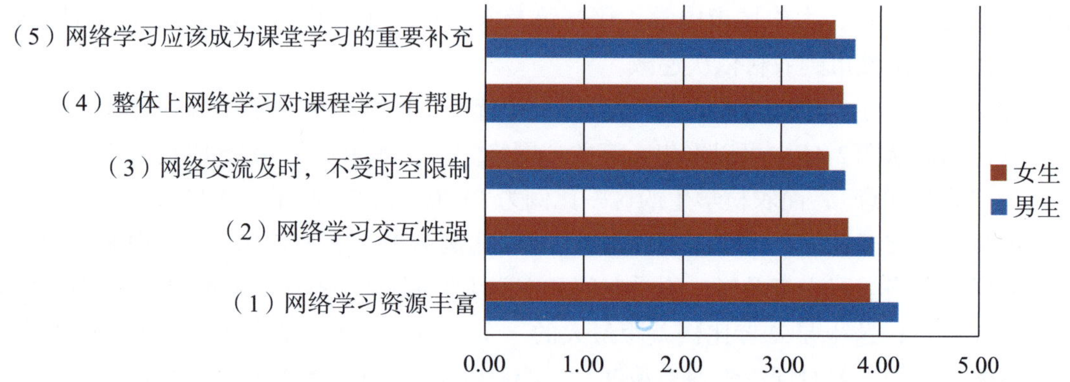

图2-47　中学生对网络学习的评价在性别上的差异

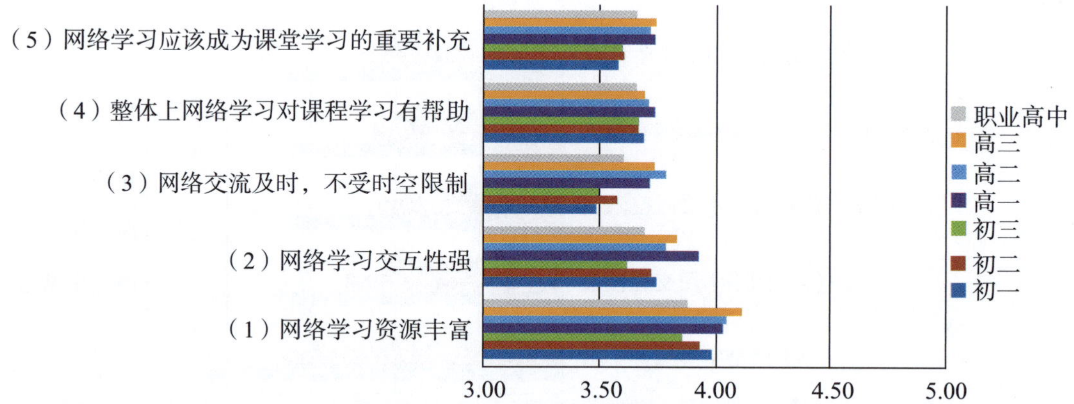

图2-48　中学生对网络学习的评价在年级上的差异

第四节　中学生网络社交方式

一、中学生网络社交时间

从中学生网络使用概况可以看出，QQ、MSN、微信等即时通信软件是最常使用的网络应用，中学生网络社交的普及率与上网普及率大体相似，约为99.90%。几乎每一个上网的中学生都拥有自己的社交账号，以QQ最为常见，其次是微信和各类社交网站，例如开心网、贴吧等。

本次调查将中学生的网络社交时间分为早晨、午休、晚上、上课时间、课间休息、逃课和其他七个时间段。调查结果显示，53.27%的中学生会选择在晚上进行网络社交，登录网络与他人即时通信，33.86%的中学生选择在午休进行网络社交，晚上和午休是中学生上网聊天最主要的两个时间段。而在26.66%的“其他”选项中，答案以“周末”和

“节假日”为主，比例占其他选项整体的85.00%。此外，还有18.65%的中学生选择在课间休息时上网聊天，12.33%的中学生选择在早晨上网聊天。利用上课时间以及逃课上网聊天的中学生占5.22%，这在全国中学生中的比例和对应人数相对较大（如图2-49所示）。由此可见，中学生网络社交几乎遍布所有时间段，以晚上、午休和周末为主，甚至有部分学生会利用上课时间或逃课进行网络社交。

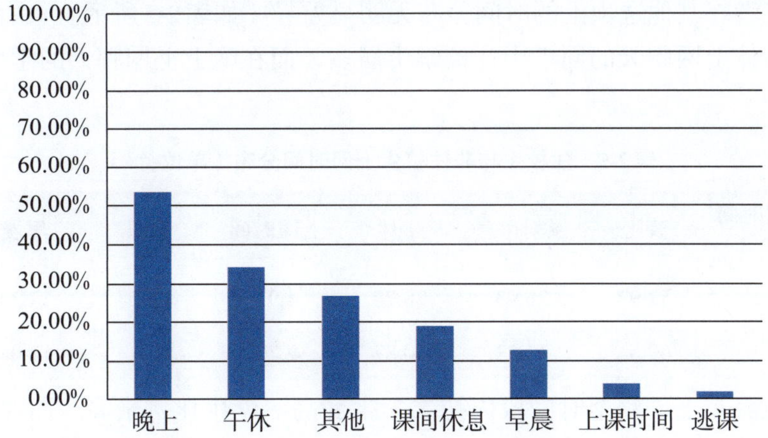

图2-49　中学生网络社交时间段分布

在网络社交性别差异方面，65.80%的女生选择在“晚上”上网聊天，男生选择的比例为59.79%；34.93%的男生选择在“午休”上网聊天，女生选择的比例为31.77%；19.74%的男生选择在“课间休息”时上网聊天，女生选择的比例为17.53%（如图2-50所示）。由此可见，女生更倾向于在晚上和周末进行网络社交，而在其他时间段的网络社交上，男生比例明显高于女生。

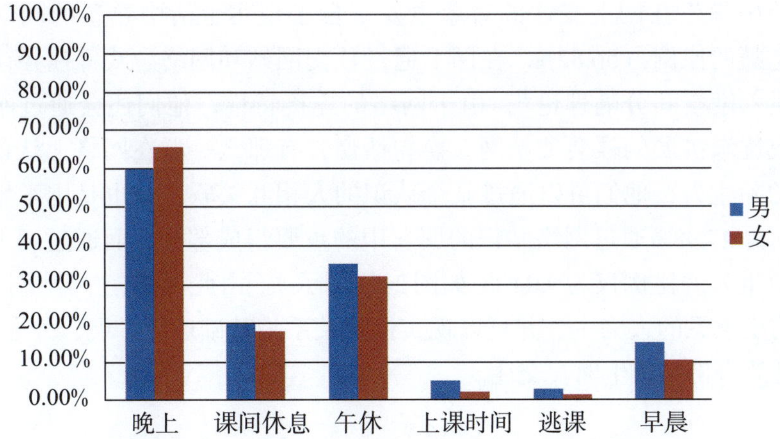

图2-50　中学生网络社交时间段分布在性别上的差异

在最主要的网络社交时间段——晚上和午休中，使用智能手机上网的学生比例最高。不难解释，由于移动通信的发展，中学生利用智能手机上网聊天的人越来越多，而且集中在中学生相对自由的晚上和午休时间段。

通过对比分析，住在学校的中学生在午休和课间休息期间上网聊天的（65.63%）要高于住在家里的中学生（44.39%），而后者在晚上上网聊天（69.64%）则高于前者（52.97%），二者在其他选项上的时间分布无明显差异（如表2-5所示）。由此可见，利用课间休息和午休上网聊天的同学中住校学生居多，而在晚上上网聊天的学生中非住校学生居多。

表2-5 住校生与非住校生上网时间分布（单位：%）

上网时间 / 是否住校	晚上	课间休息	午休	上课时间	逃课	早晨	其他
是	52.97	26.93	38.70	4.91	1.96	14.34	27.99
否	69.64	13.52	30.87	2.77	1.42	11.08	25.84

而在年级分布上，每个时间段内初二学生和高一学生比例最高。而在学生类别上，职业高中的学生在各个时间段内的比例比其他类型的学生都高，即职业高中学生上网社交比例最高。

二、中学生网络社交对象

中学生网络社交大多数是利用即时通信软件聊天，他们在网上交往的对象有来自现实生活中熟悉的人，例如家人、同学、朋友，也有通过网络结识的陌生人。统计数据表明，85.13%的中学生在网上交往的对象主要来自于现实生活中熟悉的同学或朋友，家人、亲戚和老师的比例占56.82%，在网上通过社交网站和网络游戏等途径认识的朋友占27.98%。按照六度空间分隔理论[①]，由于网络的连接特性，他们还会通过网络结识朋友的朋友，形成逐渐扩展的社会关系网。换句话说，有那么一群在网络上认识的人，他们并不是绝对的陌生人，他们可以通过某个认识的人相互关联，这也是中学生网络交友中的重要来源，是27.98%通过网络结识的朋友中的重要组成部分。而通过网上结交，偶然碰到纯粹的陌生人的比例仅为9.04%（如图2-51所示）。由此可见，中学生进行网络社交时主要以现实中熟悉的人为主，并且以现实社交关系为基础进行扩展，并非与现实脱离，完全隐匿自己的身份与陌生网友交往。

① 瓦茨．六度分隔——一个相互连接的时代的科学［M］．陈禹，等，译．北京：中国人民大学出版社，2011：3.

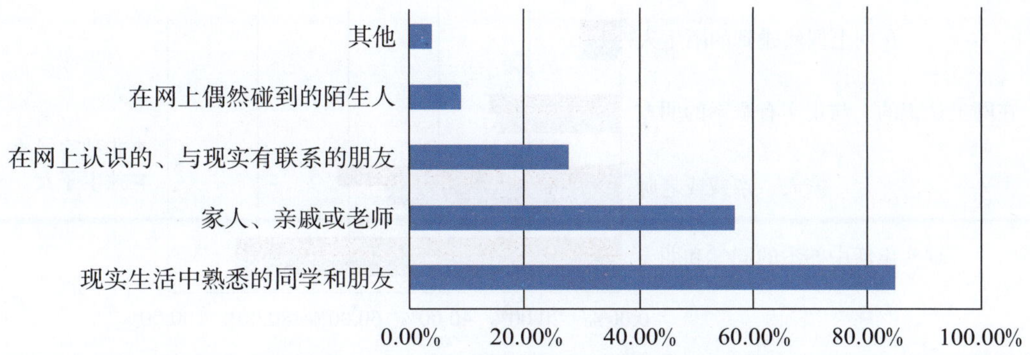

图2-51　中学生网络社交对象选择分布

而在性别差异上，女生更倾向于与现实生活中熟悉的家人、朋友、同学、亲戚及老师联系，男生则在“通过网络认识的相关朋友和陌生人”选项比例上高于女生。女生在非同伴（例如家长、亲戚或老师）的网络社交联系上比男生比例高，而男生关于陌生网友社交的比例高于女生。如图2-52所示，86.53%的女生选择与“现实中的同学或朋友”进行网络社交；男生选择的比例为83.21%；61.53%的女生选择“家人、亲戚或老师”，男生选择的比例为49.98%；25.89%的女生选择“在网上认识的、与现实有联系的朋友”，男生选择的比例为29.93%；7.65%的女生选择“在网上偶然碰到的陌生人”，男生选择的比例为3.44%。

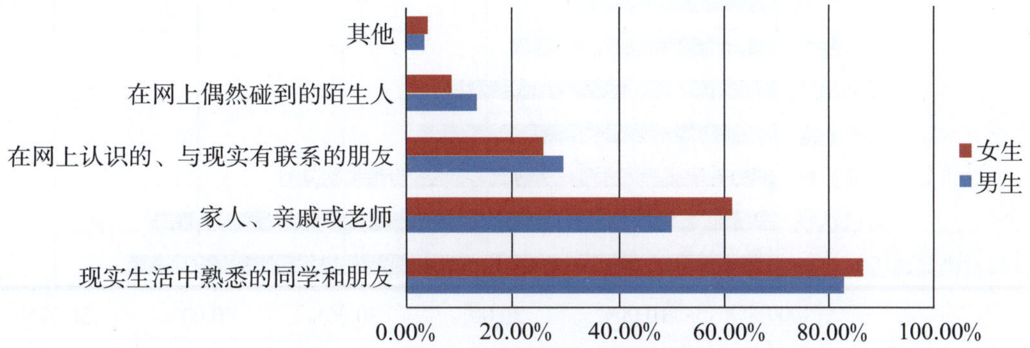

图2-52　中学生网络社交对象选择分布在性别上的差异

如图2-53所示，非独生子女与家人、亲戚或老师在网上的交流比重高于独生子女，在其他选项上无明显差异。有62.22%的非独生子女选择与家人、亲戚或老师在网络上保持联系，而独生子女中的比例仅为51.90%。这反映出非独生子女在非同伴的社会关系维系上比独生子女更为积极。

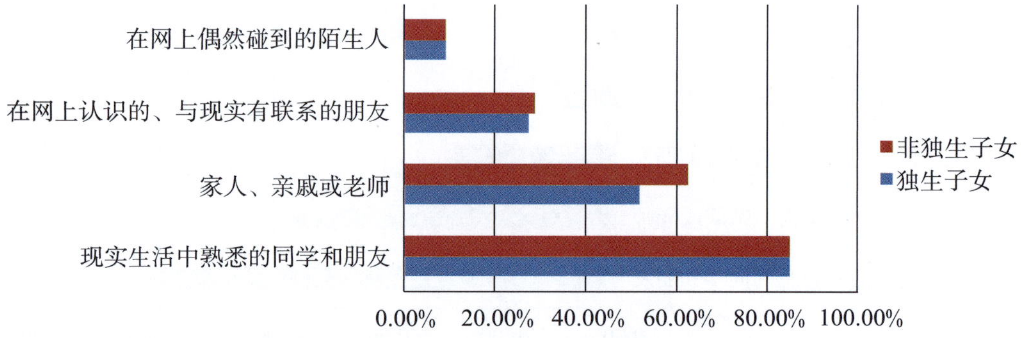

图2-53　中学生网络社交对象选择分布在家庭结构上的差异

当被问及“在进行网络社交时选择交往对象的主要依据是什么”时，如图2-54所示，44.93%的中学生选择与自己兴趣爱好相同的人，43.52%的人选择自己认识的人，34.54%的人选择性格好、容易接触的人。而认为年龄和性别很重要的人，分别只占18.40%和13.38%。

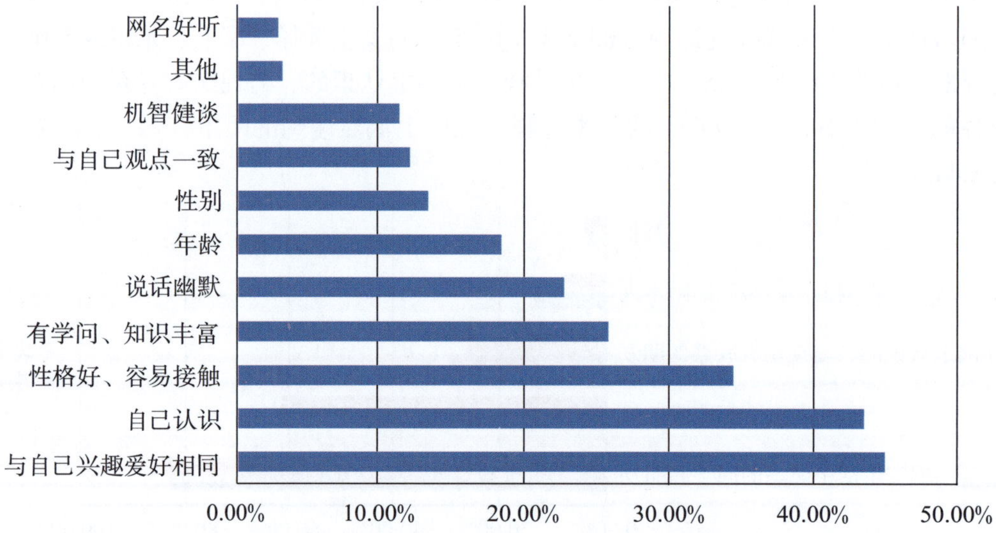

图2-54　中学生网络社交对象选择的依据

由此可见，在网络这个相对开放的空间中，中学生倾向于选择熟悉的、有共同爱好和话题的、自己感觉舒适的对象交往，这些对象往往也是现实生活中的朋友或者熟悉的人。这种倾向突出表现在各类对话群的集合、主题论坛贴吧、社交网站的互动等。中学生会以班级、学校、家乡、兴趣爱好等特征名词组建对话群（例如QQ群、微信群），共同兴趣爱好的人会参加相同论坛和贴吧，熟悉的人会通过社交网站进行互动，例如QQ空间、开心网等。

在性别差异方面，52.43%的女生选择交往对象的主要依据是认识的人，而选择此选项的男生为34.82%；15.12%的男生会看重性别，而女生选择此项的为11.61%；在个人素质方面，例如有学问、知识丰富、说话幽默、机智健谈等选项上，男女生并没有表现出明显差异。由此可见，女生大体上更倾向于与熟悉的人交往，而男生则对性别的看重程度高于女生。

当被问及“是否会与网上结识的网友成为现实中的朋友”时，68.92%的中学生选择“否”，31.08%的中学生选择“是”（如图2-55所示）。这说明，通过网络结识的朋友，其中大部分人不会发展成为现实中的朋友。究其原因，这部分人通过网络交流可能更加方便，或者可能是由中学生的全日制在校状态所决定的。

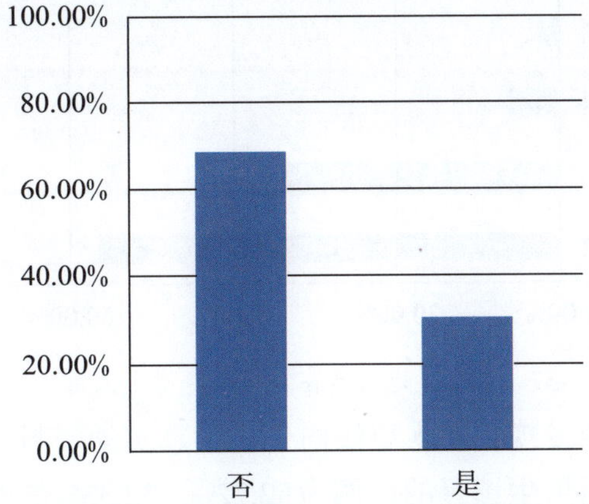

图2-55　中学生是否与网友成为现实中的朋友

在性别分布上，25.24%的女生会与网上结识的网友成为现实中的朋友，而男生选择的比例为36.80%（如图2-56所示）。该数据反映出男生更容易与网络社交中的网友成为现实中的朋友，女生则较为谨慎保守。

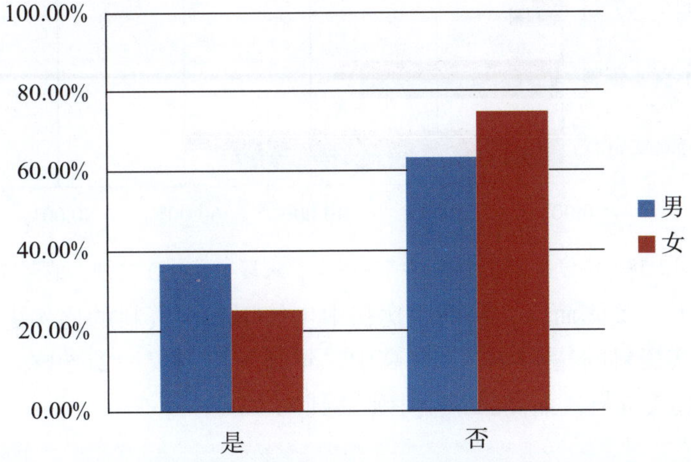

图2-56　中学生是否与网友成为现实中的朋友

中学生在进行网络社交时，对于个人资料的填写，超过一半（56.67%）的人会提供部分真实资料，提供完全真实资料的仅为2.48%，而提供不真实资料的人数占34.28%，提供美化过的资料的人数占比为6.57%（如图2-57所示）。这说明网络对于中学生而言并不是完全虚拟的空间，大多数中学生会提供部分真实的资料，并对某些关键信息进行过滤和保密，例如电话号码、家庭住址等。而对于提供完全真实资料的中学生而言，需要进一步加强信息安全防范意识。中学生还没有进入社会，缺乏自我保护和防范意识，经常出现的有关网络安全和因网络信息泄露造成的人生安全威胁案例，应该成为中学生在互联网中加强自我保护的警示。

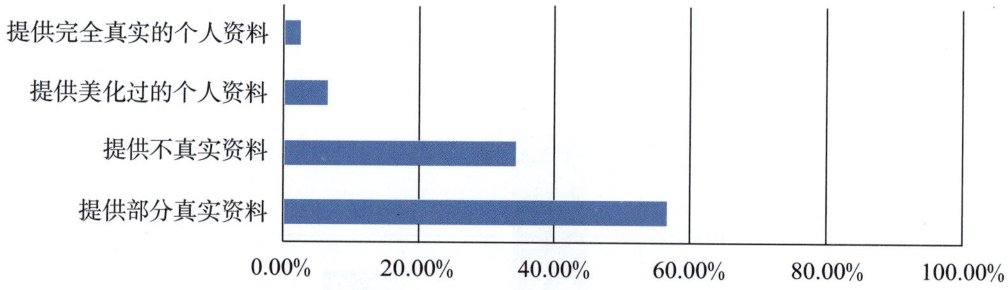

图2-57　中学生是否会在网络中提供个人真实资料

而在进一步的分析中发现，女生更倾向于提供真实的资料，60.71%的女生会选择提供部分真实个人资料，而男生选择的比例为52.72%。32.33%的女生选择不提供真实个人资料，36.18%的男生则选择此项（如图2-58所示）。相比之下，男生更倾向于使用虚拟或隐蔽的个人信息进行网络社交，自我保护和自我隐蔽的意识更为明显。

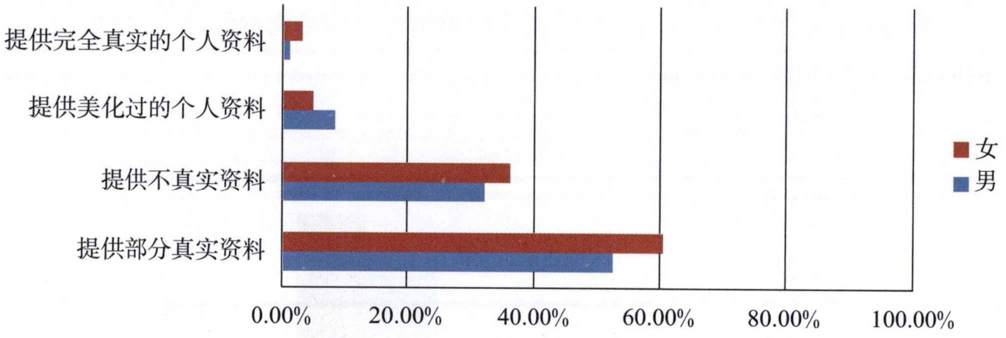

图2-58　中学生是否会在网络中提供个人真实资料在性别上的差异

在年级分布上，整体而言，高中生比初中生使用真实资料的比例更大。初中一年级学生中提供不真实资料的达43.44%，而高中二年级学生则仅为21.58%。46.28%的初一学生选择提供部分真实资料，而高二学生中则达到71.75%。

三、中学生网络社交的目的

大部分中学生网络社交的主要目的在于与周围熟悉的人保持联系。76.14%的中学生认为他们网络社交的目的在于与同学和朋友保持联系；43.21%的中学生用于与家长和老师保持联系；26.41%的中学生会使用网络社交软件中的游戏功能。大约五分之一（20.69%）的中学生用于消磨时间，用于宣泄或者向他人倾诉的中学生占18.02%，为了结交新朋友而使用网络社交软件的中学生占16.82%（如图2-59所示）。

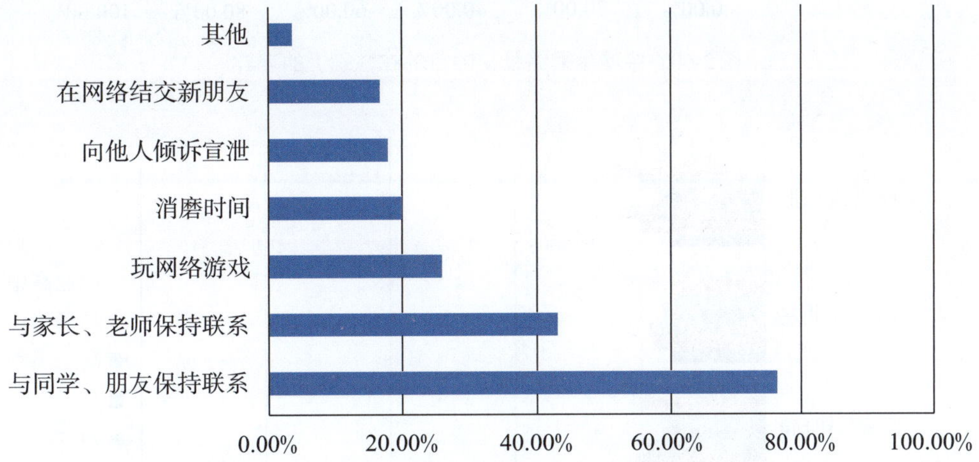

图2-59　中学生网络社交的目的

由此可见，中学生网络社交的主要目的是与现实中熟悉的人保持联系，但是仍然有非常多的中学生使用聊天工具的目的仅仅为了消磨时间。在性别分布上，如图2-60所示，中学生中，女生选择与家人、老师保持联系的为64.39%，男生则为45.61%；女生选择与同学、朋友保持联系的为63.58%，男生则为46.62%；有72.59%的女生选择向他人倾诉或宣泄，而男生选择此项的为47.41%；男生中，78.82%的人选择网络游戏，女生选择的仅为21.18%。由此可见，女生更倾向于与同学、朋友保持联系或者向他人倾诉或宣泄，而在网络游戏选项上，男生则明显高于女生，两者在消磨时间和结交新朋友两个选项上的比例无明显差异。

而在年级分布上，如图2-61所示，用于保持联系目的的中学生中低年级和职业高中的占比较高，高一学生占比为81.28%，职业高中生的占比为78.29%，而高三学生中的比例为68.67%。用于消磨时间和结识新朋友目的的中学生中，以职业高中生的占比最高，分别为38.36%和22.38%，而初一学生中的占比分别为16.39%和15.05%。有关“向他人倾诉或宣泄”选项，初三学生和高三学生的占比最高，这与高年级学生学业压力较大的状况有关。

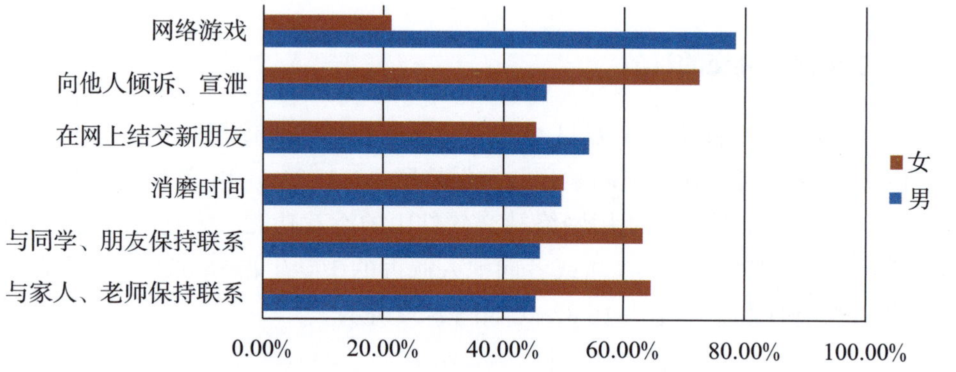

图2-60　中学生网络社交的目的在性别上的差异

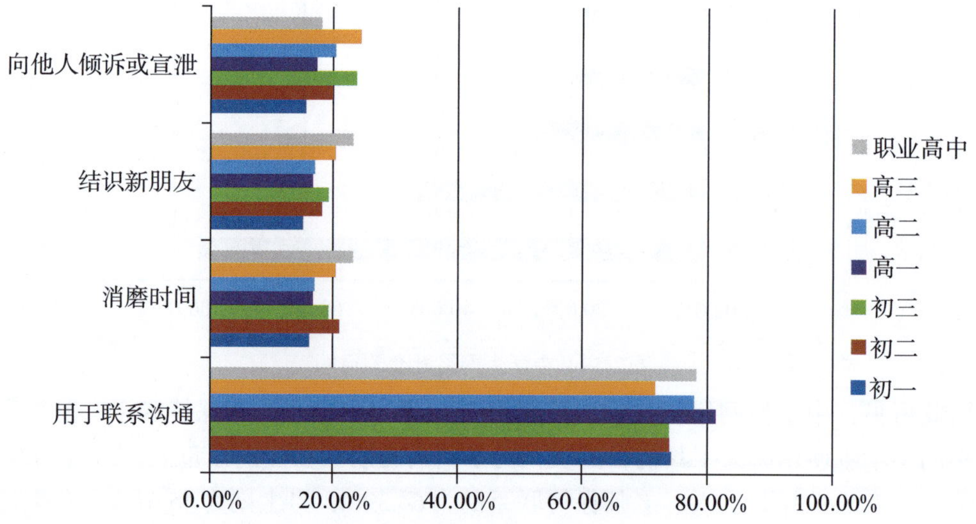

图2-61　中学生网络社交的目的在年级上的差异

四、中学生对网络社交的评价

本次调查要求被调查的中学生针对网络社交的使用体验，对当前网络社交观点进行评判，评判方式采用李克特表的形式，要求被调查者选出自己的态度。图2-62列出了九条评价性语句，其中认同度最高的是中学生认为网络交往提供了更多的学习机会，拓宽了知识面，约有36.82%的中学生非常同意此观点，30.12%的人比较同意，不同意的中学生仅占13.18%。31.48%的中学生非常认同网络交往可以促进自己与教师和同学之间的交流，27.21%的中学生非常认同网络对参与社会交往和社会活动有积极影响。而在正面描述中，认同度相对较低的是“网络交往和现实中的交往一样真实，富有感情”，19.68%的中学生对此“非常同意”，19.15%的中学生“比较同意”，不同意的中学生占20.00%左右。

在负面描述中，31.49%的中学生不认同“与网友交往缺乏信任，无法深入”的观点。通过图2-62可以看出，当前中学生对网络社交的评价普遍良好，对正面描述的认同度较高，对负面描述认同度较低；从具体内容来看，中学生对网络社交的便利性和存在感认同度最高，随后是网络社交的真实性和深入程度。总体而言，中学生对网上建立的人际关系较为满意，约有21.21%的学生非常认同，21.36%的学生比较认同。

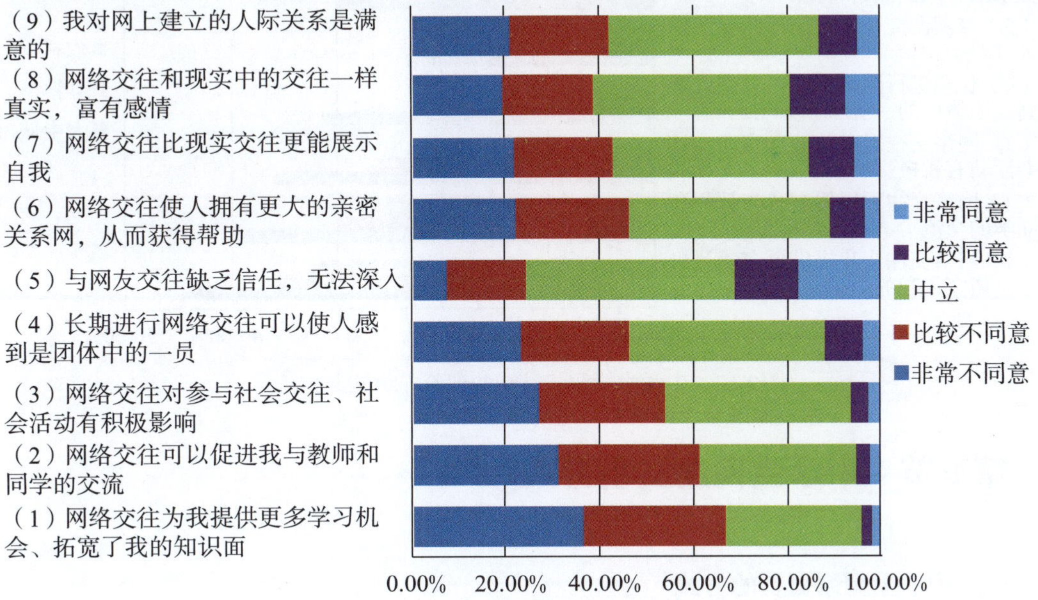

图2-62　中学生对网络社交的评价

而在性别差异上，女生对网络社交的认同度低于男生，就网络人际关系的满意度而言，26.34%的男生表示“非常满意”，而女生的这一比例仅为15.95%。女生在其他各正面描述上的认同度均低于男生，比例差距平均为10个百分点。

被调查的中学生中独生子女对网络社交的积极评价更高。例如，对网络人际关系的满意度一项，独生子女的平均得分为3.84分（总分为5.00分），约有28.74%的独生子女非常认同此观点；非独生子女的平均分为3.37分，约有17.19%的非独生子女非常认同此观点。在其他各项表述上，中学生中独生子女的认同度均比非独生子女高。

就地域分布而言，大中城市的中学生对网络社交表现出更为积极的态度，图2-63统计出就“非常同意”选项而言，不同地域的学生在各项表述上的比例。从图2-63可以看出，中学生对网络社交的积极评价由大中城市到农村逐渐递减，首先是大中城市的中学生认同度最高，其次是县镇中学生，最后是农村中学生。大中城市的中学生满意度平均分为3.74分，县镇中学生为3.53分，农村中学生为3.47分。全国范围内，北京地区的认同度最高，平均分为3.75分，其次是以浙江为代表的华东地区。在网络越发达的区域，中学生对网络社交的认同度越高。

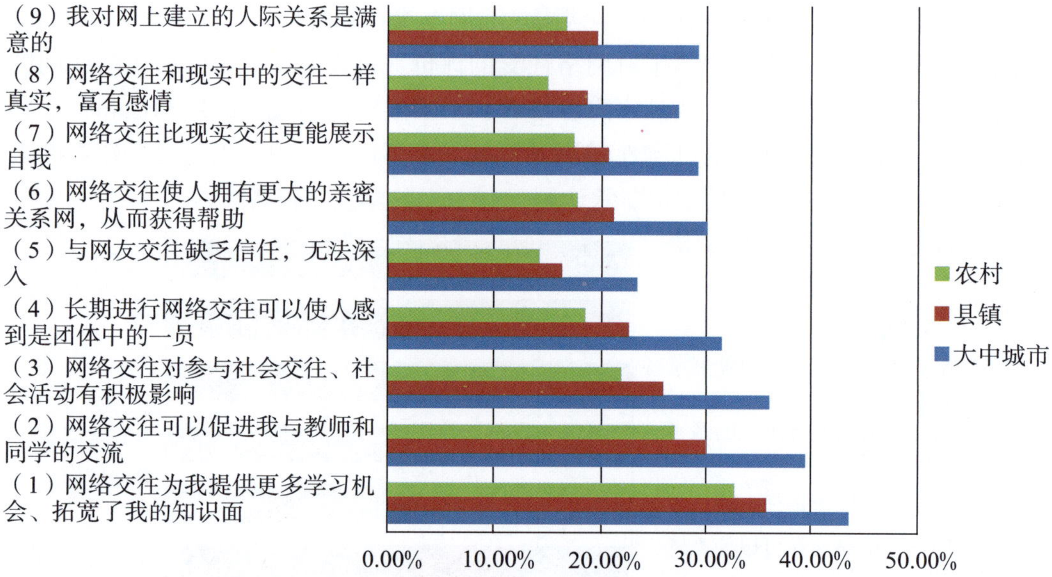

图2-63　中学生对网络社交的评价在地域上的差异

第五节　中学生网络交易方式

一、中学生网络交易的方式

网络交易是中学生网络应用中的一部分，中国互联网络信息中心发布的《2013年中国青少年上网行为调查报告》对中学生各类网络交易进行了数据统计。中学生的网络购物普及率为51.2%，网上支付普及率为39.8%，开通网上银行的占35.2%，参与过团购的占15.2%，在网上进行过旅行支付的占14.7%（如图2-64所示）。中学生网上交易形式以网络购物为主。

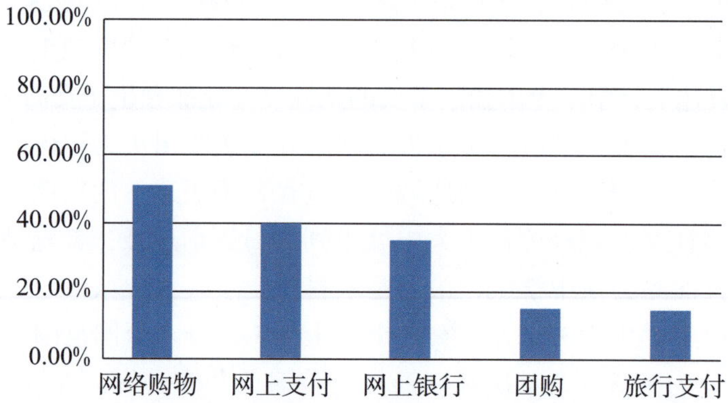

图2-64　中学生网络交易应用的普及率

在本次调查中，46.13%的中学生表示有过网络购物的经历，除去调查取样上的差异以及部分中学生为逃避填写“网络交易”问卷模块的因素，该占比与图2-64中的数据差异不大，可以认为，大约有一半的中学生存在网络购物的经历。其中，女生存在网络购物经历的比例明显高于男生，分别为58.67%和32.71%（如图2-65所示）。这反映出女生比男生更喜欢网络购物，女生的网络购物普及率更高。

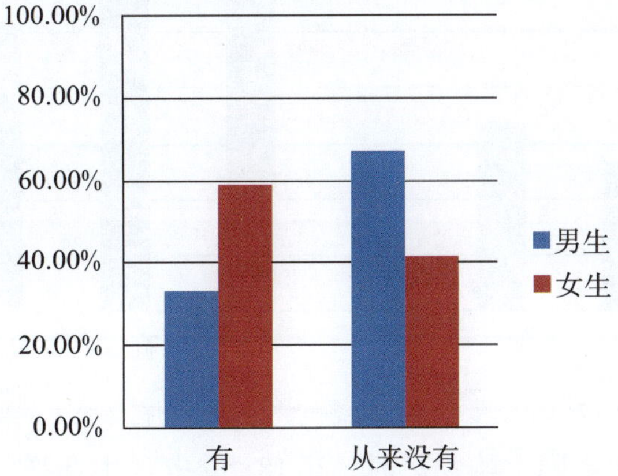

图2-65　中学生中存在网络购物经历比例在性别上的差异

在地域分布上，52.63%的大中城市中学生存在网络购物经历，41.47%的县镇中学生存在网络购物经历，35.11%的农村中学生存在网络购物经历（如图2-66所示）。由此可见，大中城市中学生网络购物现象更为普遍，经济越发达地域中学生网络购物现象越突出。

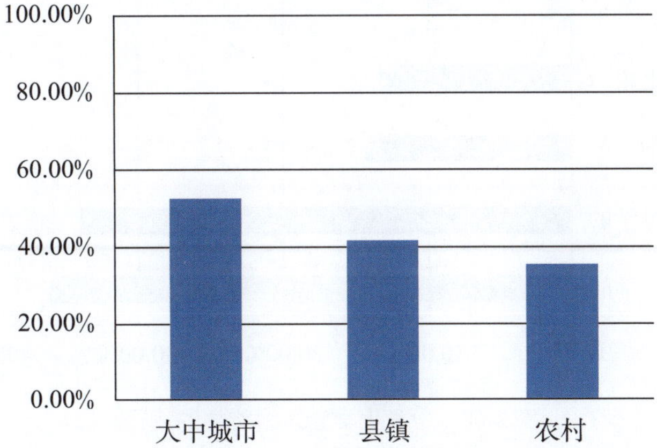

图2-66　中学生中存在网络购物经历比例在地域上的差异

而在年级分布上，初一学生存在网络购物经历的占27.04%，初二学生这一比例为33.95%，初三学生该比例为23.37%，高一学生该比例为56.15%，高二学生该比例为57.11%，高三学生该比例为52.31%，职业高中学生该比例为59.73%（如图2-67所示）。由此可见，高中生中网络购物比例远远高于初中生，其中职业高中学生参与网络购物比例最高。

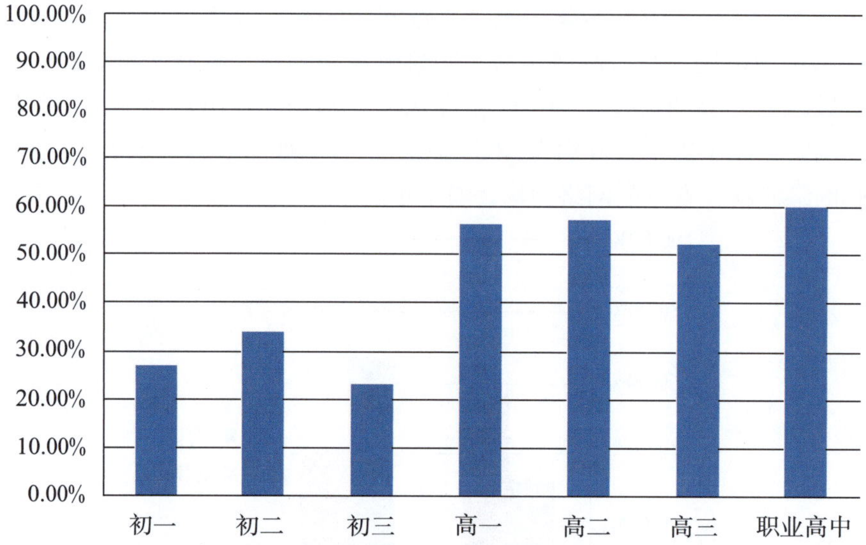

图2-67 中学生中存在网络购物经历比例在年级上的差异

当被问及“如何学会网上购物”时，36.18%的中学生选择“向同学、朋友学的”，34.12%的中学生是“跟父母学的”，14.32%的中学生认为“自己偶然学会的”，13.38%的中学生则是“看杂志或按照网上指示”学会的（如图2-68所示）。受周围熟悉人的影响是中学生学会网络购物的主要原因，其中向父母、同学和朋友学习的占比较高。

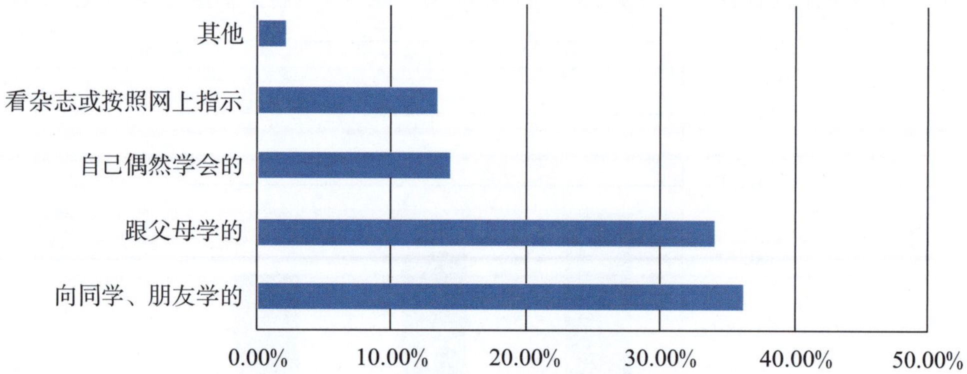

图2-68 中学生学会网络购物的途径

从地域分布上看，在大中城市中学生参与网络购物的人中，有31.64%的学生是跟父母学会网络购物的，县镇中学生中的占比为22.12%，农村中学生中占比为17.60%；城市中学生参与网络购物的人中，有16.66%的学生是向同学或朋友学会网络购物的，县镇中学生的比例为18.78%，农村中学生的比例高达40.30%；而通过看杂志或按照网上指示学会购物的人群比例中，不同地域的学生比例差异不大（如图2-69所示）。由此可见，大中城市的中学生在“跟父母学的”因素中占比较大，农村中学生在“向同学、朋友学的”

因素中占比较大，农村中学生主要向周围同学和朋友学会网上购物。

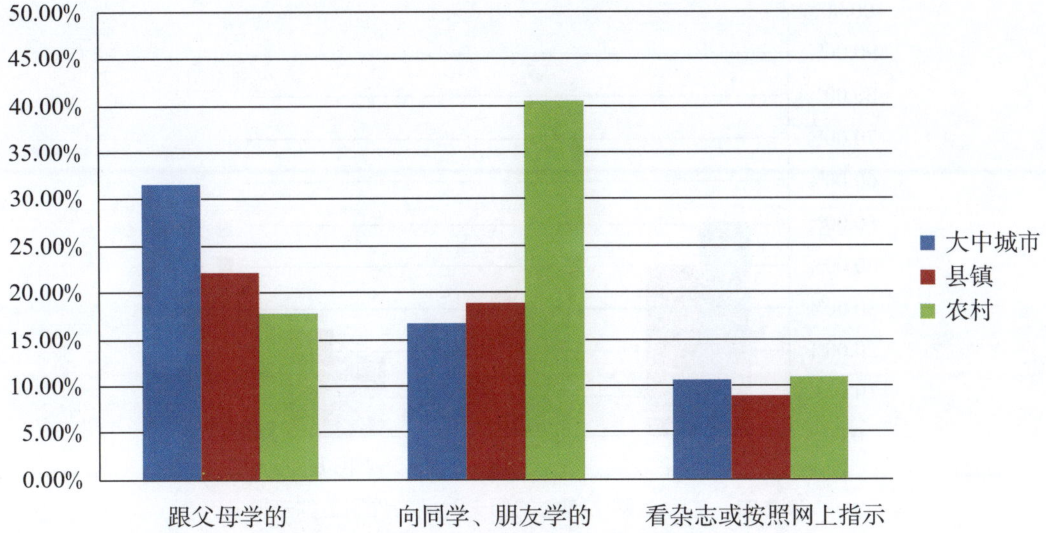

图2-69　中学生学会网络购物的途径在地域上的差异

二、中学生网络交易的时间

参与网络购物的中学生中，47.05%的中学生表示自己的网络交易历史时间为1年以内，32.17%的中学生网络交易历史时间为1—2年，20.78%的中学生网络交易历史时间为2年以上（如图2-70所示）。由此可见，与成年人相比，中学生网络购物的历史时间不长。

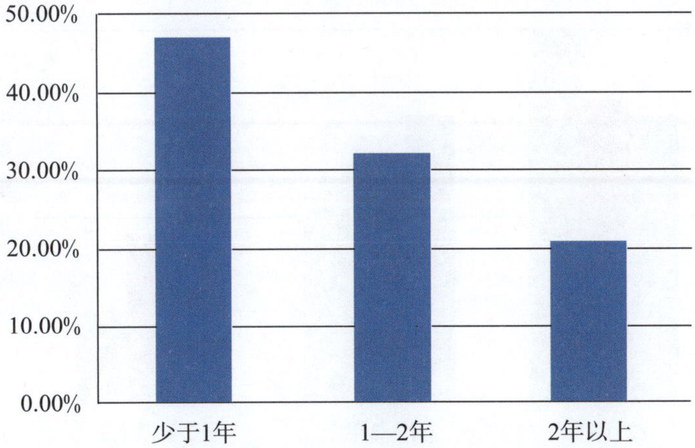

图2-70　中学生网络购物的历史时间

而从性别差异上看，女生比男生的网络购物历史时间普遍更长。如图2-71所示，在具有网络购物经验的男生中，50.17%的男生网络购物历史时间少于1年，女生则为40.08%；30.66%的男生网络购物时间在1—2年，女生则为34.54%；19.17%的男生网络购物时间在2年以上，女生则为25.38%。

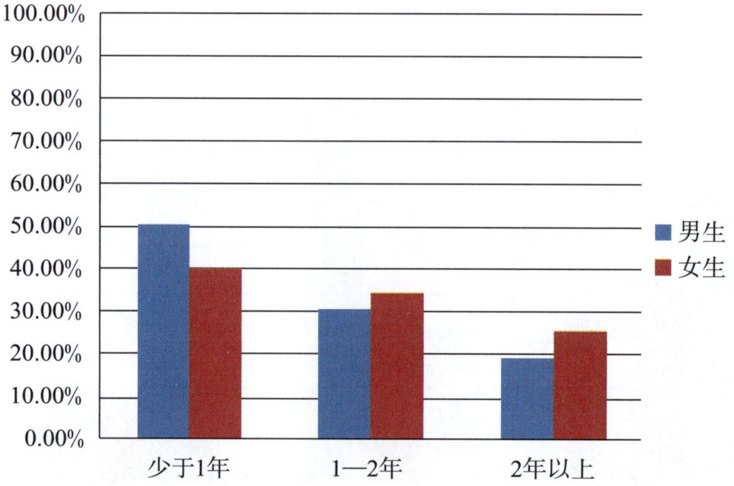

图2-71　中学生网络购物的历史时间在性别上的差异

通过图2-72可以看出，在具有网络购物经验的中学生中，30.74%的大中城市中学生网络购物时间少于1年，农村中学生网络购物时间少于1年的占到39.74%；30.86%的大中城市中学生网络购物时间为1—2年，农村中学生的这一比例为20.72%；24.06%的城市中学生网络购物时间2年以上，农村中学生的这一比例为9.64%。由此可见，大中城市中学生比农村中学生网络购物历史时间更长，更早接触网络交易。

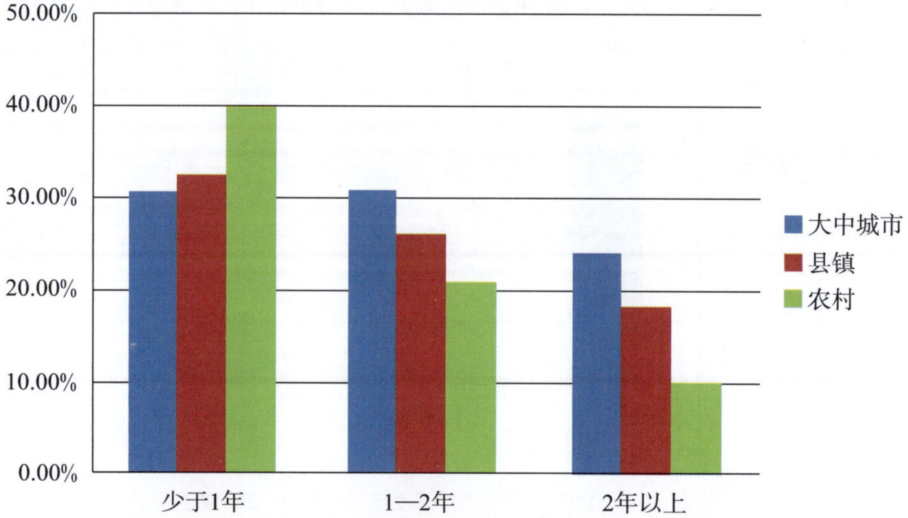

图2-72　中学生网络购物的历史时间在地域上的差异

调查中，中学生网上购物的频率大多集中在一个月1次，38.13%的中学生选择一个月1次，34.61%的学生选择一个学期1次甚至更少，16.57%的中学生选择一周1次，10.69%的中学生选择一周2—3次（如图2-73所示）。根据《2012年中国互联网报告》，中国网民在半年内的平均网络购物次数为18次。由此可见，中学生网上购物的频率远远低于全国平均水平；中学生消费大多依赖于家长，网络消费不是其主要的消费途径，网络购物或相关交易等商业行为能力相对较低。

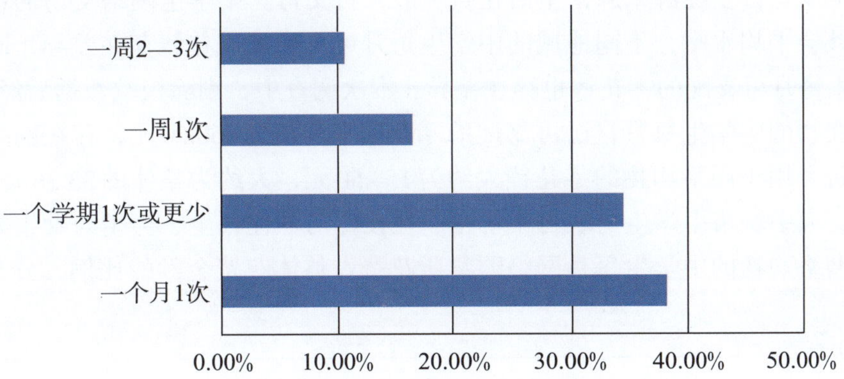

图2-73　中学生网络购物的频率

进一步分析发现，女生的网络购物频率相对较高，大多集中在“一周1次”，而男生的网络购物频率则在“一个月1次”中分布较多。大中城市中学生中7.80%的人选择“一周2—3次”；而县镇中学生占比为4.14%，农村中学生占比为3.11%。城镇中学生的网络购物频率相对较高。在年级分布上，高中生比初中生表现出更高的购物频率，大约有20.00%的高二学生网络购物频率在一周1次或更多，18.62%的职业高中生网络购物频率为“一周1次或更多”，而初一学生该比例仅为7.00%（如图2-74所示）。而中学生是否住校在网络购物频率表现上无明显差异。

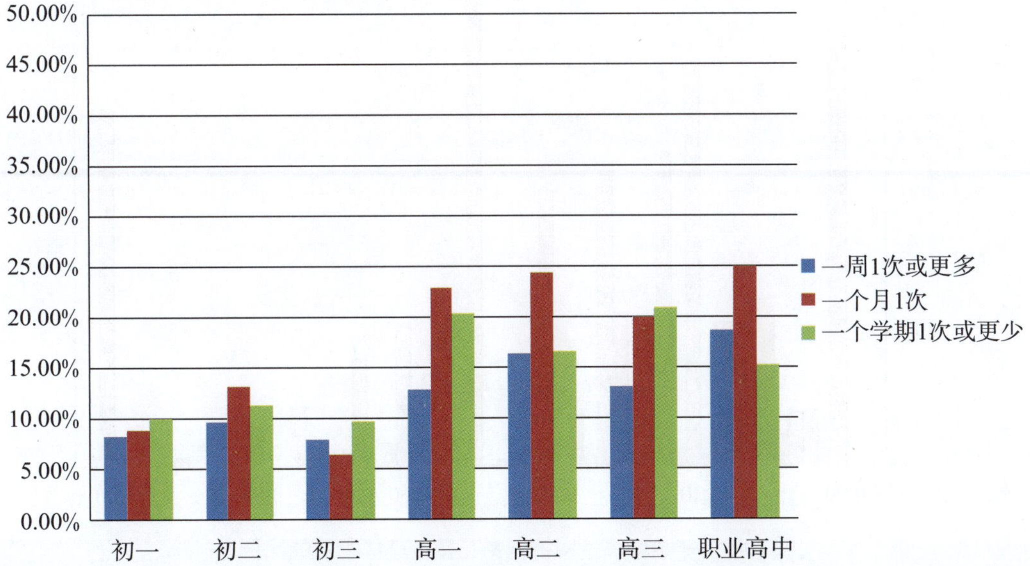

图2-74　中学生网络购物的频率在年级上的差异

三、中学生网络交易的内容

中学生没有自主经济来源，生活花费一般来自父母。中学生网络交易的花费金额和频率低于社会平均水平，不同地域的中学生每月可支配的零花钱存在差异，同时住校生和非住校生每月可支配的零花钱也存在差异。本次调查中，剔除极端数据后经数据分析，存在网络购物的中学生每月自己可支配的零花钱平均值为460.20元，存在网络购物经历的中学生每月用于网络购物的零花钱大约为153.50元，大约为整体的33.36%。各项数据方差较大，大中城市中学生与农村中学生、住校生与非住校生、男生与女生等都存在差异。存在网络购物的中学生每月网络购物所花费占整体花费金额的比例，分布如图2-75所示。

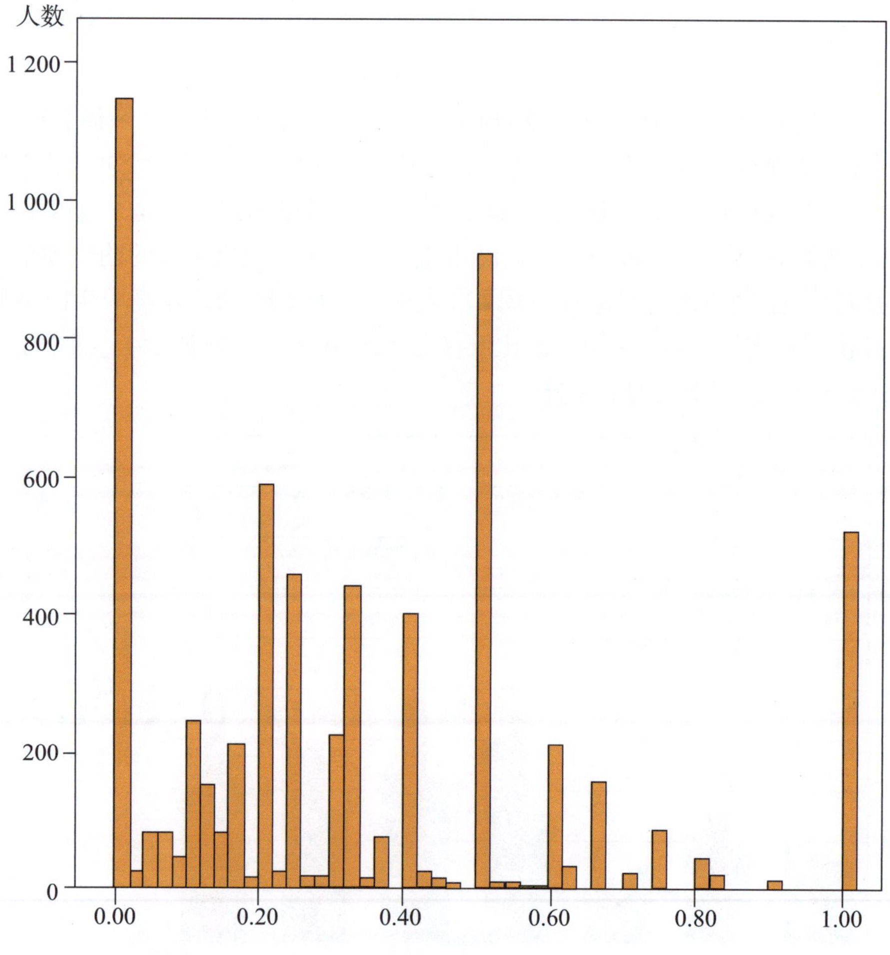

图2-75　中学生每月网络购物花费占整体花费的比例

调查中，我们将中学生分为住校生和非住校生。总体来看，住校中学生每月可支配的零花钱大约为518.21元，非住校生每月可支配的零花钱大约为313.52元。对于住校生而言，每月用于网络购物的金额大约占零花钱总金额的30.20%，金额大约为156.50元。非住校生每月用于网络购物的金额大约占零花钱总额的35.38%，金额大约为110.90元（如表2-6所示）。由此可见，非住校生比住校生每月网络购物金额占每月零花钱的比例更大，这与非住校生上网方便有关。

表2-6　住校生与非住校生每月网络购物金额及所占比例

	住校生	非住校生
每月可支配零花钱金额（元）	518.21	313.52
每月网络购物金额（元）	156.50	110.90
网络购物金额占每月零花钱的比例	30.20%	35.38%

而在地域差异上，其中大中城市中学生网络购物花费占比约为38.12%，县镇中学生网络购物花费占比约为35.49%，农村中学生网络购物花费比例为30.89%。由此可见，大中城市中学生网络花费占整体花费的比例更大，对网络交易的应用程度更高。

参与网络购物的中学生，在网上购买的商品比例最高的三项是服装、配饰和文体用品。在网络购物的主要商品选项中，73.46%的中学生选择服装，48.05%的中学生选择配饰，例如箱包、饰品、手表、眼镜等，29.97%的中学生选择文体用品，26.04%的中学生选择食品，20.78%的中学生选择虚拟产品，例如点卡、网络游戏充值等，17.50%的中学生选择数码产品，而其他用品（包括家居商品、虚拟服务、保险等）仅占2.03%（如图2-76所示）。

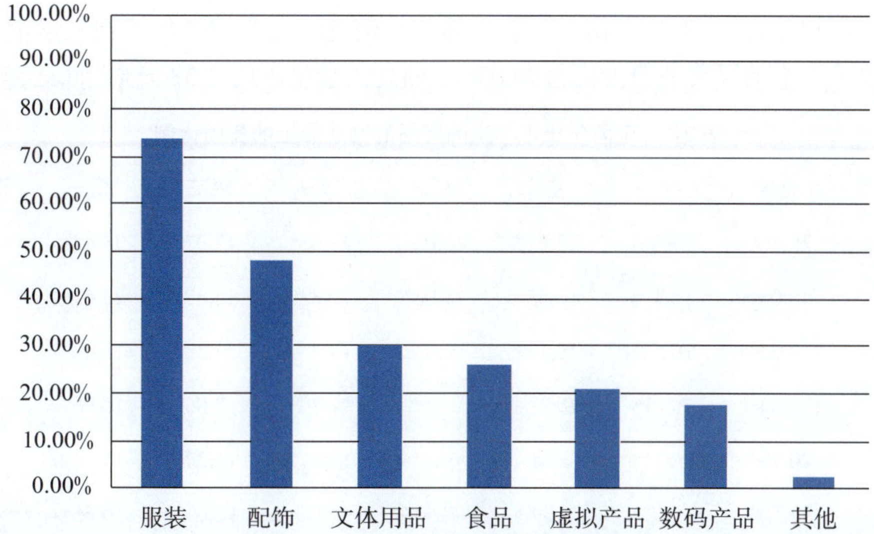

图2-76　中学生网络购物的主要商品

而在具体的数据分布上，女生在服装、配饰上的比例高于男生，在73.46%的服装消费上，女生占46.10%，男生占27.36%；在48.05%的配饰（如箱包、饰品、手表、眼镜等）消费上，女生占31.24%，男生占16.81%。而男生在虚拟产品和数码产品上的消费高于女生。在20.78%的虚拟产品消费中，男生进行此项消费的有16.89%，女生进行此项消费的仅有3.89%；在17.50%的数码产品消费中，男生占12.25%，女生占5.25%（如图2-77所示）。

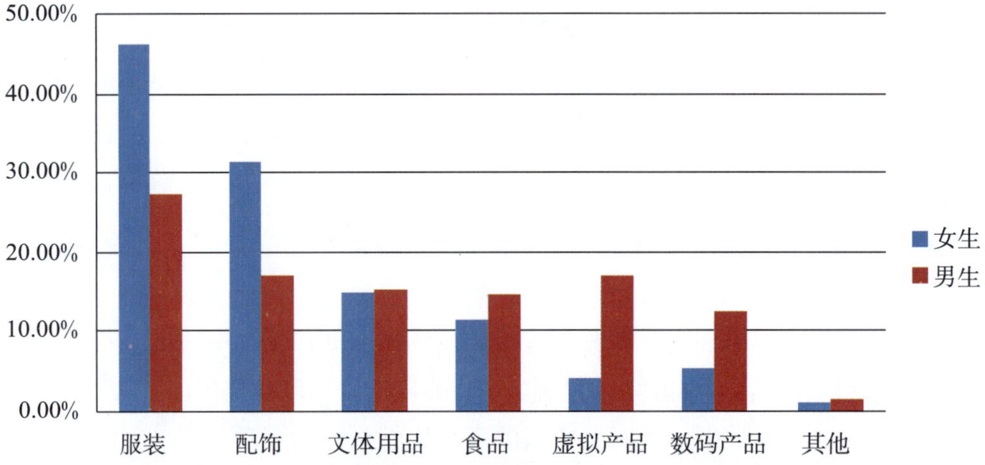

图2-77　中学生网络购物的主要商品中男、女各自所占比例

在年级分布上，高中学生的网络购物比例普遍高于初中生，以职业高中生比例最高。例如，在主要购买物品选择中，52.24%的职业高中生选择服装，44.03%的普通高一学生选择服饰，选择该项的初一学生为17.96%；35.35%的职业高中生选择配饰，27.82%的普通高一学生选择配饰，12.10%的初一学生选择配饰。初三学生和高三学生在同一类型学校中的消费比例最低。例如，初一学生文体用品消费占比为10.57%，初三学生占比仅为5.90%；高一学生的服装消费占比为44.03%，而高三学生占比为38.43%（如表2-7所示）。

表2-7　不同年级中学生的网络购物商品上的各项比例

	总体	初一	初二	初三	高一	高二	高三	职业高中
服装	73.46%	17.96%	23.67%	16.02%	44.03%	42.37%	38.43%	52.24%
配饰	48.05%	12.10%	16.65%	11.08%	27.82%	23.89%	23.61%	35.35%
文体用品	29.97%	10.57%	10.19%	5.90%	14.31%	19.20%	13.43%	6.93%
食品	26.04%	8.18%	9.39%	7.35%	11.79%	17.56%	12.96%	15.01%
虚拟产品	20.78%	5.57%	7.28%	6.14%	10.47%	11.57%	14.81%	8.95%
数码产品	17.50%	4.78%	5.99%	4.70%	9.54%	10.69%	10.65%	8.80%
其他	2.03%	0.66%	1.75%	0.48%	0.96%	0.75%	0.78%	2.87%

在地域分布上，大中城市中学生的消费比例略高于县镇中学生和农村中学生，约有30.22%的大中城市中学生网络购物时主要消费服装类商品，县镇中学生则为28.98%，农村中学生则为27.50%（如图2-78所示）。所有消费选项中，中学生消费比例由大中城市到农村递减。

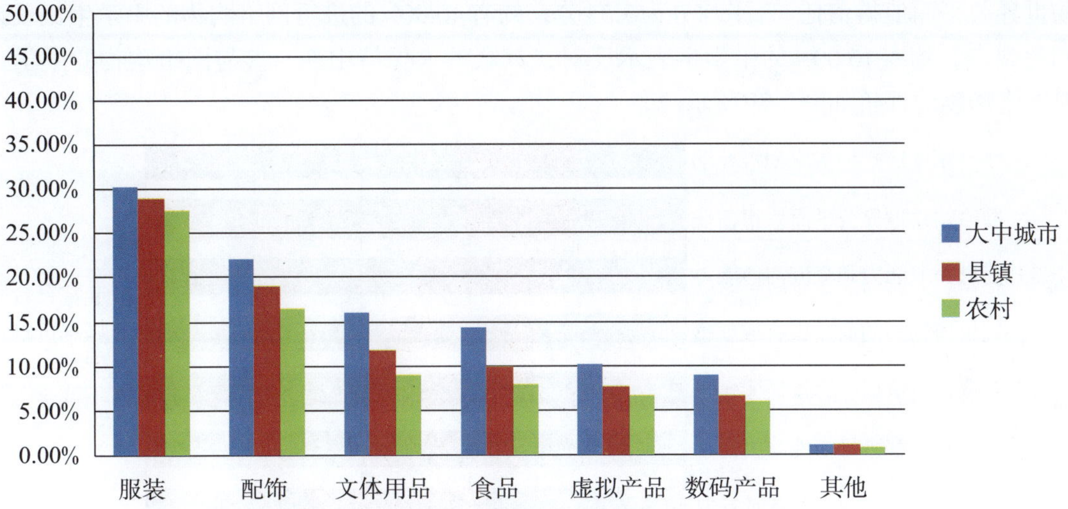

图2-78　中学生网络购物的主要商品在地域上的差异

四、中学生对网络交易的评价

部分中学生选择网络购物是因为网络购物具有便利、廉价、信息丰富等特点。他们认为网络购物最主要的优势是省时省力，可以不用出门、不用逛街就能买到称心如意的商品。36.47%的网络购物中学生非常认同此观点，34.56%的中学生比较认同，仅有2.13%的中学生不认同。而在具体分布上，大中城市中学生比农村中学生更认同，高年级学生比低年级学生更认同。

其次，中学生认为在网上购物能够满足个性购物需求，而在实体购物中，可能很难在短时间内找到满足自身个性化要求的商家。约有62.88%的中学生认同此观点，其中女生比例高于男生，女生约占64.55%，男生约占35.45%。另外有32.73%的人对此观点保持中立。

还有61.50%的中学生认为互联网信息丰富，因此在网络购物时会充分搜集各种信息资源，力求最大实惠，尤其是在某些购物网站上，消费者可以根据需求搜索出相关类型、相关价格的商品，方便他们进行比较。仅有5.11%的中学生表示在网络购物时没有进行这种比较。

27.35%的中学生认为，能在网上买到价廉物美的商品让他们很有成就感，28.84%则比较赞同，36.50%表示中立，仅有7.30%的中学生表示不认同或者非常不认同。同时，对于网络购物是否提高了中学生获取信息的能力和沟通交际的能力，49.86%的中学生表示认同，41.02%的中学生表示中立，9.12%的中学生表示并不认同。

得分相对较低的是中学生会在网络购物时“与网上卖家/买家积极互动”和“网络购物世界公平而值得信任”，平均分为3.33分；约有40.00%的进行网络购物的中学生比较认同此观点，约有15.00%的中学生表示反对，其余的人保持中立。参与网络购物的中学生对网络购物的评价如图2-79所示。

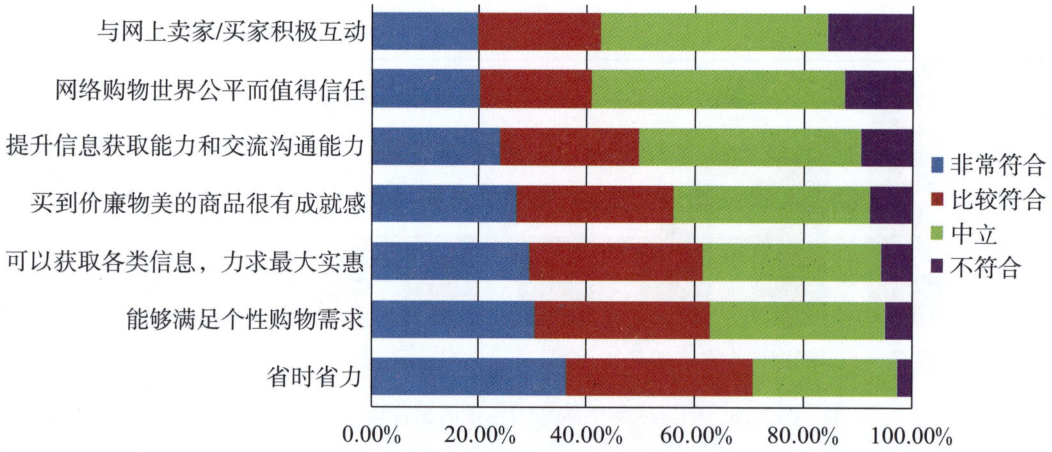

图2-79　中学生对网络购物的整体评价

在相关性分析中，中学生对网络购物的满意度与地域属性、性别、上网指导程度和网络购物频率存在显著的正相关，与年级和是否住校相关性并不明显，其中相关系数最高的是网络购物频率。如表2-8所示，大中城市的中学生相比农村中学生对网络购物的满意度更高，评价更为积极。女生比男生对网络购物的满意度更高。学校或家长对中学生的上网指导程度越高，中学生对网络的满意度就越高。同时，学生对网络购物的满意度越高，网络购物也就越频繁。

表2-8　中学生网络购物满意度相关性分析

	对网购的满意度		
	Pearson 相关性	显著性（双侧）	*N*
家庭地址属性	0.083**	0.000	5 393
性别	0.095**	0.000	5 393
年级	0.018*	0.175	5 393
是否为住校生	−0.016**	0.226	5 393

续表

	对网购的满意度		
	Pearson 相关性	显著性（双侧）	*N*
学校对上网的指导程度	0.081**	0.000	5 393
家长对上网的指导程度	0.076*	0.000	5 393
网购频率	0.147**	0.000	5 393

注：** 在 0.01 水平（双侧）上显著相关，* 在 0.05 水平（双侧）上显著相关。

整体而言，尽管中学生普遍认可网络购物方便快捷，信息丰富，满足个性化需求，但是他们对商品质量和信息真实度仍然存在疑虑，大部分人仍然倾向于到实体店购物。45.37%具有网络购物经验的中学生认为尽管网络购物十分方便，但是实体店购物更让人满意。46.32%的中学生对此观点表示中立，8.30%的中学生明确表示反对此观点。

在前面提到，有53.87%的中学生表示没有网络购物经历。对于从来不网络购物的原因，39.92%的人表示对网上购买的商品的质量不放心。35.33%的中学生表示自己很少买东西，几乎都由父母负责购置。27.78%的中学生表示不了解网络购物的流程，23.62%的中学生表示不知道如何开通网上银行，23.12%的中学生表示自己平时上网不太方便，21.38%的中学生表示担心自己的信息被泄露或者资金被盗用，这些都是部分从未参与网络购物中学生的主要原因。此外，还有18.07%的中学生表示自己喜欢传统的购物方式，例如逛街（如图2-80所示）。由此可见，部分中学生对网络购物商品质量的疑虑以及较低的消费需求是他们拒绝网络购物的主要原因。

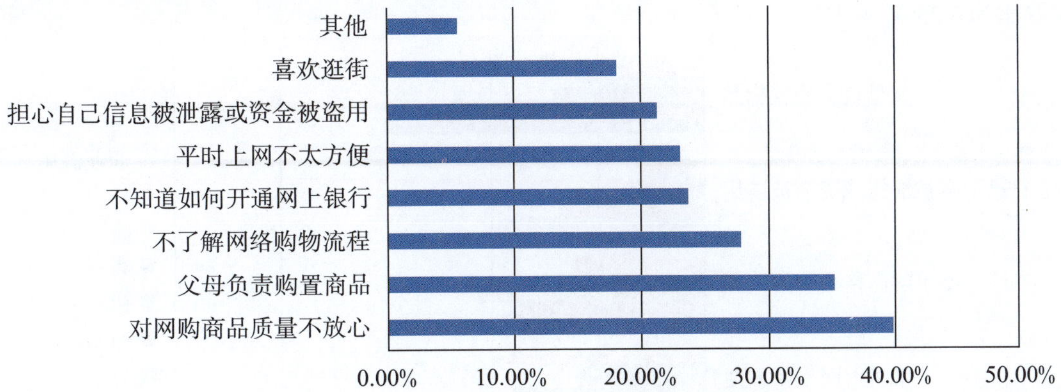

图2-80　部分中学生不选择网络购物的主要原因

地域越发达，中学生网络购物现象越突出。农村中学生在各项拒绝进行网络购物的原因分布中比例最大，大中城市中学生比例最小。例如，仅有9.58%的大中城市中学生选择“不了解网络购物的流程”，而有21.25%的农村中学生选择此项；10.66%的大中城市中学生认为平时上网不太方便，而有18.12%的农村中学生选择此项。有11.94%的大中城市中学生“不知道如何开通网上银行”，农村中学生这一比例为16.65%。12.14%的大中城市中学生“担心自己信息被泄露或资金被盗用”，农村学生的比例则为14.78%（如图2-81所示）。由此可见，农村中学生在网络购物技能上更为贫乏，在网络交易问题上更为保守。

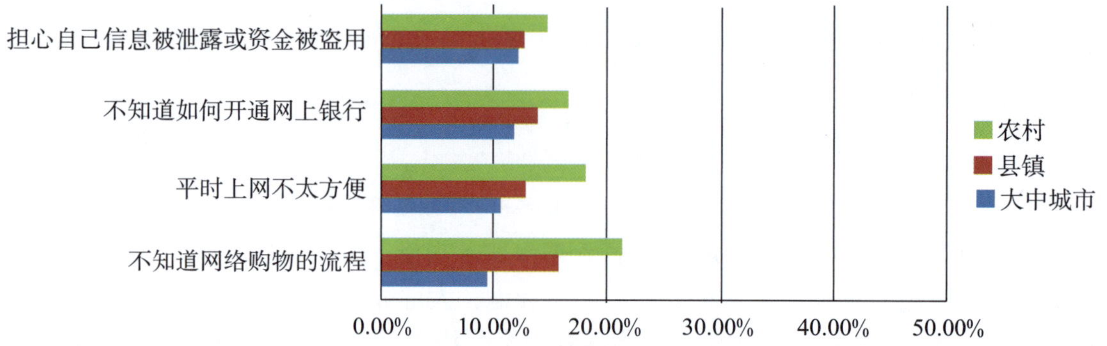

图2-81　部分中学生不选择网络购物的主要原因分布在地域上的差异

在年级分布上，在各项理由选择中，差异性最大的是“平时上网不太方便”“不了解网络购物流程”“担心自己信息被泄露或资金被盗用”“父母负责购置物品”四个选项。如图2-82所示，在没有网络购物经历的中学生中，16.32%的初一学生认为自己“平时上网不太方便”，初三学生这一占比为18.19%，高三学生的占比为20.13%，而职业高中学生占比为6.79%。19.73%的初一学生认为自己“不了解网络购物的流程”，选择此项的高三学生占比为12.50%，而职业高中生比例为11.43%。19.76%的初一学生“担心自己信息被泄露或资金被盗用”，高三学生这一比例为6.48%，职业高中学生这一比例7.56%。30.27%的初一学生选择“父母负责购置物品”，高三学生选择此项的比例为7.87%，职业高中生的占比为6.25%。

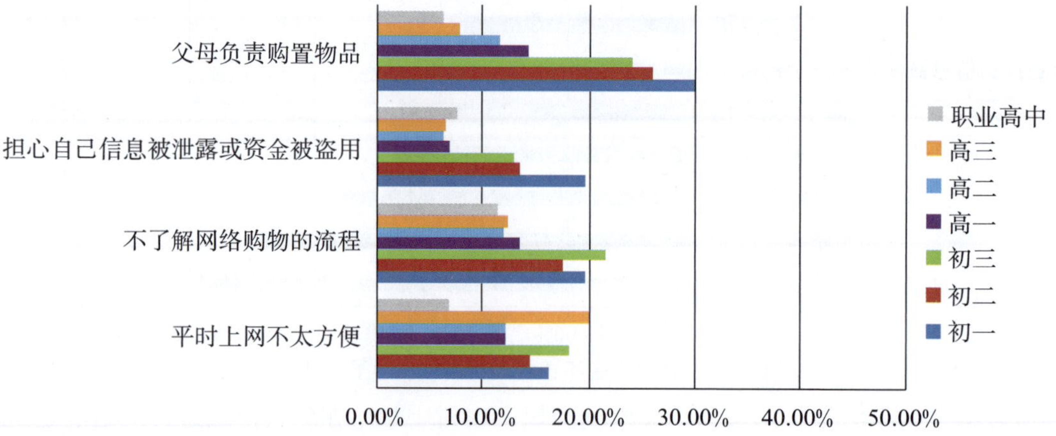

图2-82　部分中学生不选择网络购物的主要原因分布在年级上的差异

由此可见，首先，学业压力越大的学生上网越不方便，也就越不方便进行网络购物；职业高中生升学压力相对较轻，所以选择“平时上网不太方便”的人数相对较少。其次，低年级学生中选择“不了解网络购物的流程”或“不知道如何开通网上银行”的人数较多，年级较低的学生网络交易技能相对较差。低年级学生相对而言更不信任网络交易，“担心自己信息被泄露或资金被盗用”。同时，低年级学生由“父母负责购置物品”的人数比例相对较大，没有网络购物的需求。所有年级中，职业高中生网络购物的比例要大于普通初、高中学生，无论是在上网时间上还是网络交易技能上，职业高中生都具有一定的优势。

第六节　中学生网络娱乐方式

一、中学生网络娱乐的内容

网络娱乐是中学生网络应用的主要部分。网络娱乐的方式多种多样，例如，看视频、听音乐、玩网络游戏、逛贴吧等，其中听音乐是很多中学生首选的娱乐方式。早在网络普及之前，很多中学生就采用MP3等设备在课余时间听音乐，而中国互联网络信息中心于2012年发布的《中国青少年网络行为调查报告》显示，青少年手机网络音乐的使用率为70.20%，其中中学生占重要比例。

以听音乐为例，中学生是网络娱乐的消费者，而并非创造者和参与者，大多数中学生会在网上下载音乐，但是主动上传和分享音乐的人相对较少。如图2-83所示，对于“经常会在网上下载音乐”，50.22%的中学生表示“非常符合”，25.43%的中学生表示“比较符合”，18.52%的中学生表示“一般”，5.83%的中学生表示“不符合自身实际情况”。而对于是否会“经常在网上与朋友分享音乐”，仅有28.84%的中学生表示“非常符合”，23.42%的中学生认为“比较符合”，29.94%的中学生表示“中立”，17.80%的中学生明确“表示不符合”。有更多（约30.15%）的中学生对于是否“经常会上传音乐、视频、图片等供网民娱乐”选项表示否定，32.32%的中学生对此表述表示“中立”，15.74%的中学生表示“非常符合”。

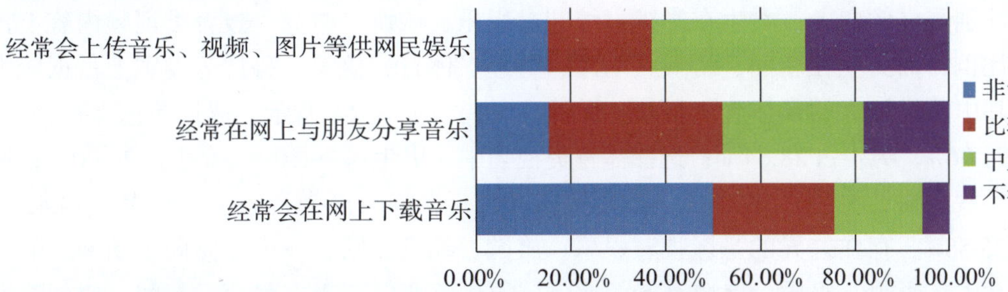

图2-83　中学生网络娱乐行为特征

图2-83可以说明中学生在网络娱乐中以享受资源为主，很少成为网络的贡献者和分享者。相比之下，高年级学生和男生更加注重上传和分享。从地域上分析，大中城市的中学生网络参与度更高，大约有68.54%的大中城市中学生经常在网上下载音乐，县镇中学生占比为52.68%，农村中学生占比为44.79%。对于是否“经常在网上与朋友分享音乐”，37.92%的大中城市中学生表示非常认同；而持此观点的县镇中学生占比为30.57%，农村中学生占比为26.26%。对于是否“经常会上传音乐、视频、图片等供网民娱乐”，32.30%的大中城市中学生表示“非常符合”，23.25%的县镇中学表示“非常符合”，而农村中学生选择该项的比例为19.74%（如图2-84所示）。沿海或者大中城市的中学生更倾向于主动参与网络娱乐，为网络娱乐分享和贡献资源，他们在网络娱乐上花费的比例和时间都更多。

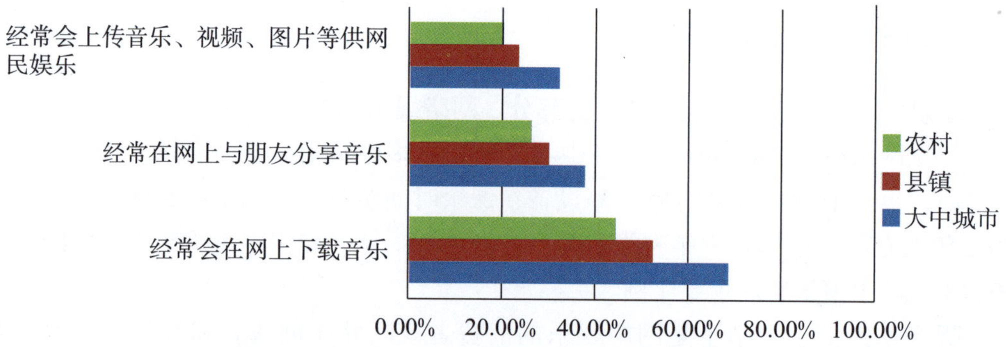

图2-84 中学生网络娱乐行为特征在地域上的差异

除了音乐之外，网络视频也是中学生网络娱乐的重要成分，如影视、综艺、新闻等。本次调查罗列了16种网络视频素材分类，要求被调查的中学生选出自己平时关注频率最高的5项。数据显示比例排在前5位的分别是音乐、影视、娱乐、动漫、搞笑，网络游戏和综艺则与排在第5位的“搞笑类”差不多。其中，音乐占48.80%，影视占47.69%，动漫占38.70%，搞笑占36.95%，游戏和综艺分别占35.25%和34.02%（如图2-85所示）。新闻类视频比例也超过了20.00%，约为26.47%。教育、旅游、原创、财经和其他均低于8.00%。

在性别爱好倾向上，女生在影视、综艺、娱乐、旅游、时尚、教育类视频内容上占据较大比例，而男生在新闻、游戏、动漫、财经、体育、搞笑、科技等类别上占据较大比例。其中差异较大的是体育、科技、游戏、时尚。如表2-9所示，选择综艺类视频中，女生占71.36%，男生占28.64%；选择体育类视频中，男生占79.10%，女生占20.90%；选择科技类视频中，男生占74.60%，女生占25.40%；选择时尚类视频中，女生占74.42%，男生占25.58%。存在差异的是影视、娱乐、旅游、动漫、财经，男生倾向于动漫、财经等，而女生在影视、娱乐、旅游等方面比例比男生略高；二者在教育、新闻、原创等方面差异不大。

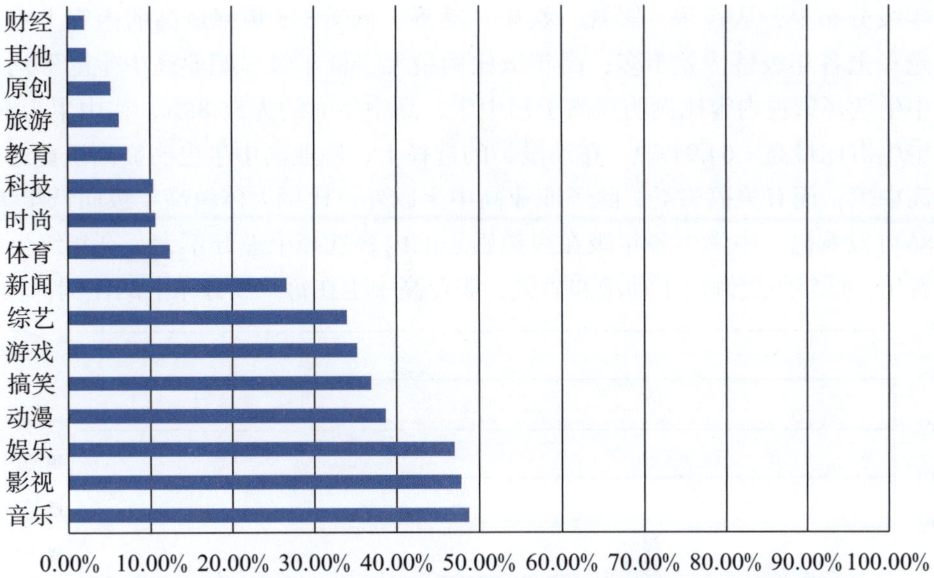

图2-85　中学生对网络视频内容的选择分布

表2-9　不同性别中学生在网络视频内容上的选择比例

内容＼性别	男	女
新闻	52.38%	47.62%
影视	44.66%	55.34%
综艺	28.64%	71.36%
娱乐	44.52%	55.48%
游戏	74.82%	25.18%
动漫	55.73%	44.27%
财经	59.17%	40.83%
体育	79.10%	20.90%
旅游	40.40%	59.60%
原创	50.16%	49.84%
搞笑	55.47%	44.53%
音乐	42.75%	57.25%
时尚	25.58%	74.42%
教育	46.71%	53.29%
科技	74.60%	25.40%
其他	57.71%	42.29%

在年级分布上，从音乐、影视、娱乐、动漫、搞笑5项频率最高的内容上看，音乐视频的选择上各年级整体差不多，高年级比例稍大于低年级，职业高中生的平均比例最高。高中生选择影视内容比例明显高于初中生，高中生大约为55.88%，初中生为41.52%，职业高中生占比最高（64.94%）。在动漫类的选择上，职业高中生也明显高于普通初中生和普通高中生；而有关搞笑类，除了职业高中生以外，比例大体由高年级向低年级递减。从图2-86可以看出，中学生各年级在视频娱乐的内容选择上差异不大，高年级更倾向于影视和音乐，低年级更倾向于动漫和搞笑，职业高中生在每一项分布上的比例都较高。

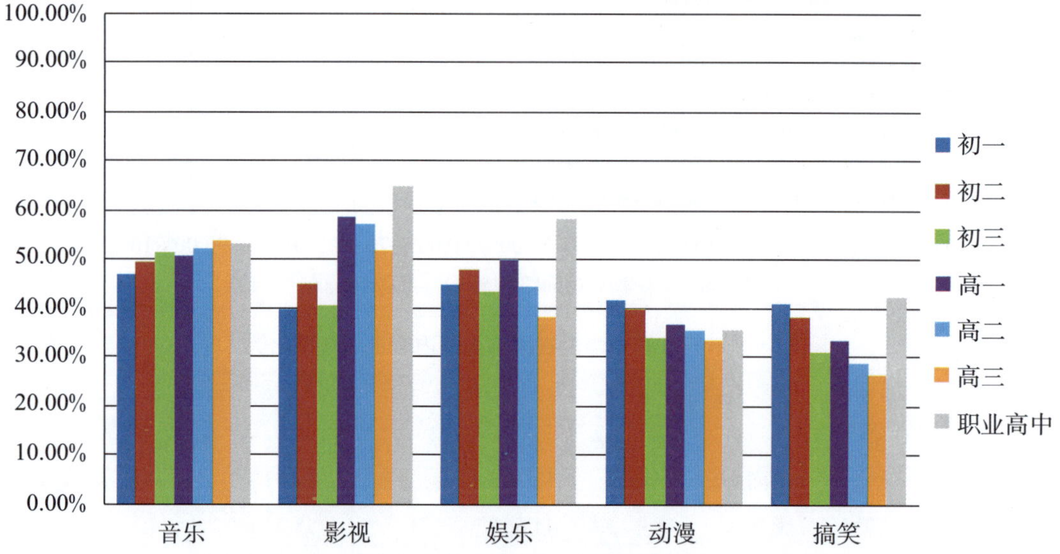

图2-86　中学生对主要网络视频内容选择在年级上的差异

不同地域的中学生在网络视频内容的选择上略有差异，通过图2-87可以看出，在频率最高的五个选项中，选择音乐视频内容的大中城市中学生占比为43.73%，县镇中学生占比为49.90%，农村中学生占比为52.47%。选择电影或电视剧等影视视频内容的大中城市中学生占47.25%，县镇中学生占46.29%，农村中学生占48.92%。选择娱乐八卦等视频内容的大中城市中学生比例为43.20%，县镇中学生的这一比例为48.19%，农村中学生的这一比例为53.07%。选择与动漫相关的视频内容的大中城市中学生比例为44.12%，县镇中学生占比为38.42%，农村中学生占比为34.59%。选择搞笑类视频内容的大中城市中学生比例为31.86%，县镇中学生的这一比例为35.14%，农村中学生的这一比例为39.24%。

由此可见，在音乐、娱乐和搞笑等相关的视频内容选择上，由城市到农村依次递增，更多的农村中学生对这三者均比较感兴趣；有关影视相关的视频内容，不同地域的中学生差异不大，比例相当，而对于比较新潮的动漫等视频内容，大中城市的中学生表现出更高的比例，由大中城市到农村依次递减。

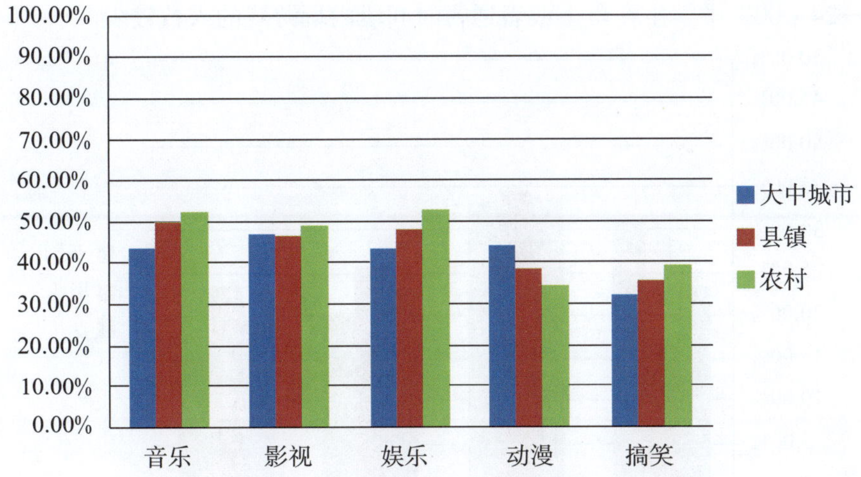

图2-87　中学生对主要网络视频内容选择在地域上的差异

二、中学生与网络游戏

网络游戏是中学生尤其是男生最常见的网络应用，之前存在的相关研究表明中学生网络游戏的普及率为75.20%①，尽管网络游戏的应用普及率并不是中学生所有网络应用中最高的，但确实最容易让中学生上瘾并沉溺其中。本次调查显示，大约有82.30%的中学生表示接触过电脑网络游戏，95.79%的中学生接触过电子游戏，包括各类在计算机或者移动IT设备上使用的电子游戏②。

23.69%的中学生接触网络游戏的历史为1年以下，33.65%的中学生接触网络游戏的历史时间为1—3年，23.11%的中学生接触网络游戏的历史为3—5年，还有19.55%的中学生接触网络游戏的历史为5年以上。由此可见，大部分中学生接触网络游戏的历史时间集中在1—3年，其中男、女生存在差异。选择“1年以下”的男生占16.01%，女生占31.04%；选择“1—3年”的男生占34.57%，女生占33.22%；选择“3—5年”的男生占25.78%，女生占20.41%，选择“5年以上”的男生占23.64%，女生占15.33%。粗略计算，可以认为男生比女生对于网络游戏有着更长的历史时间。中学生接触网络游戏的平均时间和男女差异如图2-88所示。

在有关中学生玩网络游戏最集中的时间段调查中，36.92%的中学生选择18：00—21：00，25.51%的中学生选择14：00—18：00，14.90%的中学生选择12：00—14：00，12.53%的中学生选择21：00—24：00，7.72%的中学生选择8：00—12：00，另外还有2.42%的中学生选择0：00—8：00（如图2-89所示）。由此可见，中学生玩网络游戏的时间段主要集中在18：00—21：00，其次是14：00—18：00，也有相当一部分中学生集中

① 中国互联网络信息中心.2013年中国青少年上网行为调查报告[R].2013.
② 本章中的游戏泛指在计算机或移动IT设备上玩的各类电子游戏。

在21：00—24：00，中学生在早上或者通宵时间段内玩游戏的人数较少。

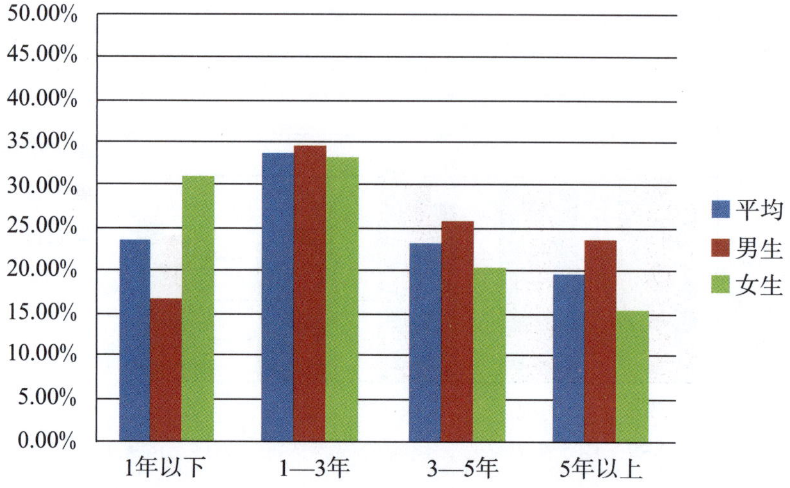

图2-88　中学生接触网络游戏的平均时间和男女差异

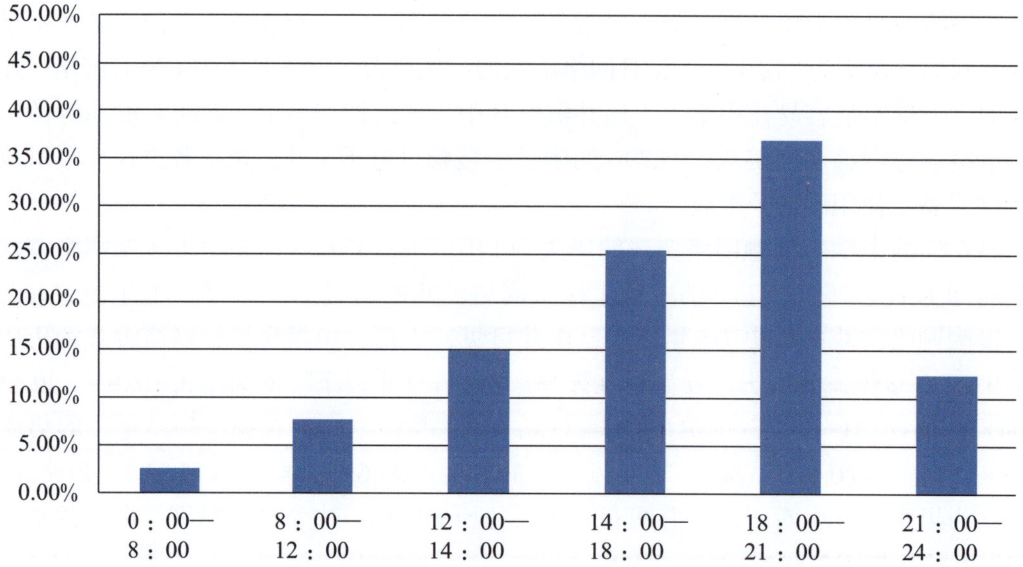

图2-89　中学生玩网络游戏的时间段分布

从性别差异上看，参与调查的中学生中，女生在18：00—21：00和21：00—24：00两个时间段内玩游戏的比例高于男生；而男生在14：00—18：00和8：00—12：00两个时间段内玩游戏的比例高于女生。另外，中学生在通宵玩游戏的情况下，男生占的比例较大。而在年级分布上，在最频繁的时间段中，同一阶段的学校中，低年级学生明显比高年级学生占比大。

而对于玩游戏的场所，77.00%的中学生选择在家里，33.48%的中学生选择朋友或者亲戚家，12.10%的中学生选择教室，而在10年前中学生最常见的上网场所——网吧仅占9.76%，有7.13%的中学生选择在路上，而在6.14%的“其他”选项中，大部分人填写的是“学校的机房”，这与部分学校开设信息技术课程有关（如图2-90所示）。

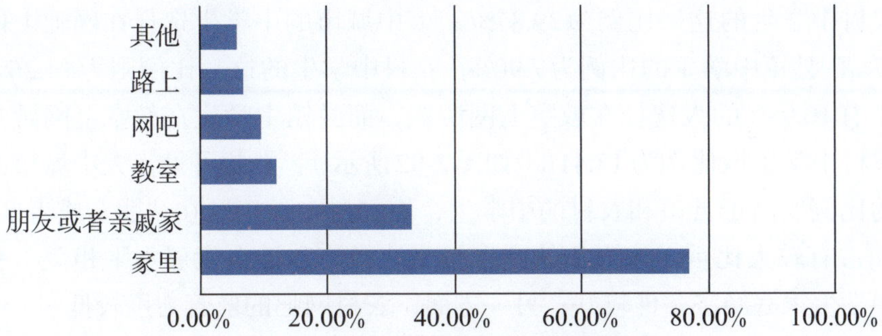

图2-90　中学生玩网络游戏的地点分布

由此可见，参与调查的中学生玩游戏的最常见场所是家里、朋友或者亲戚家以及教室。由于《互联网上网服务营业场所管理条例》规定，禁止18岁以下的未成年人进入网吧娱乐，因此在网吧中玩游戏的中学生与以前相比比例降低。他们被禁止进入网吧，转向朋友或者亲戚家以逃避父母的阻止和指责，但是仍有相当一部分中学生进入网吧玩游戏。这说明部分网吧仍然存在允许未成年人进入的情况，应当引起家长、学校和社会的关注。对于12.10%和7.13%的选择在教室和路上玩游戏的中学生，他们大多是使用手机、iPad等移动设备进行游戏操作。

在性别差异上，80.74%的女生选择经常在家中上网游戏，男生则为71.35%；而35.92%的男生选择在朋友或者亲戚家上网游戏，女生则为29.99%；15.93%的男生选择在网吧上网游戏，女生则为3.44%；15.22%的男生选择在教室上网游戏，女生则为8.93%，男、女生在“路上”等选项上无明显差异（如图2-91所示）。女生在家中上网游戏的比例高于男生，而男生在网吧上网游戏的比例明显高于女生，在朋友或亲戚家以及教室上网游戏的比例也高于女生。由此可见，女生更倾向于在家里上网游戏，而前往网吧上网游戏的大部分为男生。

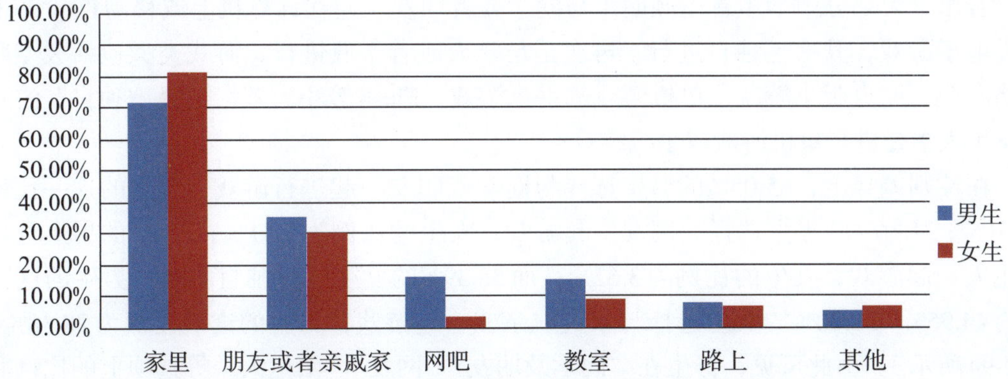

图2-91　中学生玩网络游戏的地点分布在性别上的差异

而在地域分布上，本次调查的大中城市的中学生中，81.85%的中学生选择在家里上网游戏，县镇中学生的比例为80.56%，而农村中学生的这一比例为71.38%；大中城市的中学生选择在朋友或者亲戚家上网游戏的比例为26.13%，县镇中学生的这一比例为31.30%，农村中学生的这一比例为39.87%；大中城市的中学生选择在网吧上网游戏的比例仅为5.37%，县镇中学生的比例为7.90%，农村中学生的这一比例则为14.26%；大中城市中学生中有10.98%的人选择在教室上网游戏，而县镇中学生在教室上网游戏的比例为11.25%，农村中学生该比例为13.41%（如图2-92所示）。由此可见，大中城市的中学生在家里上网的比例要高于县镇和农村的中学生，而农村中学生则在“朋友或者亲戚家”“网吧”等方面占有较大比重。该现象的产生与当地经济和社会发展水平相关，一方面，大中城市的中学生家庭经济条件较好；另一方面，农村网吧的监管力度较低。

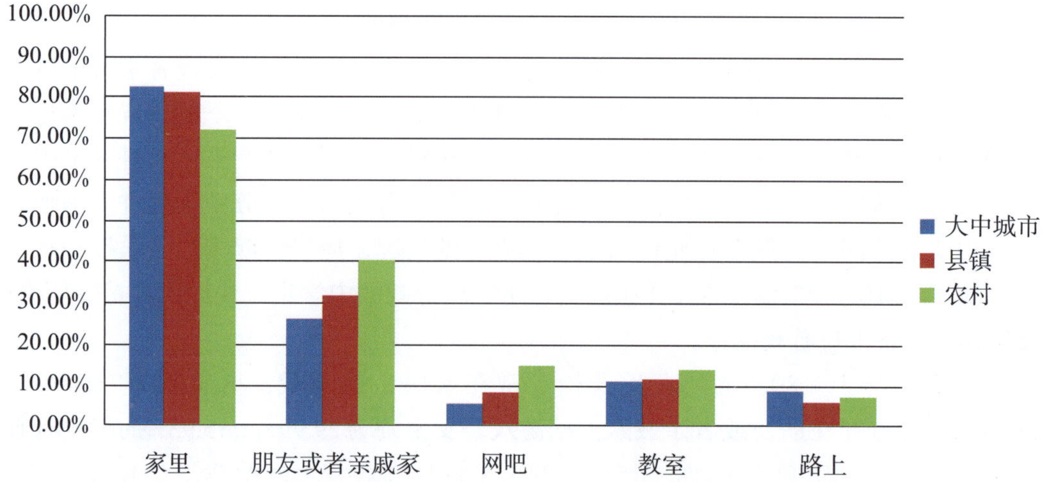

图2-92　中学生玩网络游戏的地点分布在地域上的差异

60.83%的中学生选择与同学或者朋友一起上网游戏，52.10%的中学生选择独自上网游戏，30.66%的中学生选择与家人或者亲戚一起上网游戏，15.45%的中学生选择与网友一起上网游戏，还有5.81%的人选择与陌生人一起上网游戏（如图2-93所示）。从图2-93可以看出，大部分中学生首先倾向于与同学或者朋友一起在计算机上或移动IT设备上玩各类电子游戏，其次是独自进行，再次是与家人或者亲戚进行，游戏类型包括大型联机网络游戏、网页版小游戏、单机游戏、手机游戏、Flash等小游戏。选择“独自”游戏的中学生大多是进行单机游戏或手机游戏。

在性别差异上，65.05%的男生选择与同学或朋友一起进行游戏，女生的这一比例为56.61%；21.36%的男生选择与网友一起游戏，女生的比例为9.41%；7.56%的男生选择与陌生人一起游戏，女生的比例为3.62%；而58.39%的女生选择独自游戏，男生的这一比例为44.95%，33.00%的女生选择与家人或亲戚一起游戏，男生的这一比例为28.38%（如图2-94所示）。由此可见，男生在“同学及朋友”“网友”“陌生人”等选项上的比例明显高于女生；而女生则在“独自”“家人或亲戚”等选项上的比例高于男生。男生更倾向于与同学、朋友及网友一起游戏，女生则更喜欢独自进行，这与男、女生在游戏内容上的选择有关。

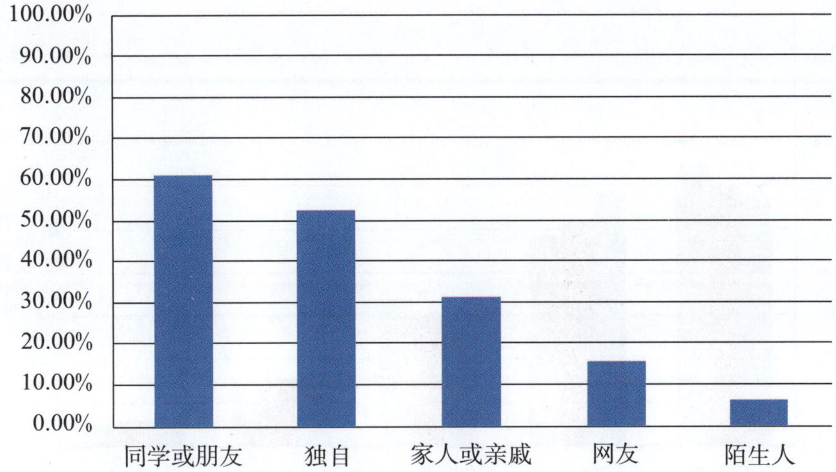

图2-93　中学生玩网络游戏的同伴选择

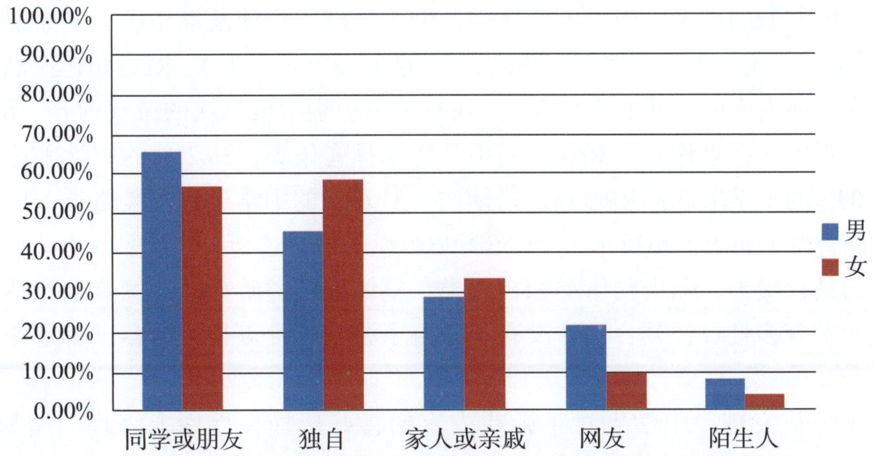

图2-94　中学生玩网络游戏的同伴选择在性别上的差异

在地域分布上，56.62%的大中城市中学生选择与同学或者朋友一起游戏，县镇中学生的这一比例为59.44%，农村中学生的这一比例为64.58%；57.59%的大中城市中学生选择独自游戏，县镇中学生的比例为51.72%，农村中学生的比例为48.62%；26.10%的大中城市中学生选择与家人或亲戚一起游戏，县镇中学生的比例为30.13%；农村中学生的比例为34.08%；16.71%的大中城市中学生选择与网友一起游戏，县镇中学生的比例为15.37%，农村中学生的比例为14.67%（如图2-95所示）。由图2-95可以看出，农村中学生中更多的人选择与同学或朋友、家人或亲戚一起游戏，而大中城市的中学生更多选择独自游戏，以上三项均表现出一定的地域递增或递减趋势，而不同地域的中学生在“网友”“陌生人”等选项上比例差异不大。在年级分布上，年级越低的中学生越倾向于独自游戏。

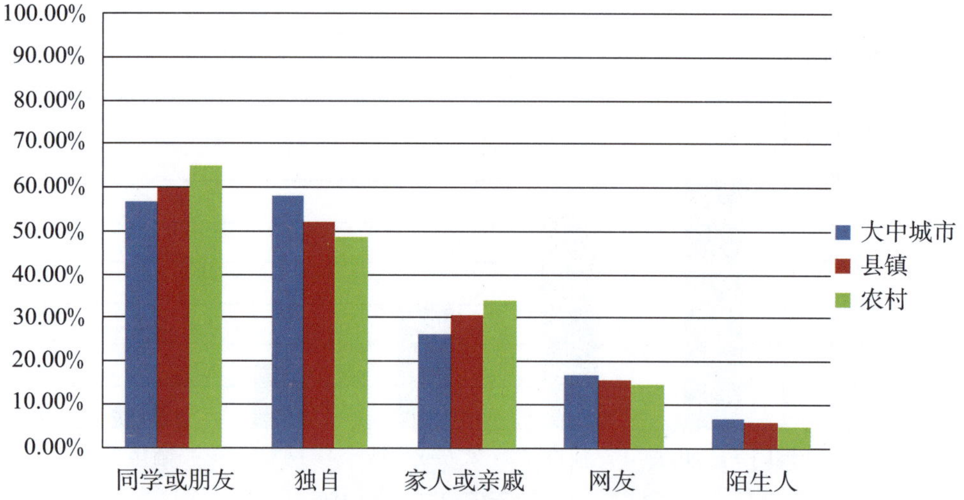

图2-95　中学生玩网络游戏的同伴选择在地域上的差异

根据前期调研的结果，中学生所热爱的网络游戏内容涉及动作类（例如设计、格斗等）、音乐类、休闲小游戏（例如“连连看”“俄罗斯方块”等）、RPG角色扮演类、策略类、社交类（如人人网、开心农场等）。在有关“中学生最喜欢的游戏内容”的调查中，45.79%的中学生选择动作类，36.04%的中学生选择音乐类，35.21%的中学生选择休闲小游戏，32.03%的中学生选择RPG角色扮演类，31.67%的中学生选择策略类，15.26%的中学生选择社交类（如图2-96所示）。由图2-96可以看出，选择人数最多的是动作类，选择人数最少的是社交类，除去动作类和社交类，整体上各类游戏的比例差异并不大；当前网络游戏元素众多且日益复合，并没有某种电子游戏只覆盖某一内容，而是各方面均有涉及。

进一步分析发现，中学生对于游戏内容的喜好选择在性别上表现出明显的差异。67.15%的男生选择动作类，女生的比例仅为23.97%；44.72%的男生选择了RPG角色扮演类，女生的比例仅为19.04%；40.11%的男生选择策略类游戏，女生的比例为23.04%；51.00%的女生选择音乐类，男生的比例仅为21.41%；48.73%的女生选择了休闲小游戏（例如“连连看”“俄罗斯方块”等），男生的比例仅为22.01%；20.34%的女生选择了社交类，男生的比例仅为10.30%（如图2-97所示）。

由此可见，男生更倾向于以动作类、RPG角色扮演类、策略类为主要元素的游戏，而女生则倾向于以音乐类、休闲小游戏和社交类为主要元素的游戏，前者往往对环境和设备要求较高。

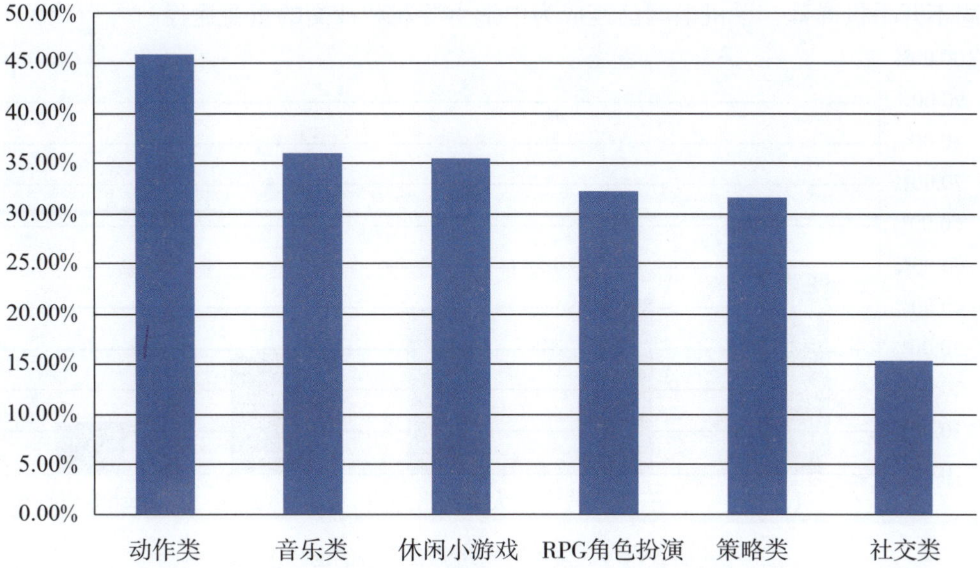

图2-96　中学生对网络游戏类型的选择

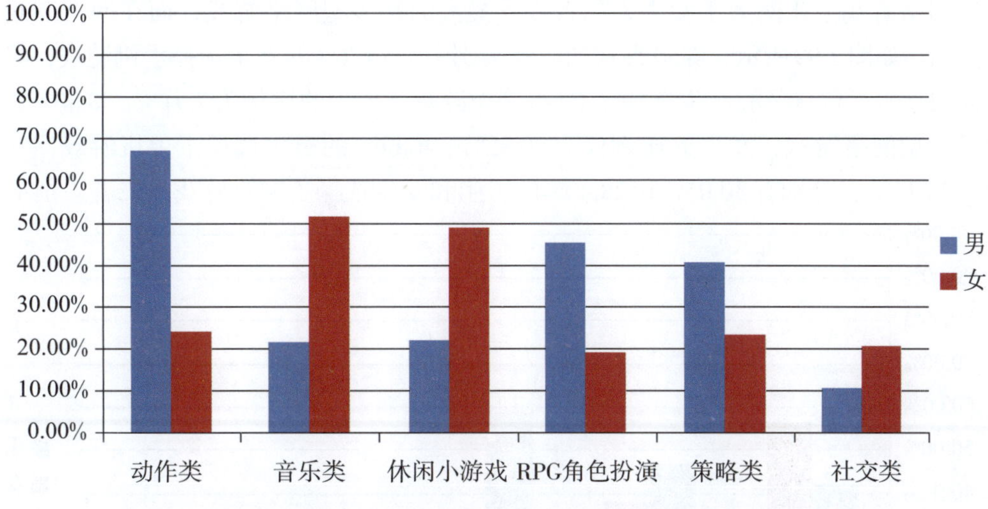

图2-97　中学生对网络游戏类型的选择在性别上的差异

根据游戏的媒体平台不同，本次调查将游戏类型分为大型网络游戏、网页游戏、单机游戏、手机游戏、Flash小游戏等类型。调查显示，49.16%的中学生最喜欢手机游戏，42.43%的中学生选择单机游戏，40.08%的中学生最喜欢大型网络游戏，29.24%的中学生选择网页游戏，12.40%的中学生选择Flash小游戏（如图2-98所示）。由此可见，中学生最喜欢的游戏以手机游戏和单机游戏为主，其次是大型网络游戏、网页游戏，最后是Flash等小游戏。手机等移动设备的普及和无线通信技术的发展，使得中学生网络成瘾呈现出新的表现形式，和当前社会普遍现象相似，很多中学生无论是在走路或坐车时，视线都离不开手机屏幕，手机上网已经成为中学生游戏和社交的重要途径。

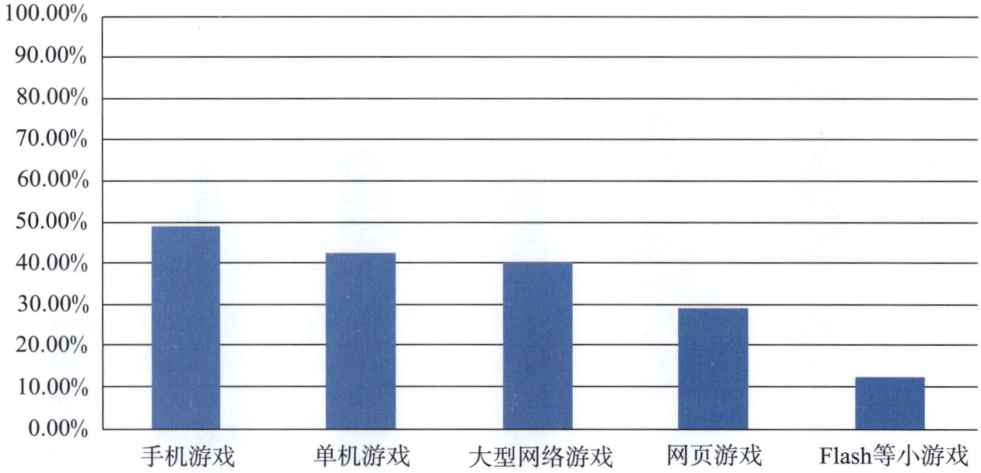

图2-98　中学生对网络游戏平台的选择

在性别差异方面，女生比男生更喜欢手机游戏和Flash等小游戏，男生则在单机游戏和大型网络游戏上比例大于女生，二者差异最大的是大型网络游戏，而在网页游戏上无明显差别。如图2-99所示，在最喜欢的游戏类别中，56.76%的女生选择手机游戏，男生的比例为41.78%；17.00%的女生选择了Flash等小游戏，男生的比例为7.91%；58.80%的男生选择了大型网络游戏，女生的比例仅为20.92%；46.66%的男生选择了单机游戏，女生的比例为38.11%；分别有30.05%和28.40%的男生和女生选择了网页游戏，二者差别不大。

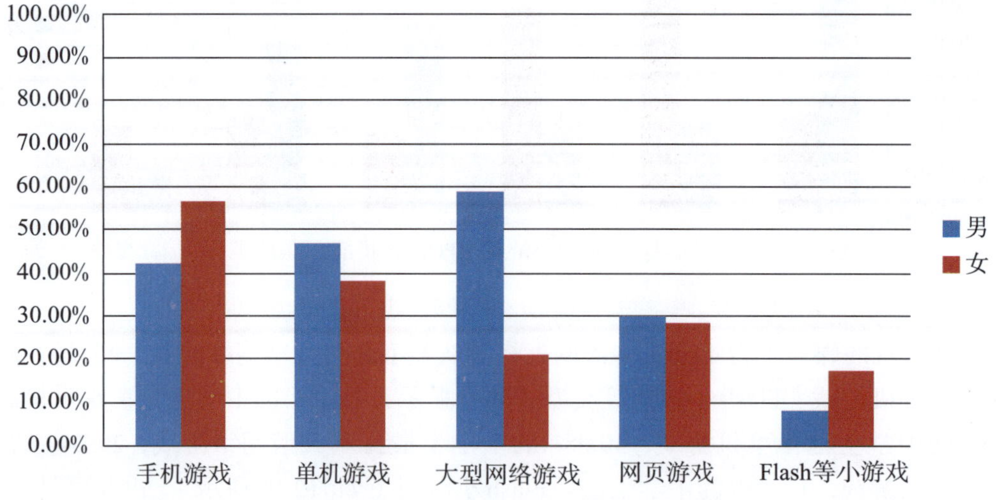

图2-99　中学生对网络游戏平台的选择在性别上的差异

通过调查发现，不同地域的中学生在游戏类型的选择上差异不大，其中差异最大的是大型网络游戏，45.04%的大中城市的中学生选择大型网络游戏作为最喜欢的游戏，县镇中学生的比例为39.32%，农村中学生的这一比例为36.93%（如图2-100所示）。对大型网络游戏的爱好程度与经济水平和文化氛围具有一定的相关度。

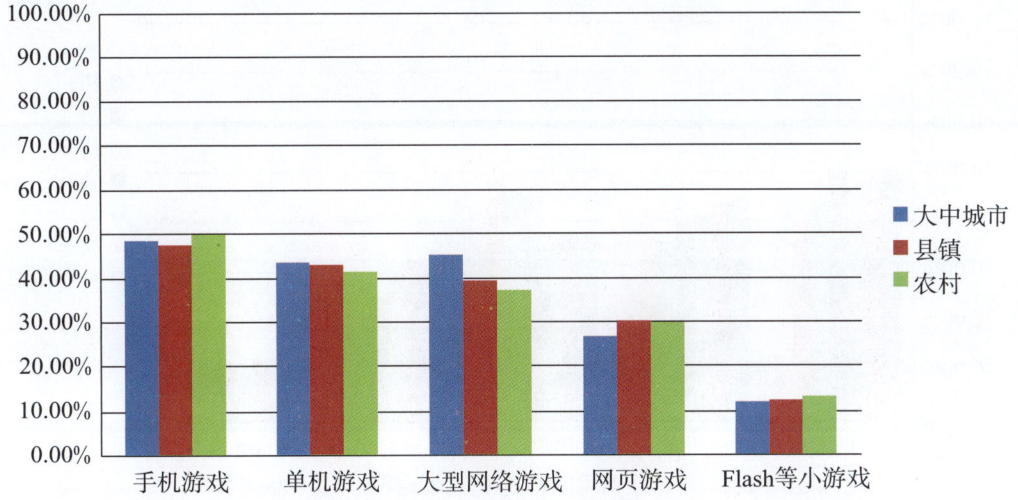

图2-100　中学生对网络游戏平台的选择在地域上的差异

通过图2-101可以看出，不同学校不同年级的中学生对电子游戏类型的喜好程度存在部分差异。其中差异较大的是手机游戏，有73.64%的职业高中学生选择了手机游戏，而全日制普通初中和高中各年级学生比例均在50.00%以下，高三学生的比例甚至只有40.06%。不难解释，职业高中升学压力相对较小，教学管理比全日制普通初中和高中宽松，因此学生更容易通过手机接入网络从而进行游戏，而全日制高三学生升学压力较大，且调查开展于春季学期，正值升学考试之季，因此手机游戏的使用率较低，且同一类型的学校内不同年级对手机游戏的喜好程度基本呈现依次递减的趋势。即便在繁重的升学压力之下，仍然有40.00%的初三学生和高三学生选择手机游戏。在大型网络游戏的分布上，高中生比例比初中生比例大，这与大型网络游戏的年龄段和游戏历史时间相关。对于稍微简单的网页游戏，初中生则比高中生表现出略高的人数比例。除高三学生外，各年级学生在Flash等小游戏的数据选择上无差异。在设备选择上，经常使用台式电脑上网的中学生大多选择大型网络游戏和网页手机；使用平板电脑上网的中学生大多选择单机游戏和手机游戏；使用智能手机上网的中学生大多选择手机游戏和Flash等小游戏。

中学生是否住校也会对他们的游戏选择产生一定的影响，住校学生在大型网络游戏和网页游戏的选择比例上低于非住校学生，而在手机游戏的选择比例上高于非住校学生。如图2-102所示，35.23%的住校中学生选择大型网络游戏，非住校中学生的比例为42.85%；27.10%的住校中学生选择网页游戏，非住校中学生的比例为31.56%；53.33%的住校中学生选择手机游戏，非住校中学生的比例为47.85%。

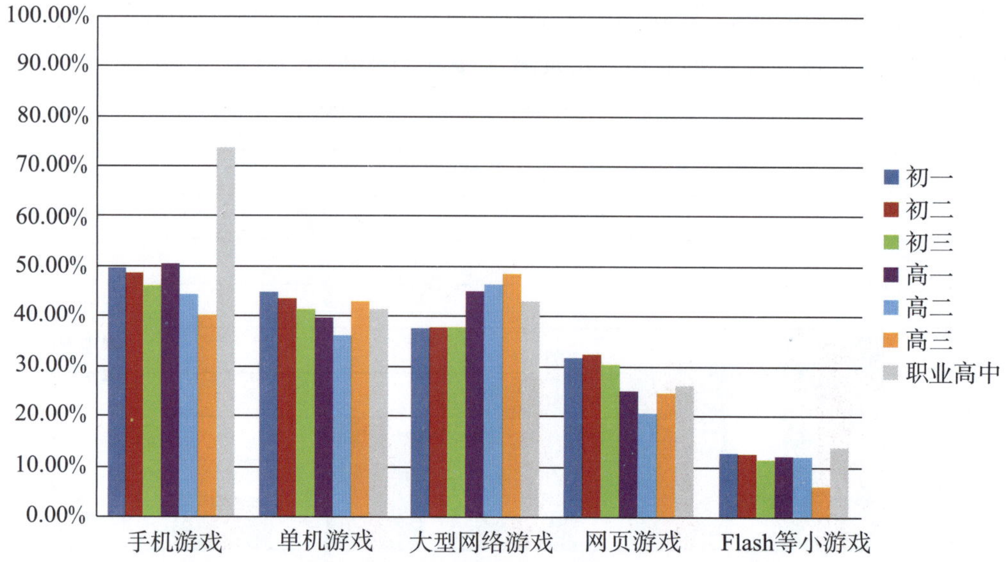

图2-101　中学生对网络游戏平台的选择在年级上的差异

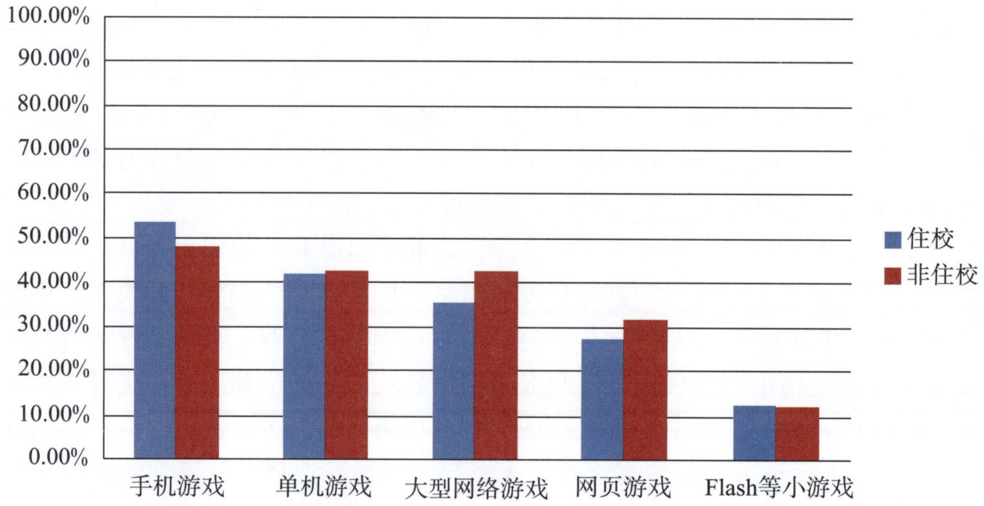

图2-102　中学生对网络游戏平台的选择在学生类型上的差异

如上所述，很多中学生和朋友一起玩网络游戏，加入或者组建游戏团队，与朋友一起升级或者获取装备等奖励，甚至出售装备取得经济效益。青少年进行网络游戏大致有三种表现行为：第一种是加入或者组建游戏团队，以军团或者队伍为单位，与队友一起闯关、升级或获得装备；第二种是与玩家对战；第三种是购买或者出售游戏币和虚拟装备。

在本次调查中，20.56%的中学生总是加入或组建游戏团队，和朋友一起闯关升级或者打装备，12.93%的中学生经常如此，31.89%的中学生从不如此。18.70%的中学生总是与玩家对战，14.44%的中学生经常如此，26.10%的中学生从不如此。12.67%的中学生总是购买或出售游戏币或装备，8.46%的中学生经常如此，48.82%的中学生从不如此（如图2-103所示）。与中学生在游戏中的行为表现有关的三个选项都小于中值3.00分，一方面反映了大部分中学生并没有表现出较强的网络游戏行为；另一方面反映了中学生在进行网络游戏时看重的是团体或个体的竞技，大部分人不太会将网络游戏与虚拟交易联系在一起，尤其是作为卖方的虚拟交易。

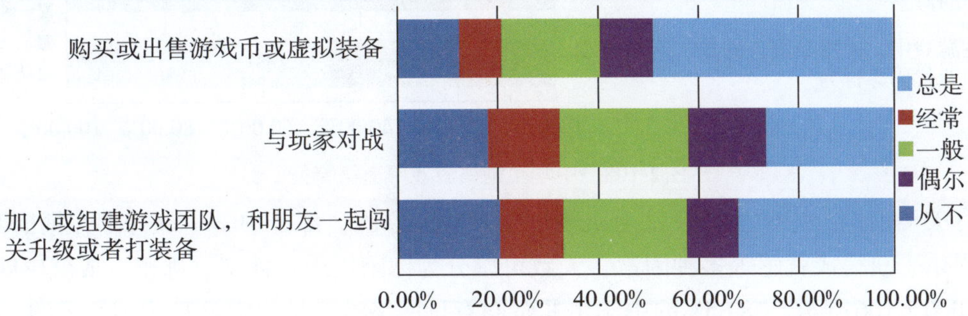

图2-103 中学生网络游戏中的行为特征

目前很多网络游戏都带有网络社交的元素，网民在进行网络游戏时可以即时与他人聊天，可以构建自己的城市和社区，从而表现出一系列社交行为。通过调查，我们发现25.15%的中学生总是或者经常会在游戏官网或论坛中发表游戏心得，38.90%的中学生表示从不如此，只有16.51%的中学生总是或者经常频繁更换所属团队，超过一半（54.23%）的中学生表示从不如此（如图2-104所示）。由此可见，中学生对于网络游戏中所表现出来的网络社交行为并不强烈，他们不太喜欢在游戏官网或者论坛中发表与游戏相关的新的体会，也不愿意频繁更换所属团队，他们更喜欢在固定团队中提高游戏等级。

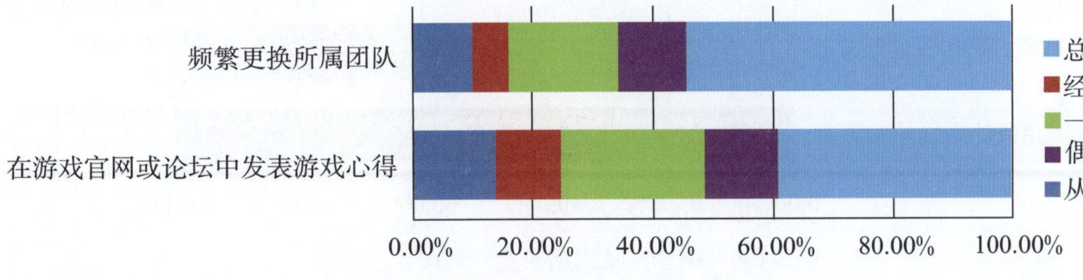

图2-104 中学生网络游戏中的社交特征

本次调查为了了解中学生在网络游戏时的品德表现，对中学生在游戏中的不良言语行为进行了调查（如图2-105所示）。对于是否会在游戏中使用私服、外挂或职业代码等行为，53.65%的中学生表示“从不”，18.00%的中学生表示“经常”或“总是”；对于是否会在游戏中使用欺骗、暴力或者不文明的语言对付游戏中的对手，59.85%的中学生表示“从不”，15.84%的中学生表示“经常”或“总是”；对于是否会在游戏中盗取别人的信息或装备，65.25%的中学生表示“从不”，14.58%的中学生表示“经常”或“总是”。对于中学生在网络游戏中的不文明行为选项，平均分仅为1.81分，远远小于中值3.00分，这反映出大部分中学生在上网时有较好的约束力和品德，但仍然有少量中学生在进行网络游戏时存在不文明行为。

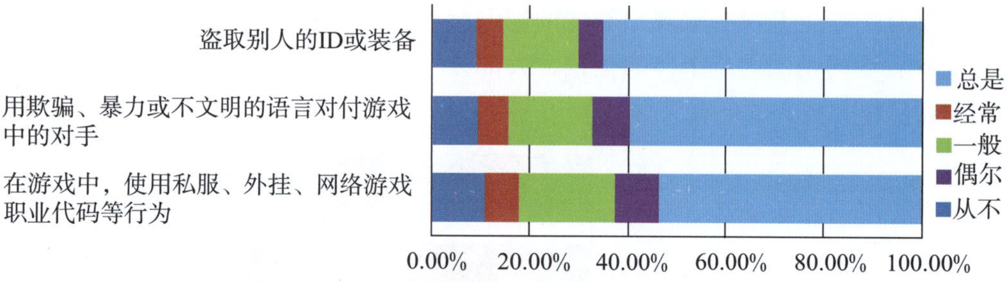

图2-105　中学生网络游戏中道德特征

有关当前部分中学生热衷甚至沉溺网络游戏的原因，部分中学生认为存在消磨时间、休闲娱乐、获得成就感等多种因素，大致可以分为休闲娱乐、社交、逃避、成就感四类。

如图2-106所示，28.85%的中学生非常同意玩网络游戏是“满足我休闲娱乐的需要”，25.94%的中学生比较同意这一看法，平均分为3.69分。16.20%的中学生非常同意是为了“寻求刺激，满足我的好奇心”，14.47%的中学生比较同意这一说法，平均分为3.02分。17.92%的中学生非常同意是因为“无聊，消磨时间”，19.53%的中学生比较同意这一说法，平均分为3.19分。由于以上三个选项平均分都超过中值3.00分，这反映大部分中学生选择网络游戏是满足自身休闲娱乐的需求，相比之下更倾向于消磨时间而并非满足好奇心。

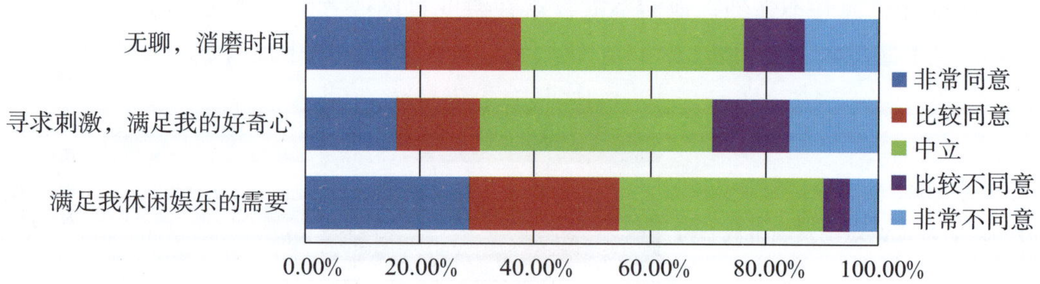

图2-106　中学生玩网络游戏的休闲娱乐动机

19.09%的中学生非常同意“可以聊天和结交新朋友”，20.49%的中学生对这一说法比较同意，平均分为3.29分，高于中值3.00分（如图2-107所示）。这说明中学生在选择网络游戏时，认识新朋友和交往沟通也是其中的一个重要原因。

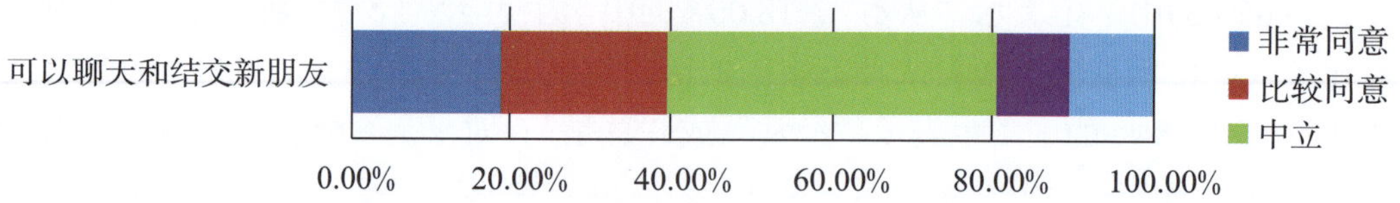

图2-107　中学生玩网络游戏的社交动机

对于“逃避现实压力”选项，15.33%的中学生表示“非常同意”，17.72%的中学生“非常不同意”，38.58%的中学生表示“中立”，平均分为2.96分，接近中值3.00分，对于逃避的另外一种表述是“扮演另一种角色，体验另一种人生”，这种表述看起来更为中性，因此有19.27%的中学生表示“非常同意”，平均分为3.24分，间接佐证了中学生的逃避心态（如图2-108所示）。以上数据在某些程度上，反映了当今社会存在相当一部分中学生是出于逃避现实压力而选择网络游戏，这种压力可能是来自学业、人际交往和家庭关系等。

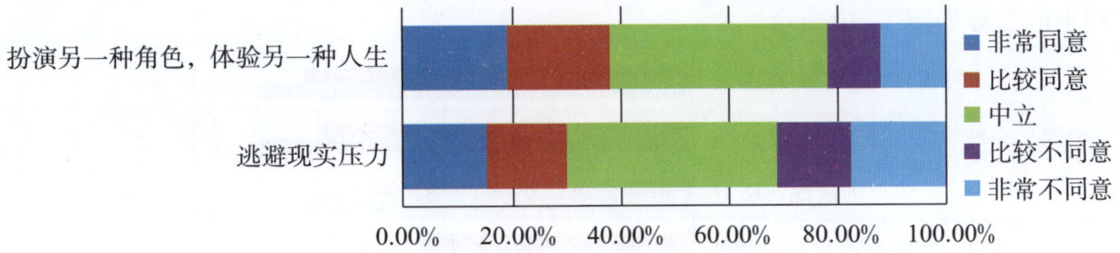

图2-108　中学生玩网络游戏的逃避动机

很多中学生还会从网络游戏中获得闯关、升级、虚拟装备和知识等，从而获得成就感。如图2-109所示，19.64%的中学生非常同意通过网络游戏“能够学到一些知识，拓宽视野”这一说法，21.15%的中学生比较同意这一说法，此项平均分为3.33分，是继娱乐休闲选项外得分最高的选项。18.51%的中学生非常同意选择网络游戏是因为“能够不断接受挑战和升级，获得成就感”，此项平均分为3.16分。11.47%的中学生非常同意选择网络游戏是因为可以出售游戏道具来赚钱，平均分为2.46分，是所有原因调查选项中得分最低的一项。由此可见，中学生在网络游戏的成就感中以满足知识和技能为主，而“通过出售游戏道具可以赚钱”的需求低于中值，此项需求在中学生中并不突出。

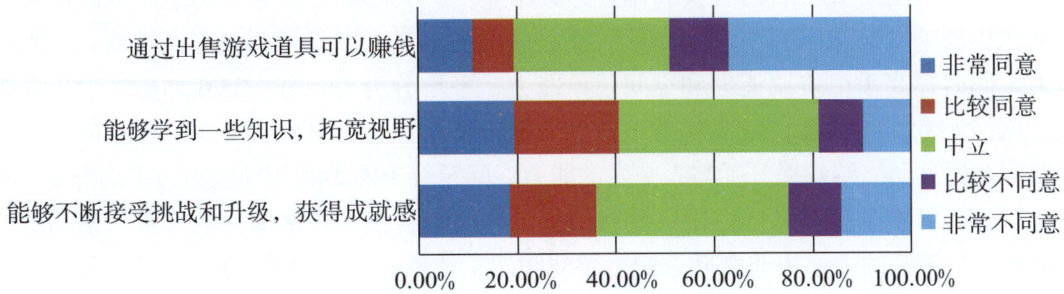

图2-109　中学生玩网络游戏的交易动机

在所有的原因选项中，得分最高的休闲娱乐因素，平均分为3.69分，其次是知识与技能因素，平均分为3.33分，再次是交友和聊天因素，平均分为3.24分；得分最低的是换取金钱因素，平均分为2.46分。由此可见，大多数玩网络游戏的中学生是基于休闲娱乐、扩展知识以及社交的目的。

同时，在男女差异分布上，男生比女生在各个因素选项上需求均表现得更为强烈，这也反映出男生对网络游戏表现出较强的兴趣和需求，除了“通过出售游戏道具可以赚钱”一项外，其他各项得分均超过了3.20分。而女生则在“寻求刺激，满足我的好奇心”“能够不断接受挑战和升级，获得成就感”“通过出售游戏道具可以赚钱”“逃避现实压力”等选项上均低于2.80分。男、女生差异最大的选项则是“寻求刺激，满足我的好奇心”以及“通过出售游戏道具可以赚钱”，差异分为0.57分。此外，大中城市中学生比县镇、农村的中学生对以上各个因素选项的需求更为强烈。中学生玩网络游戏的动机在性别上的差异如图2-110所示。

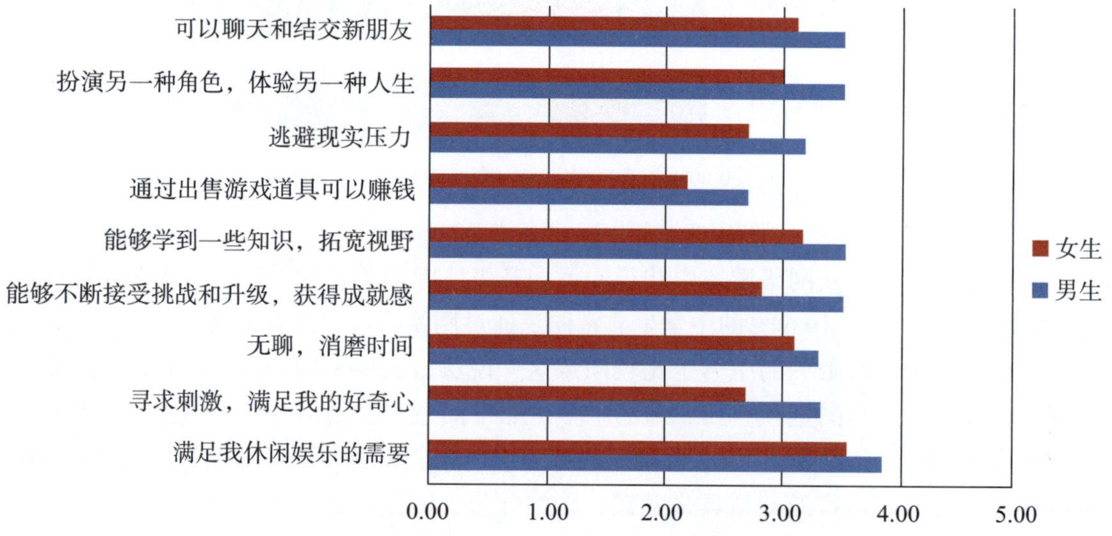

图2-110　中学生玩网络游戏的动机在性别上的差异

对于玩网络游戏之后的收获和体会，数据显示，大部分中学生对网络游戏的影响评价为积极影响。26.00%的中学生非常同意通过网络游戏可以学习到很多课外知识，发展智力，同时提高手眼协调能力和空间想象能力，平均分为3.65分。25.64%的中学生非常同意网络游戏能使自己在现实生活中得到放松，平均分为3.64分。23.30%左右的中学生非常同意通过网络游戏提升了与人交往的能力、问题解决能力和领导能力，平均分为3.51分。22.57%的中学生非常同意网络游戏增强了自己对各国各地区文化的了解，平均分为3.48分。20.35%的中学生非常同意网络游戏陶冶了情操，平均分为3.34分（如图2-111所示）。由此可见，大部分中学生对网络游戏的评价为积极影响，尽管其中含有开脱和解释的因素，但是仍然显示出网络游戏对中学生主观上知识、技能方法以及情感、态度与价值观的影响。

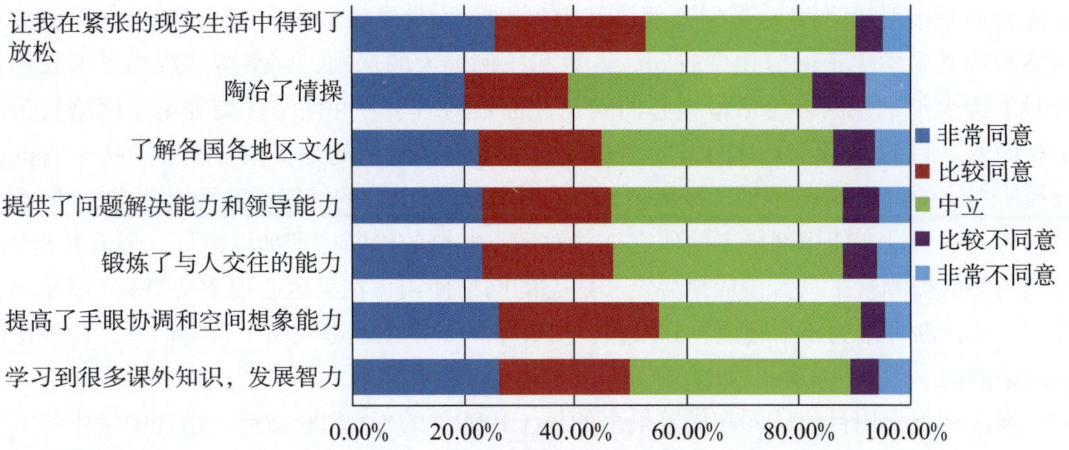

图2-111　中学生对网络游戏的评价

与网络游戏的积极影响相一致的是，对于网络游戏的消极影响，17.84%的中学生非常不同意网络游戏“损害了我的身心健康”，仅有12.42%的中学生非常同意这一观点，平均分为2.82分，低于中值3.00分。20.84%的中学生非常不同意网络游戏“影响了我的学习成绩”，仅有9.52%的中学生非常同意此观点，平均分为2.76分。总的来说，10.33%的中学生非常同意玩游戏弊大于利，18.77%的中学生非常不同意此观点，平均分为2.83分（如图2-112所示）。这说明大部分中学生认为玩游戏利大于弊。

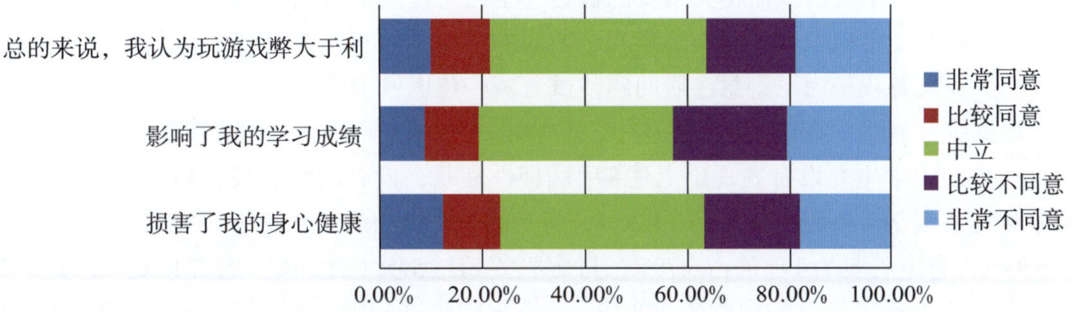

图2-112　中学生对网络游戏的整体评价

通过数据来看，课题组很难分辨出中学生的主观判断和实际情况之间的差别，但大多数中学生并没有把网络游戏作为与学习和生活对立的负面产物，他们对电子游戏持乐观态度并有一定的自制力和分辨力。在信息时代的大环境下，这似乎合情合理，也预示着游戏学习似乎是线上学习的一条新路径。

三、中学生网络游戏成瘾现状

网络成瘾是中学生网络生活中的严重危害学习和生活的消极现象，很多中学生因网络成瘾而荒废学业，身心受到摧残，其中以网络游戏成瘾最为突出。以上数据均表明，网络游戏是中学生上网应用中时间、人数和比例最大的选项，网络游戏成瘾是家长和学校对于青少年学生网络生活最担心的问题，也是网络学习和网络社交等正常网络行为的干扰因素。目前，国际上对网络成瘾的界定标准通常采用的是美国心理学家扬（Young）教授所提出的网络成瘾标准。1996年，扬在早期的共20题的网络成瘾调查问卷的基础上，总结对496 例过度使用网络者的研究，并对病态赌博的诊断标准加以修订，形成共8个题项的网络成瘾测量工具。该成果界定了病态的网络使用，在美国心理学会第101届年会上发表。该诊断标准为8 个题项，如果被试对其中的5 个以上题项给予肯定回答，就被诊断为网络成瘾。

本次调查引用目前认同和借鉴最多的扬（1999）的8个判断指标，结合中学生的实际生活状况对表述进行适当改编，如果被试者肯定回答超过5个，就判定存在网络成瘾的倾向。针对中学生网络游戏成瘾的8项表述分别是：

（1）我会全神贯注于游戏活动，并且在结束后念念不忘；

（2）我需要花更多的时间玩游戏才能得到满足；

（3）曾多次努力控制、减少或停止玩游戏，但都没有成功；

（4）企图减少或停止玩游戏时我会觉得沮丧、心情低落或是容易脾气暴躁；

（5）我的游戏时间往往比原先预期的要长；

（6）曾经为了玩游戏而损失重要的机会（学习工作或生活）；

（7）我会经常向家人或朋友隐瞒我玩游戏的情况（时间和花费）；

（8）我玩游戏是为了刻意逃避问题或试着减轻焦虑或沮丧。

数据统计显示，在以上8个表述中，47.00%的中学生选择0项肯定答复，也就是说大约有一半的中学生并没有表现出上述8项病理性症状，没有网络游戏成瘾的明显症状。8项中肯定答复为1项的中学生占14.26%，肯定答复为2项的占9.27%，肯定答复为3项的占6.99%，肯定答复为4项的占6.79%，肯定答复超过5项（含5项）的占15.69%，其中对所有表述均为肯定答复的中学生占8.12%，是所有超过5项中的最高比例（如图2-113所示）。由此可见，15.68%的中学生存在网络游戏成瘾倾向，其中重度成瘾学生较多，约占8.12%，低于5项的具有轻度网络游戏成瘾的中学生约占37.31%。总的说来，中学生网络游戏成瘾现象较为突出，人数比例大，是家长和学校应当重视的重要问题。

在具体的行为表现上，35.69%的中学生认为自己“游戏时间往往比原来预期的要长”，这是选择人数最多的一项；25.90%的中学生认为自己“玩游戏是为了刻意逃避问题或试图减轻焦虑或沮丧”；24.37%的中学生认为自己“会全神贯注于游戏活动，并且在结束后念念不忘”；22.01%的中学生“曾多次努力控制、减少或停止玩游戏，但都没有成功”；21.55%的中学生“曾经为了玩游戏而损失重要的机会（学习工作或生活）”，并且“会经常向家人或朋友隐瞒我玩游戏的情况（时间和花费）”；18.63%的中学生“需要花更多的时间玩游戏才能得到满足”，并且“企图减少或停止玩游戏时我会觉得沮丧、心情低落或是容易脾气暴躁”。各项表述肯定答复比例如图2-114所示。中学生网络游戏成瘾的突出表现是不能准确控制玩游戏时间，会在网络游戏上花费超过预期很多的时间。他们玩游戏大多是为了逃避学业压力或者减轻焦虑和沮丧，网络游戏也是他们成就感和存在感的重要来源。

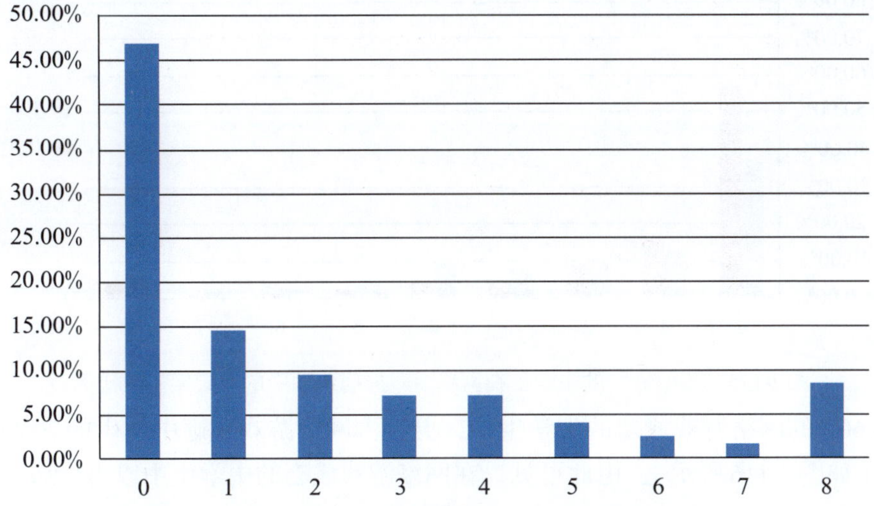

图2-113　扬（1999）的8个判断指标的肯定回复个数分布

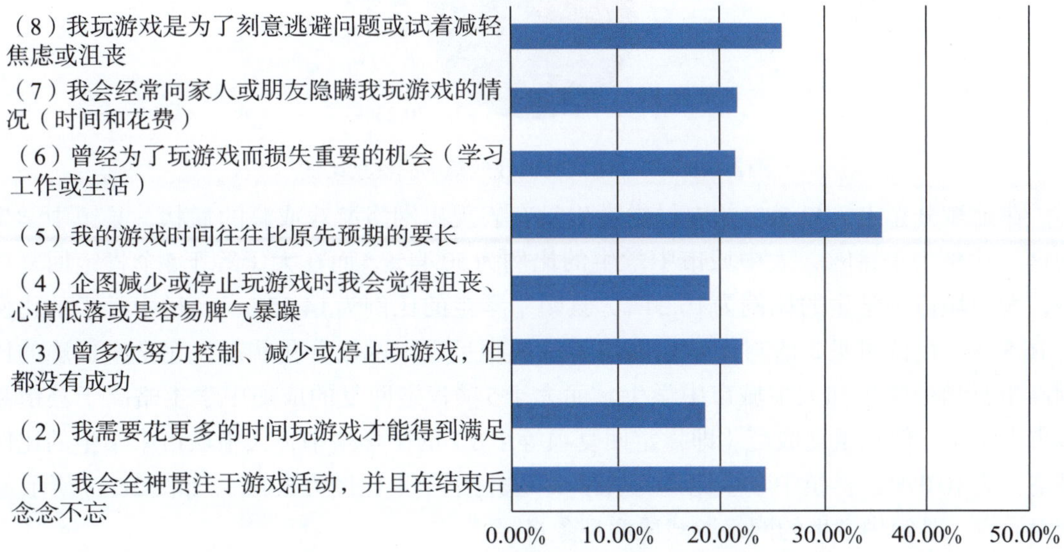

图2-114　中学生对网络成瘾评判标准中各项肯定答复比例

在性别差异上，如图2-115所示，56.48%的女生在8个表述项中选择0个肯定答复，而男生的这一比例为37.09%。在视为有网络游戏成瘾症状的超过5个肯定答复比例中，女生的比例为9.10%，男生的比例为22.53%，尤其是对所有表述均选择肯定回复的中学生中，女生比例为4.40%，男生比例为12.01%，是女生的3倍之多。由此可见，男生比女生更容易在网络游戏中成瘾，尤其是在重度成瘾症状上，男生比例是女生比例的3倍之多。

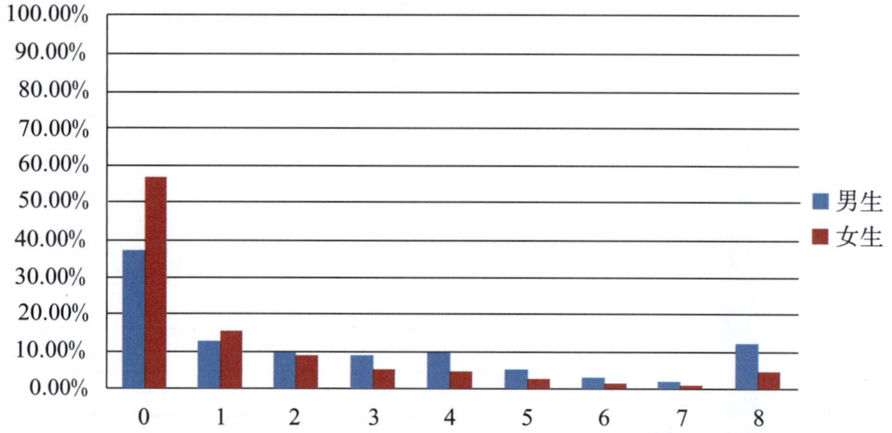

图2-115　不同性别的中学生在网络游戏成瘾选项中的肯定回复数比例

在15.60%的网络游戏成瘾的中学生中，男生占网络游戏成瘾中学生的70.23%，女生占29.77%（如图2-116所示）。由此可见，在网络游戏成瘾的中学生中以男生居多。

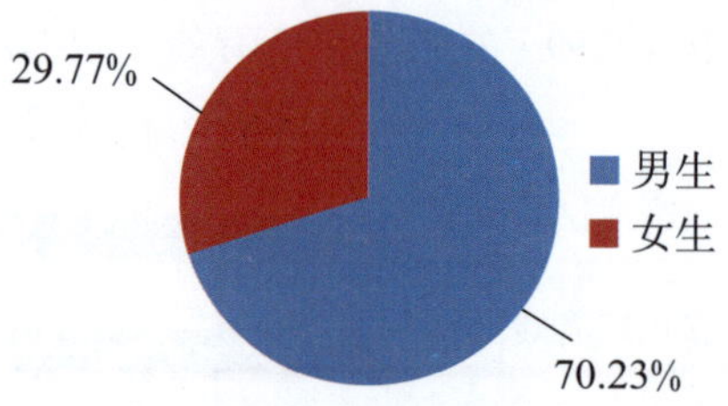

图2-116　中学生网络游戏成瘾中的性别比例

在地域分布上，43.58%的农村中学生没有表现出网络游戏成瘾的症状，县镇中学生的这一比例为48.81%，大中城市中学生的比例为50.44%。而在大于等于5个肯定回复项中，大中城市中学生的比例为16.24%，县镇中学生的比例为14.85%，农村中学生的比例为16.81%。由此可见，农村中学生网络游戏成瘾呈现出两极分化状态，完全未成瘾的比例高于县镇中学生和大中城市中学生，而大于5项肯定回复的成瘾中学生略高于县镇和城市中学生。但在重度成瘾（即肯定回复项等于8）的中学生中，大中城市中学生的比例最高，为10.07%，县镇中学生比例为7.33%，农村中学生比例为8.08%（如图2-117所示）。相对而言，县镇中学生的网络游戏成瘾现象最轻。

在年级分布上，48.1%的初一学生在8项网络成瘾标准中肯定回复为0项，初三学生比例为41.4%，高一学生比例为46.8%，高三学生比例为32.4%，职业高中生比例为44.9%。而对于肯定回复大于等于5项的网络游戏成瘾的中学生中，初一学生中占14.6%，初三学生中占22.1%，高一学生中占有15.2%，高三学生中占有22.9%，职业高中学生中占16.5%（如图2-118所示）。在肯定回复为8项的重度网络游戏成瘾中，仍然以初三学生和高三学生比例最高，初三学生中有12.1%，高三学生中有10.6%。由此可见，同一类型学校中，高年级学生更容易表现出网络游戏成瘾，学业压力越大的学生更容易网络游戏上瘾。

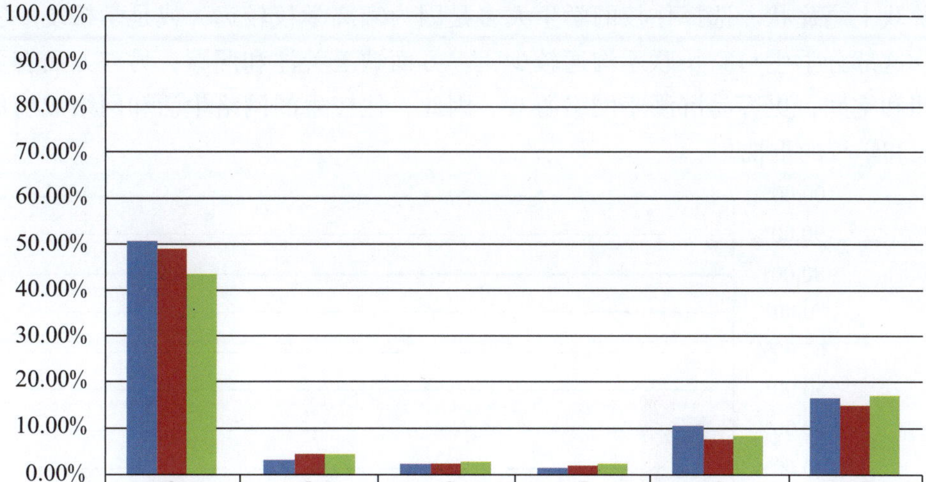

	0	5	6	7	8	≥5
大中城市	50.44%	3.00%	1.89%	1.28%	10.07%	16.24%
县镇	48.81%	4.07%	2.13%	1.33%	7.33%	14.85%
农村	43.58%	4.35%	2.56%	1.83%	8.08%	16.81%

图2-117　中学生网络游戏成瘾在地域上的差异

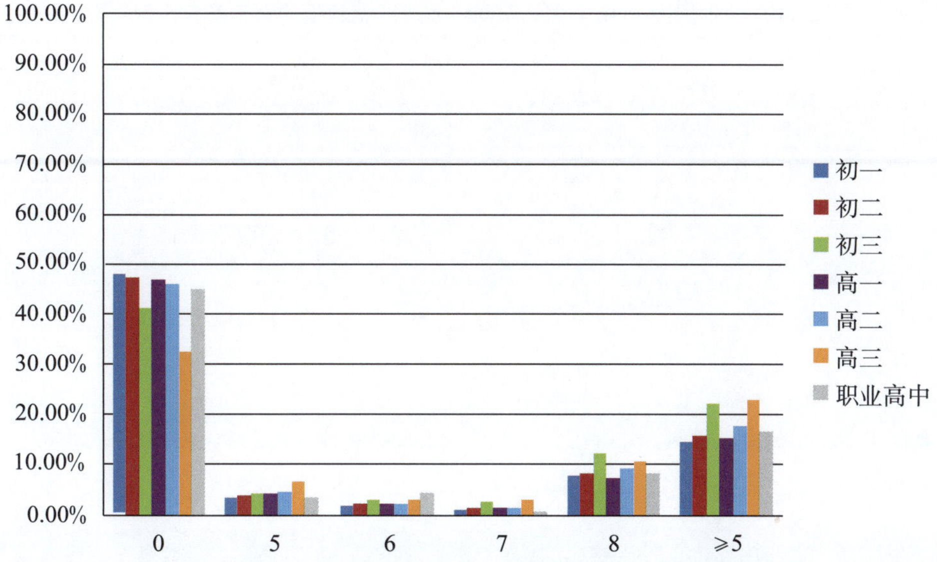

图2-118　中学生网络游戏成瘾在年级上的差异

对住校生与非住校生中的调查数据显示，43.3%的住校生否认出现8项评判标准现象，非住校生的比例为49.2%。有关选择大于等于5项肯定回复中，住校生中的比例为18.6%，非住校生中的比例为14.0%，对于重度网络游戏成瘾者，住校生中的比例约为9.6%，非住校生中的比例约为7.3%（如图2-119所示）。由此可见，住校生比非住校生更容易表现出网络游戏上瘾症状。选择住校的学生大多是因为家离学校较远，或是学校统一实行住宿管理。这部分学生与家长联系沟通较少，一方面缺乏关注和照顾；另一方面有更多自由的时间和空间，更容易沉溺于网络游戏。因此，住校生的网络生活和网络成瘾更应当引起家长和学校的重视。

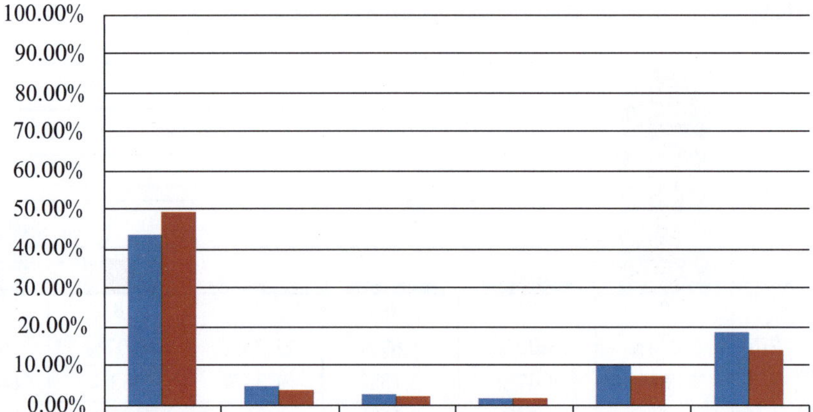

	0	5	6	7	8	≥5
住校生	43.3%	4.7%	2.7%	1.6%	9.6%	18.6%
非住校生	49.2%	3.4%	2.0%	1.3%	7.3%	14.0%

图2-119　不同类型的中学生关于网络游戏成瘾题项的肯定答复比例差异

第三章　中学生网络生活调查结论及对策分析

3

第一节　主要研究结论

一、中学生的上网普及率高，网络生活方式不成熟，父母和学校指导较多

当前，中学生上网普及率达到99.90%。无论在城市或是农村，中学生上网的途径和工具日益多样化，例如智能手机、平板电脑等，其中智能手机的普及率达40.33%。主要上网地点集中在家里，在家里、朋友或亲戚家、教室上网的比例分别为88.4%、31.9%以及13.7%。但仍然存在中学生进入网吧上网的现象，该比例约为9.4%。

在校中学生每周上网时间约为457分钟（约7.6小时），其中周末占312分钟，大约是平时上网时间的2倍，网络娱乐时间多至2.5倍。学业压力较大的中学生上网时间相对较少，职业高中生在所有类型的中学生中上网时间最长，约为598分钟。在校中学生的网络应用频率较高的是QQ等聊天工具（65.05%）、网络音乐（60.52%）、网络游戏（49.46%）、网络学习（46.26%）、网络视频（39.53%）。男、女生在使用频率最高的网络应用中，差异最大的是网络游戏，男生比例为67.03%，女生比例仅为31.47%。

由于中学生不能正确认识网络的双面性，容易形成网络成瘾。无论是网络学习还是网络娱乐，中学生均认为利大于弊，这种积极肯定的态度虽然有利于教育工作者介入互联网，促进中学生整体发展，但也存在使得中学生盲目信任互联网，最终迷失于互联网的可能性。因此当前家长和学校都非常重视中学生的网络生活，家长对其上网指导度平均分为3.89分，学校的平均分为3.78分（总分为5.00分），41.74%的中学生表示家长“经常指导”，43.70%的中学生表示学校“经常指导”，而女生往往认为她们获得更多的指导，指导度平均分为3.97分。年龄越低的中学生，家长和学校对其指导程度越高，大中城市中学生比农村中学生获得更多的指导。

二、家长和学校对中学生网络学习较为支持，中学生对网络学习的整体评价较高

家长对于中学生网络学习的支持度平均分为3.76分；学校对于中学生网络学习的支持度为3.67分（总分为5.00分）；仅有10.52%和12.11%的中学生认为家长及学校“不太

支持或非常不支持”网络学习。由此可见，当前家长和学校对于网络学习的态度比较趋同，都对网络学习的地位和作用较为认可。他们认为只要设计和监管合理，网络上丰富的资源以及网络的便捷条件可以帮助中学生进行有效学习。家长和学校对网络学习的支持度由大中城市至农村逐渐递减，大中城市中学生家长支持度平均分为3.91分，县镇中学生家长支持度平均分为3.78分，农村中学生家长支持度平均分为3.64分。大中城市中学生认为学校支持度平均分为3.80分，县镇中学生认为学校支持度平均分为3.70分，农村中学生认为学校支持度平均分为3.53分。年级越低的中学生获得的支持度越高，即网络学习的支持度与学生学业压力存在一定的反比关系。

中学生的网络学习行为主要体现在使用搜索引擎搜集资料以及通过聊天工具或者网络论坛向老师或同学提问，但使用频率远远低于线下解决方式。目前中学生的网络学习行为仍然是一种偶发性的、不系统的个体行为，网络课程和教学平台在经济发达的地域普及程度较高。中学生自身对网络学习的认同度较高，68.93%的中学生认为网络学习资源丰富，57.96%的中学生认为网络学习交互性强，50.34%的学生认为网络不受时空限制，对课程学习有帮助，应该成为课程学习的重要补充。大中城市中学生比农村中学生对网络学习的认同度更高。对于网络学习的各项评价，大中城市中学生比县镇及农村中学生表现出更高的评价，对网络学习的总体评价由城市到农村依次递减。在性别上，男生比女生对网络学习的评价更为积极。

三、中学生网络社交日常化，用以促进更积极的人际关系

中学生网络社交的普及率居于各项应用之首。几乎每一个上网的中学生都拥有自己的社交账号，以QQ最为常见，其次是微信和各类社交网站。有研究表明，中学生网络社交（原文中使用的是“网络关系成瘾”[①]）也会发展成一种网瘾的表现。通过调查，中学生在一天中的各个上网时间段均表现出网络社交行为，例如即时聊天、留言互动等。网络社交时间主要集中在晚上、午休和周末，63.27%的中学生会选择在晚上进行网络社交，33.86%的中学生选择在午休进行网络社交。

中学生在网上交流的对象主要以现实中的同学、朋友、亲人和老师为主，现实生活中熟悉的同学或朋友比例为85.13%，家人、亲戚及老师所占比例为56.82%，在网上结交的陌生人仅占9.04%。他们进行网络社交的主要依据是“兴趣爱好相似”，以及“熟悉、认识”。52.72%的中学生会在网络上提供个人部分真实信息，1.34%的中学生提供完全真实的个人信息，32.33%的中学生提供虚假个人信息。这说明，中学生对于网络空间具有一定的防范意识，对于某些关键信息会进行隐藏和过滤。

中学生网络社交的目的在于与周围熟悉的人保持联系。用于倾诉宣泄和释放压力的

① 平凡，周宗奎，潘清泉.大学生网络关系成瘾、自我表露和孤独感关系［J］.中国临床心理学杂志，2011(1).

目的所占比例仅为18.02%，用于结交新朋友所占比例仅占16.82%。网络社交工具中，智能手机的使用频率最高，其次是电脑及平板电脑等。中学生进行网络社交的首要原因是为了与认识的人保持联系，以此促进更积极的人际关系，其次是将网络社交和网络娱乐相结合。中学生的网络社交已经不再是完全虚拟和陌生的另类空间，他们更倾向于通过网络来加强联系，扩大交际圈，但是缺乏自我保护和防范意识。总体而言，当前中学生对网络社交的整体评价良好，认为以积极作用为主，对网上建立的人际关系较为满意。对于网络社交中的人际关系满意度，独生子女的平均分为3.84分，非独生子女的平均分为3.37分。在地域差异上，大中城市中学生的满意度平均分为3.74分，县镇中学生的满意度平均分为3.53分，农村中学生的满意度平均分为3.47分。全国范围内北京地区的认同度最高，平均分为3.75分，其次是以浙江为代表的华东地区。因此，在网络越发达的区域，中学生对网络社交的认同度越高。

四、中学生网络交易普及率约为一半，主要购买服装、配饰和文体用品

网络购物是中学生网络交易的主要形式，中学生的网络购物普及率约为46.13%，其中女生的网络购物普及率高于男生，女生约为58.67%，男生约为32.71%。大中城市中学生的网络购物现象更为普遍，越发达的地域中学生网络购物现象越突出。52.63%的大中城市中学生存在网络购物经历，农村中学生存在网络购物的比例仅为35.11%，西部边远省份农村中学生比例更低。高中生存在网络购物经历的比例远远高于初中生，职业高中生网络购物普及率59.73%，初三学生的网络购物普及率为23.37%。

在存在网络购物经历的中学生中，70.30%的学生学会网络购物的原因是受周围父母、同学和朋友的影响，大部分中学生网络购物历史时间为2年以内，中学生学会网络购物交易的途径是向同学、朋友或父母学习的。在选择网络购物频率时，比例最大的是“一月1次”选项，约为38.13%。中学生网络购物频率与国内网民平均水平相比较低，但地区差异性大。高中生比初中生网络购物频率高，约20.00%的高二学生网络购物频率为一周1次，初一学生的比例仅为7.00%。调查中，参与网络购物的中学生每月可支配零花钱的平均值为460.20元，用于网络购物的金额为153.50元，大约为整体的33.36%，但是各项数据方差较大，也就是说，在地域、年级、性别、是否住校等变量上零花钱和网络购物金额差别较大。

中学生通过网络购买的商品以服饰、配饰和文具用品为主，73.46%的中学生选择服装；48.05%的中学生选择配饰，例如箱包、饰品、手表、眼镜等；29.97%的中学生选择文体用品。没有网络经历的中学生约占整体的53.87%，其中39.92%的人表示对网络购物商品的质量不放心。35.33%的中学生表示自己很少买东西，几乎完全由父母负责购置。27.78%的中学生表示不了解网络购物的流程，23.62%的中学生表示不知道如何开通网上

银行，23.12%的中学生表示自己平时上网不方便，21.38%的中学生表示担心自己的信息被泄露或者资金被盗用，这些都是部分中学生拒绝网络购物的主要原因。

五、中学生选择网络视频的内容以音乐、影视、娱乐、动漫、搞笑为主

中学生的网络娱乐形式以听音乐、看视频、即时聊天和网络游戏为主，玩游戏是其中最容易上瘾的网络娱乐。调查要求中学生选出自己平时关注频率最高的5项网络视频内容，统计结果为音乐类占48.80%，影视类占47.69%，动漫类占38.70%，搞笑类占36.95%，游戏类占35.25%；音乐、影视、娱乐、动漫、搞笑是中学生最关注的网络视频内容。在性别爱好倾向上，女生在影视、综艺、娱乐、旅游、时尚、教育类视频内容上占据较大比例，而男生在新闻、游戏、动漫、财经、体育、搞笑、科技等类别上占据较大比例，男、女生存在明显差异的是体育、科技、游戏、时尚四种类型。高年级学生在影视和音乐上的选择比例要高于低年级学生，在动漫类和搞笑类上的选择比例低于低年级学生，职业高中生在每一项的选择比例均高出平均值。

六、中学生网络游戏的普及率高，手机游戏所占比例最高，网络游戏与网络社交相结合

本次调查的网络游戏泛指在计算机或移动IT设备上玩的各类电子游戏。调查发现，95.79%的中学生接触过网络游戏。大部分中学生接触网络游戏的历史时间集中在1—3年，男生比女生接触网络游戏的时间长。中学生玩网络游戏的时间段主要集中在下午和傍晚，在比较集中的时间段内，同一阶段的学校中，低年级学生的比例明显高于高年级学生，例如在18:00—21:00，初一学生玩游戏的比例高于初三学生，高一学生的比例高于高三学生；在通宵玩游戏的情况下，男生比例明显高于女生。

中学生玩游戏最常见的地点是在家里，约占77.00%；有33.48%的中学生选择“朋友或者亲戚家”；12.10%的中学生选择教室，这一类游戏以手机游戏为主，而10年前中学生最常见的上网场所——网吧仅占9.76%；还有6.14%的中学生选择“学校的机房”。在性别差异上，女生更倾向于在家里上网玩游戏，而在朋友或亲戚家以及网吧上网游戏的中学生中以男生为主。在地域差异上，农村中学生则在“朋友或者亲戚家”“网吧”等方面占有较大比重。

在游戏内容的选择上，45.79%的中学生选择“动作类”，15.26%的中学生选择“社交类”，其他各种类型的游戏所占比例差异不大。男生在“动作类”游戏的选择上明显高于女生，而女生在“音乐类”和“休闲小游戏”的选择上比例高于男生。由于游戏内容的差异，男生更倾向于与同学、朋友及网友一起游戏，女生则更喜欢独自进行。在游戏平台的选择上，手机游戏的比例最高。49.18%的中学生最喜欢使用手机游戏，职业高中学生此项比例最高，达到73.64%。当前大多数网络游戏都增加了社交元素的设计，使得当

前中学生的网络游戏与网络社交相结合，用户可以随时随地与好友互动、获取信息或相互竞技。例如，某些游戏会聚合社交圈好友的信息，并提供真实好友的排名，大大刺激了使用者的游戏欲望。

中学生在网络游戏中的行为大体表现良好，不文明行为评估仅为1.81分（总分为5.00分）。中学生热衷于网络游戏的原因大致可以分为休闲娱乐、社交、逃避、成就感四类，其中以“休闲娱乐”为首要目的，认同度为3.69分（1—5分别表示从非常不同意到非常同意），其余三类动机的认同度分别是3.29分、3.00分、3.33分。中学生认为网络游戏整体上利大于弊。

七、约15.68%的中学生存在网络游戏成瘾倾向，其中约8.12%疑为重度成瘾

本研究引入美国心理学家扬所提出的网络成瘾标准判定，即8个题项中的肯定回复个数出现5个及其以上被认为具有网络游戏成瘾倾向，出现8个被认为疑似重度网络游戏成瘾。调查结果发现，15.68%的中学生存在网络游戏成瘾倾向，其中疑似重度成瘾学生较多，约占8.12%。女生中存在网络游戏成瘾倾向的比例为9.10%，男生中存在网络游戏成瘾倾向的比例为22.53%，约为女生的2.5倍。女生中疑似重度成瘾的比例是4.40%，男生中疑似重度成瘾的比例是12.01%，是女生的3倍之多。因此，在性别差异上，男生比女生更容易沉溺于网络游戏。在地域差异上，农村中学生网络游戏成瘾现象呈现出两极分化状态，完全未成瘾的比例高于县镇中学生和大中城市中学生，存在网络游戏成瘾倾向的中学生比例略高于县镇和大中城市中学生。但在疑似重度成瘾的中学生中，大中城市中学生的比例更高，其中大中城市中学生比例为10.07%，县镇中学生比例为7.33%，农村中学生比例为8.08%。同一类型学校中高年级学生更容易表现出网络游戏成瘾倾向，学业压力越大的学生更容易存在网络游戏成瘾倾向。住校生比非住校生更容易存在网络游戏成瘾倾向，因为他们大多缺乏父母的监管和照顾，与父母家人缺乏沟通，容易沉溺于网络世界。

中学生网络游戏成瘾的突出表现是不能准确控制玩游戏时间，会在网络游戏上花费大大超过预期的时间，在参与过网络游戏的中学生中，约有35.69%的人在此选项中给出肯定回复。他们玩游戏大多是为了刻意逃避学业压力或者减轻焦虑和沮丧，网络游戏也是他们成就感和存在感的重要来源。

八、中学生网络生活水平受多重因素的影响

本次调查发现，在校中学生群体具有较高的网络普及率和活跃的网络应用水平，他们在网络学习、网络社交、网络交易、网络娱乐均表现出一定的群体特征，互联网是当前青少年学生社会化的重要影响因素。由于中学生的身心处在特殊的发展时期，其网络

生活水平也受到多重因素的影响，例如家庭关系、父母和学校的支持和指导、同伴影响、现实中的人际关系、学业压力以及其他社会复杂因素。这些复杂因素作用，影响中学生的网络行为，最终影响中学生的生活方式与思维方式。我们通过不同自变量的对比分析发现，中学生网络生活水平受多重因素的影响，之后将详细阐述中学生网络生活的影响因素。

第二节　中学生网络生活影响因素

大多数中学生属于未成年人范畴，他们对社会的认识和价值体系并不成熟，深受家庭、学校、同伴和社会等多重因素的影响，这些影响因素也直接或间接决定着中学生网络生活的发展。

一、家庭因素

家庭是中学生成长的主要环境，家庭结构和父母的教育对中学生成长产生直接影响。本次调查显示，中学生上网的主要地点是在家里；独生子女对网络社交的评价更高；而上网时间长和网络成瘾的中学生中，住校生的比例较大。根据相关性分析，家长对学生上网指导程度越高，学生在平时上学日和周末、节假日进行网络学习的时间越长，在平时上学日和周末节假日进行网络娱乐（包括网络游戏）的时间越短。如表3-1所示，家长对学生网络生活指导程度会明显影响学生在网络学习和网络娱乐的时间分配，尤其是对周末节假日在网络娱乐上的时间分配。

表3-1　中学生上网时间与家长指导程度的相关性分析

	家长对网络生活的指导度		
	Pearson相关性	显著性（双侧）	N
中学生平时网络学习的时间	0.046**	0.000	19 676
中学生平时网络娱乐的时间	–0.169**	0.000	19 676
中学生周末网络学习的时间	0.81**	0.000	19 676
中学生周末网络娱乐的时间	–0.191**	0.000	19 676

注：** 在0.01水平（双侧）上显著相关。

如表3-2所示，家长对中学生网络学习的支持度越高，学生在平时上学日和周末节假日网络学习的时间越长，但并没有对中学生在平时上学日和周末节假日网络娱乐的时间分配上产生显著影响，这其中不乏很多中学生由于父母对网络学习较为支持，因此获得很多上网机会和时间，并将这些时间花费在网络娱乐上。由此可见，为了保证中学生科学合理地安排网络生活，家长首先要改变观念，但仅仅在态度上支持是不够的，还需要进行实际的指导和监护。

表3-2　中学生上网时间与家长支持度的相关性分析

	家长对网络学习的支持度		
	Pearson 相关性	显著性（双侧）	*N*
中学生平时网络学习的时间	0.074**	0.000	19 495
中学生平时网络娱乐的时间	–0.123**	0.000	19 495
中学生周末网络学习的时间	0.080**	0.000	19 495
中学生周末网络娱乐的时间	–0.008**	0.000	19 495

注：** 在0.01 水平（双侧）上显著相关。

从表3-3可以看出，家长对学生上网指导程度越高，学生对自身网络学习评价较高，即网络学习的自我效能感较高，同时学生对网络社交的满意度也较高，对网络游戏的上瘾程度相对较低。因此，家长对中学生上网的指导程度对学生网络生活的正面效率有显著影响，包括网络学习和网络社交，也在一定程度上扼制了中学生网络生活的负面效应。

表3-3　中学生上网效果与家长指导度的相关性分析

	家长对网络生活的指导度		
	Pearson 相关性	显著性（双侧）	*N*
学生网络学习的自我效能感	0.121**	0.000	19 676
学生对网络社交的满意度	0.071**	0.000	19 676
学生对网络游戏的上瘾程度	–0.078**	0.000	19 676

注：** 在0.01 水平（双侧）上显著相关。

如表3-4所示，家长对学生网络学习的支持度越高，学生的自我效能感和学生对网络社交的满意度都相对较高。但与表3-2类似，家长对学生网络学习的支持态度并不能对学生网络游戏的上瘾程度产生显著影响，因此恰当的指导和监护是必不可少的。

表 3-4　中学生上网效果与家长支持度的相关性分析

	家长对学生网络学习支持度		
	Pearson 相关性	显著性（双侧）	N
学生网络学习的自我效能感	0.247**	0.000	19 675
学生对网络社交的满意度	0.186**	0.000	19 675
学生对网络游戏的上瘾程度	–0.010**	0.000	19 675

注：** 在 0.01 水平（双侧）上显著相关。

从表 3-5 可以看出，独生子女比非独生子女更依赖网络社交，对网络社交的满意度更高。

表 3-5　是否独生子女与网络社交满意度的相关性分析

	是否为独生子女		
	Pearson 相关性	显著性（双侧）	N
学生对网络社交的满意度	0.080**	0.000	19 676

注：** 在 0.01 水平（双侧）上显著相关。

以上数据反映，由于中学生上网的主要地点是在家中，家庭因素对于中学生的影响是至关重要的。有些家长因为平时工作或社会事务繁忙，抽不出时间监护中学生上网问题，部分中学生家庭父母外出打工，中学生与祖父辈或其他亲人生活在一起或是选择住校，更容易在网络世界中迷失。家庭的结构和氛围也会影响中学生网络生活倾向，独生子女对网络社交更为依赖，满意度更高；家庭氛围较差或单亲家庭的中学生更容易网络成瘾，包括网络社交成瘾和网络游戏成瘾，更有可能被网络有害信息毒害，影响身心健康。

二、学校因素

尽管中学生上网的主要地点是在家中，但大部分时间是在学校学习度过的，他们在学校生活中学习知识、提升技能、修养道德、结交朋友以及认识社会，学校或老师对中学生网络生活起着重要的引导作用。

通过相关性分析发现，学校对学生网络生活的指导程度与学生网络学习的时间呈正相关，即学校的指导程度越高，学生在平时及周末网络学习的时间越长。相比之下，学校对学生网络生活指导程度与学生网络娱乐的时间呈反相关，尤其是与学生周末网络娱乐时间的相关系数更大（如表 3-6 所示）。

表3-6　上网时间与学校指导程度的相关性分析

	学校对学生网络生活的指导度		
	Pearson相关性	显著性（双侧）	*N*
学生平时网络学习的时间	0.064**	0.000	19 592
学生平时网络娱乐的时间	–0.040**	0.000	19 592
学生周末网络学习的时间	0.075**	0.000	19 592
学生周末网络娱乐的时间	–0.102**	0.000	19 592

注：**在0.01水平（双侧）上显著相关。

从表3-7可以看出，学校对学生网络学习的支持度与学生在网络各项应用上花费的时间均呈正相关，尤其是与学生在平时网络学习和平时网络娱乐上的时间花费，相关系数较大。由此可见，学校对网络学习的支持度越高，学生不仅在平时及周末网络学习上花费的时间越多，在平时及周末网络娱乐上花费的时间也越多。

表3-7　上网时间与学校支持程度的相关性分析

	学校对网络学习的支持度		
	Pearson相关性	显著性（双侧）	*N*
学生平时网络学习的时间	0.204**	0.000	19 570
学生平时网络娱乐的时间	0.396	0.001	19 570
学生周末网络学习的时间	0.108**	0.000	19 570
学生周末网络娱乐的时间	0.071**	0.000	19 570

注：**在0.01水平（双侧）上显著相关。

从表3-8可以看出，学校对学生上网的指导程度与学生网络学习的自我效能感呈正相关，即学校对学生上网指导程度越高，学生的网络学习自我效能感越强。同时，学校对学生上网的指导程度与学生对网络社交的满意度呈现较弱的正相关，与学生对网络游戏的上网程度呈现较弱的负相关。

表3-8　学生上网效果与学校指导程度的相关性分析

	学校对学生网络生活的指导度		
	Pearson相关性	显著性（双侧）	*N*
学生网络学习的自我效能感	0.145**	0.000	19 676
学生对网络社交的满意度	0.075**	0.000	19 676
学生对网络游戏的上瘾程度	–0.069**	0.000	19 676

注：**在0.01水平（双侧）上显著相关。

从表3-9可以看出，学校对网络学习的支持程度与学生网络学习的自我效能感和对网络社交的满意度呈显著的正相关，学校对网络学习的支持程度能有效提升学生网络学习的学习效果，但与学生网络游戏上瘾程度相关性并不显著。

表3-9　学生上网效果与学校支持程度的相关性分析

	学校对网络学习的支持度		
	Pearson相关性	显著性（双侧）	*N*
学生网络学习的自我效能感	0.241**	0.000	19 676
学生对网络社交的满意度	0.171**	0.000	19 676
学生对网络游戏的上瘾程度	0.007**	0.000	19 676

注：** 在0.01水平（双侧）上显著相关。

从表3-10可以看出，学生是否住校对学生的网络学习自我效能感和对网络社交的满意程度影响不大，但住校生比非住校生对网络游戏的上瘾程度高，这说明住校生在封闭式集体管理和缺乏家庭监护的双重影响下，更容易引发网络游戏成瘾。中学生正处于青春期，经常出现违反学校管理而外出上网的现象。

表3-10　学生上网效果与学生类型的相关性分析

	是否为住校生		
	Pearson相关性	显著性（双侧）	*N*
学生网络学习的自我效能感	0.009	0.221	19 676
学生对网络社交的满意度	0.013	0.065	19 676
学生对网络游戏的上瘾程度	−0.173**	0.000	19 676

注：** 在0.01水平（双侧）上显著相关。

由此可见，学校对网络生活的指导程度以及对网络学习的支持态度，都能影响学生网络生活应用的各项时间分配以及对各项应用的主体感受。由于教育信息化的普及，目前很多中小学校，尤其是东部经济发达地区，都开设了信息技术课程，提供机房和课程支持帮助中学生学习电脑和网络知识，尽快适应信息社会。学校对学生网络生活指导和管理程度越高，学生对网络的有效利用程度越高，学生的网络上瘾程度越低。同时，封闭式的住校管理要进一步加强个体关怀。另外，教师的引导和示范作用对于中学生网络生活意义也十分重大。

三、同伴因素

中学生在网络生活中互动的主体是以同学、朋友为主的同龄人，同龄人的渗透和示范作用对中学生网络生活有直接的影响。调查数据显示，中学生网络社交的主要对象是现实生活中熟悉的同学和朋友，选择网络社交对象的主要依据也是年龄相当、兴趣爱好相同的朋友，与这些人保持联系是中学生网络社交的主要目的。

同伴因素对中学生网络生活的影响主要体现在以下几点。第一，同伴中的群体效应。中学生的很多网络生活行为是群体行为，例如网络游戏和网路社交等。有的男生会把某种网络游戏作为群体标志，导致部分中学生认为只有会玩某种游戏，才能被某个现实群体所认可。另外，中学生会以班级、学校等标签组建网络社交群，因此该范围的中学生都会在群体效应作用下加入网络生活。第二，同伴中的示范和攀比。很多中学生学会网络游戏和网络购物的主要途径是向同伴学习，同时同伴中的攀比现象使得部分中学生对网络生活趋之若鹜，例如网络购物和游戏等级的攀比。第三，现实中的同伴关系。现实中，同伴关系较为消极的中学生更依赖网络社交，希望通过网络社交来弥补同伴关系的不足，这也是部分中学生进行网络社交的重要原因。

值得注意的是，非在校的社会青少年也通过网络社交和网络游戏等途径影响中学生的网络生活和个人成长。很多农村中学生在社会青少年的鼓动下产生了厌学情绪，甚至想尽早进入社会。

四、社会因素

社会因素是指整体社会发展对中学生网络生活造成的影响，包括社会氛围、地域差异、网络内容和上网媒介等方面。从社会氛围方面出发，整体的社会风气对中学生网络生活有直接的影响，例如，网吧管理条例的执行和监管力度，在一定程度上决定中学生校外上网的时间和地点，尤其是在县镇和农村地区，由于部分网吧允许未成年人进入，很多中学生甚至经常逃课前往网吧上网，很多老师和家长也会经常前往网吧寻找学生。由于社会的快速发展，移动智能通信设备的普及也使得中学生能够方便快捷地接入互联网。人们的观念也随着社会的进步不断发展，中学生对网络学习的认可度较高，以及认为网络游戏对个人成长也有促进作用。

在地域差异上，各方面较为发达的地区对中学生网络生活表现出更高的包容度和关注度。经济发达地区的家长和学校对网络生活的指导程度更高，更加支持网络学习。越发达的地区中学生网络学习行为越频繁，网络学习的自我效能感越高。越发达的地区，中学生对网络社交的积极评价越高，网络交易的使用频率越高。总体来说，越发达的地区，尤其是在大中城市，中学生的网络生活更加成熟，网络应用更加多样。

目前中学生上网设备以电脑和智能手机为主，尤其是智能手机的普及，使得中学生在网络社交和网络娱乐上花费的时间大大增加，上网时间更为分散，上网地点更为多元，中学生可以在交通工具上、教室、宿舍等地方登入互联网。除了网络社交、网络娱乐

（含网络游戏）外，网络学习与以前相比也开始成为主要的网络应用。

互联网开放的特性决定了互联网内容的多元性，目前我国对互联网的监管分级工作尚不成熟，中学生能够接触到与成人对等的所有互联网信息，这些缺乏甄别和筛选的信息对中学生的网络生活以及个人成长都会产生影响。例如，损害国家民族形象或色情等有害信息的泛滥，严重损害中学生的身心健康，扭曲中学生的人生观和价值观。因此，互联网的整体环境是中学生网络生活的基础，直接影响中学生的价值取向和成长观念。

五、群体差异

中学生网络生活在不同群体中表现出一定的差异，例如性别、年级和地域差异。

中学生中，女生在网络生活上表现得更为理性，如表3-11所示，通过相关性分析，女生在网络学习上花费的时间比男生多，网络学习的自我效能感比男生强；女生对网络社交的满意度比男生强，在网络游戏的时间花费上比男生少，对网络游戏的上瘾程度明显低于男生。但女生在网络交易上的使用程度高于男生。

表3-11　中学生网络生活与性别的相关性分析

	性别属性		
	Pearson相关性	显著性（双侧）	*N*
学生进行网络学习的时间	0.018*	0.013	19 676
学生网络学习的自我效能感	0.076**	0.000	19 676
学生对网络社交的满意度	0.105**	0.000	19 676
学生进行网络游戏的时间	–0.169**	0.000	19 676
学生对网络游戏的上瘾程度	–0.242**	0.000	19 676

注：**在0.01水平（双侧）上显著相关；*在0.05水平（双侧）上显著相关。

在年级差异分布上，主要表现在初、高中学校差异、学业压力差异、年龄差异上。例如，高中生在实时通信软件的使用频率上高于初中生。在网络学习应用上，初中生比高中生使用频率更高，例如上网查阅资料、下载学习辅导资料、在学习论坛上发言交流等。高中生比初中生的网络交易使用程度高。而在手机游戏和大型网络游戏的应用频率上，职业高中生要明显高于普通初高中生。学业压力较大的中学生，例如初三学生和高三学生，网络生活的程度更低，上网时间较少，但在地点选择上更倾向于家庭以外的地点。例如网吧或是亲戚家，对网络游戏的上瘾程度更高，即学业压力越大的中学生更容易网络成瘾。随着年龄和年级的增长，中学生认为家长对网络生活的指导程度降低，但在网络学习的支持态度上无差异，学校方面对于高年级学生的支持度降低。低年级学生网络社交程度较高。

在地域差异上，由于社会和经济发展程度不同，导致农村中学生、县镇中学生和大中城市中学生在网络生活上表现出一定的差异。总体而言，大中城市的中学生信息化素养更高，网络应用更加全面，网络生活更加深入。

第三节　中学生网络生活合理化的对策建议

中学生网民规模不断扩大，网络应用更加深入多元。为了使中学生网络生活更加合理科学，促进其学习发展，需要从家庭、学校、社会等多个层面出发，共同努力发展中学生合理的网络生活。

一、正确看待中学生网络生活参与，引导中学生健康上网

根据中国互联网信息中心2014年1月发布的第33次《中国互联网络发展状况统计》数据显示，截至2013年12月，我国互联网普及率为45.80%，其中25岁以下的青少年网民规模达2.56亿，占网民总体的41.50%。本次调查显示在校中学生的上网普及率达到99.90%，上网途径多种多样。中学生参与网络生活已经是一个不可阻挡的潮流和趋势，家长、学校和社会应该正确认识中学生上网问题，并积极引导中学生健康上网。本次研究表明，家长和学校对中学生网络学习的支持度越高，学生在网络学习上花费的时间就越多；家长和学校的态度能够影响中学生的网络行为表现。因此需要正确看待中学生网络生活参与，同时还需要进行实际的指导和监护，引导中学生健康上网。尤其是在研究中，大部分中学生对网络生活呈现一边倒的态度，没有充分认识到网络的双面性，甚至有54.06%的中学生会提供部分或者全部的个人真实信息，存在安全隐患。还有15.84%的中学生表示“经常”或“总是”使用网络暴力或不文明语言，缺乏约束和引导，这些数据都充分表明中学生的上网意识和行为需要正确的引导。

首先，要帮助中学生树立文明上网的意识。目前国家制定了《全国青少年网络文明公约》，学校在教育过程中要引导广大青少年学生自觉践行文明公约，树立网络责任意识和道德意识，同时加强网络法治教育和宣传，抵制网络不法行为，针对一些青少年网络犯罪进行案例讲解，防止青少年学生因为不了解相应的法律法规而误入歧途。其次，要对于信息技术素养较低的中学生进行上网技能的培训，例如电子化办公软件的使用、网络交易的使用、网络社交软件的使用等。最后，要针对中学生的网络生活各项应用进行实际的指导，保证中学生学会科学合理地使用网络。例如，利用网络课程平台系统地开展网络学习，辅之以具体的网络学习方法策略，提醒中学生网络交易的安全问题，防止网络诈骗。

二、加强中学生的现实情感交流，营造和谐的家庭氛围

本次调查中，独生子女对网络中人际关系满意度为3.84分，非独生子女平均分为3.37分，独生子女对网络社交的积极评价更高，更依赖网络社交。18.02%的中学生参与网络社交的目的在于向他人倾诉宣泄。同时，住校学生比非住校学生更容易表现出网络游戏成瘾症状。因此可以看出，充足和必要的家庭交流有助于中学生减轻压力，减少对网络世界的依赖性。家长在中学生成长过程中扮演着重要角色，家长要努力营造和谐的家庭氛围，多与孩子沟通，与孩子平等对话，满足孩子的情感需求，这样才能切实有效地引导和规范孩子行为。

三、加强网络监管，净化网络环境

本次调查中仍然存在9.10%的中学生选择在网吧上网，31.90%的中学生选择在亲戚或朋友家上网大多是为了逃避父母的监管和指责。15.68%的中学生存在网络游戏成瘾倾向，其中8.12%的人疑似重度网络游戏成瘾。住校生往往有更多的时间和机会上网，并且表现出更明显的网络成瘾倾向。这些都说明当前中学生缺乏自律性，无法有效地限定合理科学的上网时间。因此必须对中学生上网进行有效监管，净化整体网络环境。具体来说，首先要从法律法规上规范中学生的上网地点和内容。许多国家都制定了针对青少年上网的法律法规，例如，2008年日本众议院审议通过了《青少年网络规制法案》，制定并实施了《确保青少年能够安全、安心地利用互联网的环境整备法》。政府有关部门要针对青少年网络进行依法有效的监管，并且制定相应的法律法规，对网络有害信息进行界定和规范，对网络内容进行分级，不得向青少年传播与性、暴力、血腥相关或偏激的信息。严格规定网吧不允许未成人进入，对违法经营者严厉惩处。尤其是西部边远地区，更要加强网吧管理，严格执行相关规定。

青少年学生上网的主要地点是在家中或学校。家长和学校要主动了解学生的动态去向，及时发现网络成瘾反应，并进行相关干预。家长可以对家中电脑进行设置，例如设置上网时间、安装监控软件等。学校要加强校园局域网的监管，组织安装绿色上网过滤软件，及时发现并处理不良信息，定期查杀病毒并修补漏洞，保证校园网络的安全健康。这些措施在一定范围内能够针对中学生上网进行设置和有效监控。

由于互联网并非只针对中学生开放，因此网络环境的净化需要面向全体网民进行，加强宏观管理和调控力度。力图通过各部门协调，社会力量参与，使网络环境更加健康。例如，网络实名制的运行可以有效防止有害信息的传播和网络犯罪，因此今后可分步骤、分阶段地实行网络实名制。当前网民的网络生活已经与现实生活紧密联系在一起，而那

些坚持并拥护网络虚拟运行的网民大多怀有秘密串联结社、组织赌博、传播淫秽信息、网络诈骗等非法目的。实名制的运行有利于促进网络诚信和电子商务等深层业务的拓展，是净化网络环境的有力的法规手段，同时也可以有效防治和追查网络犯罪，能够有效控制中学生网络生活的负面效应。

四、加强农村中学生上网知识培训，缩小城乡数字鸿沟

中学生网络生活发展程度在地域上存在较大差异，城乡之间互联网基础设施建设方面也存在很大差距。大中城市以及东部发达地区网络环境更为优化、各种通信技术的发展和普及，极大地促进了城镇青少年学生网民规模的增长和网络应用的普及；相比之下，农村青少年学生网络应用相对滞后。在本次调查中，52.63%的大中城市中学生存在网络购物经历，而农村中学生比例为35.11%。在网络学习上，整体上城市中学生对线上学习各个选项的使用频率均高于县镇和农村中学生，其中差异性最大的是“登录网校或教学平台参与网络课程”，大中城市中学生使用频率平均分为3.21分，超过了均值3.00分，而县镇中学生和农村中学生的得分分别为2.90分和2.70分。据相关调查显示，大学新生中，农村生源的学生信息技术素养明显低于城镇生源的学生，在信息获取和电脑使用技能上能力较弱，在一定程度上阻碍了农村中学生的进一步发展。因此，加强农村中学生网络教育意义重大，不仅可以提高农村青少年学生的互联网知识水平和使用能力，缩小城乡中学生之间的数字鸿沟；还可以增加农村中学生的信息来源，帮助他们认识社会和世界，增强应对时代发展的技能和能力。

五、加强相关网站建设，发展绿色网络应用

目前，大部分中学生对网络的优势较为赞同，68.93%的中学生认为网络学习资源丰富，57.96%的中学生认为网络学习交互性强，42.57%的中学生对网络人际关系非常满意或比较满意，71.03%的中学生非常认同或比较认同网络购物的便捷性，对网络购物满意度较高。大部分中学生认为网络带给自己积极的影响，这对于家长、学校和社会具有挑战性，但同时也可充分利用中学生对网络的肯定态度，利用网络的便捷性、跨时空性以及丰富的教育资源，将网络逐渐转变为对中学生成长发展有利的产物。因此，针对中学生的网络应用改造刻不容缓。目前很多学者和专家从信息技术教学的角度出发，积极探索移动学习、游戏学习、碎片化学习等多项网络学习方式，利用中学生上网的热情和兴趣，对网络应用进行设计和改造，将中学生的网络行为与学习发展相结合。目前有很多网络学习平台都纳入了网络社交和网络游戏的元素，极大地激发了中学生的学习动机，在一定程度上既满足了中学生对网络娱乐的依赖，又借助网络娱乐的趣味性实现中学生有效的网络学习。

第四章　影响中学生基于网络社交发展的因素研究

第一节　问题的提出

如何使青少年拥有优秀的品质、健康地成长，是教育领域中一个永恒的话题，尤其是在互联网时代背景下，研究者总是想要探索更多促进青少年积极发展的网络因素。作为网络一代，青少年积极地寻求着信息，而不是被动地接受信息。他们利用数字媒体，发展自身的社会技能，并建立自己的自信心，这就是网络社交对于青少年自我成长的重要影响。在看到网络社交给青少年发展带来众多好处时，也有学者对网络给青少年，尤其是青少年学生发展带来的负面影响表示担忧。那么青少年学生如何看待网络社交在促进他们的学习能力、加强他们的社会联系、提高自信心和促进关心方面的影响呢？有哪些因素会影响网络社交促进青少年学生的积极发展呢？

从20世纪90年代开始，美国在青少年发展领域的研究中出现了一个新名词——青少年积极发展理论（positive youth development theory）。根据本森（Benson，2006）的研究，青少年积极发展理论有多样化的起源，学术研究、青少年工作者的建议、国家的政策和实施的一系列的举措都推动了青少年的积极发展理论的发展和完善。首先，“发展”一词源于比较心理学（comparative psychology）和进化生物学（evolutionary biology），研究证明了个人的积极发展和群体改变的可能性，通过改变个人和他们所处环境的双向关系去最大化这种“可塑性”（plasticity）。该理论起源的另一种说法植根于社区心理学（community psychology），产生于19世纪60年代，作为一种对于病理的批判，强调主动干预（prevention），比如构建自信而不是二级或者三级预防。青少年工作者对青少年发展也持有积极的远见，他们认为青少年有非常大的发展潜力，当面对困难的时候能够主动采取行动来应对挑战。青少年积极发展理论以积极的态度看待青少年的发展，重点关注青少年的优点、能力与潜质，以及如何发展这些潜质的方法。青少年积极发展理论致力于了解、教育与鼓励青少年参加有价值的活动，而不是专注于矫正、治疗、纠正青少年的问题行为，把青少年看作积极主动、平等的参与者。青少年作为被成人提供服务、教育、培训的主体，他们试图通过不同的方式体现自己的主动性和领导性，青少年积极发展理论认为他们能积极主动地对社会和未来做出自己的贡献。勒纳（Lerner）等学者总结了青少年积极发展理论中的五个目标，分别是能力（competence）、自信（confidence）、联结（connection）、品格（character）和关心（caring）。这些都是评定青少年学生发展的基本理论框架。

第二节　文献述评

基于青少年积极发展理论视角和勒纳等学者提出的关于青少年积极发展的五个目标，笔者将分别从网络社交促进青少年学习能力发展、加强青少年学生社会联系、提高青少年自信心、促进青少年关心这四个维度开展文献讨论。

一、网络社交促进青少年学习能力发展的研究

有学者认为，网络社交可以为青少年提供更加广阔的信息渠道，有利于拓展他们的知识面。网络以其自由、开放的特点为青少年提供了没有约束和限制的自由环境，拓宽了他们的信息来源渠道，开阔了他们的视野。同时，网络还扩大了青少年的信息量[①]。

4

二、网络社交加强青少年社会联系的研究

一些研究者发现，网络社交给其使用者带来了更多社会联系（如《大学生使用网络的思想行为特征与教育引导对策》[②]中提到的）。麦克纳（McKenna）等人认为，用网络进行社交对发展和保持社会情感联系有好处。一是网络为个体提供了和兴趣相同的人相遇和互动的机会，具有共同兴趣和经历的个体可以从彼此相同的思想中获得信息，并互相鼓励[③]。二是因为通过网络可以建立一种真诚的、不受年龄、职业、地域和外表等因素影响的人际关系。这种人际关系和传统的以面对面互动为基础的友谊一样，能够提供社会支持，增加个体的社会认同感和归属感[④]。

贾淑芳采用大学生网络交往基本信息问卷、现实人际信任问卷、网络信任问卷、人际关系问卷、艾森克人格问卷对四百多名大学生进行调研发现[⑤]：一是网络社交对大学生现实人际关系有直接影响，不同网龄、性别和年级的大学生在人际关系方面存在显著差异；二是大学生网络人际信任度不高。有学者曾担心网络社交会影响青少年的现实社交，但是齐学红等人的研究表明，青少年在网络世界的社会交往并没有影响其和现实生活中

① 田丽，贾哲敏．互联网使用与孤独感关系探析［J］．图书情报工作，2011（6）．

② 伍秀敏．大学生使用网络的思想行为特征与教育引导对策［D］．电子科技大学，2006．

③ Mckenna, K.Y.A., Bargh, J.A. Plan 9 from cyberspace: the implication of the Internet for personality and social psychology［J］. Personality and Social Psychology Review,2004(4).

④ 陈江，欧阳连香．大学生情绪智能与人际冲突处理方式的关系研究［C］．中国管理学年会，2013．

⑤ 贾淑芳．大学生网络交往对现实交往中的人际关系、人际信任、人格的影响研究［J］．山东师范大学学报（人文社会科学版），2009（2）．

的同学、朋友关系，相反还在一定程度上促进了其和同学、朋友的关系①。陈伟从青少年社会化的视角对初中生网络社交的现状进行了调研。研究结果表明，网络社交能够有效促进中学生社会化的过程——网络社交搭建了中学生与身边的亲人和朋友进行更好沟通的桥梁②。综上所述，网络社交与现实社交相依相存，一方面，网络社交补充和加强了现实社交关系，使人与人之间的社会交往不再受到时间和空间的限制，同时，技术使得网络社交参与者建立了更加广泛的人际交往圈，积累了更多的社会人力资本。另一方面，网络社交多源于现实社交，进行网络社交的同伴都是线下所熟知和认识的人。对于青少年发展方面，网络社交能够促进中学生社会化，使他们获得更多的身份认同，并且更好地与同伴、亲人和老师进行沟通。

三、网络社交提高青少年自信心的研究

自信心是人际交往的重要基石。有研究表明，网络社交能促进学生建立自信心，尤其是对于性格内向的学生，他们通过使用网络社交工具如论坛、社交网站（SNS）等，增加了与同学、老师的沟通和交流，为建立健康向上的人际关系奠定了基础③。

李曙光和郑艳认为，网络社交平台以其开放性、平等性和互动性等特点为青少年开创了一个全新的网络环境，提供了一个便利的人际交往平台，网络社交平台有利于拓展人际交往范围，激发大学生的创造性和提高青少年的自信心，并促进其形成各种良好人格品质④。

四、网络社交促进青少年关心的研究

以社交网站为代表的网络社交媒体因为在青少年中的广泛流行，如果可以得到合理利用，可以成为有效地促进学生和教师交流的沟通工具，也可被用于教育目的的交流中。陈伟等（2010）的研究发现，初中生表示愿意接受家长和老师通过网络彼此相互了解和沟通，因为网络交流不是面对面地交流，不会受到来自家长和老师的压力，更容易表达出自己的真实想法和意见⑤。有教师表示，通过在网上与学生进行交流，发现与学生之间的距离拉近了，“能很明显地感觉到同学愿意和老师亲近，无论是学习问题还是讨论生活问题都很踊跃，班级的凝聚力感觉比以前好了好多。”

总的来说，青少年学生群体（主要包括中学生和大学生）是青少年群体中的重要部分，目前国内外对于青少年网络社交的研究对象多为大学生，很少有研究以中学生为研

① 齐学红，王飞，徐小丹，刁益虎．中学生社会交往状况的调查分析［J］．南京晓庄学院学报，2013(1)．
② 陈伟．影响中学生参与网络交往的因素分析［J］．科技资讯，2010(23)．
③ 沈君．网络交往对大学生的影响研究［J］．科教导刊（上旬刊），2011(5)．
④ 李曙光，郑艳．网络论坛交际对当代大学生发展的影响探究［J］．高等农业教育，2008(9)．
⑤ 陈伟．影响中学生参与网络交往的因素分析［J］．科技资讯，2010(23)．

究对象开展[①②]。同时，国内对于该主题的研究多是孤立地根据上网行为分析原因，没有从中学生的心理发展特点出发，深度不够。研究视角方面，国内外对于青少年网络社交的研究多从传播学、心理学和社会学的视角展开，采用的理论基础也多出自于上述领域。国内研究者对于网络对青少年的影响研究分析多侧重负面影响，正面影响涉及不多，而且研究方法单一，定量研究不够，针对性不强。基本没有研究基于教育学的视角，以青少年积极发展理论和社会化学习理论为基础，来探讨网络社交对于青少年学生发展以及影响网络社交促进青少年学生发展的因素。因此，本章以青少年积极发展理论中的五个目标为出发点，对网络社交对于青少年学生中的中学生积极发展进行探究，包括学习能力、建立更加广泛的社会联系、增强自信心和自我效能感以及与身边的人建立更多的关心等维度。同时，本章还将对影响网络社交促进中学生积极发展的因素，如网络社交强度、动机、现实社交、学校和家庭的指导等进行实证分析研究，从而为学校和政策制定者更好地理解中学生网络社交行为以及促进中学生积极发展研究奠定基础。

第三节　研究设计与实施

本章的研究以青少年积极发展理论为基础，以青少年中的中学生群体为研究对象，从中学生能力发展、中学生加强社会联系、中学生自信和关心四个维度考察网络社交对他们积极发展的影响进行考察。该部分问题采用李克特5点量表进行设计。每一个问题的选项为："非常同意""同意""中立""不同意""非常不同意"。在进行问卷统计的时候，笔者依次对上述5个选项赋值为"1""2""3""4""5"，通过方差分析的方法来分析不同学历的中学生（包括全日制普通初中生、高中生和职业高中生）和不同性别的中学生（包括男生和女生）对于网络社交对于自己积极发展影响的看法和认识，并采用多元线性回归的方法，对影响网络社交促进中学生发展的因素进行分析。

一、中学生基于网络社交的能力发展研究

（一）网络社交促进中学生的学习能力发展现状

1. 网络社交开拓了中学生的知识面

如表4-1所示，在网络社交拓宽中学生的知识面上，不同学历的中学生均认为网络社交扩宽了他们的知识面，其均值分别为2.08、2.03和2.12，均比较接近"同意"水平。且不同学历的学生之间不存在显著性差异（Sig.=0.207>0.05）。男生对于该问题的认可度略高于女生，但二者的想法较一致，不存在显著性差异。

① 孙彩平. 国内中学生网络交友调查报告［J］. 上海教育科研，2009（11）.
② 陈伟. 影响中学生参与网络交往的因素分析［J］. 科技资讯，2010（23）.

表4-1　网络交往拓宽了中学生的知识面的方差分析

分类		样本数	均值	标准差	Sig.
学历	初中	446	2.08	0.955	0.629
	普通高中	246	2.03	0.873	
	职业高中	118	2.12	0.839	
性别	男生	384	2.07	0.973	0.478
	女生	426	2.08	0.859	

2. 网络社交可以帮助中学生完成课程作业

网络社交工具，比如QQ、MSN、微信以其特有的即时性和不受时间、空间约束的性质，深受学生的欢迎。那么，当中学生在学习中遇到不会解答的问题时，是否会借助网络社交工具请教老师和其他同学呢？统计结果显示初中生对于网络社交可以帮助其完成课程作业的观点持“中立”的态度。普通高中生和职业高中生比较认同该观点，其均值都比较接近“同意”水平。

如表4-2中方差分析结果显示，不同学历学生对该问题的看法存在显著性差异（Sig.=0.000<0.005）。与女生相比，男生更加同意该观点。男生和女生之间的看法也存在差异（Sig.=0.035<0.05）。

表4-2　网络交往可以帮助中学生完成课程作业的方差分析

分类		样本数	均值	标准差	Sig.
学历	初中	446	2.85	1.192	0.000
	普通高中	245	2.53	1.058	
	职业高中	118	2.36	1.001	
性别	男生	384	2.61	1.189	0.035
	女生	425	2.78	1.096	

3. 网络社交为中学生提供了更多学习机会

如表4-3所示，在社交网络可以为中学生提供更多学习机会方面，初中生、普通高中生和职业高中生的认可度也比较高，均值分别为2.19、2.11和2.19，均接近“同意”水平。且三类学生之间不存在显著性差异（Sig.=0.494>0.05）。以性别作为因子，经过方差分析表明，男生和女生对此问题的看法也较为一致，接近“同意”水平。男生和女生对于此问题的看法也不存在显著性差异（Sig.=0.263>0.05）。

表4-3　网络交往为中学生提供更多学习机会的方差分析

分类		样本数	均值	标准差	Sig.
学历	初中	446	2.19	0.928	0.494
	普通高中	246	2.11	0.821	
	职业高中	118	2.19	0.857	
性别	男生	384	2.13	0.917	0.263
	女生	426	2.19	0.858	

4. 网络社交促进了中学生的语言技能发展

调研结果显示，有41.7%的初中生、36.1%的普通高中生和26.8%的职业高中生认同网络社交会促进其语言发展。表4-4中方差分析的结果表明：不同学历的中学生对于网络社交促进其语言技能发展的态度存在显著性差异（Sig.=0.006<0.05）。图4-1则表明，比起初中生和普通高中生，较少职业高中生倾向于认为网络社交会促进其语言技能的发展。同时，分析结果表明：性别不同的中学生对于该问题的看法不存在显著性差异。从ANOVA分析结果可以看出，对于网络社交促进语言技能发展方面，中学生大多持中立态度。

表4-4　网络社交对语言技能发展促进的方差分析

分类		样本数	均值	标准差	Sig.
学历	初中	446	3.19	1.247	0.006
	普通高中	252	3.00	1.250	
	职业高中	112	2.78	1.209	
性别	男生	384	3.01	1.323	0.130
	女生	426	3.14	1.177	

4

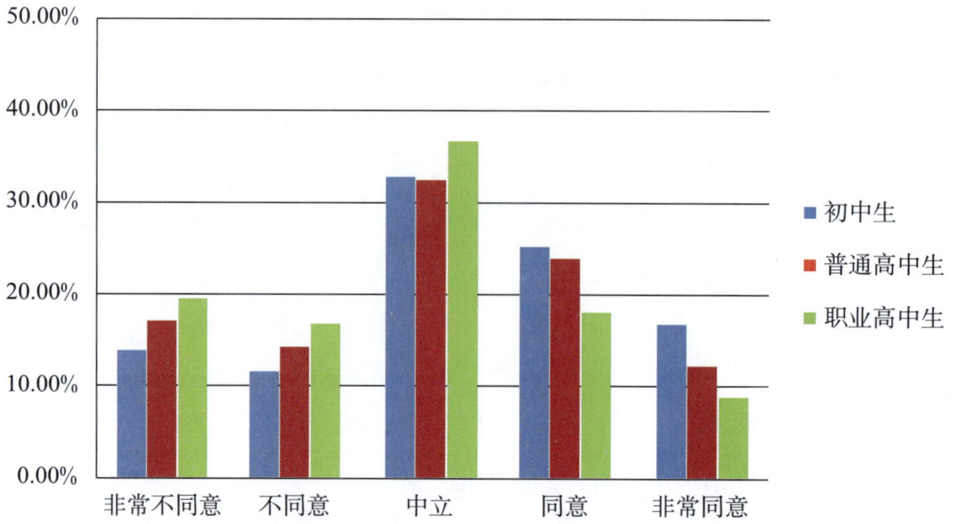

图4-1　中学生对网络社交促进语言技能发展的态度统计

（二）影响网络社交促进中学生能力发展的因素分析

基于上述研究，研究者继续进行回归分析，并将对中学生基于网络社交能力发展可能有影响的网络社交时间、强度、现实生活中家庭支持、家长指导、学校支持、参加现实活动、学生学历、性别、年龄等进行回归分析，从而得出影响其网络社交促进能力发展的关键因素。逐步回归分析结果如表4-5、表4-6、表4-7所示。根据表4-5、表4-6、表4-7可知，与中学生基于网络社交能力发展显著相关的自变量有6个，且自变量显著性依序由小至大为：家庭支持（X_1）、参加现实活动（X_2）、家长指导（X_3）、学历（X_4）、现实生活中朋友的帮助（X_5）和性别（X_6）。据此，非标准化的回归方程如下：

$$Y=3.268+0.601X_1+0.436X_2+0.389X_3-0.365X_4+0.222X_5+0.418X_6$$

由表4-5可知，整个回归模型中（模式6）的6个自变量的Durbin-Watson检验值为1.905（约等于2），说明回归模型较为合理。

表4-5　回归模型汇总

模型	R	R^2	调整R^2	标准误差	Durbin-Watson
1	0.287[a]	0.082	0.081	2.262 18	
2	0.343[b]	0.117	0.115	2.219 79	
3	0.367[c]	0.135	0.132	2.199 10	
4	0.380[d]	0.145	0.140	2.188 14	
5	0.391[e]	0.153	0.148	2.178 62	
6	0.401[f]	0.160	0.154	2.170 51	1.905

注：a. 预测变量：（常量）家庭的支持。
b. 预测变量：（常量）家庭的支持，参加现实活动。
c. 预测变量：（常量）家庭的支持，参加现实活动，家长的指导。
d. 预测变量：（常量）家庭的支持，参加现实活动，家长的指导，学历。
e. 预测变量：（常量）家庭的支持，参加现实活动，家长的指导，学历，现实生活中朋友的帮助。
f. 预测变量：（常量）家庭的支持，参加现实活动，家长的指导，学历，现实生活中朋友的帮助，性别。

表 4-6　回归方程分析表

模型		平方和	d*f*	均方	*F*	Sig.
1	回归	366.277	1	366.277	71.574	0.000[a]
	残差	4 083.721	798	5.117		
	总计	4 449.999	799			
2	回归	522.813	2	261.406	53.051	0.000[b]
	残差	3 927.186	797	4.927		
	总计	4 449.999	799			
3	回归	600.523	3	200.174	41.392	0.000[c]
	残差	3 849.476	796	4.836		
	总计	4 449.999	799			
4	回归	643.577	4	160.894	33.604	0.000[d]
	残差	3 806.421	795	4.788		
	总计	4 449.999	799			
5	回归	681.374	5	136.275	28.711	0.000[e]
	残差	3 768.624	794	4.746		
	总计	4 449.999	799			
6	回归	714.102	6	119.017	25.263	0.000[f]
	残差	3 735.897	793	4.711		
	总计	4 449.999	799			

注：a. 预测变量：（常量）家庭的支持。
b. 预测变量：（常量）家庭的支持，参加现实活动。
c. 预测变量：（常量）家庭的支持，参加现实活动，家长的指导。

d. 预测变量：（常量）家庭的支持，参加现实活动，家长的指导，学历。

e. 预测变量：（常量）家庭的支持，参加现实活动，家长的指导，学历，现实生活中朋友的帮助。

f. 预测变量：（常量）家庭的支持，参加现实活动，家长的指导，学历，现实生活中朋友的帮助，性别。

表 4-7　回归模型系数表

模型		非标准化系数		标准系数		
		B	标准误差		*T*	Sig.
1	（常量）	4.983	0.245		20.369	0.000
	家庭的支持	1.017	0.120	0.287	8.460	0.000
2	（常量）	4.279	0.271		15.813	0.000
	家庭的支持	0.797	0.124	0.225	6.413	0.000
	参加现实活动	0.512	0.091	0.198	5.636	0.000
3	（常量）	3.991	0.278		14.378	0.000
	家庭的支持	0.590	0.133	0.167	4.427	0.000
	参加现实活动	0.447	0.091	0.173	4.893	0.000
	家长的指导	0.382	0.095	0.150	4.009	0.000
4	（常量）	4.489	0.322		13.927	0.000
	家庭的支持	0.563	0.133	0.159	4.233	0.000
	参加现实活动	0.456	0.091	0.176	5.013	0.000
	家长的指导	0.401	0.095	0.157	4.224	0.000
	学历	−0.319	0.106	−0.099	−2.999	0.003
5	（常量）	3.795	0.404		9.384	0.000
	家庭的支持	0.571	0.132	0.161	4.313	0.000
	参加现实活动	0.438	0.091	0.169	4.821	0.000
	家长的指导	0.397	0.095	0.156	4.203	0.000

续表

模型		非标准化系数		标准系数		
		B	标准误差		*T*	Sig.
5	学历	–0.301	0.106	–0.093	–2.837	0.005
	现实生活中朋友的帮助	0.237	0.084	0.093	2.822	0.005
6	（常量）	3.268	0.450		7.265	0.000
	家庭的支持	0.601	0.132	0.169	4.534	0.000
	参加现实活动	0.436	0.090	0.169	4.826	0.000
	家长的指导	0.389	0.094	0.153	4.130	0.000
	学历	–0.365	0.108	–0.113	–3.368	0.001
	现实生活中朋友的帮助	0.222	0.084	0.087	2.646	0.008
	性别	0.418	0.159	0.089	2.636	0.009

二、中学生网络社交与加强社会联系的研究

（一）中学生网络社交加强其社会联系的现状研究

1. 网络社交对现实社会交往的积极影响

网络社交作为现实社交的有效补充手段，是否会对中学生参加现实社交产生积极影响？统计表明：初中生、普通高中生和职业高中生对于网络社交能够促进其社会交往和参与社会活动的观点都持“同意”的看法（其均值较接近“2”）。如表4-8所示，初中生、普通高中生和职业高中生对该问题的看法之间存在着显著性差异（Sig.=0.002<0.05），普通高中生和职业高中生更加认同网络社交对于其现实社交的积极促进作用。将性别作为因子，方差分析结果表明，不同性别中学生对于该问题的看法之间不存在差异（Sig.=0.052>0.05）。

表4-8　网络交往对中学生社会交往、参与社会活动有积极影响的方差分析

分类		样本数	均值	标准差	Sig.
学历	初中	446	2.49	1.087	0.002
	普通高中	251	2.20	0.908	
	职业高中	112	2.37	0.986	
性别	男生	384	2.31	1.704	0.052
	女生	425	2.45	0.970	

2. 网络社交使中学生感到自己是团体中的一员

在访谈中，有中学生表示长期的网络社交使他们有集体归属感，从而更多地参与集体活动。统计结果显示，比起初中生，普通高中生和职业高中生比较认可长期进行网络社交可以使他们感到自己是团体中的一员，前二者的均值更加接近“同意”水平。方差分析结果显示，初中生和高中生（包括职业高中生）之间对待该问题的态度不存在显著性差异（Sig.=0.224>0.05），如表4-9所示。但是，男生和女生之间对于该问题的看法差异显著，比起女生，男生更赞同网络社交可以增强他们的集体归属感（Sig.=0.001<0.05）。

表4-9　网络社交使中学生有集体归属感的方差分析

分类		样本数	均值	标准差	Sig.
学历	初中	446	2.61	1.083	0.224
	普通高中	251	2.49	1.009	
	职业高中	112	2.47	0.939	
性别	男生	384	2.43	1.072	0.001
	女生	425	2.67	1.003	

3. 网络社交可以加强中学生的现实关系和身份

网络社交能够打破时空的局限性，使身在不同地点的人进行沟通和交流。那么，网络社交是否可以帮助中学生加强现实关系和身份？统计结果显示，比起初中生持有较“中立”（其均值较接近“3”）的态度，普通高中生和职业高中生比较认可网络社交可以加强他们的现实关系和身份（选项均值较接近“2”）。如表4-10所示。不同学历中学生对待该问题的态度存在显著性差异（Sig.=0.003<0.05）。同时，男生和女生之间对于该问题的看法差异显著，比起女生，男生更赞同网络社交可以加强他的现实社交关系（Sig.=0.000<0.05）。

表4-10　网络社交加强现实社交的方差分析

分类		样本数	均值	标准差	Sig.
学历	初中	446	2.86	1.098	0.003
	普通高中	251	2.63	1.019	
	职业高中	112	2.56	1.000	
性别	男生	384	2.65	1.109	0.020
	女生	425	2.83	1.022	

4. 网络社交可以促进中学生拥有更大的亲密关系网

访谈中，有些中学生表示他们通过使用社交网络，结识了更多朋友。比如社交网站（SNS）提供的好友推荐功能，使得中学生可以通过自己已经认识的朋友去找到更多的伙伴。那么，对于不同学历、不同性别的中学生，他们是否认为网络社交可以让自己拥有更大的亲密关系网呢？统计结果显示，比起初中生，普通高中生和职业高中生比较认可网络社交能够帮助他们拥有更大的亲密关系网。如表4-11所示，初中生和高中生（包括职业高中生）之间对待该问题的态度存在显著性差异（Sig.=0.012<0.05）。同时，男生和女生之间对于该问题的看法差异显著，比起女生，男生更赞同网络社交可以让他们拥有更大的亲密关系网（Sig.=0.000<0.05）。

表4-11　网络社交加强现实社交的方差分析

分类		样本数	均值	标准差	Sig.
学历	初中	446	2.61	1.038	0.012
	普通高中	251	2.43	0.992	
	职业高中	112	2.36	0.872	
性别	男生	384	2.38	1.013	0.000
	女生	425	2.64	0.985	

（二）影响基于网络社交加强社会联系的因素分析

基于上述研究，研究者采用逐步回归分析的方法，对中学生基于网络社交加强社会联系可能有影响的家庭支持、家长的指导、学校支持、参加现实活动、现实生活中朋友的帮助、学生学历、性别、年龄、年级、网络社交动机等因素放入回归方程中。逐步回归分析结果如表4-12、表4-13、表4-14所示。根据表4-12、表4-13、表4-14可知，与中学生基于网络社交加强社会联系显著相关的自变量有9个，且自变量显著性依序由小至大为：家庭的支持（X_1）、现实生活中朋友的帮助（X_2）、参加现实活动（X_3）、性别（X_4）、学历（X_5）、家长指导（X_6）、故乡（X_7）、结交朋友的网络社交动机（X_8）和探讨学习的网络社交动机（X_9）。据此，非标准化的回归方程如下：

$$Y=2.476+0.728X_1+0.382X_2+0.388X_3+0.792X_4-0.460X_5+0.347X_6+0.281X_7+0.393X_8-0.376X_9$$

由表4-12可知，整个回归模型中（模式9）的9个自变量的Durbin-Watson检验值为2.008，在数值2附近，表示该回归模型较为合理。模型说明，通过网络社交加强社会联系与现实中得到的支持、性别、学历、网络社交动机和生源地有显著关系。现实中得到家庭和同伴的支持和帮助越多，通过网络社交加强联系越多。与农村学生相比，城镇学生更多利用网络社交来加强社会联系。

表4-12　回归模型汇总表

模型	R	R^2	调整 R^2	标准误差	Durbin-Watson
1	0.266[a]	0.071	0.070	2.623 82	
2	0.318[b]	0.101	0.099	2.582 52	
3	0.348[c]	0.121	0.117	2.555 35	
4	0.371[d]	0.138	0.133	2.532 33	
5	0.389[e]	0.151	0.146	2.513 98	
6	0.401[f]	0.161	0.155	2.500 79	
7	0.410[g]	0.168	0.161	2.491 84	
8	0.418[h]	0.175	0.167	2.483 11	
9	0.431[i]	0.185	0.176	2.468 85	2.008

注：a. 预测变量：（常量）家庭的支持。

b. 预测变量：（常量）家庭的支持，现实生活中朋友的帮助。

c. 预测变量：（常量）家庭的支持，现实生活中朋友的帮助，参加现实活动。

d. 预测变量：（常量）家庭的支持，现实生活中朋友的帮助，参加现实活动，性别。

e. 预测变量：（常量）家庭的支持，现实生活中朋友的帮助，参加现实活动，性别，学历。

f. 预测变量：（常量）家庭的支持，现实生活中朋友的帮助，参加现实活动，性别，学历，家长的指导。

g. 预测变量：（常量）家庭的支持，现实生活中朋友的帮助，参加现实活动，性别，学历，家长的指导，家乡。

h. 预测变量：（常量）家庭的支持，现实生活中朋友的帮助，参加现实活动，性别，学历，家长的指导，家乡，结交朋友。

i. 预测变量：（常量）家庭的支持，现实生活中朋友的帮助，参加现实活动，性别，学历，家长的指导，家乡，结交朋友，探讨学习。

表4-13　相关系数表

模型		平方和	df	均方	F	Sig.
1	回归	417.963	1	417.963	60.712	0.000[a]
	残差	5 493.756	798	6.884		
	总计	5 911.719	799			
2	回归	596.186	2	298.093	44.695	0.000[b]
	残差	5 315.532	797	6.669		
	总计	5 911.719	799			
3	回归	713.994	3	237.998	36.448	0.000[c]
	残差	5 197.724	796	6.530		
	总计	5 911.719	799			
4	回归	813.641	4	203.410	31.720	0.000[d]
	残差	5 098.078	795	6.413		
	总计	5 911.719	799			
5	回归	893.577	5	178.715	28.277	0.000[e]
	残差	5 018.142	794	6.320		
	总计	5 911.719	799			
6	回归	952.346	6	158.724	25.380	0.000[f]
	残差	4 959.373	793	6.254		
	总计	5 911.719	799			
7	回归	993.975	7	141.996	22.868	0.000[g]
	残差	4 917.744	792	6.209		
	总计	5 911.719	799			
8	回归	1 034.530	8	129.316	20.973	0.000[h]
	残差	4 877.189	791	6.166		
	总计	5 911.719	799			
9	回归	1 096.513	9	121.835	19.989	0.000[i]
	残差	4 815.206	790	6.095		
	总计	5 911.719	799			

注：a. 预测变量：（常量）家庭的支持。

b. 预测变量：（常量）家庭的支持，现实生活中朋友的帮助。

c. 预测变量：（常量）家庭的支持，现实生活中朋友的帮助，参加现实活动。

d. 预测变量：（常量）家庭的支持，现实生活中朋友的帮助，参加现实活动，性别。

e. 预测变量：（常量）家庭的支持，现实生活中朋友的帮助，参加现实活动，性别，学历。

f. 预测变量：（常量）家庭的支持，现实生活中朋友的帮助，参加现实活动，性别，学历，家长的指导。

g. 预测变量：（常量）家庭的支持，现实生活中朋友的帮助，参加现实活动，性别，学历，家长的指导，家乡。

h. 预测变量：（常量）家庭的支持，现实生活中朋友的帮助，参加现实活动，性别，学历，家长的指导，家乡，结交朋友。

i. 预测变量：（常量）家庭的支持，现实生活中朋友的帮助，参加现实活动，性别，学历，家长的指导，家乡，结交朋友，探讨学习。

表4-14　回归模型系数表

模型		非标准化系数		标准系数		
		B	标准误差	试用版	*T*	Sig.
1	（常量）	5.629	0.284		19.840	0.000
	家庭的支持	1.086	0.139	0.266	7.792	0.000
2	（常量）	4.131	0.403		10.262	0.000
	家庭的支持	1.081	0.137	0.265	7.876	0.000
	现实生活中朋友的帮助	0.512	0.099	0.174	5.169	0.000
3	（常量）	3.606	0.417		8.648	0.000
	家庭的支持	0.890	0.143	0.218	6.220	0.000
	现实生活中朋友的帮助	0.482	0.098	0.163	4.905	0.000
	参加现实活动	0.445	0.105	0.149	4.248	0.000
4	（常量）	2.511	0.498		5.042	0.000
	家庭的支持	0.938	0.142	0.230	6.592	0.000
	现实生活中朋友的帮助	0.461	0.098	0.156	4.731	0.000
	参加现实活动	0.436	0.104	0.146	4.199	0.000
	性别	0.710	0.180	0.131	3.942	0.000

续表

模型		非标准化系数		标准系数		
		B	标准误差	试用版	T	Sig.
5	（常量）	3.058	0.518		5.906	0.000
	家庭的支持	0.924	0.141	0.226	6.539	0.000
	现实生活中朋友的帮助	0.436	0.097	0.148	4.493	0.000
	参加现实活动	0.453	0.103	0.152	4.388	0.000
	性别	0.859	0.184	0.158	4.676	0.000
	学历	–0.446	0.125	–0.120	–3.556	0.000
6	（常量）	2.883	.518		5.563	0.000
	家庭的支持	0.741	0.153	0.181	4.858	0.000
	现实生活中朋友的帮助	0.433	0.097	0.147	4.480	0.000
	参加现实活动	0.398	0.104	0.133	3.818	0.000
	性别	0.841	0.183	0.154	4.598	0.000
	学历	–0.469	0.125	–0.126	–3.752	0.000
	家长的指导	0.333	0.109	0.113	3.065	0.002
7	（常量）	2.466	0.541		4.559	0.000
	家庭的支持	0.737	0.152	0.180	4.848	0.000
	现实生活中朋友的帮助	0.444	0.096	0.151	4.613	0.000
	参加现实活动	0.397	0.104	0.133	3.828	0.000
	性别	0.857	0.182	0.157	4.701	0.000
	学历	–0.499	0.125	–0.134	–3.991	0.000
	家长的指导	0.310	0.109	0.105	2.855	0.004
	家乡	0.264	0.102	0.085	2.589	0.010
8	（常量）	1.770	0.603		2.934	0.003
	家庭的支持	0.726	0.152	0.178	4.786	0.000
	现实生活中朋友的帮助	0.473	0.097	0.160	4.892	0.000

续表

模型		非标准化系数		标准系数		
		B	标准误差	试用版	*T*	Sig.
8	参加现实活动	0.390	0.103	0.131	3.773	0.000
	性别	0.820	0.182	0.151	4.502	0.000
	学历	−0.484	0.125	−0.130	−3.885	0.000
	家长的指导	0.319	0.108	0.109	2.947	0.003
	家乡	0.281	0.102	0.090	2.758	0.006
	结交朋友	0.265	0.103	0.084	2.565	0.011
9	（常量）	2.476	0.640		3.872	0.000
	家庭的支持	0.728	0.151	0.178	4.830	0.000
	现实生活中朋友的帮助	0.382	0.100	0.130	3.812	0.000
	参加现实活动	0.388	0.103	0.130	3.773	0.000
	性别	0.792	0.181	0.146	4.366	0.000
	学历	−0.460	0.124	−0.124	−3.699	0.000
	家长的指导	0.347	0.108	0.118	3.214	0.001
	家乡	0.281	0.101	0.090	2.775	0.006
	结交朋友	0.393	0.110	0.124	3.564	0.000
	探讨学习	−0.376	0.118	−0.116	−3.189	0.001

三、中学生网络社交与自信发展的研究

（一）网络社交提高中学生的自信心现状研究

1. 网络社交提高中学生自信心

中学生是否认为通过网络社交提高了他们的自信心呢？调研结果显示，不论中学生学历如何，对于网络社交提高他们的自信心的认可度较高，不同学历中学生回答的均值均接近“2”（指“同意”）的水平。且职业高中生关于网络提高其自信的认可度（均值为2.28）略低于普通高中生（均值为2.35）和初中生（2.46）。男生和女生对于该问题的看法存在着显著性差异（Sig.=0.016<0.05），男生对于网络社交提高其自信心的认可度高于女生（如表4-15所示）。

表4-15　中学生对网络社交促进其自信心发展的看法统计

分类		样本数	均值	标准差	Sig.
学历	初中	446	2.46	1.011	0.137
	普通高中	251	2.35	0.974	
	职业高中	112	2.28	0.932	
性别	男生	384	2.31	1.012	0.016
	女生	425	2.48	0.964	

综上可以看出，参与本次调研的中学生对于网络社交在促进友谊、加深沟通方面，认可度都比较高（均值都比较接近“同意”水平）。在对于网络社交建立的人际关系满意度方面和认为网络社交可以促进与同学、朋友和老师之间沟通方面，学历不同的学生之间不存在显著性差异。在网络社交可以加强现实友谊和可以从网友得到帮助方面，高中生（包括职业高中生和普通高中生）认可度明显高于初中生。

2. 网络社交帮助中学生更好地展现自我

研究显示，在现实社交中不善于表达自我的个体，可以通过网络社交与身边的人进行沟通和交流。网络社交在一定程度上帮助他们展现了更加真实的自我。从本次研究的分析结果可以看到：普通高中生和职业高中生对网络社交能够帮助他们展现真实自我的观点都持“同意”的态度。如表4-16所示，初中生、普通高中生和职业高中生态度之间不存在显著性差异（Sig.=0.202>0.05）。与女生相比，男生更加认为网络社交能够促进他们更好地表现自我，他们之间存在显著性差异（Sig.=0.002＜0.05）。可以看出，男生对于网络社交持更加开放的态度，愿意与网络社交对象分享和交流关于自己的信息。

表4-16　网络社交让中学生更好地展现自我的统计

分类		样本数	均值	标准差	Sig.
学历	初中	446	2.61	1.083	0.202
	普通高中	246	2.51	1.011	
	职业高中	118	2.45	0.939	
性别	男生	384	2.44	1.077	0.002
	女生	424	2.67	0.998	

（二）影响网络社交提高中学生自信心的因素研究

基于上述研究，研究者通过使用回归分析的方法，对基于网络社交提高中学生自信心可能有影响的家庭支持、家长的指导、学校支持、参加现实活动、现实生活中朋友的帮助、学生学历、性别、年龄、年级、网络社交动机等因素进行分析。逐步回归分析结果如表4-17、表4-18、表4-19所示。根据表4-17、表4-18、表4-19可知，与中学生基于网络社交加强社会联系显著相关的自变量有9个，且自变量显著性依序由小至大为：现实生活中朋友的帮助（X_1）、家长指导（X_2）、获得认可的网络社交动机（X_3）、探讨生活的网络社交动机（X_4）、参加现实社交活动（X_5）、逃避烦恼网络社交动机（X_6）、性别（X_7）、学历（X_8）和家庭的支持（X_9）。据此，非标准化的回归方程如下：

$$Y=0.655+0.171X_1+0.129X_2+0.169X_3-0.209X_4+0.128X_5+0.138X_6+0.233X_7+0.157X_8-0.097X_9$$

由表4-17知，整个回归模型中（模式9）的9个自变量的Durbin-Watson检验值为2.070，约等于数值2，说明回归模型较为合理。

表4-17　回归模型汇总表

模型	R	R^2	调整 R^2	标准误差	Durbin-Watson
1	0.196[a]	0.038	0.037	1.023	
2	0.265[b]	0.070	0.068	1.007	
3	0.300[c]	0.090	0.087	0.997	
4	0.326[d]	0.106	0.102	0.988	
5	0.344[e]	0.118	0.113	0.983	
6	0.360[f]	0.129	0.123	0.977	
7	0.370[g]	0.137	0.129	0.973	
8	0.381[h]	0.145	0.137	0.969	
9	0.387[i]	0.149	0.140	0.967	2.070

注：a. 预测变量：（常量）现实生活中朋友的帮助。

b. 预测变量：（常量）现实生活中朋友的帮助，家长的指导。

c. 预测变量：（常量）现实生活中朋友的帮助，家长的指导，获得认可。

d. 预测变量：（常量）现实生活中朋友的帮助，家长的指导，获得认可，探讨生活。

e. 预测变量：（常量）现实生活中朋友的帮助，家长的指导，获得认可，探讨生活，参加现实活动。

f. 预测变量：（常量）现实生活中朋友的帮助，家长的指导，获得认可，探讨生活，参加现实活动，逃避烦恼。

g. 预测变量：（常量）现实生活中朋友的帮助，家长的指导，获得认可，探讨生活，参加现实活动，逃避烦恼，性别。

h. 预测变量：（常量）现实生活中朋友的帮助，家长的指导，获得认可，探讨生活，参加现实活动，逃避烦恼，性别，家庭的支持。

i. 预测变量：（常量）现实生活中朋友的帮助，家长的指导，获得认可，探讨生活，参加现实活动，逃避烦恼，性别，家庭的支持，学历。

表4-18　相关系数表

模型		平方和	df	均方	F	Sig.
1	回归	33.305	1	33.305	31.794	0.000[a]
	残差	835.934	798	1.048		
	总计	869.239	799			
2	回归	61.010	2	30.505	30.081	0.000[b]
	残差	808.228	797	1.014		
	总计	869.239	799			
3	回归	78.225	3	26.075	26.239	0.000[c]
	残差	791.014	796	0.994		
	总计	869.239	799			
4	回归	92.449	4	23.112	23.654	0.000[d]
	残差	776.790	795	0.977		
	总计	869.239	799			
5	回归	102.778	5	20.556	21.294	0.000[e]
	残差	766.461	794	0.965		
	总计	869.239	799			
6	回归	112.515	6	18.753	19.651	0.000[f]
	残差	756.724	793	0.954		
	总计	869.239	799			
7	回归	119.023	7	17.003	17.950	0.000[g]
	残差	750.216	792	0.947		
	总计	869.239	799			
8	回归	126.169	8	15.771	16.788	0.000[h]
	残差	743.070	791	0.939		
	总计	869.239	799			
9	回归	129.938	9	14.438	15.428	0.000[i]
	残差	739.300	790	0.936		
	总计	869.239	799			

4

注：a. 预测变量：（常量）现实生活中朋友的帮助。

b. 预测变量：（常量）现实生活中朋友的帮助，家长的指导。

c. 预测变量：（常量）现实生活中朋友的帮助，家长的指导，获得认可。

d. 预测变量：（常量）现实生活中朋友的帮助，家长的指导，获得认可，探讨生活。

e. 预测变量：（常量）现实生活中朋友的帮助，家长的指导，获得认可，探讨生活，参加现实活动。

f. 预测变量：（常量）现实生活中朋友的帮助，家长的指导，获得认可，探讨生活，参加现实活动，逃避烦恼。

g. 预测变量：（常量）现实生活中朋友的帮助，家长的指导，获得认可，探讨生活，参加现实活动，逃避烦恼，性别。

h. 预测变量：（常量）现实生活中朋友的帮助，家长的指导，获得认可，探讨生活，参加现实活动，逃避烦恼，性别，家庭的支持。

i. 预测变量：（常量）现实生活中朋友的帮助，家长的指导，获得认可，探讨生活，参加现实活动，逃避烦恼，性别，家庭的支持，学历。

表4-19　回归模型系数表

模型		非标准化系数		标准系数		
		B	标准误差	试用版	*T*	Sig.
1	（常量）	1.906	0.121		15.725	0.000
	现实生活中朋友的帮助	0.221	0.039	0.196	5.639	0.000
2	（常量）	1.484	0.144		10.298	0.000
	现实生活中朋友的帮助	0.217	0.039	0.192	5.606	0.000
	家长的指导	0.201	0.039	0.179	5.227	0.000
3	（常量）	1.034	0.179		5.776	0.000
	现实生活中朋友的帮助	0.232	0.038	0.205	6.039	0.000
	家长的指导	0.198	0.038	0.176	5.198	0.000
	获得认可	0.169	0.041	0.141	4.162	0.000
4	（常量）	1.322	0.193		6.854	0.000
	现实生活中朋友的帮助	0.194	0.039	0.172	4.939	0.000
	家长的指导	0.201	0.038	0.179	5.324	0.000
	获得认可	0.260	0.047	0.218	5.556	0.000
	探讨生活	–0.196	0.051	–0.154	–3.815	0.000

续表

模型		非标准化系数		标准系数		
		B	标准误差	试用版	*T*	Sig.
5	（常量）	1.155	0.198		5.822	0.000
	现实生活中朋友的帮助	0.185	0.039	0.164	4.722	0.000
	家长的指导	0.165	0.039	0.146	4.190	0.000
	获得认可	0.256	0.047	0.214	5.509	0.000
	探讨生活	–0.198	0.051	–0.156	–3.887	0.000
	参加现实活动	0.131	0.040	0.114	3.271	0.001
6	（常量）	0.976	0.205		4.760	0.000
	现实生活中朋友的帮助	0.179	0.039	0.158	4.578	0.000
	家长的指导	0.170	0.039	0.151	4.359	0.000
	获得认可	0.177	0.052	0.148	3.382	0.001
	探讨生活	–0.221	0.051	–0.174	-4.309	0.000
	参加现实活动	0.150	0.040	0.131	3.736	0.000
	逃避烦恼	0.147	0.046	0.131	3.194	0.001
7	（常量）	0.731	0.225		3.253	0.001
	现实生活中朋友的帮助	0.174	0.039	0.154	4.474	0.000
	家长的指导	0.169	0.039	0.150	4.338	0.000
	获得认可	0.174	0.052	0.146	3.328	0.001
	探讨生活	–0.214	0.051	–0.169	–4.195	0.000
	参加现实活动	0.150	0.040	0.131	3.749	0.000
	逃避烦恼	0.140	0.046	0.124	3.028	0.003
	性别	0.182	0.069	0.087	2.621	0.009
8	（常量）	0.528	0.235		2.242	0.025
	现实生活中朋友的帮助	0.176	0.039	0.155	4.533	0.000
	家长的指导	0.124	0.042	0.110	2.947	0.003
	获得认可	0.175	0.052	0.146	3.358	0.001
	探讨生活	–0.214	0.051	–0.168	–4.203	0.000

4

续表

模型		非标准化系数		标准系数		
		B	标准误差	试用版	*T*	Sig.
8	参加现实活动	0.126	0.041	0.110	3.085	0.002
	逃避烦恼	0.141	0.046	0.126	3.078	0.002
	性别	0.200	0.069	0.096	2.883	0.004
	家庭的支持	0.163	0.059	0.104	2.758	0.006
9	（常量）	0.655	0.243		2.690	0.007
	现实生活中朋友的帮助	0.171	0.039	0.151	4.403	0.000
	家长的指导	0.129	0.042	0.114	3.065	0.002
	获得认可	0.169	0.052	0.142	3.251	0.001
	探讨生活	–0.209	0.051	–0.164	–4.102	0.000
	参加现实活动	0.128	0.041	0.112	3.151	0.002
	逃避烦恼	0.138	0.046	0.123	3.003	0.003
	性别	0.233	0.071	0.112	3.276	0.001
	家庭的支持	0.157	0.059	0.100	2.658	0.008
	学历	–0.097	0.049	–0.068	–2.007	0.045

四、中学生网络社交与其对他人关心发展的研究

（一）中学生网络社交促进其对他人关心发展现状

1. 网络交往促进中学生关心身边亲人和朋友

当中学生在学习或者生活中遇到困难时，他们有时候会通过网络向同学、朋友或者老师寻求帮助。在访谈中，有中学生表示网络社交能够有效促进他们和朋友、老师及家人的沟通和交流。其中，一名中学生讲述了自己一年的出国留学经历。在出国之前，他性格较为叛逆，与家长缺乏沟通和交流。出国学习的时候，他通过网络社交媒体与家人进行视频或者留言，经过一段时间，他发现自己过去在对待父母的态度上存在偏见。在国外学习期间，网络社交媒体一定程度上促进了他和家人的沟通，增进了彼此的了解与关心。那么，参与本次调研的中学生是否普遍认为网络社交能够促进他们对于自己身边亲人和朋友的关心呢？经统计，可以看到：初中生、普通高中生和职业高中生对网络社交能够促进他们关心身边亲朋好友的观点都持“同意”的态度。如表4-20所示，初中生、

普通高中生和职业高中生态度之间不存在着显著性差异，不论学历、不分性别，中学生都认同网络社交对于其现实社交的积极促进作用。

表 4-20　网络社交促进中学生关心亲人和朋友统计

<table>
<tr><th colspan="2">分类</th><th>样本数</th><th>均值</th><th>标准差</th><th>Sig.</th></tr>
<tr><td rowspan="3">学历</td><td>初中</td><td>446</td><td>2.23</td><td>0.983</td><td rowspan="3">0.964</td></tr>
<tr><td>普通高中</td><td>246</td><td>2.25</td><td>0.952</td></tr>
<tr><td>职业高中</td><td>118</td><td>2.22</td><td>0.858</td></tr>
<tr><td rowspan="2">性别</td><td>男生</td><td>384</td><td>2.26</td><td>1.010</td><td rowspan="2">0.443</td></tr>
<tr><td>女生</td><td>424</td><td>2.21</td><td>0.911</td></tr>
</table>

2. 中学生可以从网络交往对象那里得到帮助

中学生是否可以从网络社交对象那里得到帮助呢？统计表明，初中生、普通高中生和职业高中生对网络社交能够促进其社会交往和参与社会活动的观点都持“同意”的态度。如表4-21所示，初中生、普通高中生和职业高中生态度之间仍存在着显著性差异，高中生（包括普通高中生和职业高中生）比初中生更多认为可以从网络社交对象那里得到帮助。男生和女生之间存在差异，而且男生更多认为可以从网络社交对象处得到帮助。

表 4-21　中学生从网络社交对象那里得到帮助的统计

<table>
<tr><th colspan="2">分类</th><th>样本数</th><th>均值</th><th>标准差</th><th>Sig.</th></tr>
<tr><td rowspan="3">学历</td><td>初中</td><td>446</td><td>2.54</td><td>1.007</td><td rowspan="3">0.007</td></tr>
<tr><td>普通高中</td><td>246</td><td>2.31</td><td>0.916</td></tr>
<tr><td>职业高中</td><td>118</td><td>2.34</td><td>0.860</td></tr>
<tr><td rowspan="2">性别</td><td>男生</td><td>384</td><td>2.36</td><td>1.035</td><td rowspan="2">0.019</td></tr>
<tr><td>女生</td><td>425</td><td>2.52</td><td>0.890</td></tr>
</table>

（二）影响中学生网络社交、促进其对他人关心发展因素分析

上述分析表明，网络社交可以促进中学生得到关心并主动关心他人。研究者继续对基于中学生网络社交加强其关心可能有影响的家庭支持、家长的指导、学校支持、参加现实活动、现实生活中朋友的帮助、学生学历、性别、年龄、年级、网络社交动机等进行回归分析。模型1先将网络社交促进其关心发展与家庭的支持引入模型，建立了中学生网络社交促进关心发展与家庭支持的一元线性模型。然后逐步引入其他自变量，参加现实活动的情况、现实生活中朋友的个数、在现实中得到的帮助和家长的指导等，建立了中学生网络社交促进其关心与上述七个变量之间的多元线性回归模型。逐步回归分析结果如表4-22、表4-23、表4-24所示。从表4-22模型汇总中可以看出，变量“网络社交促

进关心”与自变量“家庭的支持”之间的复相关系数R=0.303；在模型2中，“网络社交促进关心”与自变量“家庭的支持”和“参加现实活动”的复相关系数R=0.352；在模型3中，“网络社交促进关心”与自变量“家庭的支持”“参加现实活动”和“在现实中朋友的帮助”的复相关系数R=0.366；在模型4中，网络社交促进关心与各变量之间的复相关系数R=0.379。以此类推，在模型7中，社会学习与各变量之间的复相关系数R=0.400，杜宾—瓦特森检验值DW=1.979。

ANOVA表中（见表4-23）显示了七个模型的方差分析结果。对模型1，F比等于80.942，显著性Sig.=0.000<0.05；以此类推，对于模型7，F比等于21.526，显著性Sig.=0.000<0.05，可以认为“网络社交促进关心发展”与变量“家庭的支持”（X_1）、“参加现实社交活动”（X_2）、“现实中朋友的帮助”（X_3）、“家长指导”（X_4）、“消磨时间的网络社交动机”（X_5）、“学历”（X_6）和“性别”（X_7）之间存在着高度显著的线性关系。根据表4-24中非标准化系数B的数值可知，逐步回归过程中最后建立的回归模型是：

$$Y= 2.603+0.513X_1+0.279X_2+0.157X_3-0.194X_4-0.174X_5-0.204X_6+0.236X_7$$

由表4-22可知，整个回归模型中（模式7）的7个自变量的Durbin-Watson检验值为1.979，在数值2附近，表示模型变量无序相关，说明回归模型较为合理。

表4-22　回归模型汇总表

模型	R	R^2	调整 R^2	标准误差	Durbin-Watson
1	0.303[a]	0.092	0.091	1.577 59	
2	0.352[b]	0.124	0.121	1.550 95	
3	0.366[c]	0.134	0.131	1.542 71	
4	0.379[d]	0.144	0.140	1.534 85	
5	0.387[e]	0.150	0.145	1.530 33	
6	0.394[f]	0.155	0.149	1.526 65	
7	0.400[g]	0.160	0.152	1.523 32	1.979

注：a. 预测变量：（常量），家庭的支持。

b. 预测变量：（常量）家庭的支持，参加现实活动。

c. 预测变量：（常量）家庭的支持，参加现实活动，现实生活中朋友的帮助。

d. 预测变量：（常量）家庭的支持，参加现实活动，现实生活中朋友的帮助，家长的指导。

e. 预测变量：（常量）家庭的支持，参加现实活动，现实生活中朋友的帮助，家长的指导，消磨时间。

f. 预测变量：（常量）家庭的支持，参加现实活动，现实生活中朋友的帮助，家长的指导，消磨时间，学历。

g. 预测变量：（常量）家庭的支持，参加现实活动，现实生活中朋友的帮助，家长的指导，消磨时间，学历，性别。

表 4-23　回归模型变量相关系数表

模型		平方和	df	均方	F	Sig.
1	回归	201.447	1	201.447	80.942	0.000[a]
	残差	1 986.053	798	2.489		
	总计	2 187.500	799			
2	回归	270.364	2	135.182	56.198	0.000[b]
	残差	1 917.136	797	2.405		
	总计	2 187.500	799			
3	回归	293.065	3	97.688	41.046	0.000[c]
	残差	1 894.435	796	2.380		
	总计	2 187.500	799			
4	回归	314.663	4	78.666	33.393	0.000[d]
	残差	1 872.837	795	2.356		
	总计	2 187.500	799			
5	回归	328.014	5	65.603	28.012	0.000[e]
	残差	1 859.486	794	2.342		
	总计	2 187.500	799			
6	回归	339.280	6	56.547	24.262	0.000[f]
	残差	1 848.220	793	2.331		
	总计	2 187.500	799			
7	回归	349.663	7	49.952	21.526	0.000[g]
	残差	1 837.837	792	2.321		
	总计	2 187.500	799			

注：a. 预测变量：（常量）家庭的支持。

b. 预测变量：（常量）家庭的支持，参加现实活动。

c. 预测变量：（常量）家庭的支持，参加现实活动，现实生活中朋友的帮助。

d. 预测变量：（常量）家庭的支持，参加现实活动，现实生活中朋友的帮助，家长的指导。

e. 预测变量：（常量）家庭的支持，参加现实活动，现实生活中朋友的帮助，家长的指导，消磨时间。

f. 预测变量：（常量）家庭的支持，参加现实活动，现实生活中朋友的帮助，家长的指导，消磨时间，学历。

g. 预测变量：（常量）家庭的支持，参加现实活动，现实生活中朋友的帮助，家长的指导，消磨时间，学历，性别。

表 4-24　回归模型系数表

模型		非标准化系数		标准系数		
		B	标准误差	试用版	*T*	Sig.
1	（常量）	3.225	0.171		18.901	0.000
	家庭的支持	0.754	0.084	0.303	8.997	0.000
2	（常量）	2.757	0.189		14.585	0.000
	家庭的支持	0.608	0.087	0.245	7.005	0.000
	参加现实活动	0.339	0.063	0.187	5.353	0.000
3	（常量）	2.240	0.252		8.900	0.000
	家庭的支持	0.612	0.086	0.246	7.089	0.000
	参加现实活动	0.325	0.063	0.179	5.145	0.000
	现实生活中朋友的帮助	0.183	0.059	0.102	3.088	0.002
4	（常量）	2.093	0.255		8.205	0.000
	家庭的支持	0.503	0.093	0.203	5.406	0.000
	参加现实活动	0.291	0.064	0.161	4.560	0.000
	现实生活中朋友的帮助	0.181	0.059	0.101	3.074	0.002
	家长的指导	0.201	0.066	0.113	3.028	0.003
5	（常量）	2.524	0.312		8.094	0.000
	家庭的支持	0.510	0.093	0.205	5.491	0.000
	参加现实活动	0.277	0.064	0.153	4.334	0.000
	现实生活中朋友的帮助	0.175	0.059	0.098	2.971	0.003
	家长的指导	0.190	0.066	0.106	2.868	0.004
	消磨时间	–0.144	0.060	–0.079	–2.388	0.017

续表

模型		非标准化系数		标准系数		
		B	标准误差	试用版	*T*	Sig.
6	（常量）	2.876	0.350		8.222	0.000
	家庭的支持	0.497	0.093	0.200	5.348	0.000
	参加现实活动	0.280	0.064	0.154	4.390	0.000
	现实生活中朋友的帮助	0.166	0.059	0.093	2.820	0.005
	家长的指导	0.199	0.066	0.111	2.998	0.003
	消磨时间	−0.167	0.061	−0.092	−2.740	0.006
	学历	−0.166	0.075	−0.073	−2.199	0.028
7	（常量）	2.603	0.372		6.994	0.000
	家庭的支持	0.513	0.093	0.207	5.520	0.000
	参加现实活动	0.279	0.064	0.154	4.379	0.000
	现实生活中朋友的帮助	0.157	0.059	0.088	2.668	0.008
	家长的指导	0.194	0.066	0.108	2.926	0.004
	消磨时间	−0.174	0.061	−0.096	−2.860	0.004
	学历	−0.204	0.077	−0.090	−2.633	0.009
	性别	0.236	0.112	0.071	2.115	0.035

第四节　研究结论

通过以上调研与分析，研究者得出以下研究结论。

一、网络社交促进了中学生学习能力发展

本次研究结果显示，网络社交可以为中学生提供更多的学习机会，中学生通过社交媒体浏览同学发表的内容，与同学在网上对作业和生活中遇到的问题进行讨论，不仅能解决他们遇到的一些学习和生活中的问题，而且发展了他们合作学习和自主探究的学习能力。同时，通过分享和转发社交网站内容，拓宽了他们的知识面，并且使他们获得了

更多的学习资源。与同伴在网上开展讨论、使用网络语言和符号等，一定程度上促进了他们语言技能的发展。从多元线性回归结果中可以看出，家庭的支持对于中学生基于网络社交学习能力发展的影响最为显著。现实生活中得到家庭的支持越多，网络社交对其学习能力发展的促进也越明显。网络社交作为现实社交的延伸和拓展，一定程度受到现实社交关系的影响。回归结果反映出，现实中得到的帮助越多，网络社交中学习能力发展越好，同时，网络社交学习能力发展还会受到中学生学历的影响。与初中生相比，普通高中生和职业高中生更多认为通过网络社交提升了自己的学习能力。与女生相比，男生更认可网络社交促进了其学习能力发展。这与男生对网络社交持有开放和乐观的态度有一定关系。

二、网络社交加强了中学生的现实联系

参与调研的中学生普遍认为，网络社交对于加强其现实联系有积极的影响。一方面，网络社交可以使中学生有更强的集体归属感；另一方面，网络社交可以促进中学生拥有更大的亲密关系网。家庭的支持和家长的指导显著影响中学生通过网络社交加强现实联系，家庭给予的支持和指导越多，中学生的网络社交越积极，从而更容易建立广泛的社交圈。相反，如果家长限制中学生上网，或者反对中学生利用网络进行社会交往，中学生的网络社交参与程度就会降低，从而通过网络社交加强社会联系的机会也会相应减少。现实生活中朋友的帮助和参加现实活动也是影响中学生网络社交、促进其现实联系的因素。现实生活中朋友越多的人，通过网络社交结识的朋友也越多。在现实生活中乐于结交朋友的中学生，一方面，可以很好地利用网络社交来加强已有的社交关系；另一方面，他们还能利用社交媒体中的推荐功能结识新的朋友。性别、学历和结交朋友、探讨学习的网络社交动机也会影响中学生通过网络社交加强社会联系，中学生处于学习知识的重要阶段，每天结束学校的学习后，回到家里还要完成家庭作业，网络社交工具以其不受时间和空间约束的特点，成为了中学生探讨学习和沟通的有效手段。在访谈中，有学生表示，自己班级建立了维基，大家会参与其中，成为内容的创建者，并通过阅读同伴发表的内容进行学习。关系好的学生之间会建立QQ群、微信群，当遇到作业中的难题时，大家在群里展开讨论，网络社区一定程度上拉近了学生彼此之间的距离。

三、网络社交提高了中学生的自信心

网络社交可以帮助中学生更真实地展现自我，提高自信心。回归分析结果表明：现实生活中朋友的帮助，积极参加现实社交活动都有利于促进中学生通过网络社交提高自信；获得家庭的支持和家长指导越多的中学生，也越趋向于通过网络社交提高自信心；获得认可、探讨生活和逃避烦恼等网络社交动机，也显著影响着中学生通过网络社交提

高自信。研究结果显示，对现实社交产生自卑和不满的学生，会选择网络社交的方式与同伴和朋友进行交流[①]。网络社交一方面促使这些学生更真实地展现自我；另一方面使得他们身边的人更多更好地了解他们。性别和学历也是影响自信提高的因素。男生比女生更容易通过网络社交提高自信心。与女生相比，男生对于网络社交持有更加开放和信任的态度。职业高中生和普通高中生比初中生更倾向于使用社交媒体提高自信。

四、网络社交可以帮助中学生建立关心

参与调研的大多数中学生表示，网络社交增强了他们和身边亲人朋友的联系和相互关心，网络社交为他们提供了一种有效关心他人和被关心的途径。同时，当他们遇到困难时，可以从网络社交对象那里得到帮助。在访谈中，有中学生表示，当他们通过网络社交得到帮助后，也愿意更多参与其中，关心和帮助其他需要帮助的人。家庭获得的支持、参加现实社交活动、现实中朋友的帮助、家长指导、消磨时间的网络社交动机、学历和性别，是影响网络社交促进中学生建立关心的显著因素。家庭和朋友的支持越多、家长给予的指导越多，越有利于中学生通过网络社交建立关心。与女生相比，男生更多通过网络社交建立对同伴和亲人的关心。职业高中生和普通高中生比初中生通过网络社交发展关心程度更深，由于普通高中生和职业高中生对于网络社交的态度比起初中生更加开放和乐观，网络社交的介入程度也高于初中生，因此，他们认为通过网络社交促进其关心的程度也高于初中生。

总体而言，网络社交能够促进中学生积极发展，为中学生提供社会化学习途径，加强他们的社会联系，增强他们的自信心，使他们得到关心并主动去关心他人。性别、年龄、家庭的指导、从现实中得到的帮助和参加现实社交活动的积极性，都会一定程度影响他们基于网络社交的积极发展。现实生活中朋友越多的中学生，家庭给予支持和帮助越多的中学生，越趋向于从网络社交中受益，进一步印证了“富人越富”的理论，同时，也与齐学红等人（2013）的研究结论相同[②]。虽然有研究显示，网络社交使用行为受到性别的影响[③]，但是本次调研结果显示：网络社交在促进中学生学习能力发展、加强社会联系、提高自信和建立关心方面都不受到他们自身性格影响。同时，虽然参与此次调研的多数学生（约80%）表示学校对于他们的网络社交给予了指导，但是分析结果得出，学校的指导对青少年学生网络社交促进其发展影响不显著，究其原因可能是参与调研的中学生大多在家里或者宿舍上网，其上网行为会受到家长和同伴更多的影响。

① Barker, V. Older adolescents’ motivations for social network site use: the influence of gender, group identity, and collective self-esteem［J］. Cyberpsychology & Behavior, 2009, 12(2).

② 齐学红，王飞，徐小丹，刁益虎. 中学生社会交往状况的调查分析［J］. 南京晓庄学院学报，2013（1）.

③ Correa, T.,etc. Who interacts on the Web? The intersection of users’ personality and social media use［J］. Computers in Human Behavior, 2010, 26(2).

下编

下编共分六章，主要介绍大学生的网络生活现状。第五章介绍了大学生网络生活的环境背景，即高校数字化校园的发展状况。第六章介绍了当前有关大学生网络生活方式的聚类研究。第七章至第九章针对大学生网络生活的具体模块进行深度调研，进而形成专题研究报告，例如网络学习、网络娱乐、网络交易。第十章论述了大学生在网络生活中的角色定位问题。

第五章　高校数字校园的应用与发展状况调研

第一节　研究背景概述

若从技术角度说，数字校园起源于美国20世纪90年代的“信息高速公路”计划（NNI）。实际上，互联网技术本身的源头就是在美国大学中，故随后在校园中的应用也就是顺理成章之事。不过，由于技术发展水平和阶段的限制，它在建设初期被称为“计算化的校园”（campus computing），应用主要集中于单独的计算机而非互联网。后来伴随着国际互联网的广泛应用，再加之各种新技术的不断涌现，各种与之相关的新概念和名称层出不穷，令人目不暇接：online school、networked campus、digital campus、e-campus……不一而足。数字化校园逐步发展成为一个单独的研究领域。

不过，尽管所使用的术语不同，但实际所表达的内涵基本都是类似的，它的核心理念就是，强调以现代信息技术来推动高校改革，使之适应信息化社会的新需求。显然，这背后所隐含的逻辑关系是简单而明确的：既然现代信息通信技术对社会其他领域，如工商业等行业发展的影响是深刻且显而易见的，成功地提高了这些行业的工作效率，推动了它们的产业升级与发展，那么，对于高等教育领域来说，伴随工业信息化、企业信息化、电子商务和电子政务之后，自然也有充分的理由来实现教育行业信息化，尤其是大学校园的信息化。

我们认为，在当今信息技术广泛应用的时代背景下，以提高运行效率、推动管理改革为出发点，高等教育机构在管理、教学、科研及社会服务等方面来规划、建设与应用各种现代信息通信技术工具的过程，可称为“高校信息化”“校园信息化”或“数字化校园”，本章统一称为“数字化校园”①。从它的核心目标上来看，数字化校园强调的是，要充分利用信息技术来改变内部各部门之间的信息传递流程，推动高校组织模式、管理结构与运行方式的变革，从而最终实现优化管理流程、提高工作效率和促进教学与科研之目标。

总的来说，数字化校园的研究重点，是提示信息技术对高校的整体性、全方位

① 此概念目前名称并不统一，在英语文献中通常被称为campus computing、digital campus、e-campus等。在本章中，为简便起见，统一称之为e-campus。在中文名称上，本章中的“校园信息化”“大学信息化”“数字化校园”，其内涵基本相同，本章统一称为“数字化校园”。

5

和结构性的深刻影响，所体现的是一种信息时代社会变革整体背景下的共同发展趋势，它与信息技术对社会其他领域的影响，如电子化社会（e-society）、电子化政府（e-government）和电子商务（e-business）等，都属于信息技术对不同行业或领域之影响，体现出了网络时代信息技术影响之广泛性与深刻性。因此，重视和研究数字化校园的相关问题，是当今大学改革的一个重要内容，也是教育研究者重点关注的问题之一。

从数字化校园的内容上来看，综合国内外研究文献与实践，在本章中，研究者提出一个数字化校园六因素理论，作为本研究的核心理论基础之一。换言之，研究者认为，数字化校园的建设内容是由以下六个基本因素组成：

- 管理信息化（e-administration）
- 教学信息化(e-learning)
- 科研信息化(e-research)
- 校园网络生活方式(e-life)
- 电子化参与（e-participation）
- 数字民主（e-democracy）

进一步讲，上述六个因素之间的相互关系则构成数字化校园的基本结构（见图5-1），各因素之间既有先后顺序，同时也相互关联，互为基础，共同影响着数字化校园的发展进程。

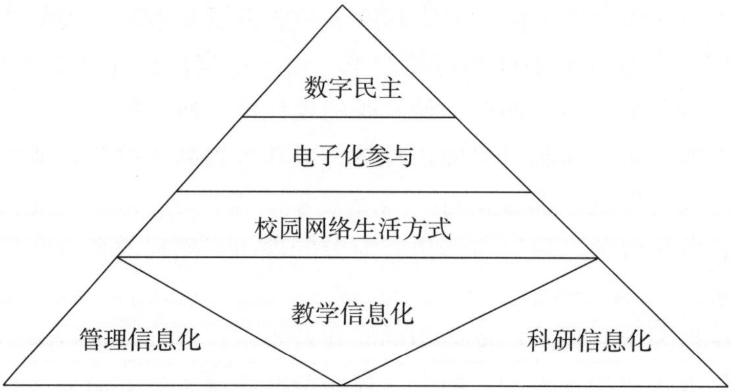

图5-1　高校数字化校园的结构及组成因素

正如管理是任何机构正常运行的基础一样，管理信息化同样也是数字化校园最基础的构成要素，它承担着为整个校园内、外部各种信息、数据录入、传递、交换与发送的基本职能。尤其在当前伴随着高等教育机构功能的增加和学生规模不断扩大的情况，多校区或跨地区的“巨型大学”（multiversity）越来越多，高校管理的跨度、范围和难度也相应不断增大，传统的高校管理模式和方法已明显无法适应新形势的需求[①]。在这种

① 美国巨型大学形成于20世纪50年代，在克拉克·克尔看来，巨型大学这一称谓具有量和质的特征。从量的方面来看，巨型大学是高等教育规模扩张的结果。加州大学、马里兰大学等都是美国著名巨型大学的代表。

情况下，信息技术为提高校园管理效率提供了一个最佳的解决方案，各类管理信息系统（management information system, MIS）和校园门户（campus portal）等是管理信息化的基本技术工具。

在现代社会中，教学、科研和社会服务被认为是现代大学的三大基本职能。相应地，高校的信息化建设与应用自然也是围绕着这三个核心来展开和延伸的。作为一个具有悠久历史的经典社会组织来说，科学而高效的管理是保证现代大学正常运转必不可少的基础，而教学和科学研究则无疑是大学立足之核心竞争力，同时，学生则是保证大学知识创新的源源不断的新鲜血液。因此，也就很容易理解数字化校园为何是围绕着管理、教学、科研和学生四个核心而发展的。

进一步讲，以管理、教学和科研信息化为基础，则构成了大学的网络生活方式，即一个由信息通信技术所构成的工作、学习与交往的“数字虚拟生活环境”。从广义上说，校园中的每一个群体，包括管理人员和师生等，都属于网络生活方式的主体。不过，从狭义上讲，网络生活方式主要是针对大学校园中数量最多、最为活跃和最容易接受新生事物的学生而言的，他们才是校园网络生活方式的核心主体和代表人物，所受影响也最为显著。

最后，在校园网络生活方式基础之上，就是数字化校园的最高表现形式：“电子化参与”(e-participation) 和“数字民主”（e-democracy）。对高等教育机构来说，数字化校园的最终目标是什么呢？研究者认为，信息与数据的传递与交换的加快、工作效率的提高和教学环境的改变仅是手段而已，数字化校园建设的最终目标，应该是高校管理体制的改革与完善。换言之，利用新技术工具与手段，推动校园管理的现代化与民主化，使师生有更多参与学校政策规划的机会，实现校园管理的民主化，最终推动大学的发展与进步。这些才是数字化校园的最高追求目标。简言之，以管理信息化为基础，以教学信息化、科研信息化为核心，以网络生活方式为表现形式，最终实现校园管理的民主化，是大学数字化校园建设与应用基本发展途径。当然，需要强调的是，上述这种对数字化校园的结构划分仅是一种理论层面的做法，在现实中，这五个方面的关系是相互交融和交织的，并非是截然分割的形态。

第二节　研究设计

基于以上考虑，本章所要讨论的主要内容是，调研近年来现代信息通信技术对高校教学、科研和管理等方面的诸多深远影响，重点在于数字化校园建设的应用成效。简言之，信息技术对高校的改革与发展产生了哪些方面的影响？这种影响的具体表现是什么？它们的实际应用效果究竟如何？

根据对国内外数字化校园研究文献与成果的检索与分析，研究者首先提出一个研究设计图（见图5-2），初步规划出研究的基本内容、相互关系、研究方法与实施流程等。

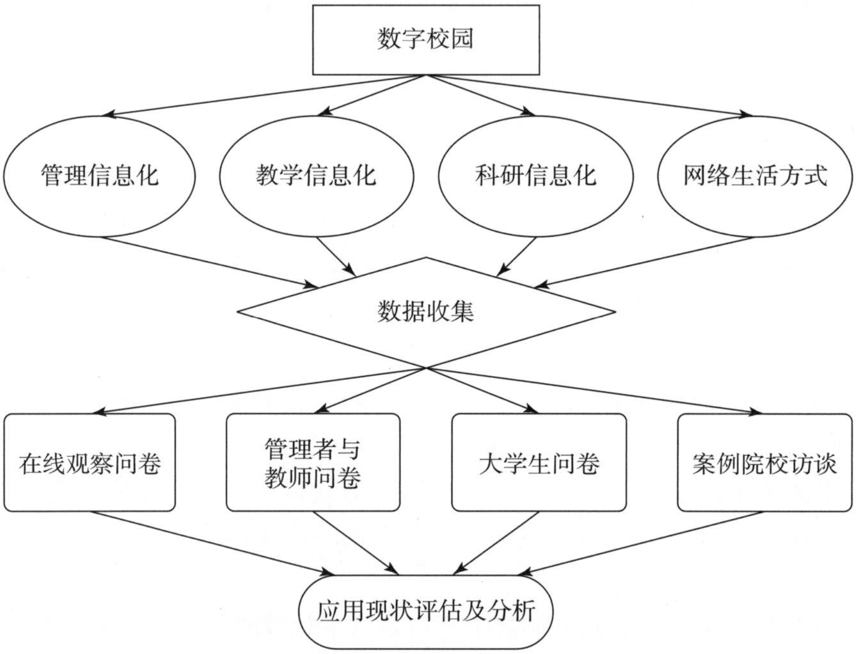

图5-2　数字化校园调研的研究设计

考虑到数字化校园建设与应用在高校中影响的广泛性，校园内的主要构成群体，包括行政管理人员、教师和学生都属于调研对象。但出于时间和研究成本考虑，我们的调研对象将主要局限于全日制高等学校范围内，暂不讨论其他类型高校的应用情况。在研究方法上，我们将采用定量与定性相结合的方式，包括在线观察法、问卷调查法和个案访谈法。考虑到调查研究的范围分布广，我们采用混合模式调查法(mixed survey)，即网络问卷与面对面访谈相结合方式。

依据以上研究设计，同时也参照国外两所著名高校信息化调查项目（Campus Computing Project和EDUCASUE Core Data Service），我们经讨论后共设计出三份问卷，分别是："数字化校园基本情况"在线观察问卷、"数字化校园应用现状"在线调查问卷和"大学生网络生活方式"在线调查问卷。问卷的结构、内容和实施方式如表5-1所示。

表5-1　研究所使用的三份调查问卷简介

名称	对象	内容	方式
数字化校园基本情况观察问卷	官方网站	数字化校园基础设施：局域网、无线网、教室设备安装、办公室电脑与网络建设和各种管理信息系统建设与应用等	浏览高校网站
数字化校园应用现状问卷	教师与管理人员[①]	管理人员填写内容： 管理信息化建设与应用现状（管理信息系统），向师生提供的信息化技术支持与服务，校园信息化整体及各部分发展状况和阶段评价	在线问卷
		教学人员填写内容： 教学过程中各种信息化工具应用，日常工作中计算机与互联网应用，学校所提供的培训与技术支持，对数字化教学的态度和看法，使用课程网站，教学新技术应用，对学校教学信息化发展水平的评价	
大学生网络生活方式问卷	在校大学生[②]	计算机拥有率、上网频率、上网时间及各种网络行为分配、网络社交、网络购物等；在线学习，如课程网站使用和对自己学习效果影响等	在线问卷

第三节　调研实施与数据收集

调研方式有三种：在线观察、在线问卷和访谈。问卷反馈及访谈结果如表5-2所示。

表5-2　调研实施及数据回收情况

调研方式	抽样及样本	反馈
在线观察问卷	概率抽样方式，抽取全国11个省市的257所高校[③]	共抽取本科学校120所，专科学校137所，包括综合、工科、语言、艺术、医药、师范、农业、财经、政法、体育、林业等类型高校
在线调查问卷	管理人员和教师问卷： 方便抽样，共通过电子邮件发出调查邀请函4 014份[④]	共回收1 215份问卷，反馈率为30.2%，其中有效问卷853份，有效率为70.2%
	大学生问卷： 方便抽样，通过网络随机发布调查邀请函	共回收2 394份问卷，其中有效2 050份，问卷有效率85.6%

① 在填写数字化校园应用现状问卷的过程中，教师和管理人员将进入不同的填写路径，回答与其工作相关的不同调查问题。

② 在校大学生包括专科生、本科生和研究生。

③ 抽样框为高等学校2 263所，分为13类，其中普通高校为1 983所，http://www.edu.cn/HomePage/jiao_yu_zi_yuan/college.php。

④ 以相关机构所提供的国内各高校相关部门及教师通讯录为基础，通过电子邮件共向4 014名高校教师和管理人员发送了调查邀请函。

续表

调研方式	抽样及样本	反馈
面对面访谈	向50位高校信息化工作管理者或教师发出访谈邀请	33位接受并实施访谈，访谈接受率为66.0%

经过统计与分析，参加问卷调查的受访者背景信息如下：

共有来自全国27个省份的135所高校的597名教师填写问卷，高校类型以“985”和“211”高校之外的普通全日制本科院校为主（42%），受访者以26—40岁的中青年教师（71%）为主。同时，共有256名来自于全国24个省市96所高校的管理人员填写问卷，主要来自普通全日制本科院校（47%）。从职务来看，部门主管领导约占22%，其次为系统管理人员（20%）和技术支持人员（13%）。还有来自全国28个省份的84所高校的2 050名在校大学生填写问卷，男、女生比例分别是59%和41%，以本科生（85%）为主，专业以工科和管理学科为主。最后，研究者通过电话和电子邮件邀请了全国各地50名信息化主管领导或教师进行访谈，其中共有33名接受了邀请并参加访谈，主要以正处级、副处级和副教授为主，每人访谈时间1—2小时。

第四节　调研数据分析

以上述问卷调查和访谈数据为基础，我们从信息化管理应用、教学与科研应用、学生校园网络生活及应用效果评价四个方面来展开分析，力图利用这些数据和信息勾画出高校数字化校园的整体发展状况。

一、校园管理信息化概况

从技术上看，校园主页可以说是整个数字化校园的“入口”和“门户”，其技术水平和内容设计直接代表了数字化校园的应用和发展水平，可以说是一个建设和应用水平的“指示器”。在本次调研中，根据在线观察问卷的结果，研究者发现，在所观察的257所高校中，有89.1%的学校有官方网站，所提供的内容和服务项目情况见表5-3。

表5-3　高校网站提供的服务与内容分类

类型	服务项目及占百分比（%）	项目总计
管理	新闻与媒体服务（90），教职员目录（80），网上课程评估（73），网上选课（70），校友信息与服务（57），电子邮件服务（57），校友信息与服务（57），电子邮件服务（57），后勤服务（56），校长信箱（31）校园门户（25），在线学生手册（14），毕业生档案查询（4），在线学籍注册（2），毕业论文网上提交（1）	15

续表

类型	服务项目及占百分比（%）	项目总计
教学	专业培养计划（82），精品课程（79），在线课程（43），课程管理系统（43），教学软件下载（14），培训与技术支持（8），师生信息技术培训资源（7）	7
科研	图书资料搜索与借阅（72），科研文献与信息检索（67），科研信息发布（44），学术报告与讲座信息（35），科研经费管理（5），科研项目管理网站（4），开放存取类论文检索与下载（2）	7
生活	就业信息（88），后勤服务（56），校园BBS（20），在线电视/广播（14），学生社团网站（12），电子商务（3），校园卡在线充值（2），校园电子地图（4），在线心理咨询服务（1）	8

由表5-3可以看出，在所观察的高校网站中，通常都是管理类服务和信息内容最多（15项），所提供服务项目的比例数也相对较高，其中9项服务项目的高校提供百分比都超过50%。而在教学、科研、校园生活的网站信息或服务中，超过50%受访高校提供的项目分别仅为2项。这种情况比较清楚地表明了当前信息技术在高校管理方面所起到的突出作用。相对而言，在教学和科研方面，高校网站所提供的内容和比例都较少。

同时，其他调查数据也表明了管理信息化在校园中的突出发展状况。调查数据显示，越来越多的受访高校中目前正在使用各种管理信息系统（如图5-3所示）。使用率最高的是图书管理系统（20.8%），其次是财务管理系统（20.0%），最低的是科研管理系统（3.3%）。此外，观察问卷的结果显示，有73.0%的学校拥有教务管理系统，58.0%的学校建立了办公自动化（OA）系统。

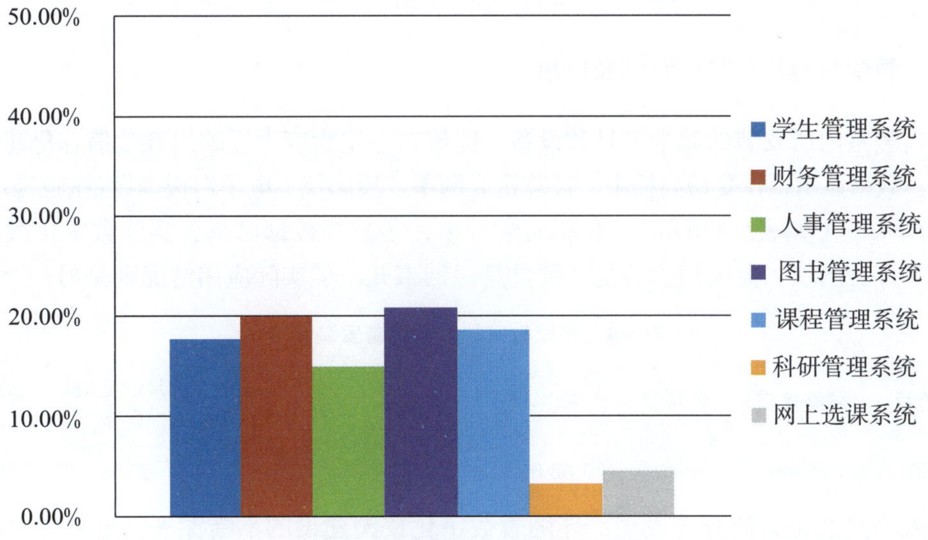

图5-3　高校使用的管理信息系统

此外，调查还显示高校向师生提供的信息化类服务项目也在不断增多，如电子邮件、视频会议和技术培训服务等（如图5-4所示）。这对于推进师生的信息化应用有重要作用。但总体而言，可以看出，受访高校中的教师信息技术培训情况开展得并不理想，仅有15.1%的高校向教师提供信息技术技能培训服务，而提供课件设计与制作和课程网站设计与建设的比例更低，分别仅为14.1%和15.3%。访谈中所获得的信息也证实了这一点，技能培训仍然是影响教学信息化应用的“短板”。

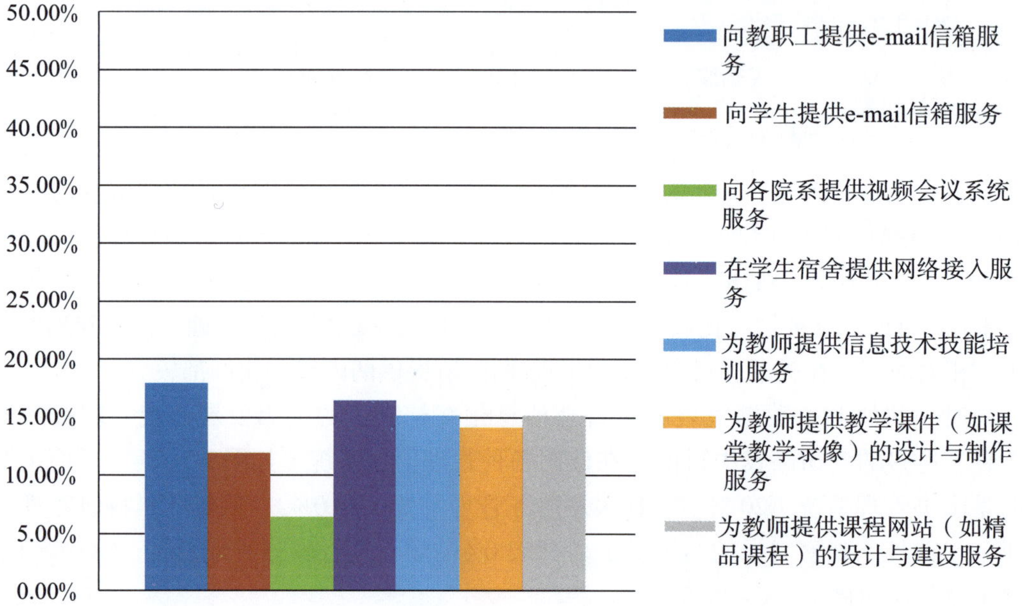

图5-4　高校为师生提供的信息化服务项目

二、教学与科研信息化建设及应用

高校教室内所安装的教学工具和设备，能够在一定程度上反映出教学信息化建设的基本水平。数据显示，在受访高校中，计算机联网率、投影仪、电子白板等设备的安装率都已达到较高水平（如表5-4所示）。在调研学校中，多数高校都已具备实施数字化教学的硬件设施条件。当然，需要指出的是，硬件是一回事儿，但实际应用情况则是另一个问题。

表5-4　高校教室的教学设备安装情况

统计项目	网络接口	计算机	投影机	电视机	交互式电子白板	课堂反馈系统	自动录播系统
平均值	75.6%	66.5%	68.0%	26.6%	27.1%	23.5%	27.7%

令人高兴的是，研究者发现，伴随着数字化校园建设的不断深入，越来越多的高校教师已经开始习惯用信息化工具来工作，例如使用搜索引擎来检索教学、科研资料，使用e-mail等方式与学生交流，或在线发布研究成果等（如表5-5所示）。

表5-5　高校教师在教学科研中应用信息技术工具情况

调查问题	选择“同意”和“非常同意”的比例（%）
我经常使用搜索引擎来检索教学、科研资料	92.1
在备课时，我经常上网查找各种教学辅助资料	92.4
在教学中，我经常使用e-mail等方式与学生交流	72.3
我经常将教学讲义上传到网上供学生下载和浏览	61.4
我经常通过各种网络通信工具与国内外同行联系	46.4
我经常将已发表的论文、研究报告等成果上传至网上	25.3
我有时会通过网络视频会议来与国内外同行进行交流	14.4
我有课程网站，学生可以随时上网浏览相关课程	45.5

引人注目的是，随着近年来“开放教育资源”（open educational resources）运动的发展，开放课件（open courseware）也成为高校教学信息化建设的新生事物①。调查数据显示，有近五分之一（19.8%）的受访高校正在推广“开放课件”。在访谈中，一些受访者认为，虽然发展模式与OCW不同，但“精品课程”对于高校的开放教育资源发展有重要推动作用。

近年来，利用网络教学平台来辅助课堂教学，将课堂教学与数字化学习的独特优势相互结合而形成的混合式学习（hybrid/blended learning）教学模式，已成为国内外高校全日制教学改革的重要发展趋势②。研究表明，高校中组织和实施混合式学习可有效提高师生之间的交流与沟通频率，激发学生的学习兴趣。从技术上看，高校中组织和实施混合式学习的基本技术架构是利用课程管理系统（网络教学平台）来创建课程网站，以此为基础来进行教学活动组织与设计，从而实现课堂教学与在线学习的有机结合。

2010年的调查数据表明，60.5%的高校正在使用网络教学平台，31.6%的高校正在考虑建设网络教学平台。在正在使用网络教学平台的高校中，73.5%是“全校使用一个统一的网络教学平台”，26.5%的高校是“同时使用多个网络教学平台”。关于高校网络教学平台的建设方式，各高校的情况差异较大，有的是商业产品与自主开发系统结合使用，有的则使用商业产品，还有的正在使用以开源软件为基础而建设的教学平台。调查数据显示，多数高校以购买商业产品为主（70.3%），也有学校同时在使用自主开发的网络教学系统（39.4%）。另外，还有4.51%的高校使用开源网络教学平台。

在高校教学过程中，以网络教学系统为技术平台来创建课程网站，并将之作为混合

① 赵国栋，姜中皎．高校“开放式教育资源”建设与发展模式研究［J］．北京大学教育评论，2009（3）．

② 赵国栋，原帅．利用E-learning创建研究型大学教学新体系——以“北京大学教学网”为例[J]．清华现代教育技术，2010（8）．

式学习教学组织模式的“支撑点”或“脚手架”，就可以形成一种以课堂面授为基础，辅之以课后在线交流、网上小组讨论和作业提交等活动的强调师生互动的教学方式。研究者认为，相对于传统的课堂教学来说，这种混合式的教学组织形式更能适应当今伴随着互联网成长起来的新一代大学生的学习需求，也有利于培养学生的自主学习能力。

调查显示，仅有19.26%的教师表示“我已有课程网站，并经常在教学中使用”，表示“我的日常教学已离不开课程网站的辅助和支持”的教师比例则更少（如表5-6所示）。

表5-6 高校教师使用课程网站进行教学的情况

问题	回答“是”的比例（%）
我从未使用过课程网站	15.08
我正在考虑创建自己的课程网站	43.38
我目前已有课程网站，但在日常教学中不常使用	16.08
我已有课程网站，并经常在教学中使用	19.26
我的日常教学已离不开课程网站的辅助和支持	4.52
其他	0.84

值得高兴的是，对于经常在教学中使用课程网站的受访教师，在谈到课程网站对教学效果的影响时，74%的受访教师认为使用课程网站对教学效果“有所帮助”和“很有帮助”，认为“毫无用处”的教师比例为0，认为“用处不大”的教师比例仅为5%（如图5-5所示）。在访谈中，研究者也发现，无论教师们原来对各种教学新技术的态度如何，但

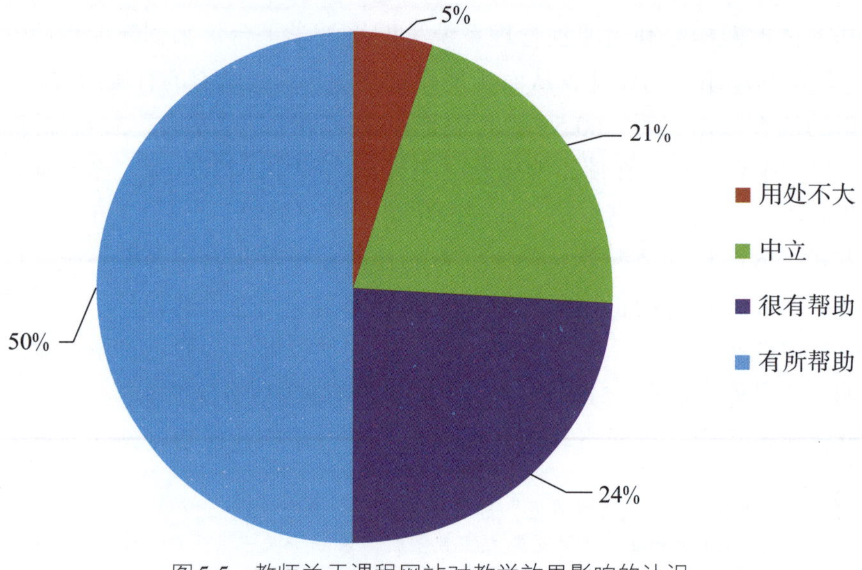

图5-5 教师关于课程网站对教学效果影响的认识

通常情况下，一旦开始在自己的教学中应用新技术，其评价经常是比较正面的和积极的。但问题是，如何让更多的教师跨出这关键的一步。

调查也显示，在使用课程网站的教师中，他们经常在使用时仍然主要局限于展示性而非师生互动和交流功能（如表5-7所示）。换言之，教师们组织和实施混合式学习的方法和技能还有待进一步提高，以后应该更多地发挥课程网站的师生交流与互动功能，如论坛、讨论区、小组讨论和在线课堂等。但显然，这种变化是很难由教师们自己来实现的，必须借助于外部力量，如具有专业水平的相关技能培训等。

表5-7　教师在教学中经常使用的课程网站功能

课程网站的功能	经常使用的比例（%）
发布教学大纲	88.2
上传教学讲义	73.5
师生交流	58.4
发布阅读材料	57.9
发布课程通知	52.5
作业提交	42.0
在线测验	29.4
作业批改	26.0
成绩统计	23.5
在线视频课堂	21.0

通过访谈，研究者也发现，目前教师们使用课程网站来组织和实施混合式学习时，仍然未摆脱将课程网站主要当作“教学资源库”来用的观念，而对于课程网站的交互式功能，如作业提交、在线测验、作业批改、成绩统计和视频课堂，使用频率明显低于其他展示性功能。研究者认为，从混合式学习的教学设计角度来说，课程网站实际上承担着一种在课堂面授教学的基础上，在课堂之外为师生搭建一个沟通与交流渠道的功能，在线讨论、网上测验、分组学习、作业提交与批阅等互动性功能，最能体现出混合式学习过程中课程网站所能体现的特色。从这个角度来说，使用课程网站的展示性功能仅属于初级阶段，在今后的培训和教学中，应更加鼓励教师们使用那些交互性的功能，这样才能充分发挥出课程网站的应有功效。

当然，一方面，必须承认的是，与使用展示性功能相比，教师如果要在教学中使用上述那些交互性功能，则他在技术、时间和精力等方面的支出要明显增加，教学成本即上升。因此，从这个角度来说，如果不对教师的额外教学成本支出进行某种形式的有效补偿，仅单纯去要求教师在教学中更多地使用交互性功能这种做法，本身意义和效果都不大。这需要在制度、政策等方面做出调整方可实施。

另一方面，调研也发现，教师在使用课程网站时也面临着诸多困难，主要表现为技术操作、时间花费和学校支持等方面（如图5-6所示）。这些困难依次分别反映在：技术难度较大（21.6%）、工作量太大（18.1%）以及“缺乏学校政策和经费支持”（17.8%）等方面。不过与此同时，也有11.6%的教师指出“课程网站功能太少，不能满足教学需求”，这说明部分教师对于教学技术有着较高的需求。研究者认为，对于这一小部分愿意在教学信息化中投入更多精力的教师来说，学校能够提供哪些支持和帮助呢？这是一个需要思考的问题。

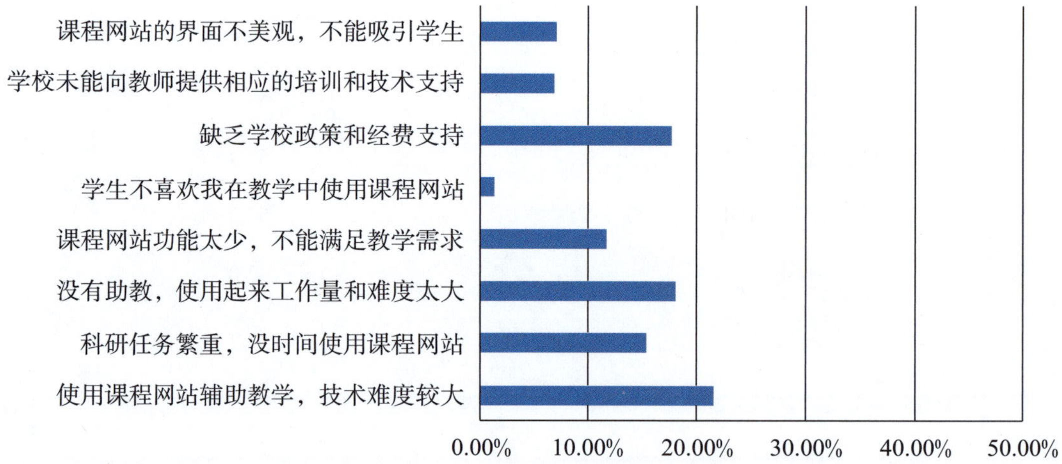

图5-6　教师在使用课程网站时所面临的困难

在教师问卷中，同样也发现了信息技术培训和技术支持不足问题。调查发现，虽然69.9%的受访高校没有专门的机构（如教育技术中心或电化教育中心）为教师提供经常的教学技术支持服务，但实际上，教师普遍反映这些机构没有能提供充分的和有效的教学技术培训和支持服务。总体来看，仅有不到三分之一的高校为教师提供各种教学技术支持服务，比例明显偏低（如表5-8所示）。

表5-8　高校为教师所提供的教学技术支持服务项目

调查问题	回答“是”的比例（%）
我校有专门的机构（如教育技术中心或电化教育中心）为教师们提供经常的教学技术支持服务	69.9

续表

调查问题	回答“是”的比例（%）
当我在教学中有使用教学技术的需要时，学校相关部门会派教学设计人员来帮助我	31.7
当我在教学中有使用教学技术的需要时，学校相关部门会派学生助教来帮助我	25.8
当我在教学中采用新教学工具时，可以向学校申请相关的教学改革经费资助项目	31.9
学校经常组织新教学技术应用的交流和研讨会，帮助我们了解教学技术的最近发展	38.1

通过对多所高校的访谈，研究者发现，出现这种新教学技术技能培训无法满足教师实际需求的问题并非偶然，而是有其诸多现实原因。其中，既有高校规划与管理制度方面的原因，也有相关培训部门自身的问题。当然，同时也必须承认还有高校教师对待新教学工具的态度问题。

首先，近年来，在高校中由于技术进步和内部管理体制改革等客观因素的影响，再加上当前许多高校负责教学技术培训部门（如电化教育中心、教育技术中心等）本身的一些原因，使得这些部门的工作模式已难以适应当前高校教学改革与发展的实际需要，因而导致这些部门的专业性降低，它们在学校教学工作中的重要性和影响性也随之减弱。研究者在调研和访谈过程中发现，近年来，由于自身部门职能的弱化和衰退，越来越多高校的电化教育中心、教育技术中心开始被逐渐并入其他部门，如计算中心、教务部，甚至宣传部等。或者，这类部门虽然仍然存在，但其职能却日渐模糊，逐渐退化为主要以教室等多媒体硬件设备管理和维护的简单工作部门。这种情况与20世纪80—90年代高校电教部门发展如日中天的情景相比，早已不可同日而语，令人感慨不已。

应该说，技术进步是导致这种现象的最直接原因。20世纪80—90年代，在中央领导的关注下，电化教育工作受到各方面的重视，在高校中也是如此，各高校都投入巨资大力发展电化教育工作，这可以说是电化教育的“黄金时代”。当时由于国家经济发展水平较低，各种媒体摄、录、放等硬件设备价格昂贵，普及率低，因此当时多数高校都会建设专门的电教楼用于统一置放和管理各种教学设备，如语音教室、录像室、录音室等。电化教育部门由于直接管理设备而在整个学校教学工作中凸显其重要性。然而，这种情况自20世纪90年代中后期校园网络在高校中的出现而有了变化，随着计算机和互联网在高校的迅速普及，计算中心或网络中心逐渐取代了电化教育中心的地位，成为高校新技术应用的核心部门。尤其是随着各种数字化电子设备价格的降低和普及，原来电化教育中心那种因管理各种硬件设备所带来的重要性也随之降低。进入21世纪之后，各种基于互联网的新技术层出不穷，日新月异，电化教育中心则因为人员的技术背景限制等原因而难以紧跟技术发展形势，导致其部门职能的不断弱化。

在这样一个背景下，要想让电化教育中心或教育技术中心去向全校的教师提供适用的符合其实际需求的教学技能培训，无疑是有一定难度的。尤其是近年来随着数字化学习和混合式学习在国外高校的不断应用，再加上“精品课程”等项目的推动，国内高校也陆续启动了这项工作，开始创建和使用课程管理系统。但是，以电化教育部门人员的专业技术背景来看，要想让他们来承担对全校教师进行数字化学习的培训工作，似乎很难保证预期的效果。其一，从他们以往的专业背景、知识技能结构来看，更多的是“工程师”而不是“培训师”；其二，从他们的工作性质来看，多数并不从事教学工作，因而自身就很少具备丰富的教学经验，是“技师”而不是“教师”。在这种情况下，让他们去为高校教师这种高素质的群体提供培训，难度和效果可想而知。在访谈过程中，有数所高校电化教育部门的领导谈到，由于没有合适的培训人员而不得不聘请商业公司的培训师来为教师培训。但由于成本较高，这种培训显然不可能经常举办，通常一学期仅一次。

当然，并非所有高校的电化教育部门都处于这样捉襟见肘的尴尬境地，国内一些著名高校的电化教育中心或教育技术中心还是具有相当实力的。在访谈中，一位电化教育中心的领导就谈到，为加强中心的培训力量，他们近年来专门招聘了多名教育技术专业的研究生，希望利用他们的专业知识来为教师提供教学技术培训，进而推动学校的教学信息化工作。然而，问题又出现了，这位领导在访谈中抱怨说，中心每次都花费大量时间和精力去组织和实施培训活动，但令人遗憾的是，每次前来参加培训的教师人数都很少。这种情况时间持续久了，中心组织培训的积极性大大减弱。他指出，作为一个教学辅助部门，所发出的培训通知很难得到教师的重视，不得不求助于教务部等教学管理部门的帮助。但即使如此，效果也很难保证。

可以看出，上述教师技能培训不足实际上存在着三种现象：一是由于电化教育等部门的各种原因而无法向全校的教师提供教学技术培训和技术支持服务；二是虽然能够向全校教师提供一些培训和服务，但专业性不足，无法满足教师的实际需求；三是虽然所提供的培训和服务是充分的和专业性的，但教师不欢迎或不感兴趣，不愿意来参加。

所以，从这个角度来看，教学技术培训部门本身存在的问题，并不是造成这种现象的唯一的原因，其他方面的一些问题也加剧了这些现象的产生。正如在本书第一章中所提及的，还有一个更加重要的原因就是，当前多数的高校都尚未创建起一套统一的部门联合的新教学技术培训、服务和技术支持体系，无法从规章、政策、经费等方面向教师提供系列性的教学培训服务。这里需要强调的是，研究者认为，这样的体系并不是仅靠某个部门（如电化教育中心、网络中心或教育技术中心）就能建设起来的，它需要高校整个教学管理相关部门的共同努力，包括教务处、研究生院以及相关技术部门的支持，如网络中心、信息化管理部门，同时还要在规划、管理、实施等过程中得到学校决策层的支持。

总之，从以上数据来看，研究者认为，今后各高校在信息化服务和培训方面还有待进一步提高，尤其是在各种推动教师积极应用新技术于教学改革方面的支持性政策方面，需要进一步加强支持力度。

三、大学生的校园网络生活方式

与数字化校园建设对管理和教学等方面的影响相比，信息技术对当今大学生来说则无疑更加至关重要。

调查显示，88%的受访学生表示拥有自己的电脑，其中54%的学生使用的是笔记本电脑。上网已成为大学生日常生活的重要组成部分。问卷中，表示“每天上网”“几乎每天上网”“经常上网”的受访学生的比例达到79%。在谈到“最初何时开始使用互联网”时，75%的学生表示在高中毕业之前就已经开始接触互联网，其中10%的学生在小学就开始上网，在初中和高中阶段开始上网的学生比例分别接近和超过了三分之一，分别是31%和34%。可以说，将当今这些大学在校生称之为伴随着互联网长大的“网络一代”，确实名副其实[①]。

根据研究设计，研究者将大学生的网络行为或网络生活方式划分为四个方面，分别是网上学习、网上娱乐、网上交流和网上购物或出售。调查发现，受访学生平均每周上网时间为21.6小时，略高于全国网民平均时间。根据CNNIC于2010年7月发布的数据，全国网民平均每周上网时长达19.8小时[②]（如表5-9所示）。

表5-9　大学生上网活动及平均每周所花的时间

网络行为	平均每周所用时间（小时）
网上学习（如查找学习资料、看课件和提问等）	8.26
网上娱乐（如下载音乐、看电影或玩网络游戏等）	8.41
网上交流（如QQ、MSN聊天、收发电子邮件等）	6.52
网上购物或出售（如在淘宝中购买或售出物品）	1.76
其他网上活动	3.50

关于网上学习，数据显示，41.0%的受访学生表示“曾经学习过，或正在学习有‘课程网站’的课程”，平均每周花在课程网站上的学习时间约为4.78小时。同时，这些使用过‘课程网站’的学生表示，“登录课程网站后经常做的活动”主要包括：下载课件（48.8%），浏览课程内容（33.5%），提交课程作业（26.4%），查阅课程通知和进度（16.5%）和参加网上问题讨论（9.9%）。

① 赵国栋，王珠珠，原帅.大学生网络生活方式之聚类分析：以北京大学为例[J].北京大学教育评论，2010(4).

② CNNIC.2010年中国青少年上网行为调查报告[R].中国互联网信息中心，2010.

谈到“愿意在学习中使用课程网站的原因”，调研得出的原因详见表5-10。整体来看，主要原因在于利用课程网站，能够以自主的方式来组织和安排自己的学习过程和分配学习时间，灵活性较强。

表5-10　受访学生使用课程网站的主要原因

选项	百分比（%）
因为老师有要求	16.2
使用方便	34.4
可以提高学习效率	20.7
课程有一部分必须在网上完成	27.5
可以自行决定学习时间、地点	29.7
可以按自己的进度来学习	25.3
可以按自己喜欢的方式学习	25.9
方便和其他同学进行合作学习	10.4
便于师生在课下交流	13.0
其他	0.7

除网络学习之外，进一步的调查显示，上网时，大学生们经常做的行为和活动主要有浏览网页新闻、下载视频和社会交流等（如表5-11所示）。

表5-11　大学生上网时常做的网络行为

网络行为	百分比（%）
通过互联网浏览网页新闻	60.2
下载音乐、电影、电视剧、动漫等娱乐资源	47.5
经常使用网络通信方式与同学、朋友和老师讨论学习问题	39.2
通过课程网站、网络教学平台等下载学习资料	37.2
在线听音乐、看电影、电视剧、动漫等娱乐视频	39.1
通过互联网搜索学习资料	38.8
上社交类网站	29.3
通过网上商店购买物品	23.5
玩网络游戏	5.8

引人注目的是，网络购物成为大学生所热衷的重要活动之一。在受访学生中，40.0%的学生表示曾经通过互联网购物，购买的物品主要是与生活、学习相关的日常用品，其中最多的是书籍/音像类制品（27.5%）和穿戴类用品（26.5%）（如图5-7所示）。

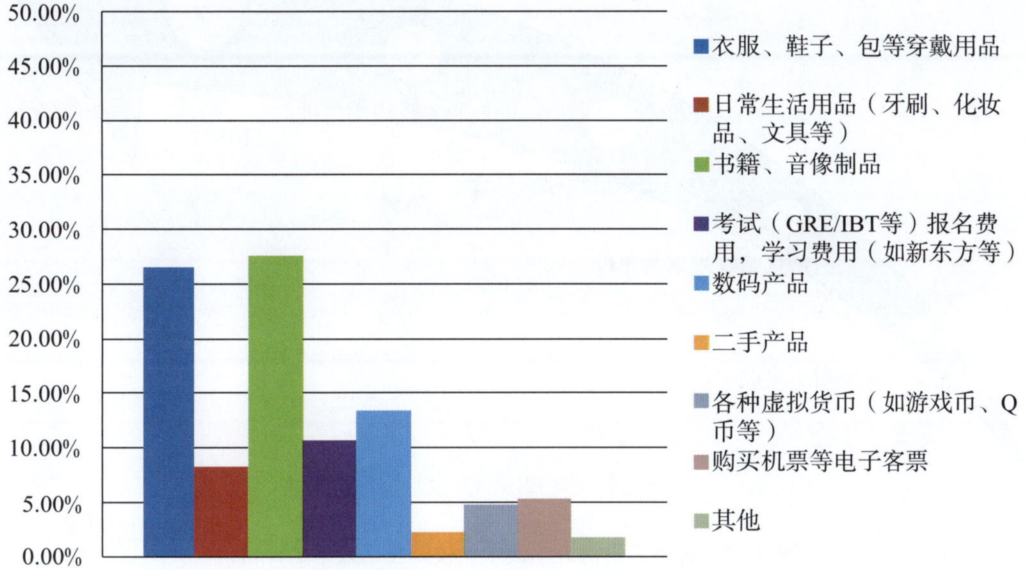

图5-7　大学生网络购物的物品种类

四、数字化校园发展阶段及应用效果评价

在本研究中，我们非常关注的一个问题是：当前我国高校数字化校园的发展水平究竟如何？根据相关研究，研究者在调查问卷中将高校数字化校园的发展划分为五个阶段（如图5-8所示）。结果显示，74.5%的受访者认为所在高校仍处于第二或第三阶段，达到第五阶段的仅占8.2%。从阶段划分的名称来看，这种划分主要是针对技术水平而言，多数受访者认为自己所在高校数字化校园发展水平处于“信息系统规划与建设”和“系统连接与整合”两个阶段之间。这种情况表明，高校管理信息、数据在各部门之间的交流、共享和实时整合等工作，是当前数字化校园建设的核心工作。

同时，关于数字化校园的建设应用效果，数据显示，受访高校的管理人员大多肯定了信息化建设对于高校管理、教学、科研和对外交流的促进作用（如表5-12所示）。整体来看，近年来的信息化建设对高校的教学、管理等方面都产生了比较重要的影响，尤其是学校领导的重视直接导致建设经费的增加和硬件基础设施的改善。不过，相对来说，信息化建设对学校管理方面的促进要大于对教学、科研和国际化的促进，上述调研数据也表明了这一点。

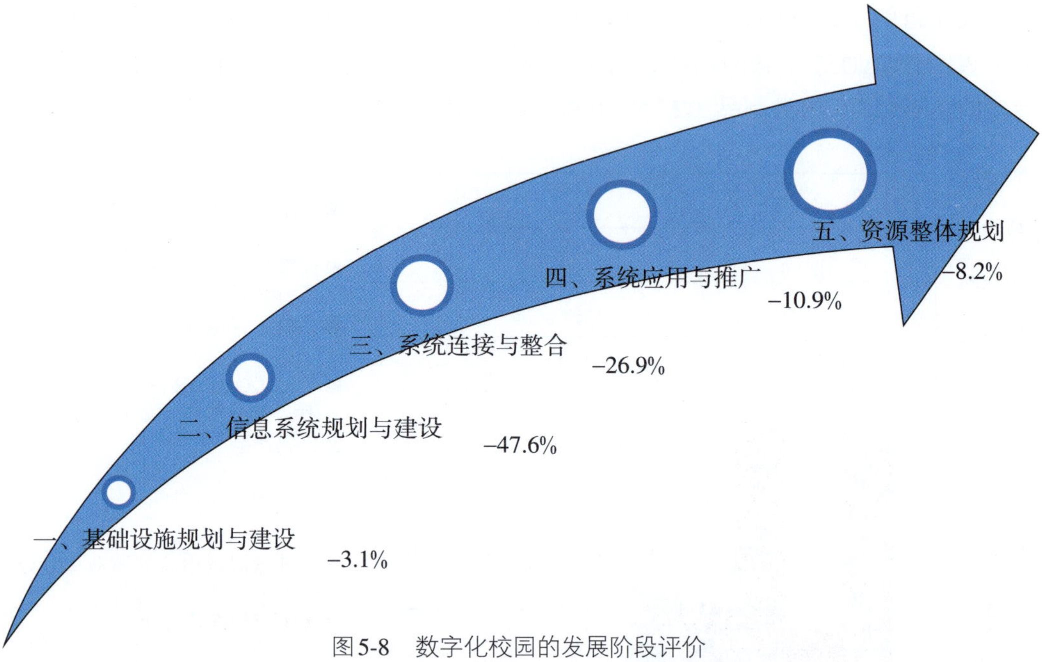

图5-8　数字化校园的发展阶段评价

表5-12　管理人员对近年数字化校园应用效果的评价

调查问题	选择“同意”和“非常同意”的比例（%）
我校信息化硬件基础设施有了很大改善	82.2
信息化建设提高了我校的管理水平和工作效率	78.6
越来越多的学校领导意识到了信息化建设对学校整体发展的重要影响	76.1
我校信息化建设经费投入有了很大提高	71.0
信息化建设促进了我校与国内外高校的合作与交流	60.9
信息化建设提高了教学质量	64.9
信息化建设促进了我校的国际化水平	55.3

那么，高校教师对于数字化校园建设又是如何评价的呢？调查显示，超过80.0%的受访教师都对近年来教学信息化的建设成效给予了积极评价，从备课方式到教学、科研工作，都因为信息技术的作用而大有变化（如表5-13所示）。研究者认为，这明显展示了信息化建设对于教师教学过程的深刻影响，技术已超出了教学工具或方法的层面，正在演变成一种影响教育理念的重要力量①。

① 赵国栋，原帅. 混合式学习的学生满意度及影响因素研究——以北京大学教学网为例[J]. 中国远程教育，2010(6).

表5-13　高校教师对于信息技术应用效果的评价

调查问题	选择“同意”和“非常同意”的比例（%）
信息化建设对我的备课方式产生了重要影响	88.3
信息化建设对本专业的学生培养内容和方式都产生了重要影响	83.2
信息化建设提高了我的教学效率	81.7
信息化建设对学生的学习方式产生了重要影响	80.5
信息化建设提高了我的科研效率和水平	80.6
信息化建设对我的教学组织方式和方法产生了重要影响	83.1
信息化建设对我与学生之间的交流方式产生了重要影响	80.2
信息化建设对我的教学思想和理念产生了重要影响	80.5
计算机和互联网的应用对大学生的生活产生了重要影响	88.4

第五节　院校访谈

可以想象，在这个技术发达的时代里，新技术日新月异的变化总是能给人们带来一种全新的体验和感受，并且可能给我们的工作和生活带来各种令人惊讶的变化。比如，细究起来，或许真的无法想象Microsoft作为一家公司，其所发布的每一版计算机操作系统竟然能够如此深刻地影响到全球各个领域不同人员的工作方式；同样，无法想象Apple作为一家公司所设计和生产的每一版本的数码产品竟然在全球范围内供不应求，成为时髦的年轻人昼夜排队抢购的狂热追求目标。同样令人吃惊的是，各种数码类新产品、网络游戏对年轻一代魔幻般的吸引力和影响力……当然，必须承认的是，这种对新技术和新产品的切身感受在不同领域、行业或群体里，可能是千差万别的，甚至是迥然不同的。

如果要说对当今信息技术应用评价最多样化的行业，或许非教育领域莫属。在学校里，面对扑面而来的不计其数的各种新技术和新应用，决策者、管理者、教师们和学生们的观点可谓是见仁见智，莫衷一是，众说纷纭。下面，我们就以在调研访谈中的资料为依据，来看一看大学校园内外各个群体对数字化校园的切身感受与评价。从中可以看到，对于数字化校园的建设与应用究竟给大学带来了哪些变化，以及如何评价这些变化，不同群体的想法实际上可能是不同的。

一、高校管理者的声音

“与十年高校‘扩招’前的学生人数相比，我们学校现在的学生总数增加了整整3倍还多。而与此同时，我们的教职员工人数呢？我可以告诉你，并没有增加多少，顶多增加了10%的样子……作为一个外人，你可能想象不出生师比率达到这种情况的后果。不过，你可以想象一下，当如此庞大数量的学生涌入校园之后，我们的宿舍、图书馆、教室、食堂所面临的压力是多么可怕。刚开始时，当我看到新生入校报名注册时排的那个长队，我真的是觉得整个学校可能要垮了，因为我很清楚，我们没有那么多的资源去支撑这么多的学生……但实际上呢，我们的学校没有崩溃，虽然当年遇到了很多的问题，但我们都走过来了，都解决了。现在学校的运行基本一切正常。主要原因是什么呢？当然很多，政策、经费、管理，但从实际工作的角度来说，我认为，最重要的原因是学校管理工作的效率提高了，主要靠什么提高的呢？我认为，靠的就是充分利用信息技术来提高我们的管理效率，否则，在管理人员数量基本不变的情况下，我们是根本无法应对如此巨大的学生增长量的。你可以想象，当采用传统的成绩登录方式时，一名教务员要面对几百上千名学生的成绩册，这工作怎么做？现在，我们有了学生信息管理系统、教务管理系统、网上选课系统……这些工具在教学管理工作中起到了不可替代的作用。在我看来，校园信息化确实对高校的管理工作功不可没，必不可少，怎么强调都不为过！”

——某大学主管教学信息化的副校长访谈摘录

“从原则上讲，学校是支持和鼓励学生通过各种方式参与学校的管理工作的，这是毫无疑问的。现在，我们学校里经常强调‘管理就是服务’的理念，学生就是我们的服务对象，这应该说是一个基本原则吧……说到使用各种网络技术来收集学生对学校各项工作的反馈和意见，我们也是做了许多工作的。例如，在我校的BBS上就有‘校长信箱’，最近还专门增加了‘书记信箱’，有专人负责收信。只要学生来信反映问题，我们都会尽快转给相关部门，并尽快给予答复。学校对这方面的回复工作应该说是很重视的……是的，我们也已经意识到，现在的大学生与以前的大不相同，他们的个人维权意识很强烈，稍有不如意，轻则在BBS上写帖子批评，弄得学校满城风雨；重则将校内的一些工作上的问题直接发在校外媒介上，弄得满城风雨，使学校非常被动。而且你也知道，现在各种网络传播工具速度很快，可能在学校还没有想出对策之前，各种关于学校的负面信息就已经传遍整个网络，很可能直接导致上级领导部门的干涉……所以，我们现在对于学生的各种问题的处理都是很谨慎的，在最后公布之前都会反复开会讨论、研究，就是怕考虑不周有后遗症……是的，最近一段时间其他兄弟院校出现的各种问题都给我们敲了警钟，学校领导在开会时也强调了这一点。

“电子民主？嗯，是不是跟‘网络民主’意思差不多？是的，我们部门有同事做过这方面的研究，是一个很有意思的新问题。就我个人的观点来说，我们确实应该为学生提供更多的参与学校管理的机会，我想这是一个必然的发展趋势。在校外，你可以看到，越来越多的政府管理部门开始重视网络舆论问题，对于网民的意见也会有所反馈。相比之下，我觉得反而是高校在对待‘网络民主’方面进展要慢一些，思想也相对保守一些。当然，这可能也是高校的特点决定的吧。”

——某大学宣传部副部长访谈摘录

“我们学校有专门的校园门户系统，每个老师和学生都有自己的账号，登录之后可以浏览各种信息，包括个人信息、课程、实验室、科研经费、指导学生……内容非常多，功能很强大。对学生来说，自己上课的成绩、借书、奖学金等，全部都是实时统计数据，一目了然，很方便……前一段时间，我们学校又有新的管理系统上线开始运行，现在甚至像学生出国交流、教师年度考核、职称申报这样的工作都已经开始实现在线提交和处理。是的，借助这些信息化管理系统，学校的整体管理效率提高了很多。从这个角度来说，我认为，数字化校园建设在管理方面的应用水平是最高的，比起其他方面，是走在前面的。

“我个人感觉，教学信息化建设的步伐要慢一些……曾经有一段时间，我都在想，教学信息化工作是否属于我们信息化管理办公室的职责范围，因为这似乎应该由教务处来主管，我们去管有点越权。后来通过协调，这项工作也被列入我们的工作范围。但我们真正实施起来以后，发现难度远远高于管理信息化的建设，教学信息化的进展比较缓慢。我想，这可能跟高校教师的教学观念及其对新技术的接受、应用水平都有一定的关系。另外，我想，这也可能与现在大学都比较强调科研有一定关系吧，教授们的主要精力都集中在科研项目上，不然，教育部也不会出台要求教授必须去给本科生授课这样听起来很有意思的规定。”

——某大学信息化建设办公室领导访谈摘录

“我们学校的教学信息化建设自从2005年开始就启动了，但这些年来进展一直比较慢，就拿学校的网络教学平台（课程管理系统）来说，使用情况一直不是很理想……目前的课程总数不会超过300门，而我们学校的课程总数至少超过2 000门。其中的原因很复杂，我觉得，首先教学改革从来就不是一件容易的事情，不管是教材变化、内容变化还是教学方法的改革，来自教师的阻力都非常大。我自己也上课，就我自己的切身感受来说，首先当前高校整体的政策环境就不太有利于教学改革，因为不论是从上层教育行政管理机构的政策导向来看，还是从大学本身的实际情况来看，都很难使教师们将主要精力放在教学工作上，教师们更愿意在研究项目申请、科研和写论文上多花时间，而不是将时间放在教学方法的改进上。还有，在大学里，教学向来被认为是一个非常个性化的工作，模仿、师徒传承、学科特点差异都会影响教师的教学方式……实际上，我有时也能想到，作为一个教学辅助部门，当我们真正面临各学科教师对于新教学技术方面所提出的复杂的教学需求时，我们自己实际上也很难为他们提供满意和可靠的教学解决方案。当然，我们在不断尝试，希望能够有所创新。但总的来说，变化是缓慢的，这一点必须要承认。”

——某大学电化教育中心主任访谈摘录

“作为一名数学教师，我向来反对年轻教师在上课时过分使用PPT来教学，因为这非常不利于学生对教学内容的理解和学习。我们数学学科教学的特点就是必须重视公式的推导过程，必须一步一步地向学生清楚地展示出每一步的逻辑推导过程。其中，只要有一环跟不上，学生就有可能听不懂，直接影响到教学效果。在这种情况下，教师如果不用粉笔在黑板上一步步板书，而是用PPT来演示，学生的思路根本跟不上PPT翻页的速度，肯定听不懂……实际上，就我自己的教学经验来说，即使用传统的粉笔加黑板的演算方式，还是有许多学生跟不上讲课的进程呢。如果换成用PPT演示，我估计一堂课下来，多数学生都会“晕”了……在我们院里，我经常对年轻教师们讲，黑板上公式演算是教学的一项基本功，必须加强练习……对于年轻教师来说，不过这一关，用PPT来上课，他的教学评价肯定不能给优！”

——某大学数学学院教学主管副院长访谈摘录

“如果现在没有网上选课系统，我真不知道每学期的选课工作该怎么做了……如果像以前手工处理的话，那可真是海量数据，根本做不了。每学期初学生开始网上选课的那段时间，我们整个教学办公室的人都非常紧张，唯恐系统出问题……以前有过这样的经历，出问题后手工处理简直是要人命的。”

——某大学教务部工作人员访谈摘录

二、高校教师的声音

“是的，在力所能及的情况下，我愿意使我的教学表现出一点新意，或者说，与众不同之处，这会使我很有成就感……有了这个教学平台以后，对我的教学帮助确实挺大的。举一个最简单的例子来说，以前每次课后都有学生要求拷贝我的讲义PPT，现在不必了，因为我每次上课后都发布在我的课程网站里；还有，那个课程论坛也挺有用的，我会安排助教在论坛上答疑，学生们反映不错……”

——某大学文科院系青年副教授访谈摘录

“首先，我坚决反对干涉教师的教学活动这种做法！我认为，在遵守学校的教学要求的前提下，老师教什么，如何教，采用哪种教学方法，这是‘学术自由’的重要组成部分，应该由教师自主决定，外界不应干涉……难道在教学中不用你们所说的现代教学技术工具，教学效果就不好吗？学生就不满意吗？有什么样的证据说明呢？当然，我自身并不完全反对在教学中用电脑，我自己也经常用。但我坚决反对的是，有些教学管理部门动辄随意评价我们教师的教学，说应该这样做，那样做，他们的依据是什么？他们懂教学吗？他们自己上过几次课？我认为他们没有资格来教我如何上课……这种动辄要求在教学中使用新技术的方式，是一种‘技术霸权主义’行为，是对教师专业能力的不尊重……”

——某大学社会科学专业女教授访谈摘录

“说实话，我对什么教学技术、数字化学习或混合式学习不感兴趣。我觉得，作为一名大学教师，在任何情况下，科研都是居于第一位的……是的，我当然很重视教学。但是没有好的科研成果，我不相信教师仅靠一些新奇的教学技术工具就能把课上好……我同意，在现在的技术社会里，科技工具确实扮演着非常重要的角色。我的科研活动也离不开技术，实验、分析、数据统计……都离不开计算机。但是，教学还是注重与学生的直接交流的……你说的那种课程网站我以前用过，感觉花费太多时间，使用起来也很麻烦。”

——某大学理科院系中年教师访谈摘录

“我不太赞同上课过多用电脑。我觉得现在年轻教师电脑用多了，已经不会上课了……哪天电脑出问题了，或者投影仪坏了，没法播放幻灯片了，他就不会讲课了。为什么？因为他们已经不会板书了，只会播放幻灯片，就坐在讲台的电脑后面按键盘，也不下去和学生交流……而且一下课就不见人影，学生有问题也不知道到哪儿去找老师。你说，这算什么教学呢？”

——某大学的教学督察组退休老教师访谈摘录

三、学生的声音

“我早上起床后的第一件事是先开手机，看一看昨晚有没人给我发短信……我们学校是有无线网的，在教室上课时好多同学都边听课边用笔记本上网……是不是影响听课效果？这不好说，看你上网干什么了。如果是玩游戏，当然会影响听课；但我经常边听老师讲课，边把其中的一些教学内容的关键词在Google和Baidu上检索一下，尤其是当老师提问时，班上有不少的同学都在网上检索，就是想找答案，呵呵……是啊，也有在上课时上网聊天的，这只能怪老师的课太无聊了，不上网就该睡觉了”。

——某大学二年级学生访谈摘录

“如果在校园里没法上网了会发生什么？噢，这我没细想过……不过，没法上网了，就意味着没法和同学、朋友QQ了，没法上人人网了，也没法上BBS了，也不能检索学习资料了……这问题好像就有点严重了，嘿嘿，那可怎么办啊？”

——某大学三年级学生访谈摘录

四、学生家长的声音

“我很同意学校制订的新生不能带自己电脑在宿舍里使用的规定，这对他们尽快适应新的学习和生活环境是有好处的。我举双手赞同！为什么？原因很简单，现在小孩的自控力太差。我觉得，他们一旦从高中那种紧张的状态进入到宽松的大学里时，对许多新生来说都是一种相当大的挑战……如果处理不好从高中到大学的这个转折点，很有可能就会直接影响到他整个大学的学习。你看一看，每年有多少大学生因为沉迷网络游戏而影响学习，甚至退学？当然，我并不是反对大学生用电脑，我给我孩子也买了笔记本电脑。但也跟他说好了，第一学期不能带到宿舍里去，只要第一学期成绩理想，下学期学校同意带电脑了，他就可以拿去用……独立能力是需要一步步培养的，一下放开那是放任自流，是对学生的不负责。”

——某大学一年级新生的家长访谈摘录

“你说的这个问题我觉得挺复杂……在女儿上中学时，我对女儿使用电脑总的来说是有所控制的，不能想用就用。因为那时年龄小，很容易着迷，也会影响学习。不过，上大学后，女儿住校了，想管也管不了了。也听说过她的学校里有孩子因为玩网络游戏而退学的例子，但应该是个别现象，数量并不多。我想，在这样整体的社会环境下，用电脑、用网络是必不可少的，只要应用得当，对学生的学习和发展是有好处的。毕竟，现在工作哪能离得开电脑和互联网啊。连我的工作都是天天和电脑打交道。”

——某大学三年级学生的家长访谈摘录

五、校外的声音

“谈到我们基金会为什么资助这个针对大学生网瘾的项目，你知道的，与政府那种强调宏观和理论性的研究资助不同的是，我们的基金会强调的是实用性和与公众关注的社会现实问题的密切相关性……在与许多家庭的接触过程中，我们切身地感受到了那些网瘾学生家长绝望的感受和心情，我们希望能做一些实际的、真正起作用的事情来帮助这些家庭，让这些深受网瘾之苦的大学生能够重新恢复正常的学习和生活……一个家庭培养一名大学生是多么不容易，在这些学生身上凝聚着多少希望！但现在，因为这种新技术的魔力，又使得多少家庭失去了希望，陷入了绝望的境地？我们希望资助那种研究，是实实在在地能够帮助大学生从网瘾中走出来，而且具有在其他高校里可推广价值的研究成果，而不仅仅是一份研究报告，看完以后就束之高阁……当然，我并不是反对新技术在大学里的应用，当然不是。我想说的是，我们必须看到，新技术的应用在某些方面的负面和消极作用。尽管受影响的学生数是很少的，或许只有1%—2%，但对于这个学生的家庭来说，那就是百分之百地断绝了他们的希望。我们所要做的，就是要为这些绝望的家庭提供一线希望。”

——某国外基金会的教育项目主管官员访谈摘录

“对于各高校数字化校园建设和应用问题，我觉得近年来的发展趋势还是很好的。我的基本观点是，前些年学校的主要精力是放在硬件和基础设施建设上了，信息化建设有点跟风，在投入上很大，但在应用方面考虑不足。不过，这恐怕也是数字化校园发展必然经历的一个过程。现在，我感觉各学校在信息化应用方面的步伐走得要快一些了……当然，教育部的一些项目也对高校的信息化建设有一定的推动，比如本科生教学质量评估，其中就有专门对新教学技术建设的评估要求；还有精品课程，因为都要求课程内容上网，所以各高校为获得精品课程也很重视教学信息化的建设……”

——某教育行政管理部门官员访谈摘录

“我认为，国内高校信息化市场的潜力挺大的，对教育类软件的需求也很旺盛。当然，竞争也很激烈……我们公司主要是代理和销售各种计算机和网络类产品，高校的需求量很大，尤其是各种高性能计算机、交换机和个人计算机等设备，每年出货量都很大……相对来说，感觉高校似乎对软件类产品的需求量要小一些。就我个人的感觉来说，高校的信息化硬件设备应该是相当好的，至少比许多企业要好很多，因为学校的经费预算似乎比较充足。”

——国内某教育科技公司CEO访谈摘录

“我们目前还在考察中国高校课程管理系统市场的未来发展前景……虽然我们在10年以前就开始关注这个问题，但是，我和我的同事到现在也没有确定，我们是否应该全力进入中国市场。你知道，进入一个新的市场，成本是很高昂的……我们也曾经与一些美国和中国的研究者进行过交流，他们的观点差异很大：有的认为中国高校的教育软件市场很大，发展很快，应该尽快介入；而有的则认为，中国高校所谓的数字化校园发展实际上很慢，应用水平很低，高校决策者对于在IT软件系统方面的投入预算是非常有限的。要进入真正的成熟阶段，至少还得有数年的时间……所以，我们认为目前比较稳妥的做法是，把我们的一些成熟的产品先通过合资或代理的方式投入中国的高校市场，尝试一步一步地进入中国的高校市场。”

——某国际教育科技产品类公司总裁访谈录

第六节　研究结论

通过以上调研与分析，研究者得出以下研究结论。

第一，整体来看，进入21世纪之后，经过10年的数字校园化探索与建设，高校的管理信息化已初见端倪，电子校务已经成为高校管理的重要组成部分。在高校的各个管理部门的工作过程中，诸管理信息系统之普及应用，不仅有效地提高了高校的整体管理效率，同时也改进和优化了管理流程。可以说，管理信息化已成为高校信息建设和应用中效果最为明显的，同时实际应用效果也比较显著。

第二，教学信息化和科研信息化是近年数字化校园建设中对师生影响最大的方面。面对“90后”这一伴随着互联网成长起来的新生代的大学生，大学教师们在教育理念、教学组织模式和教学工具应用等方面面临着严峻的挑战，因为这些学生是电子化的一代，是在网络中生存的一代，是借助于电子产品进行思维的一代。正是在这样的背景之下，混合式学习模式正在逐渐成为数字化校园中的一个重要表现形式，课程网站、视频课堂、在线交流等，逐渐为高校的教学导入越来越多的新因素，并被许多大学教师所认可和接受。但同时不可否认的是，教学信息化建设同时也是数字化校园中难度最大和阻力最多的一项工作。从目前的情况来看，无论在政策、制度推进还是在培训、支持服务方面，高校在教学信息化建设方面还存在着诸多困难和问题。

第三，基于数字化校园的网络生活方式正在成为新一代大学生校园生活的最显著的标志，渗透至他们学习、生活、社会交际、个人成长的方方面面。作为校园中最具活力和创造力的群体，大学生们将数字化校园赋予他们的资源与机遇发挥到了极致：以资源检索与获取为基础的“网络学习”，以社会化人际交流为核心的“网络社交”，在虚拟空间中感受兴奋与喜悦的“网络娱乐”和基于在线支付的方便快捷的“网络交易”，这些构成了当今大学生网络生活的基本框架。

第四，在为近10年高校数字化校园建设所取得巨大成就而欢欣鼓舞的同时，机遇与挑战同在，数字化校园建设仍然存在着诸多需要关注和解决的问题，尤其以教学信息化建设方面的问题较为突出。研究者认为，今后为教师提供更多、更好的培训与技术支持，从学校政策层面推动数字化教学之应用，以及以开放之态度来推动优质资源通过互联网来实现共享与交流，是摆在许多高校面前迫切需要解决的问题。

针对这种情况，研究者认为，加强高校教学信息化支持机构的建设，创建一个基于数字化学习的教学支持体系，可能是解决上述问题的一个整体方案。研究者认为，该体系的核心思想是，在高校中，新教学体系建设是一个涉及技术、制度、政策、经费、服务与科学研究等因素的复杂过程，需要综合考虑，多方面协调和发展。主要内容包括：将数字化教学纳入数字化校园建设的整体规划，明确部门职责，强调多部门分工合作协调，落实数字化教学的经费预算保障，强调建设全校统一的技术平台，以及为教师提供持续和多样化的技术支持与培训服务等。

此外，尽管在国外高校中基于开放课件（OCW）而发展起来的“开放教育资源”（OER）运动开展得如火如荼，作为中国版OCW的“精品课程”计划已实施多年，但“开放教育资源”在国内高校仍然囿于旧识而不能推广。调研数据表明，愿意通过互联网来开放自己教学内容和科研成果的教师比例仍然很低。针对这种情况，我们认为，虽然从技术基础设施和资源建设情况等方面来说，高校已具备开放教育资源的条件，但由于理念之局限性，尚未充分认识到OER对中国高校国际化及创建一流大学所具有的重要意义，多数高校仍然未跟进这一重要教育潮流。可以说，与国际上OER运动的蓬勃发展发展相比，国内开放教育资源似乎仍然未找到一个发展的突破口。未来，OER在中国向何处去呢？我们认为，将OER与创建世界一流大学紧密结合起来，是中国开放教育资源发展的最佳路径。一个需要明确的观点是，世界一流大学首先是一个开放性的和国际化的大学，它不仅能够承载知识开放、思想无界交流之重任，更重要的是，它能够将所生产的文化、思想与知识通过多样化的方式实现跨文化、跨国界的共享与交流。在如今的信息化时代，开放教育资源就是体现这种开放性和国际化的典型形式。当一所大学能够大度地将自己的教学、科研等诸类资源通过互联网来开放之时，也就是它跨入世界一流大学之时。

第六章 大学生网络生活方式之聚类分析
——以北京大学为例

第一节 问题的提出

生活方式是社会学的一个理论范畴，经常被用于分析社会变迁和社会转型，描述社会不同群体差异和个体生存特点。它主要包括“人们的家庭生活方式、消费方式、闲暇方式和社会交往方式四个方面”[①]。生活方式不是一成不变的，它随着时代的变迁而呈现出不同的特点。伴随着信息时代的到来，信息通信技术也对生活方式的变化产生了重大影响。曼纽尔·卡斯特曾指出[②]，信息技术革命已催生出一种新的社会模式，即网络社会。这种社会模式的特征就是经济行为的全球化、组织形式的网络化、工作方式的灵活化、职业结构的两极化。

正如任何技术皆有利弊两面影响一样，网络带给大学生的影响也是多方面的。无论发达国家还是发展中国家，无论大众媒体还是教育学术研究领域，各种观点沸沸扬扬，莫衷一是。概言之，学术界关于网络对学生影响的观点可以概括为两类。一是乐观派，认为网络的开放性、交互性对于扩大学生的学习空间、拓展信息资源获取途径，促进师生沟通与交流，有利于青少年学生个性发展和自我人格的完善，尤其是网络改变了青少年学生的交往方式。二是悲观派，认为互联网对学生的身心成长皆有负面影响，应该限制学生对于网络的使用，如斯托尔（Stoll）[③]等人通过研究发现，上网交友会导致社会孤立与社会焦虑。此外，更多对网络的负面影响集中在“网络伦理”和“网络沉迷”等方面。

上述两种关于互联网对学生影响相互矛盾的观点，既说明了问题的复杂性，同时又凸显问题之重要性。技术本身皆为中立，其应用之成效皆在于方式。毫无疑问，在当今信息时代，互联网已成为大学生学习知识、交流思想、休闲娱乐的重要平台。在这种情况下，如何因势利导深入研究青少年学生网络应用方式，以抑弊扬益为基本原则来构建

① 王雅林.生活方式研究述评［J］.社会学研究.1995(4).
② Castells, M. The Power of Identity［M］.Oxford: Blackwell,1997.
③ Stoll, C. Silicon Snake Oil［M］.New York: Doubleday. 1995.

健康向上的网络生活方式，最终提出相应指导与应对方法及策略，已成为一个亟待研究之焦点问题。

第二节　研究文献述评

一、生活方式及其分析模型

实际上，生活方式是一个含义广泛的概念，不同领域学者对其认识各不相同。例如，在心理学领域，阿尔弗雷德·阿德勒（Alfred Adler）提出“生活方式是人们根据某一中心目标而安排其生活的模式，并通过他的活动、兴趣和意见体现出来。这个中心目标就是自身缺乏的、未具有的优势或其思想中固有的某种价值观”[①]。在社会学领域，生活方式的研究源于马克思主义创始人提出的生活方式是辨别阶级的有效指标的思路，后来被韦伯等发展为专门的社会学研究范畴，主要探讨不同社会阶层的生活模式及流动性[②]。在经济学领域，生活方式研究应用起源于市场细分理论。勒泽（Lazer）首先将生活方式的概念引入营销学研究中，他认为：“生活方式是一个系统性的概念，它是某一社会或某一群体与其他社会或群体的不同之处，而具体表现于一个动态的生活模式中。因此，生活方式是文化价值观、资源、法律等力量所造成的结果。从营销的角度来看，消费者的购买及消费行为即反映出一个社会或群体的生活方式。”[③]此外，安德森认为：“生活方式是一种社会科学的观念，它是个人或群体独特行为的统合，也可视为时间的配置问题，即在有限的时间资源下，不同的群体如何去配置有限的时间资源。”英格尔·布莱克威尔等（Engel Blackwell）提出：“生活方式是人们生活以及使用时间、金钱的方式。”此外，他们也认为生活方式不仅受到外在环境（包括文化、次文化、社会阶层、参考群体及家庭）的影响，同时也受到个人方面因素的影响，包括个人人格、价值观[④]。

归纳上述诸定义，在本章中，我们主要将生活方式理解为个体通过其行为、兴趣和爱好所表现出来的行为与活动模式。这种生活模式与其行为方式、生活目标以及价值观息息相关，主要表现为学习方式、社交方式、消费方式、闲暇生活方式。

研究生活方式需要对其表现形式进行测量。通常生活方式的研究多从量化角度来进行，迄今已开发出诸多量表，虽然研究者的目的和角度不同，但所依据的理论模型相近。其中由威尔斯和泰格特（Wells & Tigert）所提出的AIO量表是测量生活方式最常见的量表。威尔斯和泰格特采用口语化的表述方法，直接询问研究对象的活动（activities）、兴

① Adler，A. The Practice and Theory of Individual Psychology［M］.London: Routledge and Kegan Paul Michigan, 1955.
② 高丙中．西方生活方式研究的理论发展叙略［J］．社会学研究，1993（3）．
③ 侯璘．网络消费行为对生活方式影响的实证研究［D］．浙江大学，2007.
④ Devellis, R. F. Scale Development: Theory and Application［M］. Sage Publications, Inc, 2003.

趣（interests）和观点（opinions）。其中，AIO中的“A”即为活动，指一种具体、明显可见的行动；“I”代表兴趣，指人们对于事物、事件或主题的兴奋程度，以及由之引发的特别或者连续性的注意；“O”表示观点，可以用来描述对于问题的解释、期望与评价。以此为基础，普卢默（Plummer）整合并发展了AIO生活方式量表，将人口统计变量，如寿命、收入水平、受教育程度、居住地等放入了生活方式的测量当中，形成了衡量生活方式的4个层面、36个子项目的量表（如表6-1所示）。

表6-1 普卢默的改进AIO生活方式测量维度[①]

活动	兴趣	意见	人口统计变量
工作	家族	自我	年龄
爱好	家庭	社会	教育
社会事件	职业	政治	所得
假期	社区	商业	职业
娱乐	消遣	经济	家庭大小
社交	时尚	教育	居住环境
社区	食物	产品	地理环境
购物	媒体	未来	城市大小
运动	成就	文化	家庭生命周期

不过，在随后的应用中，有学者认为AIO量表过于复杂，提议以价值观方法（value systems approach）来取代AIO。例如，卡尔（Kahle）提出了更为简易的价值观衡量工具（List of Value，简称LOV）[②]。LOV量表包含归属感、刺激、与他人的良好的关系、自我实现、受到他人尊重、生活中的娱乐与享受、安全感、自尊和成就感九个维度，形成了生活方式测量的另一种模型。

随后，斯坦福研究所（Stanford Research Institute）的米歇尔（Mitchell）提出了VALS（Values and Life Styles）测量法，在AIO量表的基础之上加入了价值观（value）维度。1989年斯坦福研究所对VALS量表进行了进一步修正，发展出一套更加完整的系统分类方式——VALS2模型。在这个模型中，研究者整合了“生活方式”“价值观”“时间、金钱等资源”三大概念，分析出8种美国消费者类型，成为生活方式测量中最为基本并且广为引用的分析模型[③]。

① Plummer, J.T. The concept and application of life style segmentation [J]. Journal of Marketing, 1974(1).

② Patrick, V. Lifestyle segmentation: from attitudes, interests and opinions, to values, aesthetic styles, life visions and media preferences [J]. European Journal of Communication, 2002, 17(4).

③ The Framework[EB/OL]. http://www.d.umn.edu/~rvaidyan/mktg4731/VALSFramework2002-09.pdf, 2010-02-01.

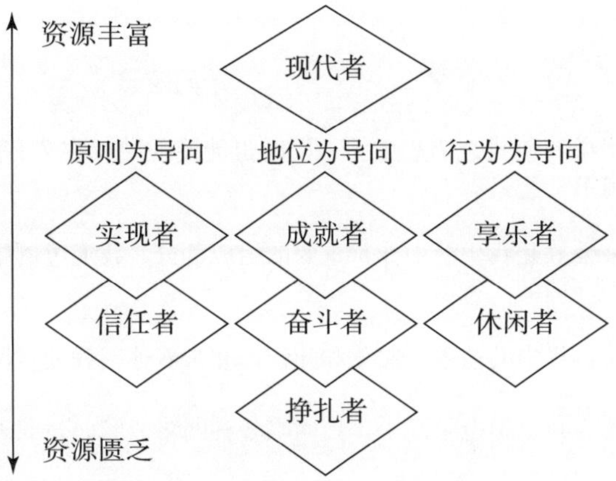

图6-1　VALS2生活方式测量模型

通过对上述两种主要生活方式测量模型的分析，我们认为，AIO量表在市场细分、辨识消费者的生活方式上比VALS理想，同时，VALS测量的价值观以及人口统计变量也不适用于特定的产品或情境。因此，从通用性角度来看，AIO量表比VALS量表更加具有可信度和更强的适用性。

二、网络生活方式测量方法

以上述生活方式理论及测量模型为基础，随着互联网应用的不断普及与发展，西方一些学者研究的关注点开始从传统的生活方式研究转向与互联网有关的生活方式研究。1999年，史密斯和惠特拉克（Smith &Whitlark）采用Means-end分析方法以及Internet Laddering的方法提出了衡量网络消费方式（internet consume）的13个维度[①]（见表6-2）。

表6-2　衡量网络消费方式的13个维度

项目	问题
实干家（doer）	当生活中有新技术的时候，我会参与应用而不仅仅是谈论。我积极地使用网络技术，因为它会使人们和社会变得更好
变化（changes）	我不喜欢重复的事情，同时也讨厌陈旧之物。探索大量的网页能使我感到兴奋和快乐
竞争（competitive）	在当今竞争激烈的世界中，人们经常做一些无用功。我利用网络是希望使我自己和那些我爱的人的活动更加有效率
家庭（family)	我希望我的家庭一切顺利，同时我通过使用网络使我和那些我爱的人更有效地交流和沟通
非技术（non-tech)	通常情况下，我很难学会如何使用现有的网络技术

① William, R. S. , &Scott, M.S.Why people (don't) shop online: a lifestyle study of the Internet consumer［J］. Psychology & Marketing, 2003,20(7).

续表

项目	问题
游戏（games）	网络游戏使我充满想象力，同时也能使我结识许多有趣的人以及做一些有意思的事情
兴趣爱好（hobbies）	业余爱好是我生活中非常重要的组成部分，我通过网络来扩展我生活中的爱好、兴趣和活动
艺术（art）	我对世界中的艺术、文化和知识都非常着迷。我通过网络来研究艺术和文化
专家（expert）	我认为我是个电脑高手。当面临各种网络故障时，我通常都知道如何应对
朋友（friend）	我有很多朋友，并且我和我的家人保持密切联系。我花费大量的时间在互联网上是为了和我的家人及朋友通过电子邮件的方式保持联系
工作（job）	在工作中我最关心的是工作效率。通过互联网，我能够更加有效地处理工作中时间和精力的分配问题
社交（people）	我能够通过互联网结识许多有趣的人。我会关注聊天室，有时会参与到我感兴趣的话题中去
综合（overall）	互联网几乎对我生活中的各个部分都起到很大的促进作用

在我国台湾，东方消费者营销数据库（E-ICP, Eastern Integrated Consumer Profile）自1988年起每年持续进行台湾地区消费者消费行为与生活方式调查，新生代市场监测机构的多项年度连续性研究都涉及网络生活方面的问题，并且在研究中针对研究对象的不同特点，均采用AIO量表进行研究。此外，易观国际在“中国即时通信市场年度综合研究”中，按照技术消费模型，把互联网用户分为娱乐驱动型、职业驱动型和家庭驱动型三类。

我国台湾的一些学者对网络生活方式进行了更为深入的研究。康志玮[①]研究网络产品，从网络使用动机、科技资讯敏锐度、科技产品使用活动、对科技的观点等维度衡量生活形态。龚俊霖[②]根据科技和网络的特点提出一套科技生活方式量表（如表6-3所示），适用于使用与科技相关产品和服务的人群生活方式的测量。研究者利用聚类分析，将网民分成六大类：网络探索族、初学保守族、娱乐八卦族、数字潜力族、科技快走族、善用网络族。这套科技生活方式量表也成为其他学者研究网络生活方式的重要测量依据。

① 康志玮. 涉入程度于网路商品行销之应用［D］. 长庚大学，2001.
② 龚俊霖. 我国网络族群分析［M］. 资策会资讯工业透析——电子商务，2001(3).

表6-3　科技生活形态量表[①]

科技生活形态	测量项目
将一般生活形态，以网络使用动机、科技资讯敏锐程度、科技产品使用活动、对科技的观点等加以衡量	1. 科技发展太快速，我时常担心会赶不上 2. 我习惯使用科技产品来处理许多日常生活事务 3. 我会等到新的科技产品降价时才准备购买 4. 通常我比周围的亲朋早得知新科技产品的资讯，早开始使用 5. 我经常与朋友、同学讨论新科技产品，交换最新资讯 6. 使用新型多功能手机或个人数位助理（PDA）是很炫的事 7. 如果缺少科技产品的帮助，我的生活会一团混乱 8. 我很担心科技发展造成人际疏离的问题 9. 新的科技产品过度发展，造成社会大众的物质欲望过高 10. 我喜欢阅读报刊上有关新科技资讯的报道 11. 很多新的科技产品其实功能过多，过于繁复并不值得购买 12. 不会使用网络的人将来会连工作都不保 13. 工作离不开各种电脑软件、e-mail、移动电话等新工具 14. 我乐于花时间去学习使用新的科技产品 15. 通常是工作需要迫使我不得不购买或学习使用新的科技产品 16. 我的休闲娱乐多半与科技产品有关，例如玩游戏、听MP3、上网等 17. 只要有新的科技产品出现，我就会有想去购买的冲动 18. 我习惯通过网络发表我的看法 19. 我花许多时间制作、更新我的个人网页 20. 在BBS或聊天室中，我可以很容易找到志同道合的新朋友 21. 我经常上网阅读、浏览各种资讯，以免落伍 22. 上网占去我绝大部分的休闲时间，但我乐在其中 23. 除非工作需要，我避免使用网络 24. 我对网页编辑很有兴趣 25. 我经常在线听音乐、听广播或看影片 26. 我会因为采用宽频上网之后而增加上网时间

综上所述，上述研究成果为本研究提供了一定的理论与测量基础。例如，史密斯和惠特拉克提出的网络消费方式模型成为“大学生网络生活方式”中“网络交易”的测量依据；AIO量表为研究大学生多样化的网上行为表现提供了测量依据；龚俊霖所提出的“科技生活形态量表”则为本研究构建大学生网络生活方式量表框架提供了很有启发性的思路。不过，需要强调的是，在本研究的分析模型设计过程中，同时还需要充分考虑到大学生之突出特征来设计整个分析框架，如学习、社交、消费与课业生活特点等。

① 陈亭羽，黄嘉惠.网络行销之有效市场区隔及区隔基础研究［J］.玄奘管理学报，2004(1).

第三节　研究问题

至今，学界对于网络生活方式的定义尚无定论。我们结合已有的对于生活方式的定义，将“大学生网络生活方式”定义为：在基于ICT所构建起来的网络化和虚拟化的校园环境下，大学生群体在将计算机与互联网运用于学习和生活过程中所表现出的兴趣、爱好、行为及价值观念之统合表现形式。具体来讲，大学生的网络生活方式可以大致划分为四个方面：网络学习（e-learning）、网络社交（online sociality）、网络娱乐（online entertainment）和网络交易（e-commerce）（如图6-2所示）。

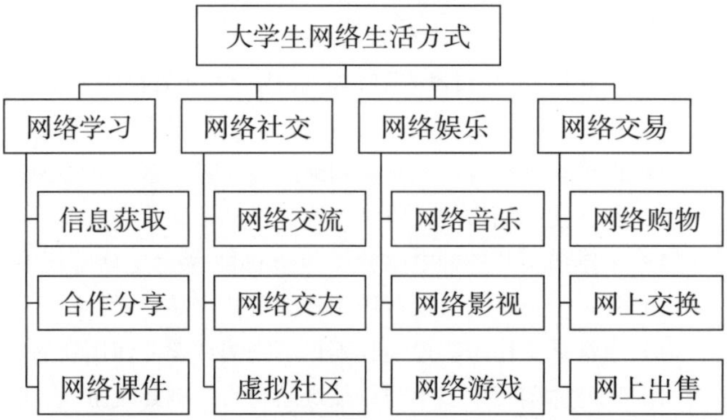

图6-2　“大学生网络生活方式”概念之结构图

如本章开篇之所言，当今高等教育界就互联网对大学生之影响问题争论颇多，见仁见智，至今尚无定论。若以北京大学作为一个案例来研究互联网对大学生生活的深层次影响问题，或许对于解决上述争论有一定参考作用。作为国内高校“创建世界一流大学”计划之首倡者，北京大学向来重视信息技术的作用，一直走在数字化校园建设的前列，自20世纪90年代便已建成校园网络。现在，互联网已经全方位地渗入北京大学学生的生活，是其生活、学习和工作中不可或缺的一部分。那么，北京大学学生的网络使用情况如何呢？在使用互联网的过程中有哪些行为呢？学生的网络生活方式可以分为哪几类群组，又各自有什么样的特点呢？网络生活兼有正、负面因素，在建设数字化校园生活之时，多角度、多方面了解、分析和研究北京大学学生网络使用情况至关重要。我们认为，全面了解当代大学生网络生活方式，并在对结果分析的基础上提出相应的教育引导对策，对提升大学生整体素质具有重要的理论与现实意义。

第四节　研究设计

我们以AIO量表为基础，在结合具体研究背景和内容的基础上，编制出“北京大学学生网络生活方式量表”（如表6-4所示），主要由人口统计变量和量表组成。其中，量表部分包含“网络使用动机”“网络使用能力”“网络使用行为”“网络使用观点”。这里，我们引入了“网络使用能力”这一维度，是用来衡量网民懂得的网络操作难易程度的综合性指标。斯特吉尔和马丁（Sturgill & Martin）等人①在研究中指出：若学生不具备适当的电脑技能，则在使用电脑为中介沟通的工具时，会有挫折之心理感受。这也可以说明，网络使用能力高低不同的人群对新出现的网络工具的使用行为存在一定的差异。

表6-4　北京大学学生网络生活方式量表结构

维度	项目
网络使用动机	1. 分享心情、满足好奇心 2. 增进与家人、亲戚的感情 3. 交流专业知识、提高自身能力 4. 喜欢网络中形式多样的交流方式 5. 替代传统的联络方式（书信、打电话等） ……（共16个题项）
网络使用能力	1. 我认为，上网和操作网络浏览器软件（如IE、Firefox等）是很容易的 2. 我认为，我已掌握有关电脑使用的各种基本技能和方法 3. 通常情况下，我很难学会如何使用现有的网络技术 ……（共5个题项）
网络使用行为	1. 我习惯用电脑和网络来处理许多日常生活事务 2. 我经常与朋友、同学讨论网络上的新鲜事物，交换最新资讯 3. 工作离不开各种电脑软体、e-mail、移动电话等新工具 4. 我的休闲娱乐多半与科技产品有关，例如玩游戏、听MP3、上网等 ……（共15个题项）
网络使用观点	1. 我在网络中有一种成就感 2. 在网络中我感到很兴奋、很有趣 3. 网络激发了我的创造力 4. 帮助我提高现实技能（如沟通技能） 5. 网络是另一个实现梦想的地方 ……（共12个题项）

本研究的分析架构如图6-3所示，首先通过五个方面对学生网络生活方式进行衡量，通过因子分析确定各维度的测量构面，接着进行集群分析、集群辨识并命名，将拥有不同网络生活方式的学生分为N个集群，最后进行差异性分析、相关性分析来寻找为何学生会呈现出不同的网络生活方式的原因，并针对不同学生网络族群的特点给出相应的应对策略。

① Sturgill, A., Martin, W., & Gay, G. Surviving technology: a study of student use of computer-mediated communication to support technology education [J]. International Journal of Educational Telecommunications, 1999, 5(3).

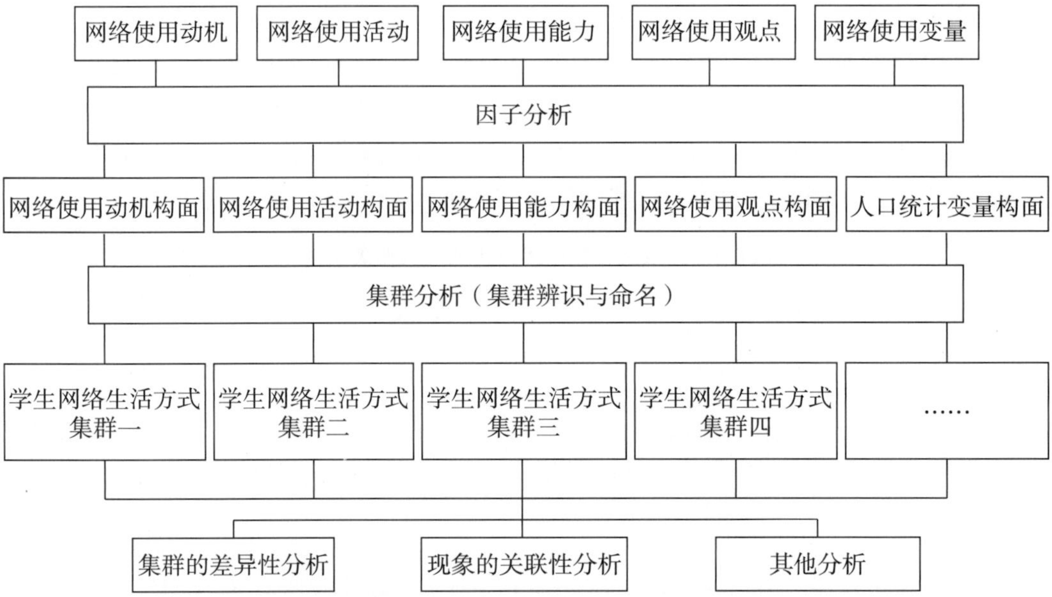

图6-3 “大学生网络生活方式”的分析模型

在实施问卷调查中，我们利用“北京大学教学网”课程通知以及校内门户发布网络问卷地址，然后利用Limesurvey网络调查系统[①]接收数据。在为期1个月的时间内，共收到反馈问卷682份，其中有效问卷为653份，问卷有效率为95.7%；完整有效量表达568份，量表有效率为87.0%。问卷填写者来自北京大学经济、新闻、国际关系、工学、教育等近30个院、系、所、中心，具有较高的代表性。

第五节 数据统计与分析

一、调查数据概述

参加调查的学生中，男生占总人数的52.0%，女生占48.0%，男女比例较均衡。在年级比例中，本科生人数最多，占调查总数的87.4%，硕士研究生占总数的7.2%，博士研究生最少。人数差异与抽样方式有关，因为本科生在“北京大学教学网”中课程较多，因此看到通知并填写问卷的人数众多。

参与调查的学生中，94%的学生拥有电脑。其中，92%的学生拥有笔记本电脑，2%的学生拥有台式电脑。而在653份有效问卷中，仅有2%的低年级学生没有电脑，但表示即将购买（2%的学生未回答此问题）。在上网频度的调查中，75%的学生表示每天都会上网，每周上网3—4次的学生也有很多，占总数的17%，只有少数学生选择了偶尔上网

① 北京大学基于Limesurvey建设的一个网络调查平台，网址为http://www.ceta.pku.edu.cn/limesurvey/。

（如图6-4所示）。北京大学学生电脑拥有率非常高，学生上网频繁，表明网络已经成为北京大学学生生活的重要内容。

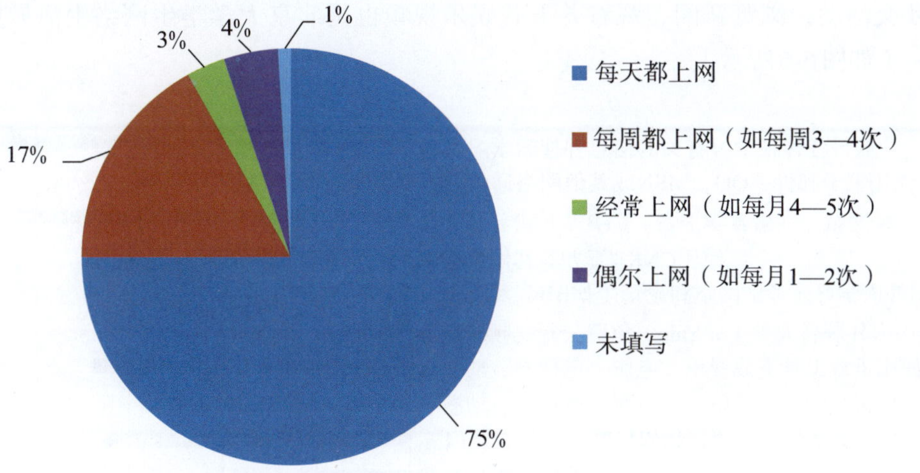

图6-4　北京大学学生上网频度统计

在学生开始上网时间的调查中，我们发现，有56%的学生在中学时期（包括初中与高中）就开始经常上网，有27%的学生甚至在小学时就已经熟悉了网络，而在大学期间才开始使用网络的学生只占到12%（如图6-5所示）。这一结果具有合理性。调查样本以"90后"本科生居多，而"90后"恰恰是伴随互联网一起成长起来的，"90后"学生开始上网的时间要普遍早于"80后"。在上网地点中，超过95%的学生选择了学校宿舍、图书馆、自习室等地，选择校外上网的人数不足10%。此外，北京大学学生上网方式以笔记本、台式电脑上网为主，紧随其后的是使用手机上网。

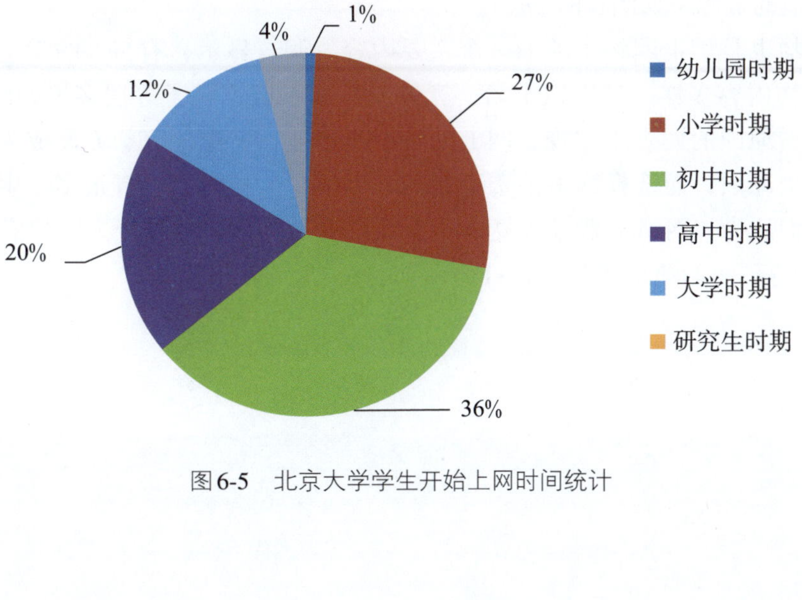

图6-5　北京大学学生开始上网时间统计

在关于北京大学学生上网最经常进行的活动的调查中，数据显示，绝大多数学生选择了在网络上搜索和下载学习资料；紧随其后，375名学生选择了使用人人网等社交网络进行社交活动；浏览新闻、观看并下载娱乐视频也是北京大学学生网络生活最重要的目的之一（如图6-6所示）。

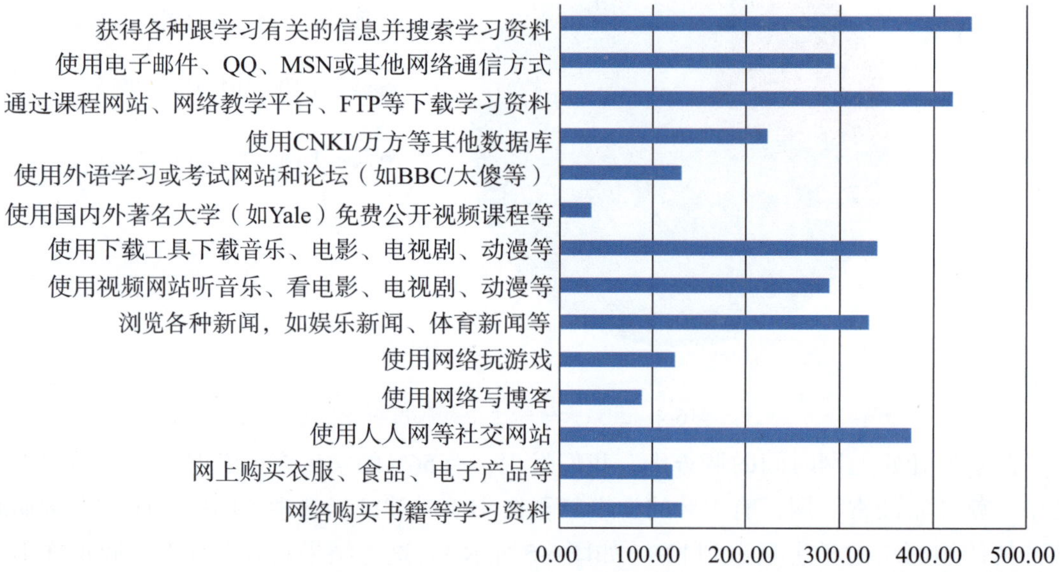

图6-6　北京大学学生网络使用目的调查

在调查中，我们还发现，有81%的学生曾进行或正在进行网络学习。他们表示网络资源丰富，通过网络进行学习经济、便利，可以获得最新资讯（如图6-7所示）。当然，也有一小部分学生对网络学习持否定态度，主要原因集中在操作不便、浪费时间和不知如何选择合适的资源（如图6-8所示）。

网络购物也是学生网络生活的一个主要内容。调查显示，有58%的学生经常进行网络购物，购物内容多样，其中以书籍、音像制品和衣服、鞋子等居多（如图6-9所示）。在对网络消费原因的调查中发现，网上消费便捷迅速、实惠便宜、方便成为学生青睐网络消费的三大原因，而选择网络消费可靠的学生很少。同时，也有很多学生拒绝使用网络消费，他们认为“网络消费过程复杂、手续烦琐”，“担心危及个人账户安全”，“害怕个人信息被泄露”（如图6-10和图6-11所示）。

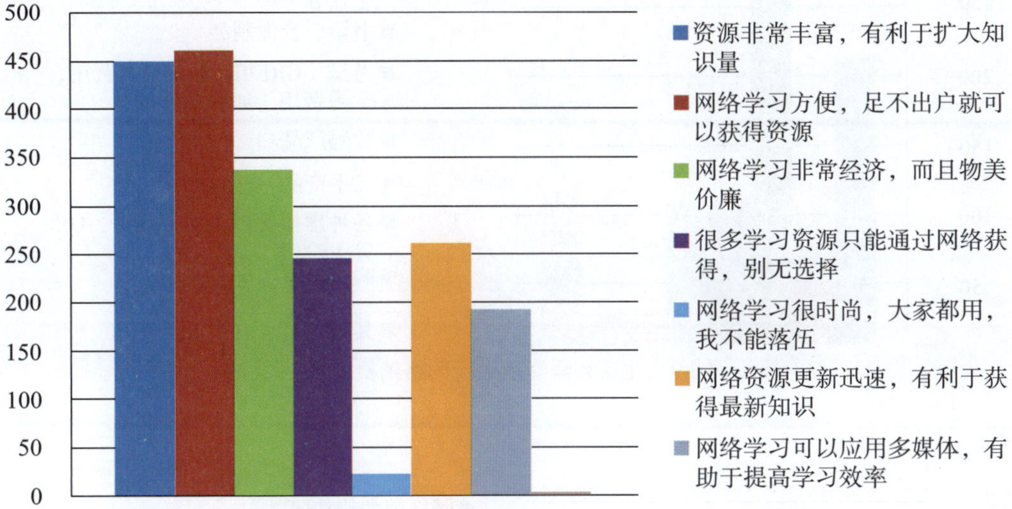

图6-7　北京大学学生选择网络进行学习的原因

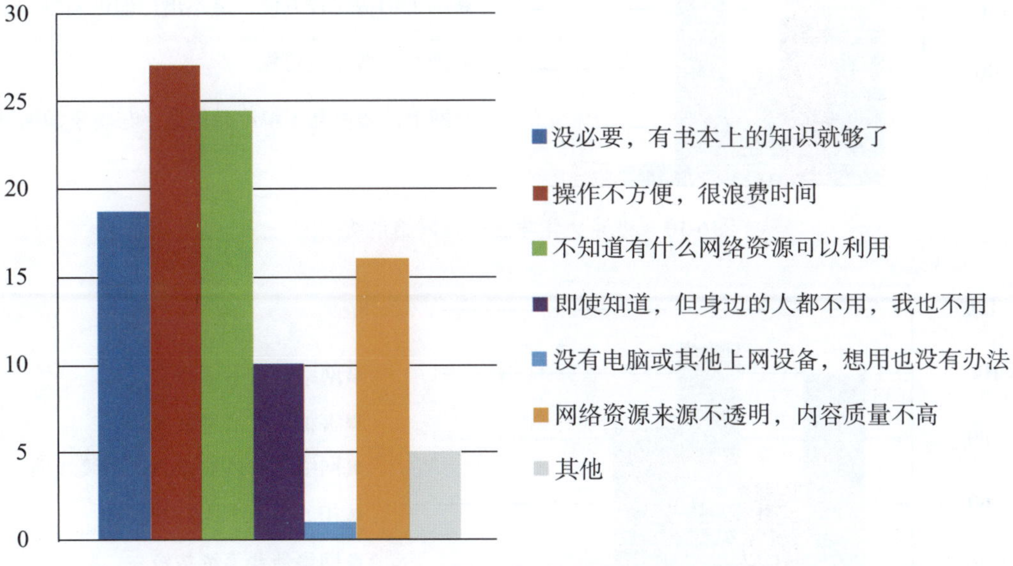

图6-8　北京大学学生不选择网络进行学习的原因

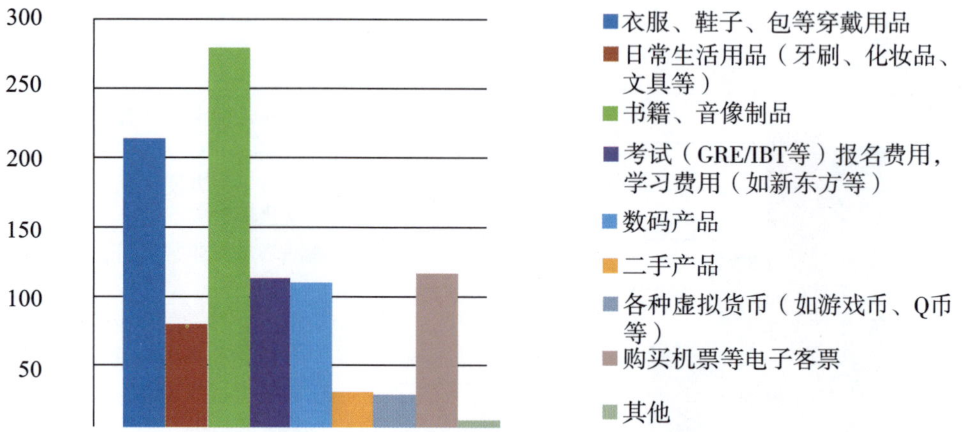

图6-9　北京大学学生进行网络消费内容

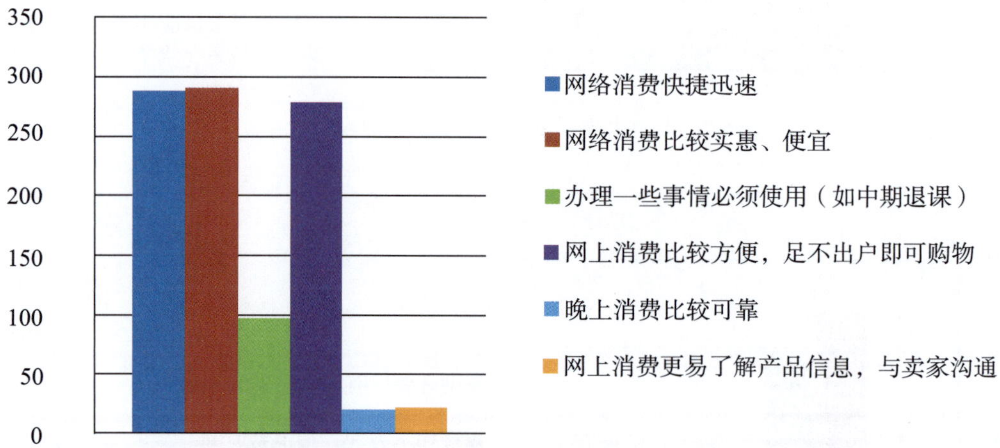

图6-10　北京大学学生选择网络消费原因

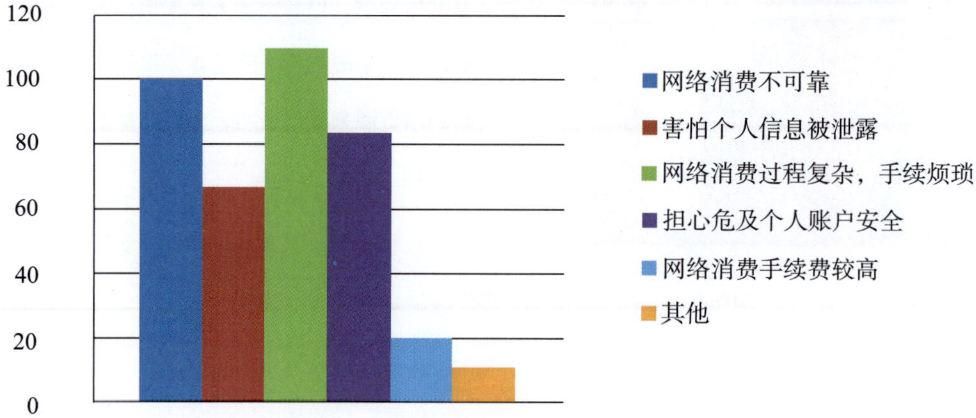

图6-11　北京大学学生不选择网络消费原因

二、因子萃取与聚类分析

调查问卷中，量表内容由北京大学学生网络使用能力、网络使用动机、网络使用行为、网络使用态度等内容组成，包括45个题项，采用李克特5点量表进行评定，并利用SPSS统计软件进行统计分析。

利用巴特利特球度检验和KMO检验发现，KMO=0.880，球形检验显著，说明数据适合进行因子分析。采用主成分分析法进行探索性因子分析，提取特征值大于1的特征根。将因子抽取量限制为6个，以“特征值大于1”为界限，这6个因子总方差贡献率为53.87%。被抽取的因子项分别为：（1）“网络使用态度因子”，包含10个变量题项，方差贡献率为23.67%；（2）“网络使用能力因子”，内含5个变量题项，方差贡献率为9.29%；（3）“网络游戏与消费因子”，包括网络游戏、网络购物、依靠网络逃避现实等5个题项，方差贡献率为6.72%；（4）“网络休闲娱乐因子”，包括欣赏网络音视频、利用网络缓解压力等4个题项，方差贡献率为5.74%；（5）“沟通交流与信息追求因子”，包括亲情联络、沟通交流、资讯追求、网络学习等7个题项，方差贡献率为4.83%；（6）“网络社交因子”，包括网络交友、自我展现等5个题项，方差贡献率为3.60%（如表6-5所示）。

表6-5 因子特征值及贡献率表

	特征值	贡献率（%）	累积贡献率（%）
1. 网络使用态度因子	8.996	23.674	23.674
2. 网络使用能力因子	3.531	9.291	32.965
3. 网络游戏与消费因子	2.555	6.724	39.689
4. 网络休闲娱乐因子	2.185	5.749	45.438
5. 沟通交流与信息追求因子	1.837	4.834	50.272
6. 网络社交因子	1.370	3.604	53.876

聚类分析的方法有两种：分层式聚类分析法（hierarchical cluster analysis）和K-means聚类分析法。如果样本量较大或衡量变量较多，则采用K-means聚类分析法比较合适，因为观测值数量太多，柱形图与树形图两种判别图形，在呈现时会过于分散，不易阅读与解释①。本研究的样本数量为568，因此采用K-means聚类分析法。以经过因子分析所得到的6个公因子作为新的变量，按照相似程度对这些变量进行K—均值聚类分析（K-means Clustering）后，即可得到根据网络生活方式对目标研究人群——北京大学学生进行细分的研究结果。研究者选择了有四个中心的聚类分析，在聚类分析的同时，采用单因素方差分析（one-way ANOVA）对各公因子在分类中的贡献度进行考察，结果如表6-6所示：各公因子在单因素方差分析中P值均小于0.05，可以认为各公因子对聚类结果存在显著差异，在聚类分析时都予以保留。

① 吴明隆. SPSS统计应用实务［M］. 台北：文魁信息股份公司，2000.

表6-6　单因素方差分析表

	聚类		贡献率（%）		*F*	Sig.
	均方	自由度	均方	自由度		
1. 网络使用态度因子	45.780	3	0.762	564	60.094	0.000
2. 网络使用能力因子	74.507	3	0.609	564	122.342	0.000
3. 网络游戏与消费因子	109.497	3	0.423	564	258.927	0.000
4. 网络休闲娱乐因子	8.646	3	0.959	564	9.012	0.000
5. 沟通交流与信息追求因子	14.059	3	0.931	564	15.109	0.000
6. 网络社交因子	52.999	3	0.723	564	73.263	0.000

聚类分析的结果如表6-7所示，表中数据值越高，表明被调查者对该公因子的认同程度越高，0表示中间态度。

表6-7　最终聚类中心表

	聚类			
	1	2	3	4
1. 网络使用态度因子	0.19 468	−0.36 616	−0.49 332	0.71 524
2. 网络使用能力因子	0.14 196	−0.89 628	0.57 675	0.47 197
3. 网络游戏与消费因子	1.54 801	−0.19 913	−0.31 716	−0.58 474
4. 网络休闲娱乐因子	−0.22 351	0.30122	−0.04 333	−0.16 259
5. 沟通交流与信息追求因子	0.00 720	−0.32 869	0.41 854	0.02 896
6. 网络社交因子	0.15 541	−0.09 997	−0.91 722	0.55 065

根据每一类被调查者的因子特征，并同时考虑形容词的概括性与形象性，研究者最终将北京大学学生的网络生活方式分为以下四类。

1. 网络沉浸型

这一类人群对网络游戏与网络消费因子认同度较高，而对其他因子认同度较低。这一类型的学生经常在网络上购物，热衷于网络游戏，部分人可能存在因沉溺网络游戏而影响学业的情况，并且常常借助网络来逃避现实压力。研究结果显示，在参加调查的北京大学学生中，具有网络沉浸型特点的约占19%。需要强调的是，此数据仅表示的是具有网络沉浸倾向性的学生比例，并不代表这些学生已经出现网络成瘾症状。但是，研究者认为，若放任其发展，则可能出现各种身心等方面的问题与障碍。

2. 冷静保守型

这一类人群对网络休闲娱乐因子认同度相对较高，而对其他大部分因子并不认同。他们认为网络是大学生生活的调剂品，可以帮助学生缓解压力，学生可以在闲暇时间利用网络进行如听音乐、看视频等娱乐活动。这一类人群对网络生活态度保守、冷静，对网络所带来的巨大影响接受度不高。研究结果显示，在参加调查的北京大学学生中，具有冷静保守型特点的约占31%。

3. 信息前沿型

这一类人群对网络使用能力因子、沟通交流与信息追求因子认同度很高，他们认为网络使用能力在生活中至关重要，并且自身的网络能力水平很高。这一类群体的学生认为通过网络与家人、师长、朋友进行沟通交流很方便，网络能够带来最新的前沿知识。他们常常利用网络搜索学习资料，能够较快地接受外来事物与流行文化，信息素养相对较高。研究结果显示，在参加调查的北京大学学生中，具有信息前沿型特点的约占23%。

4. 社交活跃型

这一类人群对网络使用态度因子、网络社交因子认同度很高，他们认为网络对生活中的各个方面都起到很大的促进作用。他们享受在网络中进行社交活动，认为网络是结交志同道合的朋友、展现自我、发表评论的最佳平台。研究结果显示，在参加调查的北京大学学生中，具有社交活跃型特点的约占27%。

第六节　研究结论与讨论

总体上看，本研究结果显示，互联网已成为北京大学学生校园生活中的重要组成部分，在他们的学习、社交和个人发展中扮演着不可忽视的角色。北京大学在校生的网络生活方式可以分为网络沉浸型、冷静保守型、信息前沿型、社交活跃型四种基本类型，其中冷静保守型学生人数最多，社交活跃型和信息前沿型学生人数次之，网络沉浸型学生人数最少。这样的研究结果展示了互联网对大学生诸方面影响的复杂性与多样性，并凸显出互联网对大学生影响的两面性，需要采取一些相应的措施。具体地说，高校教育工作者应该如何正确引导大学生的网络生活并提高大学生对使用网络的理性认识呢？

首先，从指导思想上来说，我们认为，高校的教育者自身首先应摒弃那种先入为主式的“网络负面影响论”思想，多角度认识大学生对计算机网络的迷恋或过度使用现象，而不要轻易扣上“网络成瘾”的帽子。研究者认为，目前，网络成瘾的概念和内涵已被泛化，许多媒体过分渲染上网或网络游戏对于学生的负面影响，这种情况不利于鼓励学生学习和使用计算机与网络知识和技能。在这种网络成瘾泛化的影响下，学校管理者、教育者和家长可能会有意识地通过各种方式来控制大学生接触和使用计算机和互联网的时间和途径，影响大学生对未来信息社会的适应能力。

其次，高校教育者自身也要正确认识互联网，形成“互联网是教学新工具”的意识。上述调查数据显示，有81%的北京大学学生曾进行或正在进行网络学习，认为通过网络进行学习更加经济、便利，可以获得最新信息。这说明，互联网不仅是一种信息传递媒介，更是一种全新的教学工具，利用计算机和网络进行教学，对于提高学生的学习动机和教学效率有重要作用。而且，计算机和网络在教学中的应用也会使得学生拓展对于计算机和网络作为一种技术工具用途的认识，意识到互联网不仅可以用来玩游戏和看电影，更为重要的是，互联网是一种学习工具，可以利用互联网来促进自己的学习。从这个角度来说，教师在教学中使用信息技术的情况，对于促进学生认识、理解和建构一个正向的、积极的学生网络文化有着重要意义。

最后，我们认为，高校教育工作者如能按照学生族群特点分别进行重点教育与引导，网络素质教育工作将更具有针对性，实际效果也会更好。例如，在调查中，有19%的学生属于网络沉浸型，这一类群体的学生上网的主要目的是为了网络游戏，且大部分学生在调查中表示，“玩网络游戏可以逃避现实”且“忘记现实中的不愉快”。这种情况显示，若任其发展，这一群体的学生则有可能因缺乏自制力而过分沉溺于网络游戏，最终荒废学业。针对这一群体的学生，应重点引导和增强学生的自我教育、自我管理能力，帮助学生意识到沉迷网络游戏的危害，引导学生做好职业规划。同时，冷静保守型学生认为网络可以缓解压力，是生活的调剂品，但是对网络的丰富信息及其重要的学习及社交功能则没有足够重视。针对这一群体的学生，应重点引导其客观看待网络，充分利用网络上各种学习资源，长知识、增才干。针对社交活跃型学生，一方面应鼓励其在网络中积极的自我表现，另一方面要重点培养学生明辨是非、自我控制的能力，让大学生在复杂多变的网络环境中理性思考，减少大学生网络人际交往的危险因素。信息前沿型学生的网络使用能力较强，不仅重视利用网络进行沟通，而且具有很强的信息搜索能力，很多来自理工科院系的学生属于这一类型。针对这一类型学生，要加强学生的网络道德建设和法制观念培养，使学生养成自觉远离不健康和有害信息的良好习惯。

总之，科学分析大学生网络生活方式，按照学生在网络生活中所表现出的不同特点将学生集群，可以在一定程度上为高校教育工作者引导大学生合理运用网络资源、进行积极网络交往、树立健康上网理念提供新的工作思路。

第七章　大学生公共英语网络课程学习调查研究

第一节　问题的提出

近十几年来，网络资源以其内容丰富、资源动态开放、互动性强、传播速度快等全新的信息存储和传递特点，在全世界范围内以惊人的速度得到认可。网络也已成为当代中国大学生日常生活中的重要工具，深深地影响并融入学生生活和学习的各个方面。

目前很多高校都建有专门的公共英语网络课程学习平台，购买或开发了相关的公共英语网络课程资源放入平台以供在校大学生学习。这些学习资源被大学生使用学习的情况如何？有哪些因素将会影响学生使用这些资源进行学习？

本章以云南省部分高校在校大学生为研究对象，从在校大学生公共英语网络课程学习现状调查出发，以“在校大学生公共英语网络课程学习现状调查问卷”作为研究手段，运用SPSS统计分析软件，对云南省高校的在校大学生公共英语网络课程学习的现状进行了分析，并在此基础上运用教育生态学理论构建了“公共英语网络课程学习生态系统”，对公共英语网络课程学习的各种影响因素以及各因素之间的联系进行了梳理，提出了具有积极意义的解决问题的对策和建议。

7

一、相关概念界定

（一）在校大学生

大学生是社会的一个特殊群体，是指正在接受或已经接受过大学教育的人，是社会新技术、新思想的前沿群体，是国家培养的高级专业人才。随着我国学历教育的深入，在校大学生主要分为两类：网络学院的大学生和全日制在校大学生。本章结合高校公共英语网络课程开展的实际以及问卷采样的需要，特对在校大学生做一个界定，即指全日制在校大学生群体。

（二）网络课程

教育部高等教育司颁布的《现代远程教育技术标准体系和11项试用标准（简介）vl.0版》是这样定义网络课程的：它“是通过网络表现某门学科的教学内容及实施教学活动的总和，它包括两个组成部分：按一定的教学目标、教学策略组织起来的教学内容和网络教学支撑环境”。其中，网络教学支撑环境特指支持网络教学的软件工具、教学资源以及在网络教学平台上实施的教学活动。相对于文本课程，“网络课程即是以网络为媒介、通过网络实施的、有计划的某种预期结果的经验传递活动。从静态的视角来看，它是可供网络学习的内容凭借；从动态的视角来看，它还包括传递这一内容的实施过程与互动活动”①。

（三）公共英语网络课程

公共英语课程是高校公共基础课之一，是大学公共课程体系中相当重要的一门课程。2006年和2007年，教育部分别下发了《关于进一步提高质量，全面实施大学英语教学改革的通知》和《大学英语课程教学要求》（2007年修订版）两个有关大学英语教学的指导性文件②。文件指出：高校应充分应用网络信息技术，通过多种途径和手段来推进大学英语公共英语课程的教学改革，提高教学质量和学生的学习质量。通过对云南省部分高校在校大学生访谈得知，云南高校的公共英语教学从2007年以来引入了外语教学与研究出版社开发的“新视野大学英语网络教学平台”，使得网络课程教学成为一种重要的辅助学习手段。平台提供了与公共英语课程相关的教学和学习资料以及学习方法。我们还通过访谈得知，学生凭分配的账号登录公共英语网络课程学习平台进行阅读、听力等课后作业，并且可以进行分组讨论、师生讨论。教师在后台给予学生反馈，并在下一次课堂上针对学生上一次网络课程学习中存在的普遍问题给予指导和解答，采用线上线下结合模式，这样一来学生的学习效果有了明显提升。

二、研究目的

本章以云南省部分高校的在校大学生为研究对象，抽样调查多个地州的部分高校和昆明市的部分高校，分析不同类型、不同层次的在校大学生的公共英语网络课程学习现状，在分析结果的基础上对在校大学生公共英语网络课程学习存在的问题、影响因素以及各影响因素之间的关系进行梳理，探讨提高云南省在校大学生公共英语网络课程学习效率的对策。

第二节　研究设计

一、研究假设

本章研究基于下列假设，旨在从不同角度勾勒出在校大学生的公共英语网络课程学

① 教育部高等教育司. 现代远程教育技术标准体系和11项试用标准（简介）vl.0版. 2002.
② 教育部高等教育司. 大学英语课程教学要求［M］. 北京：外语教学与研究出版社，2007：9.

习现状，并据此进一步提出提高公共英语网络课程学习的对策与建议。

（一）公共英语网络课程学习的总体情况不容乐观

在校大学生公共英语网络课程学习的总体情况不容乐观，其公共英语网络课程的学习能力不强。

（二）不同背景（学科、年级、性别、所在学校类型）的大学生在公共英语网络课程学习方面存在差异

背景特征主要是指学生的学科、所在年级、性别以及其所在学校的类型。具有不同背景的学生可能在自身学习动机、学习能力方面会呈现出较大差异。同时，他们对网络课程的认识、网络课程学习环境以及对任课教师的认同感也可能会呈现出较大差异。

二、研究方法

本研究主要采用了文献研究法、对比研究法、问卷调查法、数据统计分析法。

（一）文献研究法

对网络课程学习现状调查研究的相关文献资料进行收集、分析，加以归纳整理，对相关问题进行界定，形成一定的研究构想，以便于为今后研究及论文的写作提供指导和参考。

（二）对比研究法

把所收集整理的网络学习课程现状与调查研究的文章进行对比研究，借鉴优秀的研究方法、研究理论等为本章的撰写提供支撑。

（三）问卷调查法

设计“在校大学生公共英语网络课程学习现状调查问卷”，并对云南部分高校在校大学生进行公共英语网络课程学习问卷调查。

（四）数据统计分析法

对收集到的数据进行SPSS统计分析。

三、研究工具设计

（一）“在校大学生公共英语网络课程学习现状调查问卷”的结构设计

“在校大学生公共英语网络课程学习现状调查问卷”由五个分量表组成，它们为学生基本信息、学习者自身要素、教师要素、公共英语网络课程要素、网络学习环境要素。分量表所包含的具体信息见表7-1。

表7-1　问卷的结构设计

分量表	分量表所包含的信息
学生基本信息	性别、年龄、年级、学科、网络课程学习经验
学习者自身要素	学习动机、学习态度、学习技术、学习能力、学习方式和身心健康
教师要素	教学素养、教学活动
公共英语网络课程要素	课程界面设计、课程内容组织和交互设计
网络学习环境要素	学习氛围、学习平台建设、学习支持服务体系建设和网络通信

（二）“在校大学生公共英语网络课程学习现状调查问卷”的内容设计

问卷的初稿在云南大学网络与信息中心教育技术学专业的16名学生和3名老师中进行了试用，经过修正后确定了正式问卷。正式问卷除了基本信息之外，共包含26个题目。

1. 学习者自身要素

学习者自身要素主要从学习动机、学习态度、学习技术、学习能力、学习方式、身心健康六个角度进行调查，具体的题目设计与高分特征详见表7-2。

表7-2　学习者自身要素的题目设计

子项目	具体题目	高分特征
学习动机	A1我学习网络课程的主要目的 B1我有自己的英语课程学习计划并付诸实践 B4在英语课程学习中我的学习目标更加明确	高分表示该生具备较强的学习动机
学习态度	A2我觉得以下几个因素是导致我难以保证英语网络课程学习时间的主要因素 B2在网上学习英语课程我很主动 B3我会主动安排好学习英语课程的时间 B5学习时，我会被其他与学习无关的网站吸引 B6通过公共外语网络课程的学习，我很有信心提高自己的外语水平 B7一些琐碎的事情会挤掉我原本计划好的外语学习时间	学习态度是学生持有肯定或否定的内在反应倾向，学习态度受制于学习目的，影响学习积极性和学习自觉性。高分表示学生在公共英语网络课程学习上表现出一定的积极性、自觉性，能克服其他的干扰
学习技术	A3在外语课程学习过程中采取的技巧有哪些 B8我会在网上发布自己的学习心得体会和学习资料	学习技术是指自学技术和求助技术。高分则表示该生能利用网络或其他相关手段解决网络学习中的问题，排除各种学习障碍和学习困难
学习能力	B9通过英语网络课程的学习，我的思维方式比以前灵活多了 B10通过英语网络课程的学习，我的外语学习能力更强了	高分则表示该生经过英语网络课程学习后英语学习能力、应用水平随之提高了
学习方式	A4在外语学习过程中我采用的学习方式有哪些 B11英语网络课程的学习内容很适合我，我很喜欢	高分表示该生能根据学习网站的提示或帮助顺利地完成每一阶段的学习任务，在学习过程中学习方式多样，思维灵活

续表

子项目	具体题目	高分特征
身心健康	B12学习一段时间后，我的眼睛和身体出现不适 B13外语学习过程中，我和同学的关系很融洽，没有孤独感	高分表示该生在外语网络课程学习中没有身体方面（如眼睛）的不适感，感觉和同学关系融洽，无孤独感
测谎项	B14我能按照自己计划好的时间学习英语网络课程 B15我觉得电脑伤眼睛，除了必要的课程学习需要，我很少使用 B16我的外语学习需要在老师布置任务和督促下才会进行 B17我感觉外语网络课程的学习内容枯燥乏味 B18我觉得通过公共英语网络课程学习的方式能够提高我的英语水平	主要针对学生前面子项目的回答做一个一致性测试，根据学生的回答来权衡是否是出于本意，如果两者相矛盾，这份问卷的可信程度就很低，可以视为无效问卷

2. 教师要素

教师要素主要从教学素养和教学活动两个角度进行调查，具体的题目设计与高分特征详见表7-3。

表7-3　教师要素的题目设计

子项目	具体题目	高分特征
教学素养	B19英语教师有很丰富的教学经验，能够很好地解答我的疑惑	高分表示教师的技术和信息素养很高
教学活动	B20在课程学习中，英语教师经常和学生进行互动	高分表示在教学活动中，教师能够很好地和学生进行互动交流
测谎项	B21英语教师在教学活动中营造的课堂气氛很好	利用前后一致性来检验学生的回答是否出于本意

3. 公共英语网络课程要素

课程要素具体的题目设计与高分特征详见表7-4。

表7-4　课程要素的题目设计

子项目	具体题目	高分特征
课程界面设计	B22公共英语网络课程的界面设计很棒，很吸引我	高分表示公共英语网络课程在界面设计、内容组织、课程交互等方面都很好，很吸引学生，学生能够很好地进行公共英语网络课程学习
课程内容组织	B23英语网络课程的内容很丰富 B24英语网络课程的内容组织很有条理性	
课程交互设计	B25英语网络课程有很好的交互功能，能够及时地为我提供帮助	
测谎项	B26我感觉英语网络课程的学习很枯燥	利用前后一致性来检验学生的回答是否出于本意

4. 公共英语网络学习环境要素

网络学习环境要素具体的题目设计与高分特征详见表7-5。

表7-5 公共英语网络学习环境要素的题目设计

子项目	具体题目	高分特征
学习氛围	B27英语网络课程的学习氛围很浓厚	高分表示学校网络建设和课程学习支持服务体系很完善，公共英语学习氛围很浓厚，为学生提供了很好的软、硬件条件
学习平台建设	B28学校建设有完善的英语网络课程学习平台	
学习支持服务体系建设	B29学校网络学习平台上的英语学习资源很丰富 B30学校提供的英语网络课程学习服务很完善	
网络通信	A5我所使用的英语网络课程学习的电脑来自于 A6限制我英语网络课程学习的因素主要是 B31学校网络使用费用偏高 B32学校的网络很稳定，能够满足我的英语网络课程学习需求	
测谎项	B33学校有英语学习角和英语学习社团，参加的学生很多	利用前后一致性来检验学生的回答是否出于本意

（三）“在校大学生公共英语网络课程学习现状调查问卷”的有效性验证

问卷的有效性关系到问卷最终的统计结果是否准确可靠。基于此，本问卷对被测试者的学校、年级等基本信息进行了设置，并且对问卷的内容设置了7个测谎项目检测被测者前后回答是否一致。得分相关度越高，说明问题前后关联度越显著，问卷的有效性也就越高；反之，得分相关度低，则视该份问卷为无效问卷。

（四）问卷的计分设计

该问卷分为两类项目。A类项目采用多选题形式，统计各个子项响应频数比例。B类项目采用5级记分方式，公共英语网络课程学习适应分五个等级：良好（5分），好（4分），一般（3分），不好（2分），差（1分）。

本研究的结果为等级分值，分值越高，说明学生能够很好地进行公共英语网络课程学习，一般情况下，如果分值低于2.5分，就说明该生公共英语网络课程学习有困难，在公共英语网络课程学习中存在问题。

第三节 调查结果分析

本章的研究对象为云南省高校大学生，其中包含大学一年级、大学二年级、大学三年级，年龄均在18—22岁，学科主要分为文科与理科，所就读的学校分别属于云南省的重点院校、一般本科院校、一般专科学校和高职高专学校。

本研究问卷采用网络问卷填写方式，从云南省昆明市、楚雄市、文山州等几个州市选取5所高校，随机抽取287名学生作为被试，共发出问卷287份，收回276份，回收率为96.1%，剔除无效问卷23份，实际有效问卷253份，问卷的有效率为91.6%。

一、基本信息统计描述

253名被试中，云南大学56名，云南师范大学48名，云南昆明学院39名，云南楚雄师范学院76名，云南文山学院34名，涉及中文、学前教育、教育技术、计算机、物理科学、经济管理、数学7个专业。

问卷的第一部分对学生性别、年龄、年级、所在学校等信息进行调查，反映大学生基本属性（如表7-6所示）。

表7-6　被试基本信息

属性	具体题目	数量	百分比
年级	大学一年级	114	45.1%
	大学二年级	93	36.7%
	大学三年级	46	18.2%
学科	文科	151	59.7%
	理科	102	40.3%
性别	男生	111	43.9%
	女生	142	56.1%

二、公共英语网络课程学习的整体情况分析

（一）公共英语网络课程中在校大学生的学习概况

问卷中的A项目设置了六个子项目来了解在校大学生公共英语网络课程学习的感受，子项目采用多项选择的形式来展开，以选项响应频数的百分比来说明。通过数据统计，得出下列结论。

1. 学生的学习目的

调查结果显示，学生选择学习公共英语网络课程的主要目的是找工作（95.7%）和通过CET水平考试（89.3%），只有19.4%的学生选择了出于个人兴趣(如图7-1所示）。

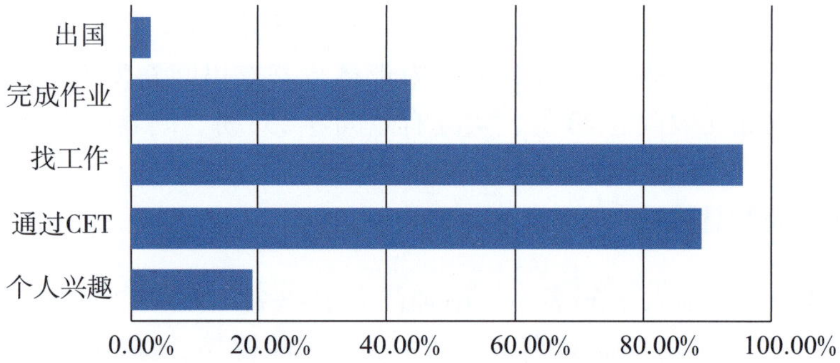

图7-1 学生的学习目的

2. 影响课程学习进展的因素

在回答“难以保证公共英语网络课程时间的主要因素”时，课程多（69.2%）和支配时间少（78.4%）是主要因素。此外，33.6%的在校大学生选择了对公共英语网络课程学习没兴趣（如图7-2所示）。

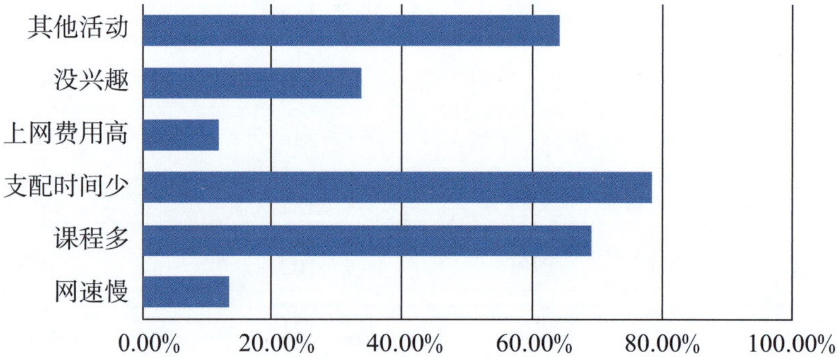

图7-2 影响学习进程的因素

而在回答“限制公共英语网络课程学习的因素”时，有25.4%的在校大学生认为自己的网络学习能力不强，45.2%的在校大学生认为是自己的自信心不够，56.9%的在校大学生认为自己组织不当是主要因素，64.3%的在校大学生认为学校网络学习平台没有合适的资源（如图7-3所示）。

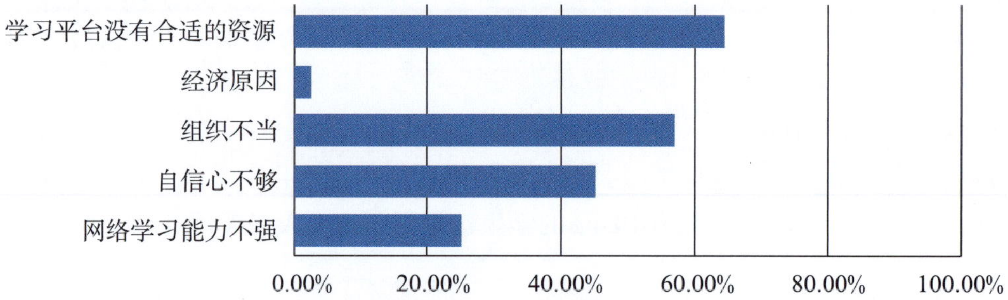

图7-3 限制学习的因素

3. 学习时遇到问题的解决途径

从调查的数据来看，在公共英语网络课程学习中遇到问题时，52.3%的在校大学生选择找同学进行交流，23.7%的在校大学生选择和老师交流，还有高达81.2%的在校大学生通常上网搜索，26.4%的在校大学生选择放弃（如图7-4所示）。可以看出，大部分在校大学生在公共英语网络课程学习中遇到问题时想通过网络求助来解决问题。

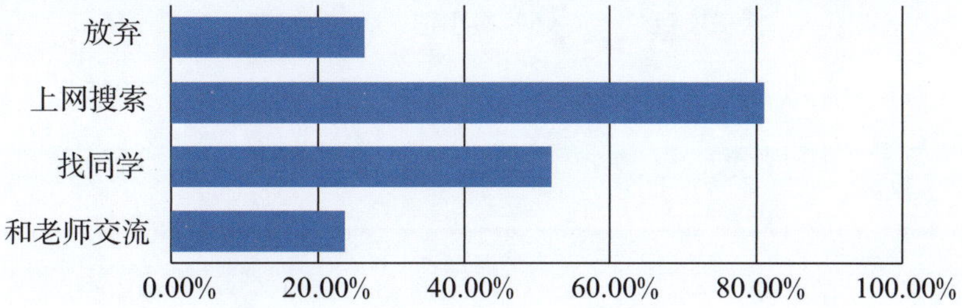

图7-4　学习时遇到问题的解决途径

4. 学习的主要方式

关于“公共英语网络课程学习的主要方式”，有32.1%的在校大学生选择学习中自订计划，14.7%的在校大学生和老师互动，56.9%的在校大学生选择和同学交流，73.4%的在校大学生会通过网上搜索来分享其他学生的学习心得（如图7-5所示）。

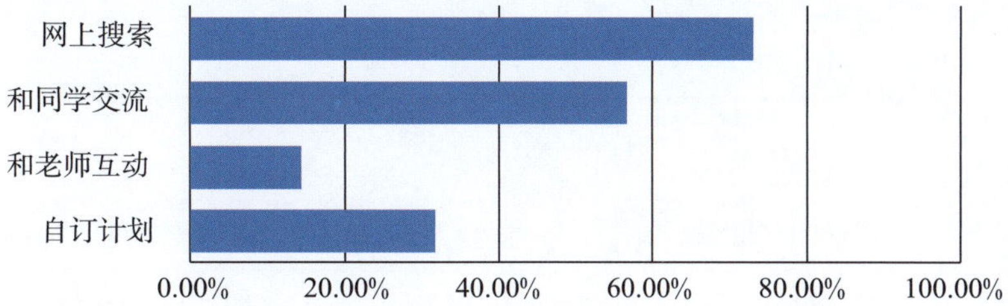

图7-5　学习形式

此外，53.6%的在校大学生会通过学校机房进行学习，29.8%的在校大学生选择图书馆，还有37.3%的在校大学生使用自己的计算机（如图7-6所示）。数据表明，绝大多数学生都有自己公共英语网络课程学习的计算机。

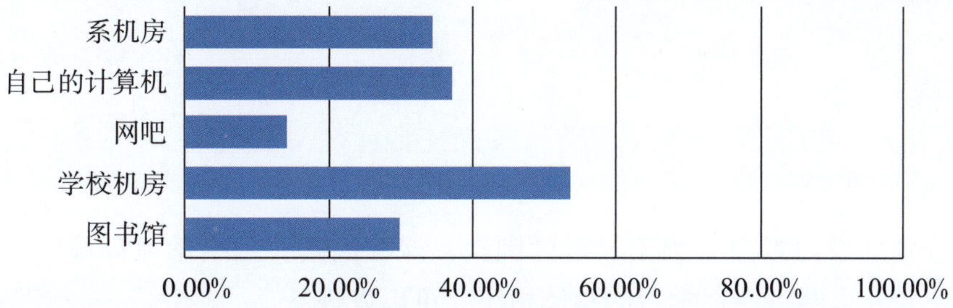

图7-6　学习环境

（二）在校大学生公共外语网络课程学习总体情况

问卷中的B项目采用5点记分法，最高分值为5分，最低分值为1分。反向问题都采用了逆向记分。从表7-7中可以看出，总的学习适应性平均值只有2.617分，表明在校大学生在公共外语网络课程中的学习情况不容乐观，各个维度都有待进一步提高。

表7-7　在校大学生公共外语网络课程学习总体情况

维度	子项目	最小值	最大值	*M*	标准差
学习者自身因素	学习动机	1	5	2.955	0.713
	学习态度	1	4.8	2.636	0.824
	学习技术	1	5	2.53	0.908
	学习能力	1	4	2.405	0.88
	学习方式	1	4	2.4	0.852
	身心健康	1	4.5	2.295	0.707
	平均分			2.537	
教师因素	教学素养	2	5	3.09	0.732
	教学活动	1	5	3.04	0.851
	平均分			3.065	
课程因素	课程界面设计	1	5	3.09	0.652
	课程内容组织	1	4.5	2.745	0.850
	交互设计	1	4	2.10	0.703
	平均分			2.6	
网络学习环境	学习氛围	1	4	2.19	0.687
	学习平台	1	4	2.28	0.778
	支持服务体系建设	1	4	2.15	0.757
	网络通信	2	5	3.34	0.823
	平均分			2.49	
总体平均分		1.13	4.18	2.617	0.781

我们分别从学习者自身因素、教师因素、课程因素、网络学习环境四个维度来看在校大学生公共外语网络课程学习的整体情况，可以发现：

在校大学生对教师的认可度评价得分最高（*M*=3.065），说明在校大学生与教师在传统课程教学中的交流和互动情况基本良好，教师的教学水平和教学素养得到了学生的认可。

在校大学生对自己的学习评价分值（M=2.537）略高于平均值2.50分，这表明在校大学生在公共英语网络课程学习中遇到一些困难，有待解决。具体看其中的子项目得分，可以发现在校大学生学习动机较为积极主动（M=2.955），学习态度总体情况良好（M=2.636），并具备一定的公共英语网络课程学习技术（M=2.53），愿意通过公共英语网络课程的学习来提高自己的外语水平。其余的三个子项目学习能力、学习方式和身心健康的平均值低于2.50分，表明在校大学生还不太适应网络环境中的学习，缺少对公共英语网络课程学习的科学认识，并且在网络环境学习时身体容易感觉不适。

网络课程因子的维度M=2.60分，这表明在校大学生对公共英语网络课程的界面设计、内容组织基本满意。但是，子项目“交互设计”的M=2.10分，表明在校大学生在学习的过程中交互遇到障碍，遇到问题不能通过有效的沟通得到解答，因此师生在网络环境下的教学互动没有传统课堂教学中的互动交流顺畅。

而公共英语网络课程学习环境这一维度得分仅为2.49分，低于平均分2.50分，这表明在校大学生对网络学习环境的认可度低，学校的学习氛围不能带动在校大学生对公共英语网络课程的学习热情和积极性，对学校学习平台和学习支持服务体系的建设不满意，只有网络通信M=3.34分是最高的，说明在校大学生对校园网的稳定性和网络收费能够接受。

三、影响在校大学生公共英语网络课程学习的因素分析

（一）在校大学生公共英语网络课程学习的性别差异

以在校大学生的性别作为自变量，通过对不同性别的在校大学生在公共英语网络课程学习中的各因素作独立样本T检验。我们发现在校大学生公共英语网络课程学习存在性别差异，这种差异主要表现在学习者自身、网络学习环境两个方面。

1. 不同性别的在校大学生在学习者自身因素上有显著差异

从表7-8的数据结果看出，在子项目“学习态度”和“学习技术”上，男生和女生之间存在着极其显著的差异。子项目“学习技术”中男生强于女生M（男）=2.65，M（女）=2.37，P=0.029，这表明男生的应用信息技术的技能明显优于女生。另外在子项目“学习态度”上，男生明显没有女生态度端正，M（男）=2.61，M（女）=2.76，P=0.014。

从表7-8还可以看出，子项目“学习动机”和“学习方式”的平均值女生略高于男生，“学习技术”的平均值男生略高于女生，但并没有达到显著性差异水平，在子项目“身心健康”上，男生和女生持平。

表7-8　不同性别在校大学生在学习者自身因素上的差异

自身因素	男生（N=111）		女生（N=142）		T	P
	平均值	标准差	M	标准差		
学习动机	2.94	1.011	2.96	1.055	1.102	0.374
学习态度	2.61	1.036	2.76	1.017	2.874	0.014
学习技术	2.65	1.024	2.37	1.058	1.479	0.029
学习能力	2.47	0.839	2.36	0.927	0.935	0.627
学习方式	2.35	0.827	2.44	0.871	0.855	0.236
身心健康	2.30	1.051	2.31	1.036	1.125	0.545

为了更进一步地了解学习态度的性别差异，我们对涉及学习态度的五个变量进行了T检验，检验结果可见表7-9。结果发现，不同性别的在校大学生在学习主动性（P=0.037）、积极性（P=0.013）以及专注度（P=0.045）三项的差异达到了显著水平（P值均<0.05），女生的平均值均高于男生，这说明相对于男生，女生的学习态度得分较高。另外，在学习时间安排和计划性两项上，女生高于男生，但差异并不显著。

表7-9　不同性别在校大学生在公共英语网络课程中的学习态度

学习态度	男生（N=111）		女生（N=142）		T	P
	平均值	标准差	M	标准差		
主动性	2.39	1.046	2.67	1.003	3.772	0.037
学习时间安排	2.96	1.036	3.00	0.994	1.427	0.086
积极性	2.51	1.119	2.63	1.139	4.169	0.013
专注度	2.91	0.977	2.98	1.049	3.412	0.045
计划性	2.26	1.002	2.38	0.902	2.845	0.061

2. 不同性别的在校大学生在网络学习环境因素上有显著差异

从表7-10可以看出，在子项目“课程学习平台”上，男、女生之间存在着显著的差异[M（男）=2.30，M（女）=2.05，P=0.047<0.05]，说明男生对学习平台的认识较为深入，得分比女生高。其余的子项目没有显著性差异。

表7-10　不同性别在校大学生对网络课程学习环境评价

网络学习环境	男生（N=111）		女生（N=142）		T	P
	平均值	标准差	M	标准差		
学习气氛	2.24	0.65	2.15	0.714	1.096	0.778
课程学习平台	2.30	0.816	2.05	0.743	1.520	0.047
支持服务体系	2.17	0.843	2.12	0.944	0.712	0.384
网络通信	3.41	0.94	3.39	1.012	0.188	0.822

（二）在校大学生公共英语网络课程学习的学科差异

以在校大学生的学科背景作为自变量，通过对不同学科在公共英语网络课程学习中的各因素进行独立样本*T*检验。我们发现，在校大学生在公共英语网络课程学习方面存在学科差异，且差异主要表现在学习者自身、网络学习环境两个方面。

1. 不同学科的在校大学生在学习者自身因素上有显著差异

从表7-11可以看出，文科生和理工科生在学习能力上存在显著的差异（文科生的均值M=2.28，理科生的均值M=2.51，P=0.041<0.05），并且理科生要高于文科生。这一结论也符合常理，一般理工科学生平时接触电脑较多，信息技术学习时间要多于文科生。不过，文科生和理工科在其他五个子项目中并没有显著差异。

表7-11　不同学科在校大学生在学习者自身因素上的差异

自身因素	文科（*N*=151）		理科（*N*=102）		*T*	*P*
	平均值	标准差	*M*	标准差		
学校动机	2.96	1.071	2.94	1.024	0.442	0.712
学习态度	2.624	1.044	2.658	0.969	−1.448	0.316
学习技术	2.56	1.037	2.49	1.060	0.742	0.894
学习能力	2.28	0.774	2.51	0.905	−1.298	0.041
学习方式	2.42	0.844	2.37	0.867	0.469	0.891
身心健康	2.37	1.050	2.41	1.033	0.975	0.521

2. 不同学科的在校大学生在网络课程学习环境因素上有显著差异

从表7-12可以看出，理工科和文科学生在“学习支持服务”方面存在显著差异（P=0.042<0.05）。尽管理工科和文科学生对于学习支持服务都不满意（文科生的平均值M=2.25，理工科学生的平均值M=2.09，得分均低于平均分2.50分），但这样的差异表明不同学科的学生对学习支持服务的感受不同，这可能是理工科的学生平时利用电脑来学习的时间比较多，因此对学校支持服务的要求比较高。

表7-12　不同学科在校大学生在公共英语网络课程学习环境因素上的差异

网络课程学习环境	文科（*N*=151）		理科（*N*=102）		*T*	*P*
	平均值	标准差	*M*	标准差		
学习氛围	2.21	0.679	2.16	0.700	0.625	0.897
课程学习平台	2.23	0.793	2.20	0.758	0.291	0.363
学习支持服务	2.25	0.785	2.09	0.705	1.697	0.042
网络通信	2.90	1.020	2.73	0.957	−0.812	0.484

（三）在校大学生公共英语网络课程学习的年级差异

我们发现，不同年级的在校大学生在学习者自身因素、教师因素、课程因素、网络课程学习环境因素方面均存在不同程度的差异。

1. 不同年级的在校大学生在学习者自身因素上的差异性

以在校大学生年级为自变量，对学习者自身因素进行多变量分析。从表7-13可以看出，三个年级的在校大学生在子项目“学习能力”上存在显著差异（$P=0.016<0.05$），并且大学二年级学生学习能力最强，顺序依次是：大学二年级学生＞大学三年级学生＞大学一年级的学生。其他五个子项目在三个年级中不存在显著性差异。

表7-13　不同年级在校大学生在学习者自身因素上的差异

因变量	变异来源	自由度	均方	*F*	显著程度	事后多重比较（$P<0.05$）
学习动机	组间 组内 总体	2 251 253	1.751 1.098	1.595	0.205	—
学校对网络学习态度	组间 组内 总体	2 251 253	1.063 0.896	0.585	0.387	一＞三
学习技术	组间 组内 总体	2 251 253	0.261 1.098	0.238	0.789	二＞三
学习能力	组间 组内 总体	2 251 253	0.687 0.860	4.183	0.016	一＞三
学习方式	组间 组内 总体	2 251 253	0.436 0.728	0.599	0.550	三＞一
身心健康	组间 组内 总体	2 251 253	0.400 0.501	0.798	0.452	—

注：“一”代表大学一年级；“二”代表大学二年级；“三”代表大学三年级。

通过对三个年级的在校大学生进行多重比较，我们发现：

（1）在学习态度方面大学一年级学生与大学三年级学生具有显著性差异（$P<0.05$），大学一年级的学生得分明显高于大学三年级学生，大学一年级学生的学习积极性和主动性高过大学三年级的学生，说明大学一年级学生刚进校，对知识的渴求比较高。

（2）在学习方式方面，大学一年级学生与大学三年级学生有显著差异（$P<0.05$），大学三年级的学生更适应网络环境下的公共英语网络课程学习。

（3）在学习技术方面，大学二年级学生与大学三年级学生有显著差异（$P<0.05$），大学二年级的学生比大学三年级的学生应用网络技术的能力更强。

（4）三个年级的学生在学习动机和身心健康两个子项目上不存在显著差异。

上述结果表明，在学习态度方面，大学一年级的学生明显优于大学二年级和大学三年级的学生，这可能是因为大学一年级的新生刚进入校门，学习积极性和主动性都很高。然而，在学习能力、学习技术和学习方式三个方面，大学二年级学生要明显好过大学一年级学生和大学三年级学生，说明大学二年级学生在学习上投入了很多精力和时间。

2. 不同年级的在校大学生在教师因素上的差异性

以在校大学生年级为自变量，对教师因素进行多变量分析。从表7-14的数据统计结果可以看出，三个年级对教师教学素养和教学活动方面的评价不存在显著性差异（$P>0.05$）。

表7-14　三个年级在校大学生在教师因素上的差异

因变量	变异来源	自由度	均方	F	显著程度	事后多重比较（$P<0.05$）
教学素养	组间 组内 总体	2 251 253	1.964 0.865	2.271	0.105	—
教学活动	组间 组内 总体	2 251 253	2.093 1.166	1.796	0.168	一>三

注：“一”代表大学一年级；“三”代表大学三年级。

然而，对三个年级的在校大学生进行多重比较发现，在教师教学活动方面，大学一年级学生和大学三年级学生存在显著性差异（$P<0.05$），大学一年级学生对教师的教学活动评分较高，这说明大学一年级学生对教师教学互动环节感到满意。相反，随着学习的深入，大学三年级学生认为教师教学活动方面还有待加强，大学三年级学生需要更加深入地对知识进行加工，因此，在学习深度方面，大学三年级学生要高于大学一年级新生。

3. 不同年级的在校大学生在课程因素上的差异性

以在校大学生年级为自变量，对课程因素进行多变量分析。从表7-15可以看出，三个年级的在校大学生对公共英语网络课程界面设计和课程内容以及课程交互三方面的评价不存在显著性差异。

表7-15　三个年级在校大学生对网络课程的评价差异

因变量	变异来源	自由度	均方	F	显著程度	事后多重比较（$P<0.05$）
课程界面	组间 组内 总体	2 251 253	0.618 1.027	0.601	0.549	—

续表

因变量	变异来源	自由度	均方	*F*	显著程度	事后多重比较（*P*<0.05）
课程内容	组间 组内 总体	2 251 253	1.649 0.955	1.728	0.180	二>三
课程交互	组间 组内 总体	2 251 253	0.349 0.495	0.705	0.495	一>三

注："一"代表大学一年级；"二"代表大学二年级；"三"代表大学三年级。

对三个年级的在校大学生进行多重比较发现，在公共英语网络课程内容方面，大学二年级学生和大学三年级学生有显著性变化（*P*<0.05），大二的学生评分高于大三学生，大二的学生对课程内容基本满意，而大学三年级学生认为还要丰富课程学习内容，随着知识的积累，大学三年级学生对课程内容的要求更高。在课程交互方面，大学一年级学生和大学三年级学生有着显著性差异（*P*<0.05），这和表7-15中发现大学一年级学生对教学活动的评价较高这一分析结果吻合，进一步说明了相对大学一年级的学生，大学三年级学生对公共英语网络课程学习互动的要求更高。

4. 不同年级的在校大学生在网络课程学习环境因素上的差异性

以在校大学生年级为自变量，对网络课程学习环境因素进行多变量分析。从表7-16可以看出，三个年级在对公共英语网络学习环境的评价不存在显著性差异，各个年级对网络环境的评价差异不大。

表7-16　三个年级在校大学生对公共英语网络课程学习环境因素上的差异

因变量	变异来源	自由度	均方	*F*	显著程度	事后多重比较（*P*<0.05）
学习氛围	组间 组内 总体	2 251 253	0.622 0.471	1.321	0.269	一>三
课程学习平台	组间 组内 总体	2 251 253	1.697 0.596	1.846	0.360	—
学习支持服务	组间 组内 总体	2 251 253	0.410 0.579	0.707	0.494	一>三
网络通信	组间 组内 总体	2 251 253	0.575 0.853	0.675	0.510	—

注："一"代表大学一年级；"三"代表大学三年级。

对三个年级的在校大学生进行多重比较发现，在子项目“学习氛围”上，大学一年级的学生评分高于大学三年级的学生。大学一年级学生刚走进校门，各种学习活动都踊跃参与，学习气氛活跃度上要好于大学三年级的学生。在子项目“学习支持服务”上，大学一年级的学生得分也要明显高于大学三年级，说明大学一年级的学生认为学习支持服务能够满足公共英语网络课程学习的要求，而大学三年级的学生认为学校在公共英语网络课程学习服务方面还有待提高。

（四）在校大学生公共英语网络课程学习的学校层次差异

研究发现，在校大学生公共英语网络课程学习还存在学校层次间的差异，不同层次高校的在校大学生在公共英语网络课程学习方面有所差异。这种差异主要表现在学习者自身、教师和课程三个方面。

1. 不同学校层次的在校大学生在学习者自身因素上的差异性

以大学生所在学校作为自变量，对大学生在公共英语网络课程网络环境下的学习者自身因素进行多变量分析。从表7-17可以看出，三类院校的在校大学生学习能力存在显著差异（P=0.016<0.05）。“211”院校学生的学习能力相较于其他两类层次学校学生的学习能力是最好的。其顺序是：“211”院校的学生>省属重点院校的学生>一般本科院校的学生。其他五个子项目不存在显著性变化（P>0.05）。

表7-17 不同层次学校在校大学生在学习者自身因素方面的差异

因变量	变异来源	自由度	均方	F	显著程度	事后多重比较（P<0.05）
学习动机	组间 组内 总体	2 251 253	1.751 1.098	1.595	0.205	—
学校态度	组间 组内 总体	2 251 253	0.524 0.896	0.586	0.558	二>一
学习技术	组间 组内 总体	2 251 253	0.261 1.098	0.238	0.789	一>三
学习能力	组间 组内 总体	2 251 253	3.555 0.850	4.183	0.016	一>三
学习方式	组间 组内 总体	2 251 253	0.436 0.728	0.599	0.550	一>三
身心健康	组间 组内 总体	2 251 253	0.478 1.090	0.439	0.645	—

注：“一”代表“211”院校；“二”代表省属重点院校；“三”代表一般本科院校。

对三类院校的在校大学生进行多重比较发现，在学习态度方面，省属重点院校和一般本科院校之间有着显著性差异，省属重点院校学生的学习积极性和主动性要强于一般本科院校；在学习技术上，“211”院校的学生使用信息技术的能力要好于一般本科院校的学生；在学习能力和学习方式两个因子上，“211”院校的学生得分表现明显要好于一般本科院校的学生。另外，在学习动机和身心健康两个因子上，三类院校的学生没有显著性差异。

2. 不同学校层次的在校大学生在课程因素上的差异性

以在校大学生所在学校作为自变量，对课程因素进行多变量分析。从表7-18可以看出，三类院校的在校大学生在课程内容组织一项存在显著差异（$P=0.018<0.05$），省属重点院校的学生对课程内容的组织要求要高于一般本科院校的学生。

表7-18　不同层次学校的在校大学生对网络课程的评价差异

因变量	变异来源	自由度	均方	F	显著程度	事后多重比较（$P<0.05$）
课程界面设计	组间 组内 总体	2 251 253	0.618 1.027	0.601	0.549	—
课程内容组织	组间 组内 总体	2 251 253	1.649 0.955	1.728	0.018	三>二
课程交互	组间 组内 总体	2 251 253	0.349 0.495	0.705	0.425	三>一

注：“一”代表“211”院校；“二”代表省属重点院校；“三”代表一般本科院校。

对三类院校的在校大学生进行多重比较发现，在公共英语网络课程界面评价上，三类院校的学生没有显著性差异，对界面的设计要求不是很在意。而在课程的交互因子上，“211”院校的学生对课程的交互性要求要高于一般本科院校的学生，“211”院校的学生思维比较活跃，探索知识的欲望较强，因此出现这样的结果也就不难理解。三类院校的比较的结果是：“211”院校的学生>省属重点院校的学生>一般本科院校的学生。

3. 不同学校层次的在校大学生在教师因素上的差异性

以在校大学生所在学校作为自变量，对教师因素进行多变量分析。从表7-19可以看出，三类院校的在校大学生在教师教学活动一项上存在显著差异（$P=0.047<0.05$），省属重点院校的学生在课程教学中是最活跃的，“211”院校的学生和一般本科院校的学生在教师因子一项上不存在显著差异。三类院校的学生教学活动活跃指数依次是：省属重点院校的学生>“211”院校的学生>一般本科院校的学生。

表7-19　不同层次学校的在校大学生对课程教师评价的差异

因变量	变异来源	自由度	均方	*F*	显著程度	事后多重比较（$P<0.05$）
教学素养	组间 组内 总体	2 251 253	1.964 0.865	2.271	0.105	—
教学活动	组间 组内 总体	2 251 253	2.093 1.166	1.796	0.047	二>一

注："一"代表"211"院校；"二"代表省属重点院校。

第四节　提高公共英语网络课程学习的对策

基于上述研究，在校大学生在公共英语网络课程学习中，在学习者自身、教师、公共英语网络课程、公共英语网络学习环境四个方面都有部分环节是做得好的，但是从调查结果来看，四个方面的大部分环节不容乐观，需要提高。

一、学习者自身方面

（一）转变学习观念，树立良好的网络课程学习理念

目前，很多大学生还保持原有的传统的学习观，认为大脑是存储知识的容器，知识是通过教师传授给学生的，而且很多知识都是死记硬背。随着信息时代的到来和公共英语网络课程教育的发展，这样的学习观念已经跟不上时代的步伐，大学生应该树立新的学习观，在网络环境下，公共英语网络课程学习不再是被动地接受信息刺激，而是主动地建构知识体系的过程，学习者需要根据自己的知识背景，对外部信息进行自动选择、加工和处理，从而获得一个良性发展。如今网络环境下的课程学习已经转变为网络空间的虚拟模式，这种全新的学习模式很少有教师的直接参与，整个学习过程是处于一种相对独立的状态，这在无形中拉开了教师和学生之间的距离。

（二）提高公共英语网络课程学习的自我效能感，强化内部学习自主意识

自我效能感是个体对自身将要产生行为的预期和价值判断。在公共英语网络课程学习环境下，自我效能感高的大学生对公共英语网络课程学习有浓厚的兴趣，主动学习意识较强，他们倾向于设置较高的学习目标和选择难度大、具有挑战性的学习任务，在学习过程中自己制订学习计划、主动探究学习，能有效地调控自己的学习行为，自觉克服学习中的不利因素，并积极地、持久地进行学习活动；而具有较低自我效能感的学习者，在其学习过程中常常伴有因对其使用网络技能不满意而出现的焦虑感、对公共英语网络课程学习缺乏兴趣以及对自己进行公共英语网络课程学习的能力没有信心等心理状态，他们倾向于逃避学习，对信息材料仅仅停留在表面的、机械的、较低层次的搜索和记忆上，对布置的任务敷衍了事，他们所从事的大多是被动的接受式学习，其公共英语网络课程学习质量较低，学习成绩不理想。

对B类项目学习者自身因子的分析情况来看：在校大学生在学习能力、学习方式、身心健康三个因子的学习状况不良，均值在2.295—2.405，低于平均水平，这就说明在校大学生学习自主意识不强，因此，要充分运用多种媒体类型激发学习者的好奇心，提高其自主学习意识。

学习内部自主性具有引发、定向、维持和调节作用，包括外在学习诱因和内在学习驱动力，在校大学生必须正视自己的学习态度，在学习过程中巩固和保持良好的学习态度，随时调整学习步调，对学习过程自行监控、测试、修正和评价，从而提高公共英语网络课程的学习效果。

（三）进行学习方法指导，提高在校大学生的学习效率

毫无疑问，良好的学习方法是公共英语网络课程有效学习的保障。学习方法好的在校大学生可以在较短时间内掌握课程学习内容，并且能有效节省时间。通过数据调查分析发现：仅有32.1%的在校大学生会在学习过程中自订学习计划，而14.7%的在校大学生会和老师互动，56.9%的在校大学生会和同学探讨，73.4%的在校大学生通过网络来寻求帮助，在公共英语网络课程中选择课程内容适合自己的在校大学生均值仅有2.40分。因此学习者应该充分利用网络课程的优势，突破学习者在传统环境下英语课程学习行为惯性以及传统学习观念，实践和体验多样化的公共英语网络课程学习方式。

（四）加强自律

在网络学习环境中，师生处于分离状态，教师不能对学习者直接监控，对学习者来说“他律”的成分相对降低。这就要求学习者要有较高的学习自觉性，提高“自律”意识。从调查的数据来看，在公共英语网络课程学习中存在问题时，有81.2%的在校大学生通常会到网上寻找解答，并且还有26.4%的在校大学生选择放弃，网络学习环境中蕴含许多比学习内容更有趣的娱乐内容，如果学习者在学习中对自己监管不严，完全有可能分散学习的注意力，从而降低学习效果，大学生在学习过程中应该冷静地、理性地面对各种诱惑，提高学习的意志力，在有限的时间内专心地完成学习任务。

（五）提高公共英语网络课程学习时间管理的能力

在校大学生在学习过程中常常面临网络课程学习和传统课程学习的矛盾，如果不能对时间进行合理的安排，公共英语网络课程学习质量将难以保障。在回答“以保证公共英语网络课程时间的主要因素”时，有69.2%的在校大学生认为课程多，78.4%的在校大学生认为支配时间少，大部分在校大学生不能保证有充足的时间来进行公共英语网络课程学习，娱乐活动和时间安排不周成为主要因素。在校大学生应该对自己的公共英语网络课程学习时间做好计划，并且尽量在计划内的时间完成课程学习内容。

（六）提高公共英语网络课程学习技术，增强自主学习能力

在传统环境下进行英语学习，没有技术门槛，对大学生没有多少障碍。但是网络环境中，学生通过使用网络学习平台获取知识，取得和老师、同学的联系，在网络环境中快速准确地获取信息、寻求帮助、参与网络讨论等学习技术是大学生顺利适应公共英语网络课程学习的关键。虽然公共英语网络课程提供了平台使用指南和初学者指南，但是据我们调查，23.7%的大学生会向教师求助，52.3%的大学生会选择向同学求助，而26.4%的大学生会选择放弃。可见，大学生在学习过程中还不能很好地做到主动求助来解决遇到的问题，他们在公共英语网络课程学习技术方面还有待加强。因此，在学生的公共英语网络课程体系中，应该设立专门的板块来培养和提高学习者的学习技术，从而提高他们的网络自主学习能力。

二、教师方面

公共英语网络课程的教师、助教和管理者应该成为优秀的公共英语网络课程学习者和研究者。我国从事公共英语教学的教师大多是传统高校培养出来的，这种教师群体在传统的课堂教学中能够很好地把知识技能输送给学生并且进行有效沟通，但在网络环境下，若教师对网络教育特点和规律的学习和研究不够，则易导致学生在网络环境下遇到的问题不能够得到教师及时有效的帮助。

调查显示，在传统教育环境下，在校大学生认为教师的教学素养和教学互动情况较好，均值达到3.1分；教师在网络环境的授课方式、答疑方式和教学能力也是影响公共英语网络课程学习的重要因素，仅有23.6%的在校大学生愿意和教师谈论自己的课程学习动向并寻求教师帮助，网络环境下的师生互动情况不容乐观。因此，教师需要在实践中不断加深对网络教育的理解和对网络学习者的感情，多参与到课程学习中来，加强和学生之间的互动交流。

我们认为，公共英语网络学习平台不仅是在校大学生学习的平台，而且应该成为网络教育的教师群体学习和研发的平台，应该多开发一些专门针对网络教师的优秀课程放在平台上，供教师学习，不断提高教师的信息素养，从而更好地为网络学习者服务。高校应该积极倡导、支持教师开展网络教育的实践和研究，并将目前公共英语网络课程的建设和教学改革与实践联系起来。

三、网络课程方面

（一）公共英语网络课程学习资源开发的主体多元化

公共英语网络课程学习资源是公共英语学习可持续发展的基础，一方面，要根据教学和在校大学生学习的实际需要，开发适合学科教学和学习需要的学习资源，动员学生

由资源的消费者向资源的生产者转变；另一方面，合理有效地利用互联网上浩如烟海的信息资源、学校的电子图书馆等学习资源。

（二）公共英语网络课程学习资源种类多样化、数量巨大化，有必要建立学习资源超市

目前公共英语网络课程中学习资源的类型一般有文字、音频和少量教学视频，资源的数量以文字和音频居多。据调查，公共英语网络课程资源更新频率很低，学习论坛几乎无人问津，只是一个空架子。有53.2%的学习者认为学校的公共英语网络课程学习资源单调，能够找到的适合自己学习的资源较少。

现实生活中，人们都喜欢到大型超市去购物，因为大型超市里商品类型齐全，数量多，购物自由度大。公共英语网络课程学习资源和现实生活中的超市的服务性质很相似。我们在开发网络学习资源的时候，可以充分使用3Dmax、Flash、Dreamweaver等多媒体软件制作课程资源，让复杂枯燥的理论内容形象化、具体化，如构建一个公共英语网络多媒体学习资源库，包括课程库、案例库、素材库、课件库、试题库等，尽可能地开发多种类型、数量居多的资源类型，供不同学习需求和爱好的学习者学习。

（三）评价方式多元化，重视过程性评价

采用过程性评价，有助于激发学习者学习的积极性、主动性和创造性。在现有的公共英语网络课程体系中，大部分高校公共英语课程偏向于形成性评价，但网络课程的学习往往不是简单的试题或者模拟试卷就能反映学习者掌握课程的程度，要在平时的学习中，重视过程性评价。过程性评价可以采用自我评价、小组评价和教师评价等方式，实现评价方式的多元化。比如提供学习过程的电子档案、学程记录、经验记事本等过程性评价工具，可以体现学习者知识结构的变化。也要注重使用者对课程的评价，如设计访问量模块，统计课程网站的来访率。设置调查问卷，收集用户的反馈意见，及时了解课程内容的教学效果和欠缺，分析课程实践的效果，对存在的问题进行及时整改。

（四）建立完善的公共英语网络课程学习互动模块

网络课程互动平台是需要教师和学习者共同参与的，需要教师和助教定时在线对在校大学生的困惑进行解答。调查分析显示，有高达67.0%的在校大学生认为在提供的公共英语网络课程学习平台上课程交互功能单一，在遇到问题时候不能有效地得到教师的及时解答。公共英语网络课程学习互动模块有待进一步完善，如设立学生“版主”、鼓励在校大学生利用网络讨论问题或学习交流、定期在交流互动论坛发布习题资料和答案。教师还可利用其他形式（包括课外答疑、电子信件）回答学习者网上的问题，保证学生网上提出的问题能及时得到反馈。同时，在网站上设置“帮助”栏目，把比较有代表性、典型性的问题进行归纳整理。老师要积极回复学生提出的问题，这样才能提高师生间互动的积极性。

四、网络学习环境方面

（一）借鉴大自然生态系统的生态智慧，构建优美、和谐的公共英语网络课程学习环境

生态智慧是大自然馈赠给人类社会的文化精髓，如“天人合一”强调天与人的和谐，人与物的感应。“万物一体”强调人是自然界的一部分，人的生命与万物的生命是统一的，而不是对立的，人与天地万物和谐交融，“并育而不相害”。生物圈是地球上的最大的生态系统，在各个生物圈里，各种生物各司其职，与环境、生物之间进行着能量和信息的交换，处于永远和谐的动态平衡中。我们要借鉴生态智慧，尊重网络教育规律，在公共英语网络课程开发和各种媒体的设计中，从大自然的生态美中萌发灵感，把公共网络课程学习环境营造成一个令人心旷神怡的优美环境，各种媒体的色彩搭配、构图要符合学生的视觉心理，减轻学生生理和心理上的负担。另外，公共网络课程学习环境要强化交流功能，师生沟通渠道要畅通、沟通双方要民主平等，使网络课程学习社群、班级真正地活跃起来，使学生把学习社群作为自己生活和社交中的重要一部分。要给学习者预留自由度较大的创造空间，让他们在网络环境中进行思维创新和学习开拓。

（二）提供个性化的、强有力的学习支持服务是增强网络学习适应性的保障

学习支持服务是以学习者为中心，给学生的学习过程提供的支持与帮助，是对学生自主学习的支持，它是“各种信息的、资源的、人员的和设施的支助服务的总和”[①]。

学习支持服务可以分为两大类：学术性支持服务和非学术性支持服务。“现代教育技术”精品课要想提高课程质量，就需重视提供学习支持服务的水平，如学术性的支持服务，包括答疑、指导、作业、资源提供、教学实践等；非学术性支持服务，如通知、选课、选考、评优、技术支持、校园文化活动等，大体相当于传统学校教育中的教学管理和学生管理[②]。

在网络化学习中，每个在校大学生应该有一位导师（导师可以是学习好的同学，或者教师、助教），定期检查其学习情况，帮助其制订不同阶段的课程学习计划。公共英语网络课程学习中的学习支持服务应该充分考虑学习者的学习习惯、学习风格、需要和障碍，提供个性化的服务，给每个学习者建立个性化的个人学习档案，在他们需要帮助的时候提供必需的学习服务。

（三）营造良好的公共英语网络课程学习氛围，激发学生学习积极性

良好的公共英语网络课程学习氛围是提高学生学习效果的必要保障。我们在调查中发现，在问及学校网络环境下的学习气氛时，均值仅有2.19分，并且在问及学校公

---

① 窦梦茹，等.质量：远程教育和基于信息通信技术教育的关键［J］.中国远程教育，2006(5).

② 周晶晶.国家精品课程建设的现状、问题与对策［D］.浙江师范大学，2009.

共英语网络课程学习平台和学习支持服务时，均值都很低，仅有2.28分和2.15分。这说明目前高校在公共英语网络课程学习环境营造上还处在较低水平，不能很好地带动起学生的学习兴趣和学习积极性，这成为阻碍学习者公共英语网络课程的一个重要因素。因此，高校各个院系、教师都应该积极参与其中，比如可以通过引入竞争奖励机制、举办一些课外兴趣小组以及英语角等方式来营造一个良好的学习氛围，增强学生的学习自信心和学习积极性。

第八章　大学生网络娱乐行为调查研究

第一节　问题的提出

一、研究背景

在中国网民对各类网络应用的使用率排行中，网络音乐、网络视频、网络游戏以及博客/个人空间等网络娱乐类应用均在前列（如图8-1所示）。

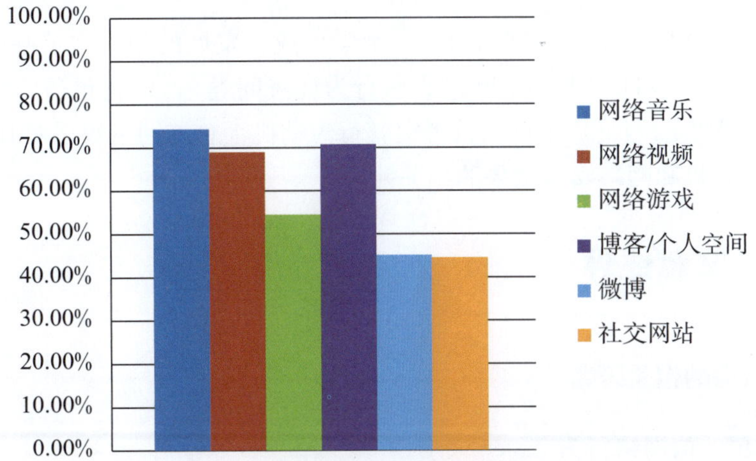

图8-1　中国网民对网络娱乐类应用的使用率

此外，2011年CNNIC发布《中国互联网络发展状况统计报告》《中国青少年上网行为调查报告》《中国网民网络视频应用研究报告》，其中显示排名前三的青少年网民娱乐应用分别是网络音乐（88.1%）、网络游戏（77.2%）和网络视频（67.0%），使用率均高于整体网民。可见，网络应用娱乐化特点在我国青少年群体中非常突出。如今，美国73.0%的互联网用户都在使用Facebook，占据了大部分的互联网市场。每个用户在Facebook花费的时间也从4.6小时增长到6.3小时，平均增长1.7小时。其他社交网站，如Linkedin、Twitter、Tumblr的访问量也在迅速地崛起。越来越多的美国人利用社交网络寻找老朋友、与家人保持联系，分享照片、音乐、阅读的书目和任何他们在网络上的见闻。其中网龄

8

在18—29岁的青年是这一网站的主要群体，而这一群体的主体是学生[①]。

从以上公布的数据可以发现，学生作为上网用户的重大群体，对其网络生活调查研究有着重要的意义。不可否认，这种快捷、便利的工具带给学生深厚的影响。BBS论坛、人人网等这些渠道拓宽了大学生的交际圈，增强了他们的社会涉入度。大学生在现实生活中遇到的困难和难题也能通过广泛的网络搜索而找到想要的答案。但是，网络资源暴露的负面性也不容小觑。如今的网络娱乐方式琳琅满目，多重的表现方式让大学生对这种虚拟空间的依赖度有增无减。一些自制力较差的学生很容易沉迷于此，因此荒废了现实生活中的学业。面对这种现状，我们既不能放任不管，也不能强制他们与网络隔绝，毕竟这是一个信息共享的时代，因噎废食的做法是极其不科学的。大学时期是青少年学生成长的关键时期，打造和谐的网络娱乐文化和理性的网络活动才是当下的要务。因此，分析和掌握大学生网络娱乐行为的特征，了解网络对大学生的影响，可以为相关工作者制定相应的引导对策提供参考。

二、研究目的

本章在广泛参考网络游戏、网络行为、大学生成长发展的相关文献基础上，进一步明确网络娱乐概念，设计“大学生网络娱乐行为调查问卷”，以定量研究法为核心，描述北京市在校大学生的网络娱乐现状，考察其行为动机，总结网络娱乐对其造成的影响，并分析网络娱乐动机和网络娱乐结果的相关性。

第二节　文献述评

一、网络行为的相关研究

（一）具体单一的网络行为

网络娱乐是网络行为的一种类型，它的研究起源于网络行为的相关研究，以对网络行为本质和特征的理论分析为研究典型。迄今为止，理论研究大都以网络行为与日常生活行为之间的差异为出发点，解释焦点放在个人行为对社会结构的建构上或社会结果对个人行为的制约上，从这种区别来研究网络行为的实质和特征[②]。黄少华[③]的观点最有代表性，他从后现代的角度提出网络行为呈现出身体不在场、戏剧化、审美化、去中心化、拟像化、狂欢化、平面化、碎片化等特性。正是这些特性的存在，使得网络行为有着诸

① http://www.199it.com/archives/tag/pew-research-center/page/2，2014-04-02.
② 李一.网络行为：一个网络社会学概念的简要分析［J］.兰州大学学报（社会科学版），2006（5）.
③ 黄少华.论网络空间的人际交往［J］.社会科学研究，2002（4）.

多的表现模式。因此，在理论梳理中，国内外学界更多关注对具体某种网络行为的研究。比如，美国心理学家谢里·特克尔（Sherry Turkle）[①]基于MUD游戏中角色扮演行为帮助人类思考人际关系、政治、性、自我。心理学家扬[②]则聚焦于多种网络成瘾问题来分析对人造成的影响以及对策。巴里·韦尔门（Barry Wellmen）[③]从社会学角度谈论网络交往的问题，提出“个体社群”概念，即以个人为中心的非正式人际纽带所结成的社会网络。

（二）网络娱乐类型

内容丰富的网络行为使得部分研究者将关注点放在了行为分类上，大都以实证调查为主。有学者通过对美国18岁以上成年人实证调查，将网络行为分为四种基本类型：以兴趣和娱乐为主要取向的网络行为（如网络游戏、浏览网页等）；以获取信息为主要取向的网络行为（如阅读新闻、获取金融信息等）；与日常生活相关的网络行为（如从事工作或学习）；在线交易（买卖股票、订票等）[④]。周林[⑤]从心理学的角度，将网络行为区分为交互式行为（聊天室、在线游戏等为增加或促进社会交往的行为）与非交互式行为（信息查询、资料收集、浏览网页等为完成某种人物或搜集信息的行为）两类。王卫东[⑥]则根据获取目的，将网络行为区分为工具性取向的网络行为（通过理性方式获取一定的资源，如信息、社会地位等）和情感性取向的网络行为（满足情感上的某种需要或获取愉悦感）两种基本类型。

通过文献梳理，我们不难看出网络行为研究都关注了以休闲、享受、放松为功能的行为，虽然来自不同学科背景的学者从不同角度给予了不同分类及命名，但其行为本质都注重满足人的娱乐需求。因此，称之为网络娱乐。

二、网络娱乐的行为现状

（一）社会人口学特征

近年来，有关青年网络生活的调查很普遍，重点放在大学生的网络使用习惯、倾向、网龄、上网频率、上网时间等方面。美国高等教育信息化专业协会于2004年发起了“大学生与信息技术”的年度调查。研究表明大学生的上网时间逐年增加，其长短与信息技术的采纳角色和所学专业相关；另外，有研究显示，越是低年级的大学生，花在娱乐上的时间越多[⑦]。2009年，挪威英格·约翰纳·巴肯（Inger Johanne Bakken）对

8

① Sherry Turkle.虚拟化身：网路空间的身份认同［M］.谭天，吴佳真，译.台北：远流出版事业股份有限公司，1998.

② Young, K. S. 网虫综合症：网瘾的症状与康复策略［M］. 毛英明，毛巧明，译. 上海：上海译文出版社，2000.

③ Barry, W. & Caroline. The Internet in Everyday Life［M］. Haythornthwaite, Blackwell Publishers,2003.

④ 黄少华，武玉鹏.网络行为研究现状：一个文献综述［J］.兰州大学学报，2007（2）.

⑤ 周林.上海市大学生网络行为偏好与应对方式关系研究［J］.青少年犯罪问题，2008（1）.

⑥ 王卫东.关于互联网方法和行为的研究［D］.北京：中国人民大学，2003.

⑦ 梁林梅，李逢庆.信息技术与大学经历：北美高校的现状及特性评述［J］.远程教育杂志，2012（2）.

16—74岁的3 399例成年人调查显示：男性、年轻、大学教育水平及经济状况不佳这几个因素与网络成瘾具有相关性。日本、印度、法国等国针对学生网络使用问题也展开过类似的研究①。

在国内，中国互联网络信息中心从1997年开始，每年全面地展开两次调查。其中，2010—2012年还专门统计了青少年群体的网络行为。截至2012年12月，92.2%的青少年网民在12—24岁，其中以19—24岁的网民最集中。从整体上看，学生群体的网民规模有所下降，这与课业负担和逐渐加大的升学压力不无关系。但上网时长却不降反升，大学生网民为22.8小时/周，比2011年增加了1.8小时/周。同时，网络使用呈现地区差异性，西部地区学生在传统社交领域表现出积极性；而中部和东部地区学生则崇尚网络娱乐类应用，尤其是东北部学生，其网络游戏使用率达69.9%②。有专门针对大学生上网时间的研究结果显示，大多数学生每周耗时 5—15小时，有学生每周会超过35.0小时。除此之外，性别和专业也是影响上网时间的重大因素，男生普遍比女生在互联网上花更多时间，理工科学生比人文社科学生的上网时间要长③。

（二）行为内容

为具体了解学生在线网络活动的内容，许多研究通过问卷方式进行调查。2002—2007年，美国40所高校学生的在线娱乐活动比例提高了18.0%，而网络学习的时间则同比下降④。在我国，对学生网民而言，网络更多扮演着一种娱乐的角色，集中在听音乐、阅读新闻、下载图片或声像资料、玩游戏等活动⑤。2012年，中国互联网络信息中心在针对青少年上网行为的报告中指出，网络音乐、网络视频、网络文学、网络游戏在大学生中的普及率分别达到90.8%、84.1%、57.4%、61.4%，均高于网民平均水平⑥。张军军⑦以海南大学的在校生为研究对象，发现学生浏览人人网、开心网、豆瓣网等社区的比例远高于其他社区；网上影音活动主要集中在看电影、电视剧和视频上。相对而言，男生对新闻资讯比较关注，女生则偏爱电视剧和综艺节目，而电影在男、女生的问卷回答中都是首选。

① 周颖，黄荣怀.国内外学生网络生活方式调查和对策研究述评［J］.中小学信息技术教育，2013(2).
② 中国互联网信息中心.2012年中国青少年上网行为调查报告［EB/OL］.http://www.cnnic.net.cn/hlwfzyj/hlwxzbg/201108/P020120709345278379037.pdf, 2014-03-05.
③ 梁林梅，赵建民.大一学生网络应用行为调查研究——以南京高校为例［J］.电化教育研究，2013(1).
④ Jones, S., JohnsonYale, C., Millermaier, S., et al. Everyday life, online: U.S. college students' use of the Internet[J]. First Monday, 2009(10).
⑤ 纪秋发.青少年使用网络的实证研究［J］.北京青年政治学院学报，2002(12).
⑥ 中国互联网信息中心.2012年中国青少年上网行为调查报告［EB/OL］.http://www.cnnic.net.cn/hlwfzyj/hlwxzbg/201108/P020120709345278379037.pdf, 2014-03-05.
⑦ 张军军.大学生网络娱乐生活的调查现状与分析［J］.新教育，2011(10).

三、网络娱乐的行为动机

从动机视角进行网络娱乐的研究不少，总体呈现出多样化特征，主要体现在获取课外信息、缓解学习生活压力、增进交流话题、使用免费便捷这四方面。尤其是网络游戏领域，国内外专家对其关注度颇高。一种是以目前较成熟的理论系统为基础来界定网络游戏动机，属于自上而下的思路，理论层次较高。比如，瑞安（Ryan）①等人以自我决定理论为基础，探讨了网络游戏对个体自主、能力和关系这三种需求的满足。游戏设计师理查德（Richard）②以人本主义需要理论为出发点，解释了游戏行为持续的因素是玩家对挑战、独处经历、炫耀权力、情感体验、幻想等行为的需求。乔伊（Choi）和金（Kim）③通过对网络游戏忠诚度的研究，得出心理动机是影响玩家游戏对象的重要因素。由于这些理论对行为的解释具有通用性，不因对象不同而产生差异，所以该类研究体现不出网络游戏动机的独特性。

而另一种研究则采用自下而上的思路，即先不假设动机类型，而是在访谈或调查问卷基础上进行因素分析，最后确定网络游戏动机。但研究成果和前者不谋而合，仍然较多关注玩家的心理需求，且动机因游戏涉入程度不同而有差异，基本体现在娱乐休闲、交流互动、价值实现、寻求认同这几大类上。巴特尔（Battle）④通过两个维度将网络游戏动机分为获得成就、探索游戏、交往玩家、强迫他人四个动机因素。伊（Yee）⑤在巴特尔模型的基础上，用因子分析的方法得出参与网络游戏的五个因素，分别为关系、沉溺、悲伤、成就、领导。尚俊杰等人⑥通过词频分析法和文本分析法，归纳出玩家参与网络游戏的休闲娱乐、社会交往、成就、权利、逃避与刺激、角色扮演、深层（幻想、好奇、控制、挑战）八个动机体系。才源源等人⑦构建了网络游戏心理需求模型，量化研究后得出情感补偿与发泄、人际交往与团队归属、成就体验这三个动机维度。还有学者从游戏与学习动机的匹配度、内在及外在因素等角度对网络游戏动机进行研究和阐述。

---

① Ryan, R. M., Rigby, C. S., &Przybylski, A. The motivational pull of video games: a self-determination theory approach [J]. Motivation and Emotion,2006, 30 (4).

② Richard, R. 网络游戏：原理与实践 [M]. 尤晓东，译. 北京：电子工业出版社，2003.

③ Choi.D, Kim.J.Why people continue to play online games:in search of critical design factors to increase customers loyalty to online contents [J]. Cyberpsychology &Behavior,2004,7 (1).

④ Bartle, R. Heart, clubs,diamonds, spades: players who suit muds [J]. Journal of MUD Research, 1996,1 (1).

⑤ http://www.nickyee.com /fac-ets/ home.html, 2014-02-01.

⑥ 尚俊杰，庄少勇，李芳文，等. 网络游戏玩家参与动机之实证研究 [J]. 全球华人计算机教育应用学报，2006 (4).

⑦ 才源源，崔丽娟，李昕. 青少年网络游戏行为的心理需求研究 [J]. 心理科学，2007 (1).

四、网络娱乐的行为结果

大学生是网络使用的广泛群体，网络娱乐类应用又是他们的首选，这对其日常生活和现实行为产生了重大影响，且集中体现在认知成长、社会性发展、网络成瘾这三个方面。

（一）认知成长

大学生通过上网娱乐休闲，释放压力，带来了愉悦感和成就感。从网络上了解最新的科技动态，感悟创造者的智慧。浏览各类资讯，主动获取信息。这些行为间接地加强了学生的人文素养，完善了他们的知识结构，提高了他们对社会的理解力。

网上娱乐环境集视觉、听觉、画面于一体，这就要求参与者要对一系列信息符号进行甄别，再做出决定，选择自己感兴趣的事物。这种情境设定提供了空间探索的经验和想象力的激发，这种探索活动有助于培养创新能力。网络娱乐对认知能力的影响也因个体而异。有研究表明，随着网络涉入程度的加深，大学生的自我认识会更积极[①]。

（二）社会性发展

青年群体所面临的两项主要的应激和发展性任务是自我同一性的形成和亲密关系的建立[②]。自我同一性就是指个体对自己的本质、价值、信仰及一生趋势的一种相对稳定一致和比较完整统一的意识。坎格（Kang）[③]认为，在线网络娱乐行为可减少个体的孤独感，缓解压抑情绪，提高对社会的支持和自尊的认知。也有学者从心理幸福感的角度评定学生成长过程，认为虚拟空间中个体权利和责任的弱化形成了对学生的包容，这有利于他们顺利完成现实生活的过渡；同时，恰当的网络使用能提高生活质量和心理幸福感[④⑤]，而这些都是传统娱乐无法实现的。

网络娱乐中的人际互动在游戏中体现得更为明显，玩家结成联盟进行打怪、升级，这种互动甚至建立起比现实生活中更亲密的关系。然而，也有学者对这种关系持否定态度。他们认为，网络游戏导致个体沉迷，削弱了社会联系，使得大学生参加集体活动及实践的机会大为减少，这造成现实中的人际关系淡化[⑥]。综观两种态度，分歧点在于对虚拟非现实交往的认可度。支持者认为这能使青少年避免面对面交往时产生的焦虑感，自

① 吕炜.大学生网络行为与自我成长相关性研究［D］.西北工业大学，2011.

② 崔丽娟，王小晔.互联网对青少年心理发展影响研究综述［J］.心理科学，2003（3）.

③ Kang, S. Disembodiment in online social interaction: impact of online chaton social support and psychosocial well-being［J］. Cyberpsychology and Behavior, 2007, 10（3）.

④ Ceyhan, A. A., & Ceyhan, E.Loneliness, depression, and computer selfefficacy as predictors of problematic Internet use［J］. Cyberpsychology & Behavior,2008,11（6）.

⑤ Amichai-Hamburger Y, & Furnham A. The positive net［J］. Computers in Human Behavior, 2007, 23（2）.

⑥ 骆少康，方文昌，魏志鸿，汪志坚.线上游戏使用者之实体人际关系与社交焦虑研究［EB/OL］. http://www.ckitc.edu.tw/~net/tanet2003/pdf/G3/9740.pdf, 2013-09-02.

行决定自己扮演的角色，这一互动过程促进玩家发现自我、重塑自我。反对者则认为正是这种面对面交往的减少降低了青少年的社会交往能力，使他们在面对现实世界的关系时更加缺少准备，匿名身份是阻碍个体社会性发展的主要障碍。

（三）网络成瘾

有关网络成瘾的概念界定，学界有不同术语命名，但内涵基本相同，指重复使用网络导致的一种周期性着迷状态；同时还会产生想要增加使用时间的张力与耐受性、克制等现象，对于上网产生的快感会产生心理和生理上的依赖。目前主要采用量表的方法来判定网络成瘾，国内具代表性的量表有以大学生为样本编制的“中文网络成瘾量表”，用安戈夫（Angoff）方法编制的网络成瘾界定量表[①]。

1. 现实人格特征

网络成瘾群体年龄平均在15.9岁，而且绝大多数为男性。调查基本都运用艾森克人格问卷对成瘾者进行测试，均表现出特别的人格性质，主要表现为敏感、情绪不稳定、自负，生活中常有孤僻、冷漠、不合群等不良的体验，并且在有恒性和自律性上显著低于常人[②③④]。其中尤其强调自我管理能力的缺陷，正是这种能力的缺失导致他们做出无效的时间安排，进一步加剧心理和情感问题的出现[⑤⑥]。

2. 身体健康影响

长期沉迷网络对学生的身体健康有非常不利的影响，用眼过度会导致视力下降、眼痛、畏光等疾病[⑦]。玩游戏需要集中精力并且坐姿不变，长期容易导致肌肉骨骼系统紊乱，会产生脊柱压迫、内脏压迫的症状，甚至导致心肺功能失调[⑧]。在青年群体中，网络对身体影响最明显的是睡眠时间减少，再加上用脑过多，表现出记忆力下降、反应迟钝、思维不敏捷、失眠、心烦易怒等症状[⑨]。

3. 成瘾原因

有关网络成瘾的原因，大都从网络特性、青少年特点、社会结构因素这三方面进行

① 崔丽娟，赵鑫.用安戈夫（Angoff）方法对网络成瘾的标准设定［J］.心理科学，2004(3).

② 张轶楠.网络游戏对青少年人格心理发展的影响［J］.现代传播，2003(5).

③ 张宏如.网络成瘾大学生动机与人格特征［J］.健康心理学杂志，2003(5).

④ 崔丽娟，赵鑫，吴明证，等.网络成瘾对青少年社会性成长发展研究[J].心理科学，2006(1).

⑤ Cao,F., & Su, L. Internet addiction among Chinese adolescents: prevalence and psychological features［J］. Child: Care, Health and Development, 2007, 33(3).

⑥ 黄希庭，张志杰.青少年时间管理倾向量表的编制［J］.心理学报，2001(4).

⑦ Sun, J. Chinese college student internet use and its impact on their health and life［C］. International Conference on Computational Intelligence and Software Engineering, 2009:1-3.

⑧ Liu,X.H., Wang, L., Yang, Q. Analysis on influencing factors and countermeasures for college students' network entertainment［J］. Higher Education Studies.2012, 2(4).

⑨ 杨海娟.关注网络对人健康的影响［J］.福建电脑，2013(2).

解释。扬[①]基于网络的物理特性提出了ACE模型，A、C、E分别指匿名（anonymity）、便利（convenience）、逃避现实（escape）。他认为这三个特点导致了网络上瘾。戴维斯（Davis）[②]基于人的认知特点提出了认知—行为模型，他认为影响网络上瘾的关键因素为非适应性认知，包括否定自我评价、自我怀疑、认为现实一无是处等。由于青少年具有对新事物敏感、寻求自我、好奇心强、渴望交流、自制力相对较弱等特征，很容易在丰富多彩的网络虚拟世界中得到现实生活中无法满足的快乐，从而导致网络上瘾。除寻找个体归属感外，大学生网络成瘾的原因还包括教育评价形式单一，网络监管力度和立法不足，以及社会家庭结构变迁等多方面的原因[③]。

第三节　研究设计

一、研究问题及思路

本章对大学生中普遍存在的网络娱乐现象进行全面考察，旨在解决以下问题。

（一）大学生的网络娱乐行为的特征

包括大学生群体上网的时间、频率、网络活动的内容，重点对网络音乐、网络视频、网络游戏、信息资讯浏览四方面进行调查。

（二）大学生进行网络娱乐的动机

选取网络娱乐中音乐、视频、资讯浏览、游戏这四个代表性网络娱乐活动，通过量表测量学生的娱乐动机。

（三）网络娱乐对大学生的现实行为带来的结果

网络娱乐活动内容丰富，形式多样，社会的议论褒贬不一。因此，在线娱乐活动究竟对学生产生怎样的影响也是本章研究的焦点。为了综合考察其对大学生的影响，本章从认知成长、社会性发展、现实人格、身体健康、网络成瘾五个维度设计问卷量表，尽量多角度衡量学生因网络娱乐行为而受到的正负面影响。

基于以上问题的解决，本研究的落脚点放在分析动机与结果关系这一层面上。借助调查数据，对二者进行因子分析，提取出相关具有解释力度的因子。最后设计出多元嵌套模型，把动机和结果分别作为解释变量和因变量引入模型进行回归，分析二者的相关性。

① Young, K. S. Internet addiction: symptoms, evaluation, and treatment［J］. Innovations in Clinical Practice: A Source Book, 1999.

② Davis, R. A. A cognitive-behavior modal of pathological internet use［J］. Computer in Human Behavior.2001（2）.

③ 谭敏.大学生网络成瘾的现状、原因和防治研究［J］.科技导刊，2012（34）.

研究流程如图8-2所示。

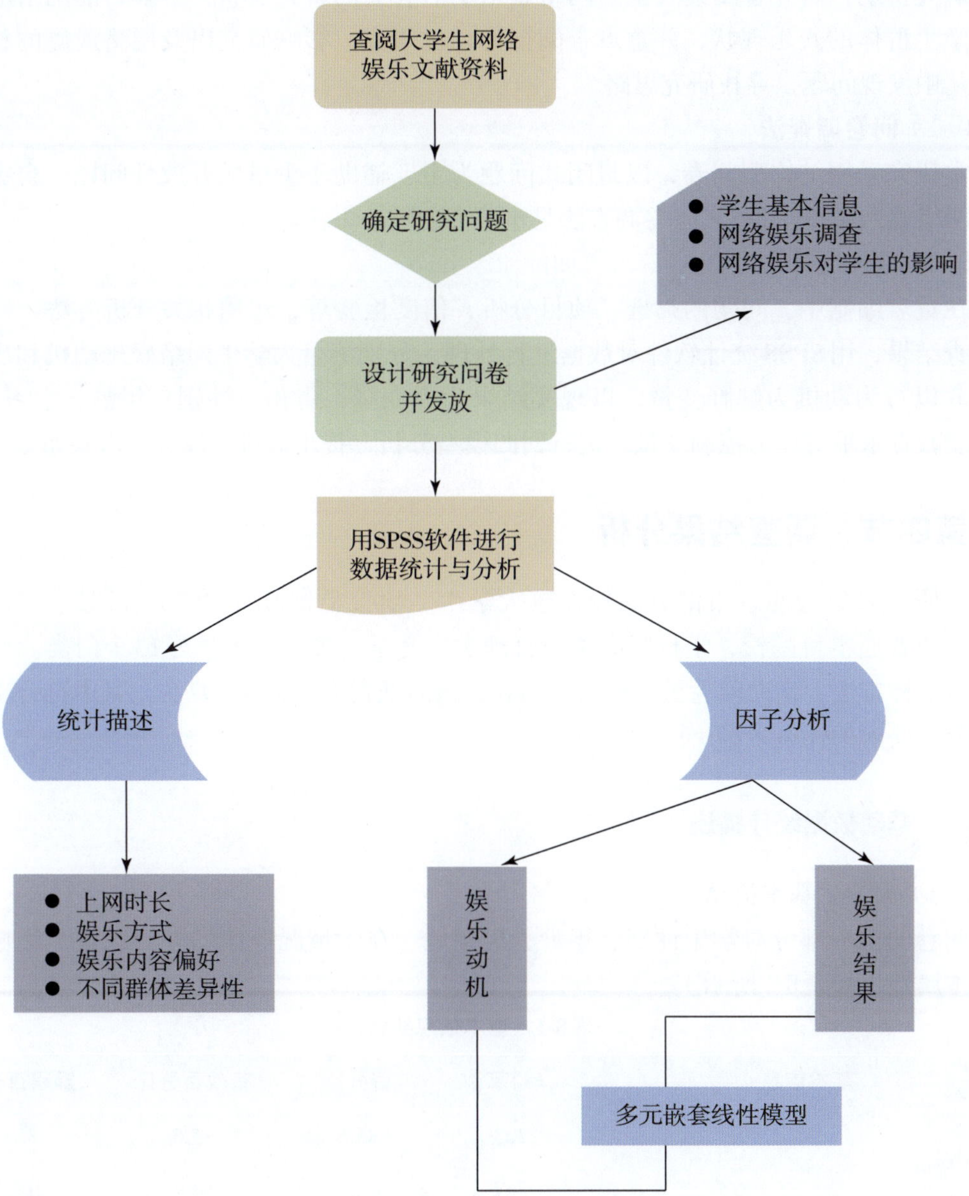

图8-2　大学生网络娱乐行为研究流程图

二、研究方法

本研究主要采用文献研究法、问卷调查法、数理统计法。

（一）文献研究法

研究初期，研究者阅读大量与网络娱乐生活有关的研究资料，了解目前网络应用类型、学生群体的娱乐现状，并重点查阅行为动机研究、影响研究以及网络成瘾的相关文献。从中发现问题，寻找研究思路。

（二）问卷调查法

本研究采用结构型问卷，以封闭式问题为主，辅助于少量的开放性问题，自编“大学生网络娱乐调查问卷”。问卷调查法是本研究的核心方法。

（三）数理统计法

在量表编制中，问题的筛选、项目分析、信度检验等，运用相关分析方法。针对问卷调查结果，用SPSS统计软件对数据进行处理，分别测量大学生网络娱乐动机和现实结果；并以行为动机为解释变量，以现实结果为因变量，省份、性别、年龄、学习成绩、父母受教育水平等作为控制变量，进行回归模型分析，提出假设，探究二者关系。

第四节　调查结果分析

本研究对象为北京市部分高校在校大学生。学校类型涉及“985”院校、“211”院校、一般普通本科院校，学科门类覆盖管理学、文学、理学、工学等13个门类。调查采用随机抽样方法，借助问卷星平台公布问卷，最后获得有效样本597个，其中符合本研究数据分析要求的样本为570个。

一、基础数据统计描述

（一）大学生基本信息

问卷的第一部分对学生性别、年龄、生源地、在学情况等信息进行调查，反映大学生基本属性（如表8-1所示）。

表8-1　基本信息统计

基本信息		频率	百分比	有效百分比	累积百分比
性别	男	203	35.6	35.6	35.6
	女	367	64.4	64.4	100.0
年龄	12—17岁	15	2.9	2.9	2.6
	18—23岁	470	89.2	89.2	92.1
	24—26岁	37	7.0	7.0	99.1
	27—28岁	5	0.9	0.9	100.0

续表

基本信息		频率	百分比	有效百分比	累积百分比
生源地	直辖市/省会城市	219	38.4	38.4	38.4
	地级市	87	15.3	15.3	53.7
	县城或县级市	102	17.9	17.9	71.6
	乡镇	68	11.9	11.9	83.5
	农村	94	16.5	16.5	100.0
院校类型	“211”	230	40.4	40.4	40.4
	“985”	50	8.8	8.8	49.1
	一般院校	290	50.9	50.9	100.0
学科类型	人文科学（哲学、文学、历史学、艺术学）	51	8.9	8.9	8.9
	社会科学（经济学、法学、教育、管理学）	301	52.8	52.8	61.7
	工学	75	13.2	13.2	74.9
	理学（理学、农学、医学）	143	25.1	25.1	100.0
政治面貌	中共党员（含预备党员）	73	12.8	12.8	12.8
	要求入党积极分子	70	12.3	12.3	25.1
	共青团员	410	71.9	71.9	97.0
	群众	17	3.0	3.0	100.0

在570份问卷中，男生有203人，占比为35.6%；女生为367人，占比为64.4%；性别比例女生稍多。年龄分布最大群体为18—23岁，共470人，占比为83.9%；24—26周岁年龄段次之。被调查者中来自大城市的学生最多，占比为38.7%；农村学生最少，占16.5%。院校类别上，一般院校和“211”院校学生分占比为40.4%和50.9%，构成了样本的主体；而“985”院校学生仅占8.8%。专业分布上，社会科学专业学生占比最多，达52.8%；其次为理学专业，占比为25.5%；工学专业学生和人文科学专业学生均在15.0%以下。就学生政治面貌而言，共青团员最多，共410人，占比为71.9%；中共党员（含预备党员）和入党积极分子次之，均约12.0%；群众面貌最少，仅占调查者的3.0%。

（二）大学生网络使用信息

通过对大学生上网设备及上网时间长短的调查，可以看出大学生参与网络娱乐的程度及其在大学生生活中的比重。

研究表明，85.6%和84.4%的学生都使用笔记本电脑和手机进行上网。同时，65.6%的学生表示学习生活区覆盖了无线网络。

从学生每天上网的时间来看，绝大多数学生都能理性对待网络。58.2%的学生能把上网时间每天控制在1—3小时，这类学生能把网络娱乐控制在适当的程度，既能放松愉悦心情，也不会影响自己的正常生活。其次为4—6小时，学生比例为20.5%。仅有11.2%的大学生每天上网时间低于1小时，这些学生只是偶尔上网，网络娱乐仅是他们生活调剂的一部分。而每天上网在6小时以上的大学生占10.0%，这些人群大多天天沉浸在网络中，是有可能发展为网络成瘾症的危险人群。

二、大学生的网络娱乐现状

（一）网络娱乐方式

网络娱乐作为大学生课余生活的一部分，有着非常丰富多彩的形式。具体类别如图8-3所示。

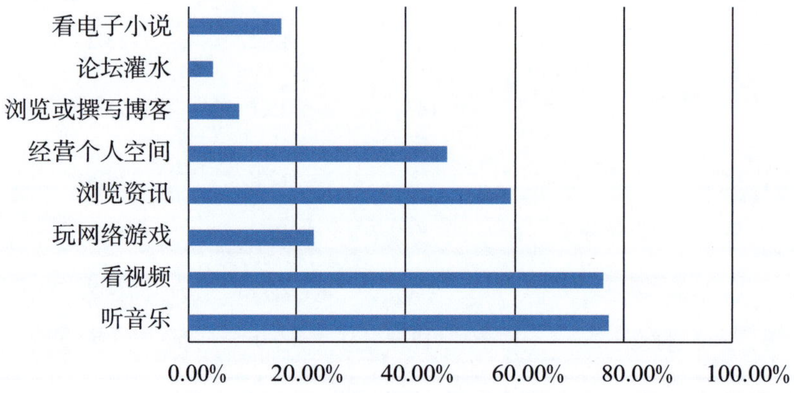

图8-3　大学生网络娱乐方式

在调查者中，排名前五位的网络娱乐应用依次为听音乐、看视频、浏览资讯、经营个人空间（QQ、人人网等）、玩网络游戏。其中，听音乐和看视频应用比例接近，约为80.0%，浏览资讯和经营个人空间紧随其后，分别达59.5%及47.5%（百分比含义为选择该选项的人次在所有填写人次中所占的比例。）网络游戏的比例较低，仅为23.3%，这一低态势反映了网络游戏对大学生的吸引力并没有想象中的强烈。如今绝大多数大学生能够理性对待网络游戏，并不都沉浸其中。

（二）网络娱乐频率

网络生活作为大学生课余生活的重要组成部分，其时间的随意支配性在大学生中十分明显。对于不同类型的网络娱乐，大学生表现出不同的需求（如表8-2所示）。

表8-2　大学生网络娱乐频率（小时/天）

网络娱乐		频率	百分比	有效百分比	累积百分比
网络音乐	从未听过	24	4.2	4.20	4.2
	0.5小时内	295	51.8	51.80	56
	0.5—1小时	153	26.8	26.80	82.8
	1—3小时	63	11.1	11.10	93.9
	3小时以上	35	6.1	6.10	100.0
网络视频	从未看过	22	3.9	3.90	3.9
	0.5小时内	188	32.9	32.90	36.8
	0.5—1小时	176	30.9	30.90	67.7
	1—3小时	134	23.5	23.50	91.2
	3小时以上	50	8.8	8.80	100.0
网页浏览	从未浏览	3	0.5	0.50	0.5
	0.5小时内	155	27.2	27.20	27.7
	0.5—1小时	241	42.3	42.30	70
	1—3小时	118	20.7	20.70	90.7
	3小时以上	53	9.3	9.30	100.0
网络游戏	0—0.5小时	306	53.7	53.70	53.7
	0.5—1小时	157	27.5	27.50	81.2
	1—3小时	89	15.6	15.60	96.8
	3—6小时	12	2.1	2.10	98.9
	6小时以上	6	1.1	1.10	100.0

整体来看，绝大多数大学生能将各项娱乐时间每天控制在1小时。其中，在线听歌（包括从网上下载的歌曲）、在线看视频（包括从网上下载的视频）、浏览网页的学生比例分别达78.6%、63.8%、69.5%。相比其他方式，大学生进行网络游戏的频率明显偏低，53.7%的大学生将游戏娱乐时间控制在0.5小时，用时3小时以上的比例更是低至3.3%。可见，大学生网络生活中网络游戏的应用并不突出，网络沉溺的现象也不多见。

（三）大学生的网络娱乐内容

有关各类娱乐形式，其主题内容也各式各样，网络上可谓五花八门，大学生因此也表现出不同的偏好。

1. 网络音乐

有关网络音乐的类型，如图8-4所示。

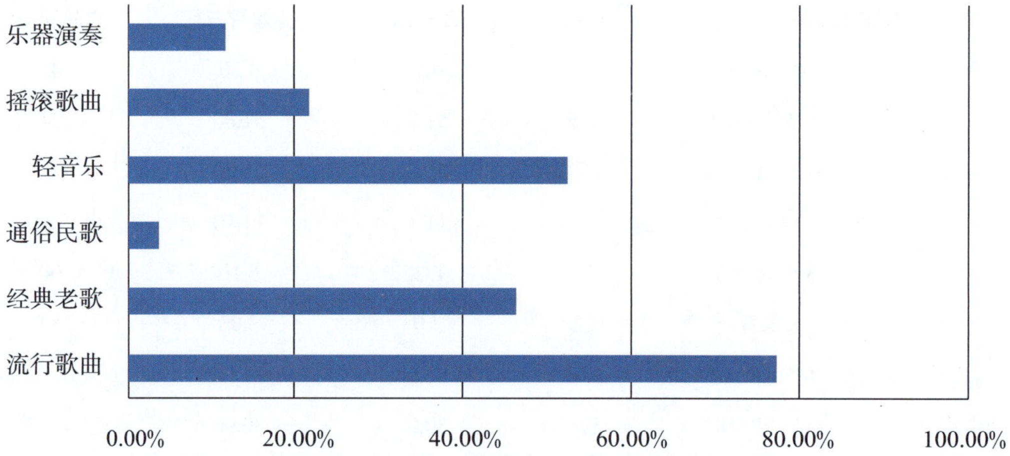

图8-4 大学生对网络音乐类型的偏好

研究表明，流行歌曲、轻音乐、经典老歌这三类音乐最受大学生欢迎，分别占77.5%、52.5%、46.3%，这体现了大学生时尚、潮流、知性、情感细腻的特征。

2. 网络视频

与网络音乐类似，网络视频也是种类繁多，有电影、电视剧、综艺、动漫等各类型。每位大学生的兴趣和个人特点不同，因此整个群体也呈现出对网络视频需求的差异化特征（如图8-5所示）。

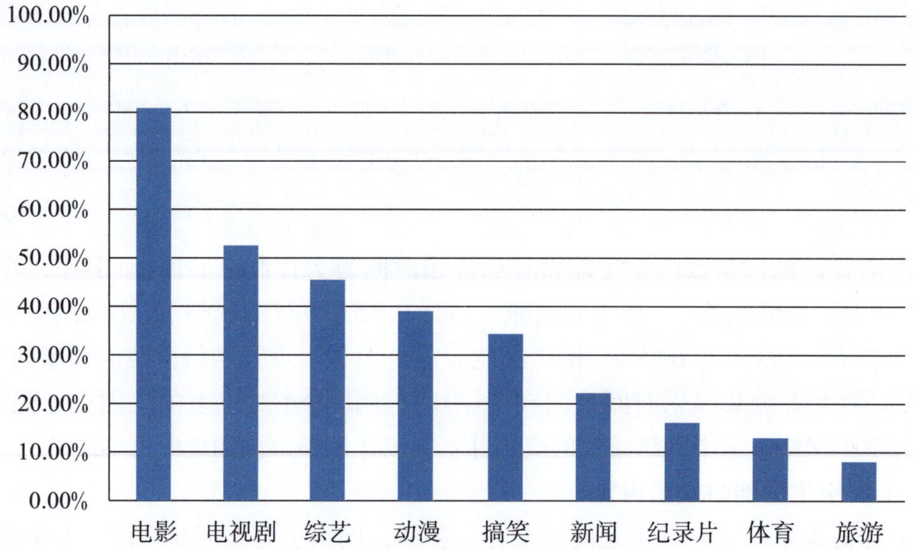

图8-5 大学生对网络视频类型的偏好

研究表明，电影是最受大学生追捧的视频类型，占比多达80.7%；电视剧次之，占52.8%。综艺排名第三，占45.3%。其余内容，比如动漫、搞笑、新闻、纪录片、体育、旅游视频均受到大学生不同程度的喜欢。网络视频在大学生中的普及性及受欢迎度体现其在大学生网络娱乐中的重要地位。

3. 网页浏览

针对大学生网页浏览内容，本研究采用多选排序题进行调查，涉及社会生活不同领域。图8-6为各选项平均综合得分，它反映了各项综合排名情况，得分越高表示综合排序越靠前。

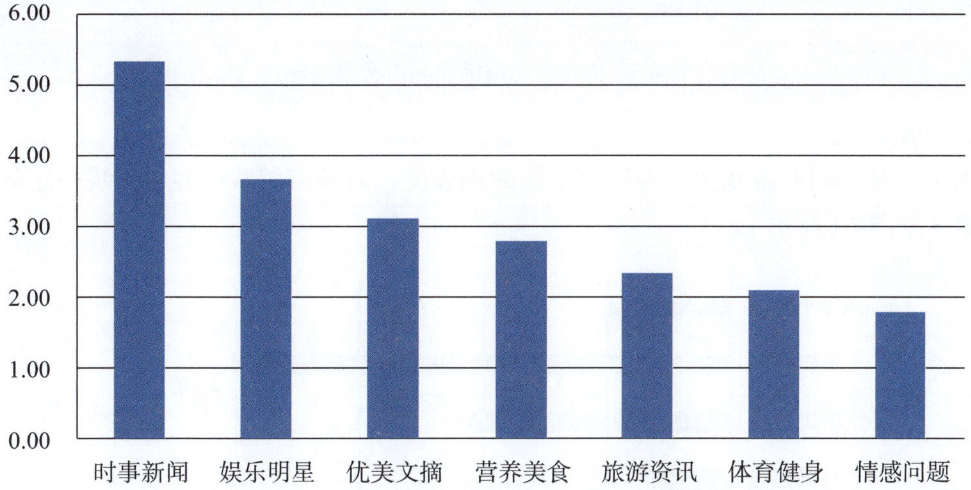

图8-6　大学生对网页浏览内容的偏好的综合平均分

研究表明，时事新闻是最受大学生关注的内容，位于榜首。娱乐明星的八卦信息和优美文摘类信息对大学生也有较高的吸引力，分别排第二、三位。此外，营养美食、旅游资讯、体育健身等方面资讯也有一定的关注度，但不具有普遍性。大学生对网页中的时事新闻、文摘、娱乐八卦等资讯的浏览，体现了当代青年关注社会、注重心灵提升、个性活泼开放的特征。

4. 网络空间

当下，开心网、人人网、QQ等各式网络空间都能开放互动，内容和信息呈现广泛、时效、新潮的特点。这些吸引着诸多大学生免费注册，在其网络生活中也备受追捧。如图8-7所示。

研究表明，QQ空间、人人网等都是大学生经营频繁的个人空间。人生感悟、社会热点、笑话趣事、影视音乐等内容都受到大学生普遍关注，多在空间中转发和分享。而有关学术方面的话题在网络空间中出现比例明显偏小，仅为21.2%。这体现了经营网络空间是大学生娱乐的一种方式，其开放性、互动性、及时性的特点很受学生欢迎。

8

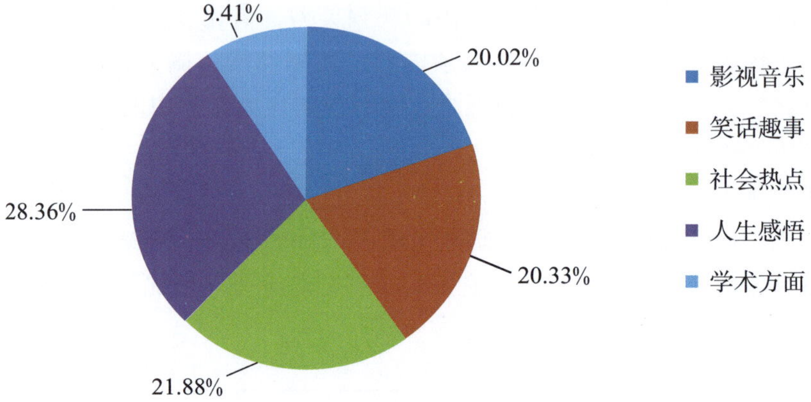

图8-7　大学生对网络空间内容的偏好

5. 网络游戏

大学生对不同的游戏类型表现出不同的热衷度，对各类游戏内容也呈现一定的差异化需求（如图8-8所示）。

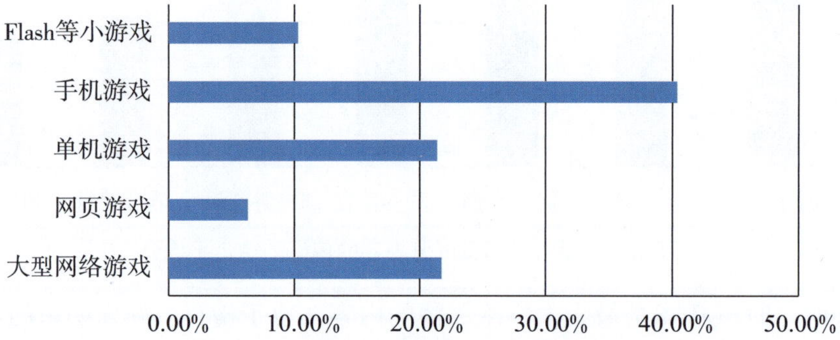

图8-8　大学生对网络游戏类型的偏好

研究表明，手机游戏因其便捷性在大学生中受到的青睐度最高，达到40.4%；大型网络游戏次之，占比21.8%，单机游戏比例与后者接近。其余如Flash等小游戏、网页游戏在大学生中的应用比例明显偏低。

针对游戏内容的偏好调查，本研究采用多选排序题进行，涉及不同内容。图8-9为各选项平均综合得分，它反映了选项的综合排名情况，得分越高表示综合排序越靠前。

研究表明，益智类游戏的综合得分排名最靠前，达3.92分，休闲类游戏次之。动作类、音乐类游戏也得到大学生的喜爱，但应用率不如前二者。尤其要注意的是，RPG角色扮演类游戏的喜好度排名仅为第5位，并非极度热衷。这些数据说明，如今的大学生能够理性对待游戏，乐于玩一些能够提升自己、放松休闲的小游戏，整体没有呈现出沉浸在大型网络游戏中的情况。

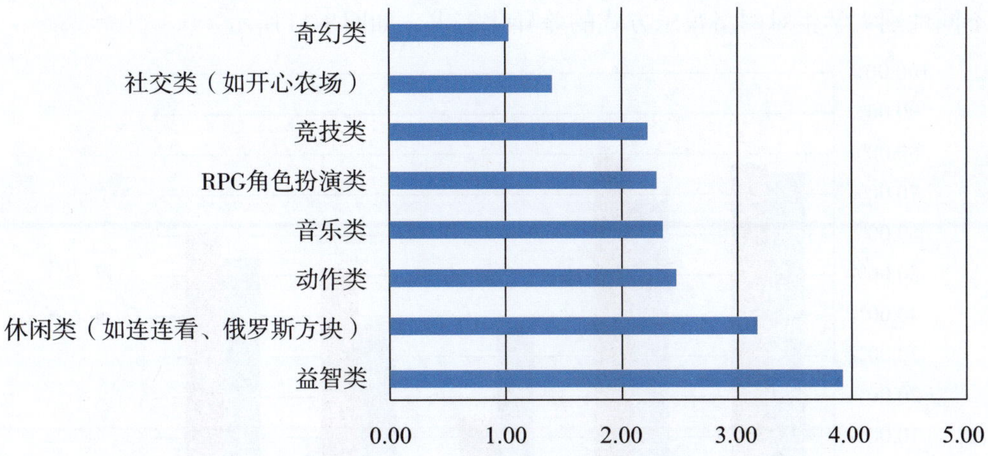

图8-9　大学生对网络游戏内容的偏好

（四）大学生网络娱乐的不同需求

本研究按照性别、年级、专业三个类别分别统计各层次学生的网络行为需求，分析不同群体间的差异。

1. 不同性别大学生的网络娱乐需求分析

男生和女生对上网时长、上网娱乐方式的差异化需求，如图8-10所示。

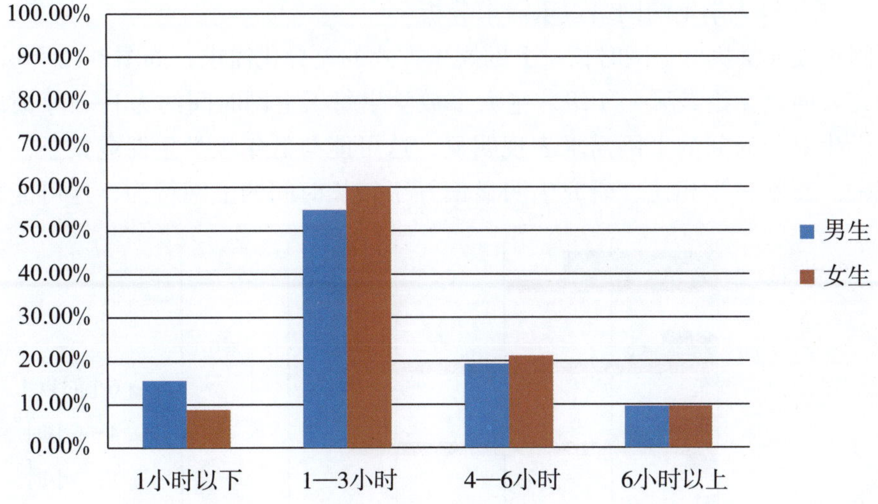

图8-10　不同性别大学生的上网时长差异

研究表明，不同性别的大学生上网时长需求总体相似，集中于1—3小时。此外，男生1小时以下的人数比例明显高于女生，而其他时间段均少于女生。这说明男生对上网时长的需求不如女生强烈，网络对男生的吸引力不如对女生的吸引力强。

8

不同性别大学生对网络娱乐方式的差异化需求，如图8-11所示。

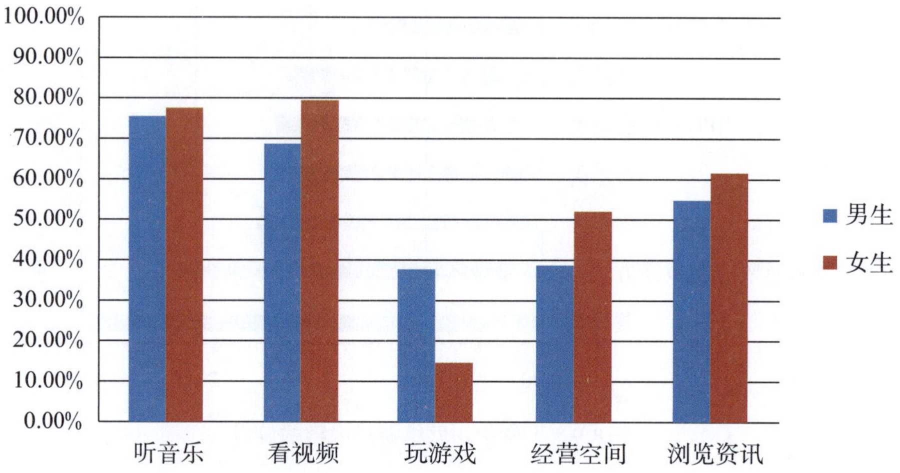

图8-11　不同性别大学生的网络娱乐方式差异

研究表明，不同性别的大学生在网络娱乐方式选择上与总体有相似结果：听音乐和看视频的比例大，浏览资讯和经营空间次之，玩游戏比例最小。总体相似，但仍有差异，体现在：与男生相比，女生侧重于看视频、经营空间以及浏览资讯这三项网络娱乐活动；男生在网络游戏方面有着明显的偏重。

2. 不同年级大学生的网络娱乐需求分析

不同年级大学生对上网时长、上网娱乐方式的差异化需求，如图8-12所示。

研究表明，无论是哪一年级，绝大多数学生每天上网时间约为1—3小时。随着年级递增，学生对长时间的上网需求表现明显，这可能与低年级学生课业繁重，自由支配时间少有关。与本科生相比，研究生明显偏好于较长时间的上网行为，这可能与其教学培

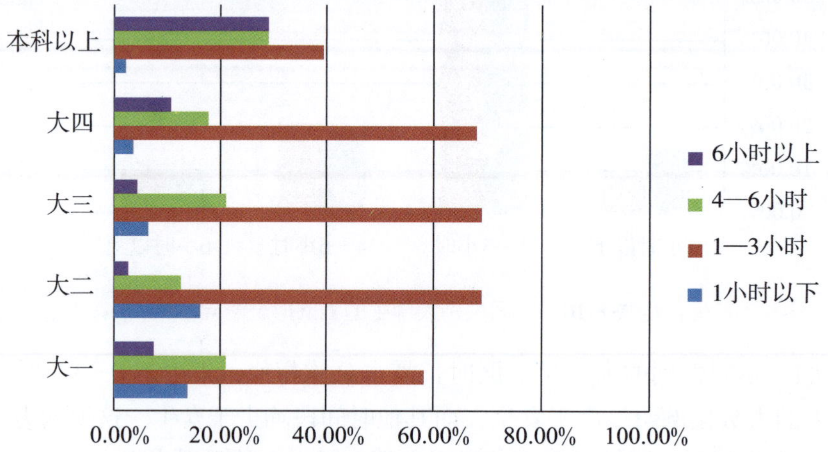

图8-12　不同年级大学生的上网时长差异

养方式、自主性环境有关。

不同年级学生对网络娱乐方式的差异化需求，如图8-13所示。

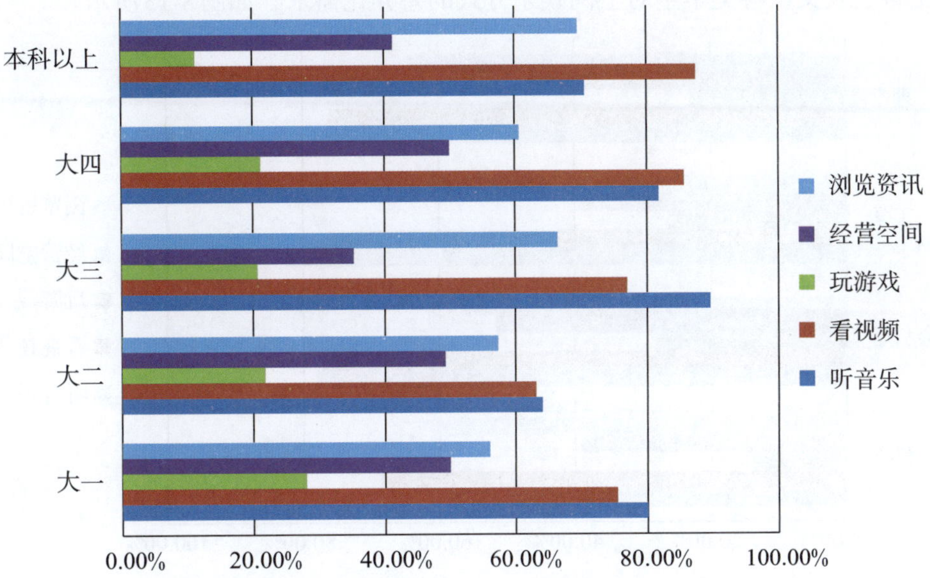

图8-13　不同年级大学生的网络娱乐方式差异

研究表明，不同年级的大学生在网络娱乐方式选择上与总体有相似结果：听音乐和看视频比例大，浏览资讯和经营空间次之，玩游戏比例较小。但差异表现为：低年级学生侧重于经营空间，以便于外界交流、共享信息，获取认同感；高年级学生偏重于看视频、浏览资讯等行为。值得注意的是，大一学生在玩游戏方面明显表现出高比例。

3. 不同专业大学生的网络娱乐需求分析

理工科、人文社科类学生对上网时长的差异化需求，如图8-14所示。

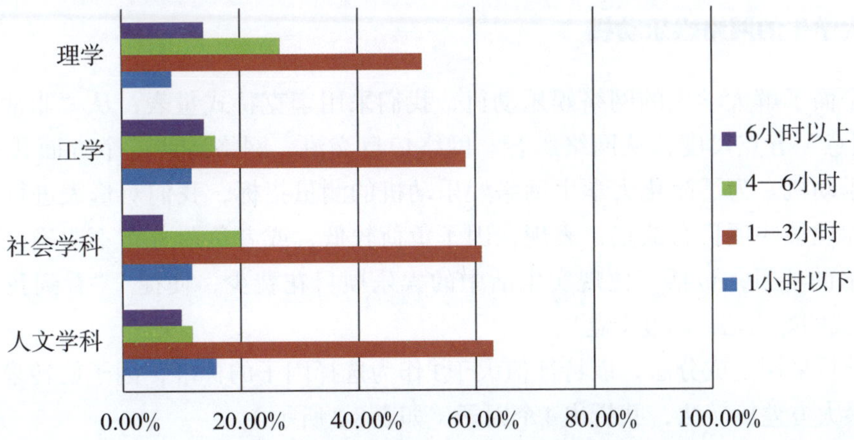

图8-14　不同专业大学生的上网时长差异

研究表明，无论是哪种专业背景，绝大多数学生每天上网时间约为1—3小时。相比人文社科类学生，理工科学生对较长的上网时间表现出明显的偏好。

理工科、人文社科类学生对上网娱乐方式的差异化需求，如图8-15所示。

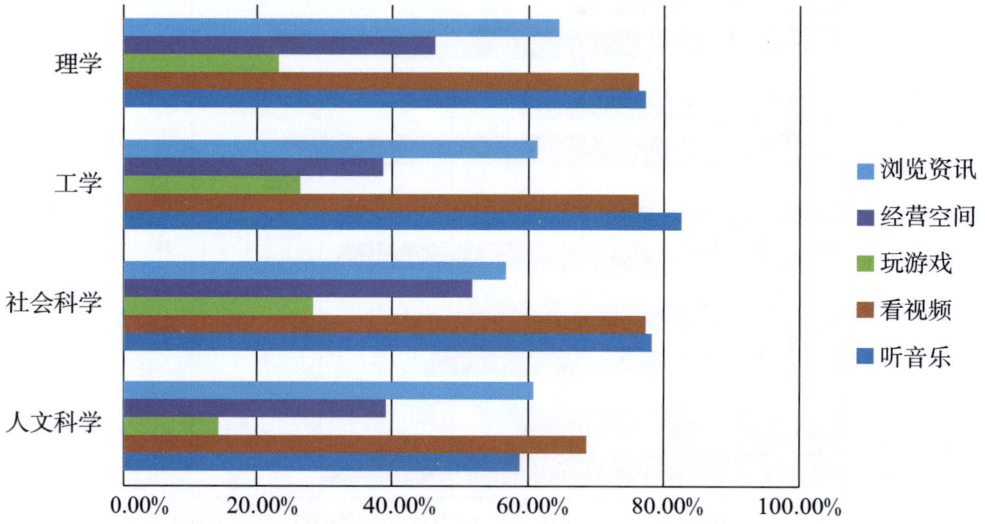

图8-15　不同专业大学生的网络娱乐方式差异

研究表明，不同专业的大学生在网络娱乐方式选择上与总体有相似结果：听音乐和看视频比例大，浏览资讯和经营空间次之，玩游戏比例较小。差异表现为：人文社科类学生经营空间的频率较高，喜欢与外界互动；理工科类学生则在玩游戏上表现出较高的偏好。这可能与不同学科背景的学生特征有关，文科类学生较外向，喜欢与外界互动，而理工科类学生较内敛，喜欢自己钻研。值得注意的是，理工科类学生的网络依赖度显然高于人文社科类学生。

三、大学生的网络娱乐动机

为了全面了解大学生的网络娱乐动机，我们采用李克特式量表，从“非常同意”到“非常不同意”五点尺度，从网络影音、网络信息交流、网络游戏三个方面共31道题涉及网络娱乐动机。为了简化大学生网络娱乐动机的测量指标，我们对量表进行探索性因子分析，发现某些项目有缺陷，表现在因子负荷较低，或者负荷分布不明确，因此剔除一些有缺陷的项目，包括“比现实生活中的娱乐项目花费少，便捷”“看到我喜欢的明星”“满足我的好奇心”等9个题项。

因子分析采用主成分法，以特征值大于1作为选择因子的标准，因子旋转采用正交旋转法中的最大方差旋转法，共析出4个因子（如表8-3所示）。

表8-3 大学生网络娱乐动机量表的因素分析摘要表

题项	方差贡献率	累积贡献率	抽取的因素				
			因子1	因子2	因子3	因子4	共同性
Q32S04体验另一种人生	18.00%	18.00%	0.811				0.678
Q32S05在其中结交朋友			0.777				0.628
Q32S02接受挑战，战胜自我			0.755				0.637
Q32S03满足我的成就感			0.751				0.658
Q32S11学习知识，开拓视野			0.703				0.577
Q32S09寻求刺激			0.685				0.577
Q32S08逃避现实生活中的各种压力			0.534				0.580
Q25S09记录自己的心路历程	14.69%	32.69%		0.809			0.678
Q25S08拥有自由言论平台				0.794			0.681
Q25S06扩大自己的社交圈				0.769			0.658
Q25S07了解别人的近况				0.635			0.499
Q25S05引起他人的关注				0.552			0.540
Q25S04能转发和分享帖子				0.518			0.419
Q20S05获取更多的课外信息	13.11%	45.80%			0.701		0.553
Q20S05掌握国内外时事信息					0.641		0.489
Q20S06能和别人有交流的话题					0.633		0.487
Q20S01缓解紧张学习和生活					0.594		0.383
Q25S02关注流行话题，不落伍					0.555		0.541
Q25S07满足我的好奇心					0.522		0.461
Q25S04感悟哲理和提升价值观					0.468		0.452
Q32S10无聊，消磨时间	11.19%	57.00%				0.782	0.654
Q25S10打发业余时间，休闲						0.775	0.654

我们根据各因子的共性，分别将这4个因子命名。命名因子1为自我实现因子，包括“体验另一种人生”“满足我的成就感”“学习知识，开拓视野”等7个题项；命名因子

2为交流互动因子，包括“拥有自由言论平台”“扩大自己的社交圈”“了解别人的近况”等6个题项；命名因子3为社会学习因子，包括“获取更多课外信息”“关注流行话题、不落伍”“感悟哲理和提升价值观”等7个题项；命名因子4为娱乐休闲因子，包括“无聊，消磨时间”和“打发业余时间，休闲”2个题项。

四、大学生的网络娱乐结果

网络娱乐结果是本研究中的主要变量，作为不能直接被观测到的潜在变量，采用量表进行测量，从认知成长、社会性发展、现实人格、身体健康、网络成瘾五个维度，列举了19个题项，作为具体测量大学生网络娱乐行为的指标。我们仍然采用主成分法进行因子分析，共析出3个因子（如表8-4所示）。

表8-4　大学生网络娱乐结果量表的因素分析摘要表

题项	方差贡献率	累积贡献率	抽取的因素			
			因子1	因子2	因子3	共同性
Q34S04提高了手眼协调和空间想象能力	27.43%	27.43%	0.808			0.687
Q34S03游戏反应有助于培养思维敏捷度			0.796			0.658
Q34S10玩游戏促进细节观察，注意力提高	27.43%	27.43%	0.578			0.627
Q34S14一些小游戏可以训练我的记忆力			0.770			0.608
Q34S18提高了我的信息技术能力			0.752			0.588
Q34S17激发了我的好奇心，培养科技兴趣			0.735			0.569
Q34S12促进我对社会背景有更多的了解			0.712			0.561
Q34S07玩网络游戏培养团队合作意识			0.708			0.585
Q34S05没有因网络忽略现实娱乐活动			0.446			0.439
Q34S13上网时间长了，我变得压抑和孤僻	18.70%	46.13%		0.826		0.767
Q34S15上网时间长了，我对现实生活中的一些事情变得冷漠				0.806		0.724
Q34S11网络的匿名效应，降低了我的社会责任感				0.761		0.622
Q34S16长期上网导致我出现了失眠或免疫力下降等症状				0.705		0.673
Q34S06我总是强迫性从网上转发或者收集不迫切需要的东西				0.669		0.494

续表

题项	方差贡献率	累积贡献率	抽取的因素			
			因子1	因子2	因子3	共同性
Q34S19长期上网导致我的视力有所下降	12.16%	58.29%			0.740	0.594
Q34S09上网久坐导致我出现了背痛、肩痛的症状					0.661	0.581
Q34S02容易让我分心，影响学习和工作					0.615	0.463
Q34S08网络导致了色情和暴力信息的传播					0.561	0.383

我们根据各因子的共性，分别将这3个因子命名。命名因子1为认知成长因子，包括“激发了我的好奇心，培养科技兴趣”“一些小游戏可以训练我的记忆力”“促进我对社会背景有更多的了解”等9个题项；命名因子2为人格偏差因子，包括“上网时间长了，我变得压抑和孤僻”“网络的匿名效应，降低了我的社会责任感”“上网时间长了，我对现实生活中一些事情变得冷漠”等5个题项；命名因子3为身体危害因子，包括“长期上网导致我的视力有所下降”“上网久坐导致我出现了背痛、肩膀酸痛的症状”“网络导致了色情和暴力信息的传播”等4个题项。这3个因子，基本上能够反映大学生因网络娱乐而造成的现实结果。

五、大学生的网络娱乐动机对网络娱乐结果的影响

我们借助探索性因子分析，分析了大学生的网络娱乐动机和网络娱乐结果两个变量的概念结构，梳理了各自包含的维度。基于这两个变量的测量结果，围绕“大学生网络娱乐动机对网络娱乐结果影响”这一议题，提出以下四个研究假设。

假设1：大学生网络娱乐动机的自我实现维度，对网络娱乐行为中的认知成长和身体危害有正向作用，对人格偏差有负向作用。

假设2：大学生网络娱乐动机中的交流互动维度，对网络娱乐行为中的人格偏差和身体危害有正向作用，对认知成长有负向作用。

假设3：大学生网络娱乐动机中的社会学习维度，对网络娱乐行为中的认知成长和身体危害有正向作用，对人格偏差有负向作用。

假设4：大学生网络娱乐动机中的娱乐休闲维度，对网络娱乐行为中的认知成长、人格偏差、身体危害都有正向作用。

为了检验上述假设，分别以网络娱乐结果的三个维度为因变量，以网络娱乐动机的四个维度为自变量，同时引入大学生性别、年龄、家庭地区、上网时间等作为控制变量，进行多元回归分析。

（一）大学生的网络娱乐中的认知成长回归分析

大学生网络娱乐结果中的认知成长与娱乐动机的相关性分析采用两个模型，分别为模型1和模型2。前者为以性别、专业、院校、网络使用情况等虚拟变量、作为自变量的基准模型，后者为引入网络娱乐动机后的嵌套模型。

1. 认知成长行为的基准模型分析

把问卷中基本信息Q1—Q12作为自变量，网络娱乐行为中的认知成长作为因变量进行分析。其中，性别、专业、院校、生源地等都是分类变量，设置为虚拟变量后进行回归。结果表明，模型调整的判定系数R^2为0.031，即各自变量对认知成长的解释程度为3.1%。回归方程显著度（Sig.）＜0.01，说明总体自变量与认知成长之间有显著的线性关系。其中，各变量相关系数如表8-5所示。

表8-5　模型1各变量回归系数

模型		非标准化系数		标准系数	*T*	Sig.
		B	标准误差	试用版		
1	（常量）	−1.274	0.530		−2.403	0.017
	男	0.150	0.088	0.072	1.697	0.090
	年龄	0.053	0.025	0.110	2.109	0.035
	城市生源	−0.272	0.096	−0.133	−2.825	0.005
	县城生源	−0.162	0.122	−0.058	−1.323	0.186
	“211”院校	−0.056	0.179	−0.016	−0.314	0.754
	人文科学	0.189	0.153	0.054	1.230	0.219
	工学	0.138	0.135	0.047	1.025	0.306
	理学	0.123	0.114	0.053	1.081	0.280
	拥有无线网络	0.066	0.090	0.031	0.735	0.463
	每天上网时长	−0.019	0.055	−0.015	−0.344	0.731

由表8-5可知，年龄和城市生源的回归系数显著度（Sig.）＜0.05，即模型中二者回归系数不为0，说明大学生年龄和城市生源会显著影响其网络娱乐过程中的认知成长。其中，年龄的作用方向为正向，城市生源的作用方向为负向。也就是说，年龄越大，大学生参与网络娱乐中的认知成长的概率较高；与农村学生比较，城市生源学生参与认知成长的概率较低。由上述模型1可知：年龄每大1岁，认知成长得分平均提高0.05分；农村生源学生比城市生源学生认知成长得分高0.13分。

2. 模型2：引入网络娱乐动机为自变量

以模型1为基础，在控制性别、年龄、生源地、院校、专业、上网时长等变量基础上，进一步引入大学生网络娱乐动机作为自变量，分析网络娱乐动机对网络娱乐中的认知成长的影响。结果表明，模型调整的判定系数R^2为0.482，即各自变量对认知成长的解释程度为48.2%。如表8-6所示，回归方程显著度（Sig.）<0.001，说明总体自变量与认知成长之间有显著的线性关系。其中，各变量回归系数如表8-6所示。

表8-6　模型2各变量回归系数

模型		非标准化系数		标准系数	*T*	Sig.
		B	标准误差	试用版		
2	（常量）	−0.368	0.392		−0.939	0.348
	男	−0.001	0.066	0.000	−0.013	0.990
	年龄	0.017	0.018	0.035	0.913	0.362
	城市生源	−0.110	0.071	−0.053	−1.539	0.124
	县城生源	−0.065	0.090	−0.023	−0.721	0.471
	“211”院校	0.034	0.131	0.010	0.257	0.798
	人文科学	−0.022	0.113	−0.006	−0.196	0.844
	工学	0.112	0.099	0.038	1.130	0.259
	理学	0.053	0.084	0.023	0.636	0.525
	拥有无线网络	0.005	0.066	0.003	0.083	0.934
	每天上网时长	0.022	0.041	0.017	0.532	0.595
	自我实现	0.531	0.031	0.531	17.057	0.000
	交流互动	0.235	0.030	0.235	7.732	0.000
	社会学习	0.355	0.031	0.355	11.573	0.000
	娱乐休闲	−0.078	0.032	−0.078	−2.462	0.014

由表8-6可知，大学生网络娱乐动机四个维度“自我实现”“交流互动”“社会学习”“娱乐休闲”对认知成长的影响作用都很显著。其中，除“娱乐休闲”维度的作用方向为负向外，其余维度都为正向。也就是说，大学生网络娱乐时的自我实现、交流互动、社会学习的动机越强，其参与认知成长的可能性越大；休闲娱乐的动机越强，其参与认

知成长的可能性就越小。由上述模型2可知：自我实现、交流互动、社会学习的动机每增加1分，认知成长得分分别增加约0.53分、0.24分、0.36分；休闲娱乐的动机每增加1分，认知成长得分降低约0.078分。

与模型1比较，模型2的拟合度（R^2值）由3.1%变至48.2%，提高了45.1%，说明网络娱乐的四个动机对网络娱乐中的认知成长有很强的解释力度。根据各回归系数的比较，对网络娱乐中认知成长影响的贡献大小为：自我实现＞社会学习＞交流互动＞娱乐休闲。

（二）大学生网络娱乐中的个人偏差回归分析

大学生网络娱乐结果中的人格偏差与娱乐动机的相关性分析采用两个模型，分别为模型3和模型4。前者为以性别、专业、院校、网络使用情况等虚拟变量作为自变量的基准模型，后者为引入网络娱乐动机后的嵌套模型。

1. 模型3：人格偏差行为的基准模型分析

把问卷中基本信息Q1—Q12作为自变量，网络娱乐行为中人格偏差作为因变量进行分析。其中，性别、专业、院校、生源地等都是分类变量，设置为虚拟变量后进行回归。结果表明，模型调整的判定系数R^2为0.045，即各自变量对认知成长的解释程度为4.5%，回归方程显著度（Sig.）＜0.001，说明总体自变量与人格偏差之间有显著的线性关系。其中，各变量的相关系如表8-7所示。

表8-7　模型3各变量回归系数

模型		非标准化系数		标准系数	*T*	Sig.
		B	标准误差	试用版		
3	（常量）	0.341	0.527		0.647	0.518
	男	0.364	0.088	0.175	4.158	0.000
	年龄	−0.030	0.025	−0.062	−1.209	0.227
	城市生源	0.072	0.096	0.035	0.754	0.451
	县城生源	−0.002	0.121	−0.001	−0.015	0.988
	“211”院校	−0.189	0.177	−0.053	−1.065	0.287
	人文科学	0.063	0.152	0.018	0.411	0.682
	工学	−0.095	0.134	−0.032	−0.712	0.477
	理学	0.121	0.113	0.053	1.072	0.284
	拥有无线网络	−0.073	0.089	−0.035	−0.821	0.412
	每天上网时长	−0.121	0.054	−0.096	−2.224	0.027

由表8-7可知，性别和每天上网时长的回归系数显著度（Sig.）< 0.001，即模型中二者回归系数不为0，说明大学生中性别和每天上网时长会显著影响其网络娱乐过程中的人格偏差。其中，性别的作用极显著，表现为正向，每天上网时长的作用方向为负向。也就是说，与女性比较，男性参与网络娱乐中人格偏差的概率较高；每天上网时间越长，大学生参与人格偏差的概率较低。由上述模型3知，男性比女性的人格偏差得分平均提高0.36分；每天多上网1小时，人格偏差得分平均降低0.12分。

2. 模型4：引入网络娱乐动机作为自变量

模型3为基础，在控制性别、年龄、生源地、院校、专业、上网时长等变量基础上，进一步引入大学生网络娱乐动机作为自变量，分析网络娱乐动机对网络娱乐中的人格偏差的影响。如表8-8所示，模型调整的判定系数R^2为0.214，即各自变量对认知成长的解释程度为21.4%。回归方程显著度（Sig.）< 0.001，说明总体自变量与认知成长之间有显著的线性关系。其中，各回归系数如表8-8所示。

表8-8　模型4各变量回归系数

模型		非标准化系数		标准系数	*T*	Sig.
		B	标准误差	试用版		
4	（常量）	0.202	0.482		0.419	0.675
	男	0.265	0.081	0.127	3.277	0.001
	年龄	−0.024	0.023	−0.049	−1.039	0.299
	城市生源	0.157	0.088	0.077	1.792	0.074
	县城生源	0.054	0.110	0.019	0.489	0.625
	“211”院校	−0.120	0.162	−0.034	−0.742	0.459
	人文科学	−0.035	0.139	−0.010	−0.252	0.802
	工学	−0.010	0.122	−0.004	−0.085	0.932
	理学	0.002	0.103	0.001	0.023	0.982
	拥有无线网络	−0.082	0.082	−0.039	−1.006	0.315
	每天上网时长	−0.049	0.050	−0.039	−0.978	0.328
	自我实现	0.243	0.038	0.243	6.334	0.000
	交流互动	0.060	0.037	0.060	1.603	0.109
	社会学习	−0.119	0.038	−0.119	−3.143	0.002
	娱乐休闲	0.327	0.039	0.327	8.422	0.000

8

由表8-8可知，大学生网络娱乐动机中除“交流互动”的影响作用不显著外，其他维度对网络娱乐中的人格偏差影响都很显著。其中，“自我实现”“娱乐休闲”的作用方向为正向，“社会学习”的作用方向为负向。也就是说，大学生网络娱乐时的自我实现和娱乐休闲的动机越强，其参与人格偏差的可能性越大；社会学习的动机越强，其参与人格偏差的可能性就越小。由上述模型4可知：自我实现、娱乐休闲的动机每增加1分，人格偏差得分平均增加约0.24分、0.33分；社会学习的动机每增加1分，认知成长得分平均降低约0.12分。

与模型3比较，模型4的拟合度（R^2值）由4.5%变至21.4%，提高了16.9个百分点，这说明网络娱乐动机对网络娱乐中的人格偏差有较强的解释力度。根据各回归系数的比较，对网络娱乐中人格偏差影响的贡献大小为：娱乐休闲＞自我实现＞社会学习。

（三）大学生网络娱乐中的身体危害回归分析

大学生网络娱乐结果中的身体危害与娱乐动机的相关性分析采用两个模型，分别为模型5和模型6。前者为以性别、专业、院校、网络使用情况等虚拟变量作为自变量的基准模型，后者为引入网络娱乐动机后的嵌套模型。

1. 身体危害行为的基准模型分析

把问卷中基本信息Q1—Q12作为自变量，网络娱乐行为中身体危害作为因变量进行分析。其中，性别、专业、院校、生源地等都是分类变量，设置为虚拟变量后进行回归。结果表明，模型调整的判定系数R^2为0.042，即各自变量对认知成长的解释程度为4.2%。如表所示，回归方程显著度（Sig.）＜0.001，说明总体自变量与人格偏差之间有显著的线性关系。其中，各个变量的回归系数如表8-9所示。

表8-9　模型5各变量回归系数

模型		非标准化系数		标准系数	*T*	Sig.
		B	标准误差	试用版		
5	（常量）	−0.094	0.528		−0.179	0.858
	男	−0.280	0.088	−0.134	−3.191	0.001
	年龄	0.008	0.025	0.016	0.312	0.755
	城市生源	0.108	0.096	0.053	1.127	0.260
	县城生源	−0.097	0.122	−0.035	−0.798	0.425
	“211”院校	−0.127	0.178	−0.036	−0.714	0.475
	人文科学	0.019	0.153	0.005	0.123	0.902
	工学	−0.135	0.134	−0.046	−1.005	0.316

续表

模型		非标准化系数		标准系数	T	Sig.
		B	标准误差	试用版		
5	理学	−0.143	0.113	−0.062	−1.260	0.208
	拥有无线网络	0.292	0.090	0.139	3.256	0.001
	每天上网时长	0.019	0.055	0.015	0.353	0.724

由表8-9可知，性别和是否有无线网络的回归系数显著（Sig.）＜0.001，即模型中二者回归系数不为0，说明大学生中性别和是否有无线网络会显著影响其网络娱乐过程中的身体危害。其中，性别的作用方向为负向，是否有无线网络的作用方向为正向。也就是说，与女性比较，男性参与网络娱乐中身体危害的概率较低；与没有无线网络比较，生活环境中有无线网络的大学生参与身体危害的概率较高。由模型5可知：女性比男性的身体危害得分平均提高0.28分；环境中有无线网络的大学生，其身体危害得分平均降低0.02分。

2. 引入网络娱乐动机作为自变量

在模型5为基础，在控制性别、年龄、生源地、院校、专业、上网时长等变量基础上，进一步引入大学生网络娱乐动机作为自变量，分析网络娱乐动机对网络娱乐中的人格偏差的影响。结果显示，模型调整的判定系数R^2为0.124，即各自变量对认知成长的解释程度为12.4%。如表8-10所示，回归方程显著度（Sig.）＜0.001，说明总体自变量与认知成长之间有显著的线性关系。其中，各变量回归系数如表8-10所示。

表8-10　模型6各变量回归系数

模型		非标准化系数		标准系数	T	Sig.
		B	标准误差	试用版		
6	（常量）	−0.310	0.509		−0.610	0.542
	男	−0.255	0.085	−0.122	−2.992	0.003
	年龄	0.011	0.024	0.023	0.457	0.648
	城市生源	0.166	0.093	0.081	1.789	0.074
	县城生源	−0.057	0.117	−0.020	−0.486	0.627
	“211”院校	0.006	0.171	0.002	0.032	0.974
	人文科学	−0.026	0.147	−0.007	−0.174	0.862

8

续表

模型		非标准化系数		标准系数	*T*	Sig.
		B	标准误差	试用版		
6	工学	−0.065	0.129	−0.022	−0.504	0.615
	理学	−0.225	0.109	−0.098	−2.058	0.040
	拥有无线网络	0.250	0.086	0.119	2.896	0.004
	每天上网时长	0.082	0.053	0.066	1.555	0.120
	自我实现	−0.018	0.040	−0.018	−0.447	0.655
	交流互动	0.152	0.039	0.152	3.849	0.000
	社会学习	0.103	0.040	0.103	2.570	0.010
	娱乐休闲	0.246	0.041	0.246	5.989	0.000

由表8-10可知，学生网络娱乐动机四个维度中除“自我实现”的影响作用不显著外，其余维度对网络娱乐中的身体危害影响都极显著，并且作用方向为正向。也就是说，大学生网络娱乐时的交流互动、社会学习和娱乐休闲的动机越强，其参与身体危害的可能性越大。由上述模型6可知：交流互动、社会学习、娱乐休闲的动机每增加1分，身体危害得分增加分别约0.15分、0.10分、0.25分。

与模型5比较，模型6的拟合度（R^2值）由4.2%变至12.4%，提高了8.2个百分点，说明网络娱乐动机对网络娱乐中的身体危害有较强的解释力度。根据各回归系数的比较，对网络娱乐中身体危害影响的贡献大小为：娱乐休闲＞交流互动＞社会学习。

比较6个回归模型，可以发现，模型2较模型1，模型4较模型3，模型6较模型5的拟合度比例均有明显上升，说明大学生网络娱乐动机对网络娱乐结果有很好的解释力度。

第五节　结论与讨论

一、结论

本研究共回收570份有效数据，运用SPSS软件进行数理统计分析，得出以下结论。

（一）大学生网络娱乐现状

在被调查学生中，65.6%的大学生表示校园环境中已覆盖无线网络，便利的网络条件为大学生网络娱乐提供了保障。同时，智能手机的普及也促进了网络娱乐的应用。笔记本电脑和手机是大学生网络娱乐中最常用的设备。58.2%的大学生能将每天课余上网时间控制在1—3小时，这表明了大学生能将网络娱乐控制在适当的程度，既放松、愉悦心情，又不会影响正常学习生活；也有20.5%和10.0%的大学生每天上网4—6小时及6小时以上，这些人群大多天天沉浸在网络中，是有可能发展为网络成瘾症的危险人群。

由于音乐和视频的客观属性，不随着受用人群变化而变化，为研究方便，将其统称为网络影音。因网页浏览和网络空间经营都以信息为载体，通过搜索、转发或分享来获得外界与他人的交流，为研究方便，统称为网络信息交流。下面从网络影音、网络信息交流、网络游戏三方面说明其娱乐情况。

1. 网络影音

网络音乐和网络视频位于大学生常用网络娱乐项目前两名，应用比例均接近80.0%。绝大多数大学生能将各项娱乐时间控制在1小时内，其次时间需求为1—3小时。相比网络音乐，网络视频呈现出更长时间的需求，每天课余花费1—3小时观看网络视频的学生占23.5%。

流行歌曲是最受大学生欢迎的曲风，占77.5%，其次为轻音乐和经典老歌。电影是最受大学生追捧的视频类型，占比多达80.7%；电视剧次之，综艺节目排名第3。其余音乐内容比如摇滚、轻音乐，视频内容比如动漫、体育视频、旅游视频均受到大学生不同程度的追捧。网络音乐和网络视频在大学生中的普及度和受欢迎度体现了大学生时尚、潮流、知性、开放的特征，也表明其在大学生网络娱乐中的重要地位。

2. 网络信息交流

网页浏览和网络空间经营位于大学生常用网络娱乐项目第3、4名，应用比例分别为59.5%和47.5%。绝大多数大学生能将娱乐时间控制在1小时内。

时事新闻是大学生最关注的资讯内容，位于榜首。其次对大学生有较高吸引力的资讯为娱乐明星的八卦信息、文摘类信息。而关于文学、美食、旅游、体育等方面资讯，大学生对其也有一定的关注度，但不具有普遍性。大学生对网页中的时事新闻、娱乐八卦、文摘等相关资讯的浏览，体现了当代青年关注社会、注重心灵提升、个性活泼开放的特征。QQ空间、人人网等都是大学生经营频繁的个人空间。其中，人生感悟、社会热点、笑话趣事、影视音乐等内容受到大学生普遍关注，多在空间中转发和分享。而有关学术方面的话题在网络空间出现的比例明显偏小，这体现了网络空间在大学生生活中的娱乐地位。

3. 网络游戏

网页游戏虽然位于大学生常用网络娱乐项目第5名，但应用比例仅为23.3%，明显低于前四项。相比其他方式，网络游戏在大学生中的应用比例明显偏低，53.7%的大学生能将其控制在30分钟内，用时3小时以上的大学生比例更低至3.3%。这反映出如今绝大多数大学生能够理性对待网络游戏，并不都沉浸其中。

在各类游戏类型中，手机游戏因其便捷性在大学生中的青睐度最高，达到40.4%；大型网络游戏和单机游戏因刺激性也吸引了不少学生应用，二者比例相当。其余Flash等小游戏、网页游戏的应用比例则明显偏低。在游戏内容上，益智类游戏最受欢迎，休闲类游戏次之。尤其要注意的是，RPG角色扮演类游戏的喜好度排名仅为第5位，并非极度热衷。这些数据表明，如今的大学生能够理性对待游戏，乐于玩一些能够提升自己、放松休闲的小游戏，整体没有呈现出沉浸在大型网络游戏的情境。

（二）大学生网络娱乐动机

本研究采用31题量表，从网络影音、网络信息交流、网络游戏三方面为考察点，测量了大学生网络娱乐动机，通过探索性因子分析，提取出四个因子，即为网络娱乐动机的四个维度，分别是自我实现、交流互动、社会学习、娱乐休闲。

其中，每个动机的具体含义为："自我实现动机"是指通过网络娱乐，大学生寻求现实生活中不曾有的挑战和刺激，或者逃避现实中压力和挫败感，在网络中获取成就感的动机。"交流互动动机"是指通过网络娱乐，大学生渴求进一步扩大自己的社交圈，增进与外界互动的窗口，加强对社会万象的认识和理解，这是一种处理人际关系能力得到提升的动机。"社会学习动机"是指通过网络娱乐，大学生希望充实自身知识储备，获得更多课外信息，认知得到成长的动机。"娱乐休闲动机"是指大学生仅把网络娱乐当作消耗闲散业余时间的行为，以此为目的上网时的动机。

（三）大学生网络娱乐结果

本研究采用19题量表，对大学生网络娱乐结果进行测量，通过探索性因子分析，提取出三个因子，即为网络娱乐行为结果的三个维度，分别是认知成长、人格偏差、身体危害。其中，每个行为结果的具体含义为："认知成长行为"是指通过网络娱乐，大学生在好奇心、记忆力等方面的提升。"人格偏差行为"是指通过网络娱乐，大学生个性变得压抑、冷漠、孤僻、责任感缺失等。"身体危害行为"是指通过网络娱乐，大学生明显感到视力下降，甚至出现背痛、肩膀酸痛等身体不适症状。

值得注意的是，不同群体的网络娱乐结果呈现一定的差异性。

（1）年龄：年龄越大，其认知成长行为越显著。

（2）性别：与女生相比，男生的人格偏差行为较显著，而身体危害行为不显著。也就是说，长时间的网络娱乐容易导致男生出现孤僻、冷漠的特性，女生则在身体方面受危害较大。

（3）生源地：相比城市学生，农村学生的认知成长较显著。

（4）上网时长：上网时间越长，大学生出现压抑、孤僻的概率会越大。

（5）网络便利度：学习生活环境中覆盖无线网络的大学生，其身体受到危害的比例较高。

（四）大学生网络娱乐动机与娱乐结果的相关性

基于大学生网络娱乐动机和网络娱乐结果两个变量的测量结果，以网络娱乐动机四个维度为自变量，网络娱乐结果的三个维度为因变量，同时引入性别、年龄、生源地、专业、院校、上网时长等控制变量，进行多元回归分析，探析二者间的关系。

（1）网络娱乐中“自我实现”动机对认知成长、人格偏差行为都有极显著作用，且作用方向为正。这说明通过网络娱乐来寻求成就感的大学生，不仅受到网络的正面影响，其性格发展也受到负面影响。

（2）网络娱乐中“交流互动”动机对认知成长、身体危害行为有极显著作用，且作用方向为正，而对人格偏差无显著影响。这说明通过网络娱乐来渴求扩大交际圈的大学生，自身获得有益提升的同时，身体健康状况也有所下降。

（3）网络娱乐中“社会学习”动机对认知成长、人格偏差、身体危害行为都有极显著影响，作用方向中除人格偏差为负向外，其余为正向。这说明通过网络娱乐来寻求知识提升的大学生，网络仅对其身体产生不利影响，其余都为正面影响。

（4）网络娱乐中“娱乐休闲”动机对认知成长、人格偏差、身体危害行为都有极显著影响，作用方向中除认知成长为负向外，其余为正向。这说明通过网络娱乐来放松休闲的大学生，网络对其表现出负面影响，认知、性格发展和身体状况都处于不利状态。

总体来说，网络娱乐的四个动机对网络娱乐的三个行为结果都有很强的解释力度。各动机对网络娱乐结果的解释程度分别为：影响认知成长的动机重要性为自我实现＞社会学习＞交流互动＞娱乐休闲；影响人格偏差的动机重要性为娱乐休闲＞自我实现＞社会学习；影响身体危害的动机重要性为娱乐休闲＞交流互动＞社会学习。

综合分析模型1至模型6，本章的研究假设3和假设4得到了证实，假设1和假设2部分得到了证实。其中，大学生网络娱乐中自我实现维度对身体危害无显著影响；交流互动维度对人格偏差无显著影响；自我实现维度对人格偏差有显著影响，但作用方向为正向，与本研究假设的作用方向相反。

二、讨论

大学生上网时长因性别、年级和专业不同而呈现一定的差异化。具体表现为：女生对上网时长的需求高于男生，每天平均1小时内的上网量无法满足，这可能与女生自身不喜好户外活动、网络便捷性有关；随着年级递增，大学生对网络的依赖度增加，上网时间呈现递增趋势，尤其是研究生，这可能与低年级学生课业负担重、自由支配时间少有关；相比人文社科大学生，理工科学生对长时间上网量表现出强烈的需求。

在大学生网络娱乐方式调查中，排名在前五位的应用分别是网络音乐、网络视频、网页浏览、网络空间、网络游戏。性别、年级、专业对其排名影响不显著，但略有差异，具体表现为：与男生相比，女生侧重于看视频、经营空间以及浏览网页这三项网络娱乐活动，而男生在网络游戏方面有着明显的偏重；低年级学生侧重于经营网络空间这项活动，通过空间来与外界交流、共享信息，获取认同感，高年级学生则偏重于观看或下载视频、浏览网页资讯等行为；人文社科类学生经营网络空间的频率较高，喜欢与外界互动，理工科类在网络游戏上表现出较高的偏好。值得注意的是，大学一年级学生在玩游戏方面明显表现出高比例。随着年级递增，大学生对网络的依赖性越来越大。理工科类学生的网络依赖度显然高于人文社科类学生。

本研究表明，大学生虽受到网络娱乐的负面影响，但整体上倾向于其积极作用，偏向于实现互动交流和认知成长。尤其是网络游戏方面，大学生对手机游戏、益智类游戏的高需求，与RPG角色扮演类游戏的低迷应用率形成鲜明对比。即便大学生玩大型网络游戏，玩家也倾向于肯定其挑战、刺激、团队合作等特点，认为这是网络游戏的魅力所在。现实生活中出现网络游戏中的暴力行为、色情传播等也是被调查者中的个别情况。可见，在绝大多数大学生眼里，网络游戏是放松休闲的方式，而不是沉溺网络的腐蚀剂。大多数大学生都能够合理安排业余时间，适度应用网络游戏。

因此，在对待网络游戏的态度上，我们要扭转传统的视角，不要只宣传其负面性，而对其闪光点视而不见。在大学生业余时间的网络行为指导上，要正确引导，趋利避害。对于初玩者，要正面鼓励其对空间想象力培养、思维敏捷度提升等的益处，大胆尝试但不可过度进行。对于个别网络游戏沉溺者，要鼓励其对网络游戏进行反思，除了打发时间，有无其他收获等。要启发其提升自己的信息素养，对自己的未来有正确的认识，网络游戏只是生活的调味品，不能变成生活的全部。

从本章的研究过程和结果可以看出，网络娱乐对大学生有着不可忽视的影响。值得注意的是，网络游戏并没有呈现出所谓的全负面效果，反而更多为正面影响。这说明目前绝大多数学生都能够理性对待，网络沉溺仅表现为个别现象。网络娱乐是把双刃剑，我们要辩证地看待它，趋利避害。而教育游戏的研究和开发就在最大程度上考虑了网络娱乐的积极因素，因此，利用信息技术平台进行有益的游戏开发和创造必将成为未来的一大趋势。

第九章　学生网络购物行为的实证研究

第一节　问题的提出和相关文献综述

网络购物是网民上网所从事的一项主要活动之一。截至 2014 年 12 月，我国网络购物用户规模达到 3.61 亿人。目前在中国网民中，大约55.7%都是购物用户。2014年最主流网络购物用户（20—29岁网络购物人群）规模同比增长 23.7%，10—20岁网络购物人群用户规模同比增长10.4%。《2013年青少年上网行为调查报告》数据也显示，网络购物大学生中的普及率达到77.0%，大学生群体是网络购物人群的一个很重要组成部分。

大学生处于身心发展的重要转折时期，学习能力强，但对于新鲜事物的认知和判断尚处于成长阶段；同时，大学生的生活状态相对独立，脱离了父母包办的状态，对网络购物需求较大。目前大学生的网络购物既新潮时尚，又存在风险。因此，研究大学生的网络购物动机、行为及其影响因素，同时探讨其对个人能力发展和网络价值观的作用，可以从发展的角度了解大学生所从事的网络活动对其成长的意义与价值。

本章首先回顾了以往的相关研究，在此基础上提出了理论假设，根据大学生的群体特征进行问卷设计和调研，探究大学生网络行为的内部因素，并分析大学生网络购物行为对其能力和网络价值观的影响。基于上述研究结果，我们对教育工作者在引导大学生从事健康的网络生活提供了一些建议。

一、大学生网上购物的动机与行为特征

我们在对广州地区的各高校大学生的调查中发现，大学生选择网上购物的原因中，“价格因素”占到首位；没有在网上购物的原因中，“不熟悉/不知道如何购买”“担心产品质量”“网络安全性”位居前三位，共占到近四分之三。在进行网上购物时，大学生最注重的是在该商家“购买同类商品的人对该商家的评价”。在网上购物种类中，“图书”占的比例最大。对“支付安全”和“商家信誉”的要求比较高，偏好“第三方支付工具”等。总的来说，大学生在网络购物中，一方面，他们注重价格、方便、快捷，对竞价漠不关心；但另一方面，他们在选择网站或商家时，又表现出较大的随意性和盲目性，存

在冲动选择的现象[①]。另一项研究也指出，大学生选择网络购物主要是追求高性价比，试图以低廉的价格，买到高质量产品，另外大学生网络消费水平不高，消费能力不足[②]。在网络购物的性别差异上，女生更多地关注衣服、饰品和化妆品等商品，而男生则更多地关注电子类产品及体育用品[③]。

二、影响大学生网络购物的因素

周丽等人对南京地区大学生网络购物心理与行为模式进行了研究，发现影响大学生网络购物意向的因素主要有大学生对网络购物的风险认知、信任度、对第三方担保的态度以及网站的自我效能。其中，对网络购物的信任度是影响大学生购物意向的主导因素。同时，在对个人信息的调查中也可以看到，专业和消费水平的不同对大学生是否选择网络购物也有一定影响，而性别差异导致了男、女生在进行购物时不同的购物倾向[④]。也有研究者认为，个人的创新性水平和每周上网时间会影响他对网上购物的兴趣，但是在有兴趣的人中是否尝试网上购物主要受可支配收入的影响。这说明除了兴趣之外，购买能力和承担风险能力是重要的决定因素。相对而言，可支配收入比较高的人购买能力和承担风险的能力较大，尝试网上购物的可能性也更大，这部分人构成了网上购物的有效市场[⑤]。有研究者指出，手机上网的便利性会使得网络使用率提升，并拉长上网时间，而随着移动终端设备的发展，手机购物软件也越来越盛行，使得网络购物的门槛越来越低。目前手机等设备在大学生群体中使用的比例较高，使得他们正在逐步汇入网络购物群体的大军[⑥]。

影响未来购买倾向的因素比较复杂。研究发现，个人的时间压力和上网时间，对网上购物卖方可靠性和网上产品的价格的评价，会影响潜在顾客对网上购物的试用倾向；现有顾客对网上产品的价格和网上购物的付款方式的满意度会通过总体满意度影响其采用倾向，而个人特征对采用倾向却没有显著的直接或间接的影响。比较潜在顾客与现有顾客的差别可以看出，一旦消费者尝试了网上购物，未来的决策就主要取决于他的购物体验；而没有尝试过网上购物的消费者，其试用倾向与其个人特征和对网上购物的主观评价相关。而且，潜在顾客注重的是卖方的可靠性和产品价格，现有顾客看重的是产品价格和付款。由此可以看出消费者在没有试用时，对卖方的可靠性存在疑虑；而一旦试

① 易婷婷.大学生对网上购物的态度及其行为特征［J］.消费导刊，2008（1）.
② 张强.我国网络购物发展前景分析——基于大学生网络购物现状的实证考察［J］.法制与社会，2014（4）.
③ 周丽，林小娟，邱晶晶，崔香兰，徐婵，朱毅华.大学生网络购物心理与行为模式研究——以南京地区为例［J］.农业图书情报学刊，2008(7).
④ 李季，涂平.大学生采用网上购物的过程及其影响因素研究［J］.经济科学，2005(1).
⑤ 汪向征.网络新技术对大学生学习方式的影响研究［J］.现代教育技术，2012(2).
⑥ 李季，涂平.大学生采用网上购物的过程及其影响因素研究［J］.经济科学，2005(1).

用，卖方可靠与否不再是问题的关键，能否更为便利地买到实惠的商品成为一个重要的因素[①]。

三、网络购物对大学生群体的影响

对中南财经政法大学企业管理专业2001级大学生的275份调查显示，拥有网络购物经历的和没有网络购物经历的大学生在网络认知上存在明显差异，前者对网络具有更积极的态度。曾经在网上购买过商品的大学生，通过自己的亲身体验，逐步深化了对网络的认识，他们更相信网络商家，对网络购物环境的安全性更有信心，同时对网络购物风险的评判更趋理性，其未来网络购物意向相应也更高。这一结果也说明，在一部分大学生看来，网络购物已经不单纯是一种行为，而成为其生活方式的一部分，它在某种程度上具有一种刚性，一旦开始，便很可能会持续下去[②]。

第二节　研究方法

一、研究的理论基础

（一）技术接受模型

如图9-1所示，技术接受模型是戴维斯等学者于1989年在理性行为理论基础上提出来的。这个模型用来研究人们接受信息技术的行为，它把个体接受信息技术的影响因素分为感知使用方便和感知有用。感知使用方便是指个体相信接受使用某项信息技术可能会降低其工作努力程度，而感知有用是指个体相信使用某项信息技术能够提高工作绩效。感知越有用的技术，感知使用越方便的技术，对采用技术的态度和行为意向越明确，也就越有可能采用该技术[③]。网上交易需要买卖双方通过计算机和互联网来进行沟通和衔接，因而双方需要掌握一定的计算机和上网操作。因此，网上的消费者不仅有一般消费者的特性，同时也具有计算机和网络使用者的特性；据此可以推论，技术接受模型可以用来预测消费者网络购物行为[④]。

① 李季，涂平.大学生采用网上购物的过程及其影响因素研究［J］.经济科学，2005（1）.
② 刘新燕，陈志浩.大学生网络购物行为调查［J］.中南财经政法大学学报，2005(1).
③ Davis,F.D., Perceived usefulness, perceived ease of use, and user acceptance of information technology［J］. MIS Quarterly,1989, 13(3).
④ 于坤章，宋泽.信任、TAM与网络购买行为关系研究［J］.财经理论与实践，2005(9).

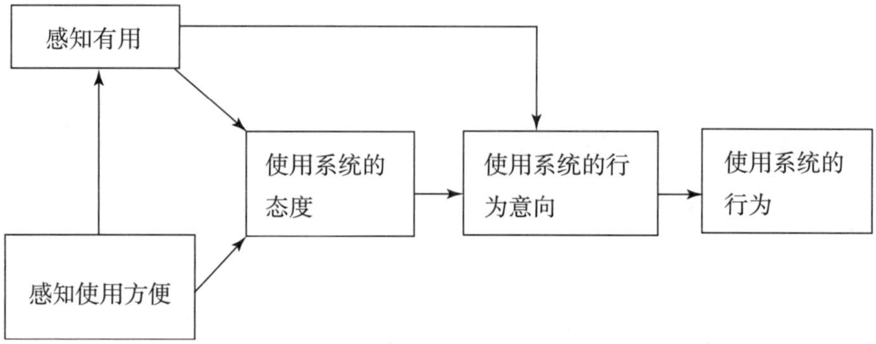

图9-1　技术接受模型

（二）购物乐趣理论

购物乐趣（shopping enjoyment）是指个体在购物过程当中的享受程度，往往伴随由结伴购物和想要与销售人员建立关系的愿望。除了购买到商品，购物者在购物过程中还会有其他很多购物体验，包括店面展示、感受时尚、与其他购物者的交流、朋友间的社交体验等，这些体验都反映了购物的娱乐属性，是消费者拥有的、与购物动机等无关的愉快的购物体验[①]。总之，购物过程除了满足消费者的实用需求外，还能够产生享乐价值，即购物潜在的娱乐和情感价值。这种价值更多来自于乐趣和趣味性，而不仅仅是纯粹地完成任务[②]。

（三）教育目标分类理论

美国教育心理学家布卢姆把认知领域的目标分为六个主要类别，依次是知识、领会、运用、分析、综合、评价；情感领域的目标分为五个主要类别，它们是接受或注意、反应、价值评估、组织、性格化或价值的复合。每个主要类别，又都包括若干子类别，也是依次排列的。这样，目标由简单到复杂递增，后一类目标只能建立在已经达成的前一类目标的基础上，从而形成了目标的层次结构。利用布卢姆的教育分类体系，我们可以从认知和情感两个维度来分析学生群体的购物行为，以及探索购物行为对该群体的世界认知、价值观、情感等所产生的影响。

二、研究模型与假设

根据文献综述和研究框架，本研究提出以下假设。

H0: 大学生网络购物情况随着年级、性别等背景信息的不同而有所差异。

H1: 大学生网络购物动机、网络购物行为与其能力发展、网络价值观相关显著。

① Jones, M.A. Entertaining shopping experiences: an exploratory investigation [J]. Journal of Retailing and Consumer Services, 1999,6(3).

② 李玲玲.大学生校园网购物意向驱动因素研究 [D].浙江大学，2008.

H2：网络购物动机对于大学生的网络购物行为、能力发展、网络价值观具有正向预测作用。

H3：网络购物行为可以正向预测大学生的个人能力发展和网络价值观。

H4：网络购物行为对大学生网络购物动机和个人能力发展、网络价值观的关系具有中介作用。

根据以上假设，本研究提出如图9-2的模型：

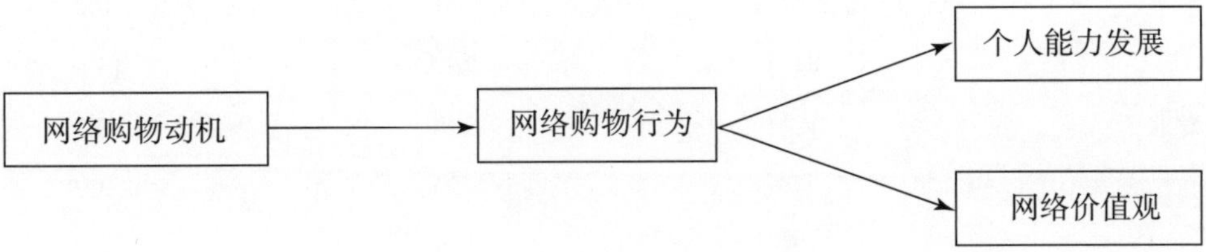

图9-2　网络购物研究模型

三、问卷编制与施测

我们首先采用质性研究中的焦点团体访谈，通过北京大学暑期学校，招募了来自全国各地10名具有网络购物经历的学生进行了1.45小时的焦点团体访谈。我们对访谈录音进行了转录整理，并采用Nvivo8.0进行初步的分析与汇总，形成了与网络购物动机（19条）、网络购物行为（23条）、网络购物对个人能力发展（18条）、网络购物对价值观的影响（8条）四个方面的表述。在焦点团体访谈资料分析的基础上，采用李克特五点量表，加上对学生基本背景信息（包括所在学校、年级、性别、家乡所在地、家中是否有电脑）的调查题项，编制成了调查问卷。问卷采用纸质问卷和网络问卷方式分别收集数据，调查对象为北京、上海和贵州几所大学的大学生。调查时间为2013年11—12月，最终收集有效问卷588份。

第三节　大学生数据分析

一、描述统计

表9-1为问卷收集样本的描述性统计分析。从中我们可以看出，在参与调查的588名学生（主要为大学本科生和硕士研究生）中，其中99.0%都具有网络购物经验，仅有1.0%尚未进行过网络购物；理科与文科的学生所占比例较大，而工科学生参与调查比例较小；从性别比例上看，女生（71.8%）远高于男生（28.2%）；来自城市的学生较多（52.4%），并且大多数学生（93.0%）家中或宿舍中都有电脑且能上网。

表9-1　参与调查大学生的基本信息描述统计

项目	类别	样本数（个）	百分比（%）
学历	高职高专	4	0.7
	大学本科	431	73.3
	硕士研究生	152	25.9
	博士研究生	1	0.2
专业	理科	267	45.4
	文科	298	50.7
	工科	23	3.9
性别	男	166	28.2
	女	422	71.8
家乡所在地	城市	308	52.4
	乡镇	126	21.4
	农村	154	26.2
家中／宿舍有无电脑	有，能上网	547	93.0
	有，不能上网	27	4.6
	没有	14	2.4
有无网络购物经历	有	582	99.0
	完全没有	6	1.0

针对具有网络购物经验的大学生（*N*=582）进行进一步的描述统计结果分析，得出的结果如表9-2所示。由表9-2中我们可以看出，与表9-1中基本相似，在参与调查的具有网络购物经验的大学生中，理科和文科的学生比例很大，工科学生比例很小（4.0%）；女生的比例为72.3%，明显高于男生；来自城市的学生依旧是样本的主体（52.6%）；参与者大多数（93.0%）家中或宿舍中都有电脑并且能够上网。在参与网络购物的时间上，有13.7%的学生少于一年，35.4%的学生介于1年和2年之间，50.9%在2年以上；在网络购物的频率上，23.2%的学生每月网络购物少于一次，28.0%的学生每月网络购物1次，24.7%的学生每月网络购物2次，23.9%的学生每月网络购物3次或以上；在每月支出上，35.2%的学生每月消费低于100元，32.0%的学生消费100—200元，18.2%的学生消费200—300元，每月消费300元以上的学生仅占少数；最后，在网络购物花销占每月花销的比例上，10.0%以下的占44.2%，10.0%—30.0%的学生占44.7%，30.0%以上的学生人数较少。

表9-2　针对具有网络购物经验的大学生的基本信息描述统计

项目	类别	样本数（个）	百分比（%）
学历	高职高专	4	0.7
	大学本科	426	73.2
	硕士研究生	151	25.9
	博士研究生	1	0.2
专业	理科	264	45.4
	文科	295	50.7
	工科	23	4.0
性别	男	161	27.7
	女	421	72.3
家乡所在地	城市	306	52.6
	乡镇	124	21.3
	农村	152	26.1
家中／宿舍有无电脑	有，能上网	541	93.0
	有，不能上网	27	4.6
	没有	14	2.4
网络购物时间	少于1年	80	13.7
	1—2年	206	35.4
	2年以上	296	50.9
每个月网络购物的次数	低于1次	135	23.2
	1次	163	28.1
	2次	144	24.8
	3次以上	139	23.9
每月在网络购物上的支出	100元以下	205	35.3
	100—200元	186	32.0
	200—300元	106	18.2
	300—400元	37	6.4
	400元以上	47	8.1
网络购物花销在每月花销中的比例	10.0%以下	257	44.1
	10.0%—30.0%	260	44.7
	30.0%—50.0%	47	8.1
	50.0%—70.0%	15	2.6
	70.0%以上	3	0.5

针对大学生网络购物产品类型做出柱形图，由图9-3可以看出，大学生对于服装和文体用品的网络购物需求最大，分别占到83.3%和60.1%；对于服务和保险的产品需求较小，分别占到4.8%和0.9%。

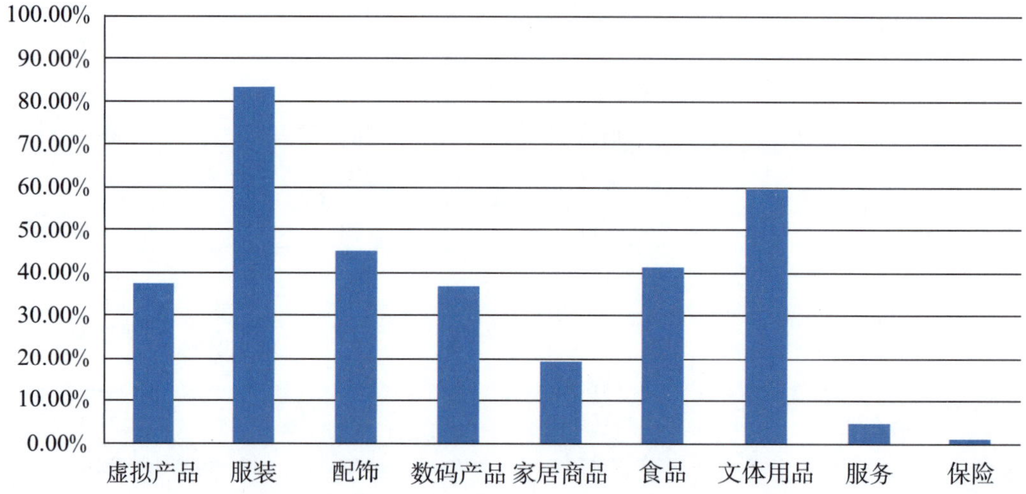

图9-3　大学生网络购物产品类型统计

二、主要变量的测量及信度效度资料

（一）大学生网络购物动机

我们根据焦点团体访谈的结果，对于学生的网络购物动机形成了13条描述，将其编制成大学生网络购物动机问卷。首先对问卷进行KMO检验和Bartlett's球体检验，其KMO系数 = 0.91> 0.5，P< 0.05，表明适合进行因子分析。针对这13个题目采用正交旋转的方法进行主成分因素分析，以特征值大于1作为抽取标准，得到两个因子，分别命名为实用价值动机和享乐价值动机。其中，实用价值动机是指消费者为了满足自身实际需求而产生购买愿望，享乐价值动机是指消费者由于想要体验某种乐趣而产生购买愿望。这两个因子的总方差解释量为66.42%，表明问卷具有良好的结构效度。针对这13个题目进行内部一致性分析，其克隆巴赫系数 α = 0.843，证明问卷具有非常好的内部一致性信度（如表9-3所示）。

表9-3　大学生网络购物动机问卷因子旋转结果

题目		因子	
		实用价值	享乐价值
15.11	网络购物提供了商品更多的选择机会	0.890	–0.211
15.5	网上购物查找商品方便	0.862	–0.166
15.12	网络购物打破了商家价格垄断，让信息更加透明	0.835	–0.093
15.2	在网上可以买到新奇的物品	0.832	–0.036
15.3	网上购物节省时间	0.831	–0.105
15.13	网络购物可以让我买到比较稀缺的商品	0.785	0.022
15.1	在网上买到价廉物美的商品让我有成就感	0.772	–0.032
15.4	网上购物不劳累	0.737	0.057
15.10	网络购物可以让我在购物前有更多思考时间	0.639	0.268
15.9	网络购物有点像游戏，有时会和网游有关，比较有意思	–0.214	0.823
15.6	网络购物可以让我结识新的朋友	–0.318	0.820
15.7	通过网络购物赠送礼物，可以增进感情	0.108	0.792
15.8	可以边学习边上网买商品	0.162	0.723

（二）大学生网络购物行为

我们根据焦点团体访谈的结果，对于学生的网络购物行为形成了16条描述，将其编制成大学生网络购物行为问卷。首先对问卷进行KMO检验和Bartlett's球体检验，其KMO系数= 0.924>0.5，P<0.05，表明适合进行因子分析。针对这16个题目采用正交旋转的方法进行主成分因素分析，以特征值大于1作为抽取标准，得到两个因子，分别命名为与他人互动和个人独门秘籍。其中与他人互动是指在网络过程中与商家、网友、现实生活中的好友进行的沟通和交流；个人独门秘籍是指在网络购物过程中逐渐积累的为了获得物美价廉的商品而采取的技巧或独特的方法。这两个因子的总方差解释量为59.19%，表明问卷具有良好的结构效度。针对这16个条目进行内部一致性分析，其克隆巴赫系数 α =0.668，证明问卷的内部一致性信度较好（如表9-4所示）。

表9-4　大学生网络购物行为问卷因子旋转结果

题目		因子	
		个人独门秘籍	与他人互动
16.6	如果是熟人推荐的商品我会优先购买	0.847	–0.189
16.5	我看很多的买家评价来做出购买决策	0.839	–0.348
16.7	我根据自己收集的信息判断商品，选择商家	0.820	–0.140
16.3	我根据网站标注的商品近期销售量来判断	0.798	–0.155
16.4	我比较信任网店和实体店都有的商家	0.766	–0.058
16.9	我会想方设法将运费降到最低	0.701	0.075
16.10	平时我会收藏有用的网店网页，方便日后查找	0.695	0.118
16.1	我喜欢在比较信任的网店尽快购买商品	0.466	–0.095
16.14	我会通过QQ群等将购物经验发布给好友	–0.387	0.824
16.15	我会向卖家提供改进商品、宣传、经营等建议	–0.315	0.817
16.12	我会编制或下载程序，自动收取网店优惠信息	–0.333	0.814
16.13	我喜欢向买过同类商品的陌生人咨询商品信息	–0.264	0.810
16.16	我会积极向他人宣传网络购物的优点	–0.204	0.775
16.11	我喜欢先在实体店里看货品，然后到网店购买	0.277	0.663
16.2	我喜欢选择传统的货到付款的方法	0.036	0.511
16.8	我会通过鼓动别人一起买来获得团购优惠	0.203	0.415

（三）网络购物对大学生能力发展的影响

我们根据焦点团体访谈的结果，针对网络购物对学生能力发展的影响形成了13条描述，将其编制成网络购物对大学生能力发展影响问卷。首先对问卷进行KMO检验和Bartlett's球体检验，其KMO系数=0.916>0.5，$P<0.05$，表明适合进行因子分析。针对这13个题目采用正交旋转的方法进行主成分因素分析，以特征值大于1作为抽取标准，最终抽取出2个因子，总方差解释量为63.96%，表明问卷具有良好的结构效度。针对这13个条目进行内部一致性分析，其克隆巴赫系数 α=0.88，证明问卷的内部一致性信度较为理想（如表9-5所示）。

表9-5　网络购物对大学生能力发展影响问卷的因子旋转结果

题目		因子	
		学习能力	人际交往能力
18.3	接触新东西多并且快	0.883	–0.084
18.8	更加善于对商品、事物进行比较	0.880	–0.132
18.4	心态更加开放	0.863	–0.037
18.6	网络搜索能力增强	0.859	–0.010
18.2	购买商品经验丰富	0.846	0.048
18.9	判断力提高了	0.841	–0.070
18.5	比别人占有更多的信息	0.808	0.060
18.10	经常想逛网上商店，买点东西	0.702	0.098
18.7	学会了电子商务的不少知识	0.677	0.239
18.1	具有丰富的人生体验	0.485	0.182
18.12	人际交往的范围扩大了	–0.142	0.874
18.13	语言交往技巧增强了	0.084	0.855
18.11	不常上街了，对外面的世界了解少了	0.084	0.592

（四）网络购物对大学生网络价值观的影响

我们根据焦点团体访谈的结果，针对网络购物对大学生网络价值观发展的影响形成了6条描述，将其编制成网络购物对大学生能力发展影响问卷。首先对问卷进行KMO检验和Bartlett’s球体检验，其KMO系数=0.794>0.5，P<0.05，表明适合进行因子分析。针对这6个题目采用正交旋转法进行主成分因素分析，以特征值大于1作为抽取标准，最终析出2个因子，总方差解释量为80.53%，表明问卷具有良好的结构效度。针对这6个条目进行内部一致性分析，其克隆巴赫系数 $\alpha = 0.848$，证明问卷具有非常好的内部一致性信度（如表9-6所示）。

9

表 9-6　网络购物对大学生网络价值观影响问卷的因子旋转结果

题目		因子	
		学习观	网络观
19.2	获得丰富的信息是重要的	0.947	0.063
19.3	对一个事物多元的观点是有益的	0.944	0.062
19.1	网络世界与现实世界是紧密相连的	0.870	0.187
19.4	网络中陌生人提供的建议是可以借鉴的	0.680	0.446
19.5	网络世界比现实世界更加公平	–0.020	0.910
19.6	网络世界是可以被信任的	0.294	0.817

三、交叉列联表分析

我们以性别、家乡、专业、家中有无电脑等背景信息为分类依据，对被调查大学生网络购物的时间、网络购物频率进行交叉列联表分析，以对应的卡方值是否显著作为依据，来探讨背景信息对这些变量的影响。

（一）性别

根据卡方检验结果，性别对大学生网络购物时间和网络购物频率的影响均差异显著（$P<0.05$）。分别采用独立样本的T检验对于性别对二者影响进行分析，发现：（1）网络购物时间在大学生性别上差异显著（$T=2.267, P<0.05$），女生的网络购物时间要显著高于男生。（如图9-4所示）（2）大学生的性别对于其网络购物频率差异显著（$T=3.864, P<0.05$），男生的网络购物频率要显著低于女生（如图9-5所示）。

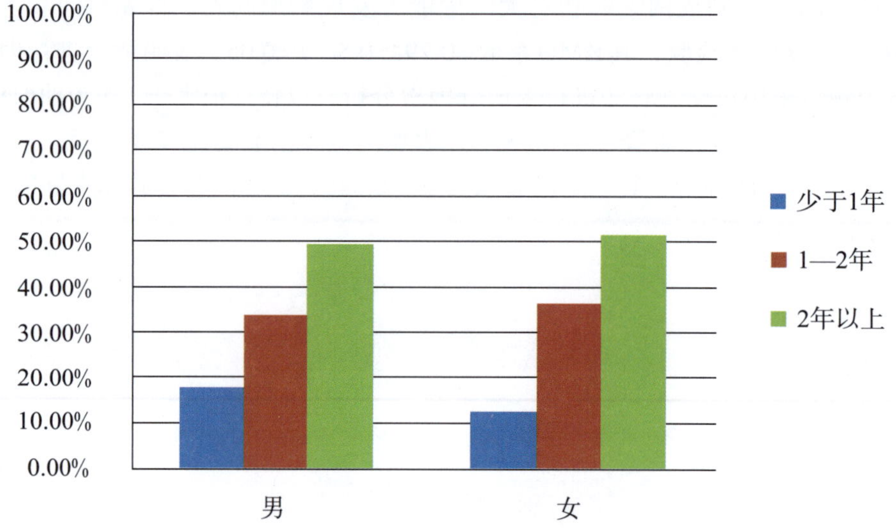

图9-4　性别对网络购物时间的交叉列联分析

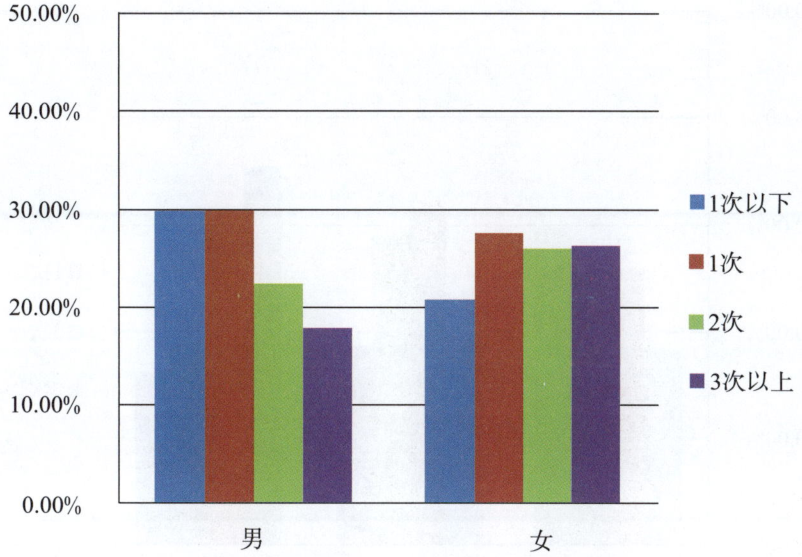

图9-5 性别对网络购物频率的交叉列联分析

（二）家乡所在地

根据卡方检验结果，家乡所在地对大学生网络购物时间和网络购物频率的影响均差异显著（$P<0.05$）。根据相应的比例做出条形图。由图9-6和图9-7可以看出：（1）家乡所在地对大学生网络时间的影响差异显著（$F=5.094$，$P<0.01$）。根据事后比较的结果可知，家乡所在地在城市和乡镇的同学进行网络购物的时间显著高于农村（如图9-6所示）。（2）家乡所在地对大学生网络购物频率的影响差异显著（$F=10.109$，$P<0.05$）。根据事后比较的结果可知，家乡所在地在农村的学生进行网络购物的时间显著低于家乡所在地为乡镇和城市的学生（如图9-7所示）。

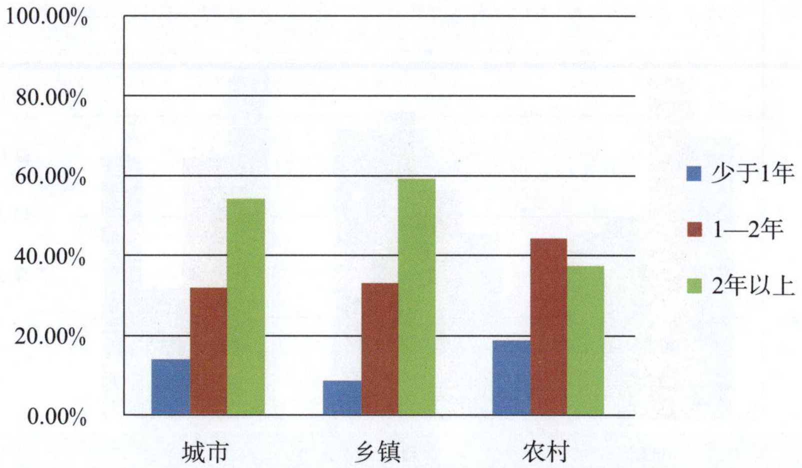

图9-6 家乡所在地对网络购物时间的交叉列联分析

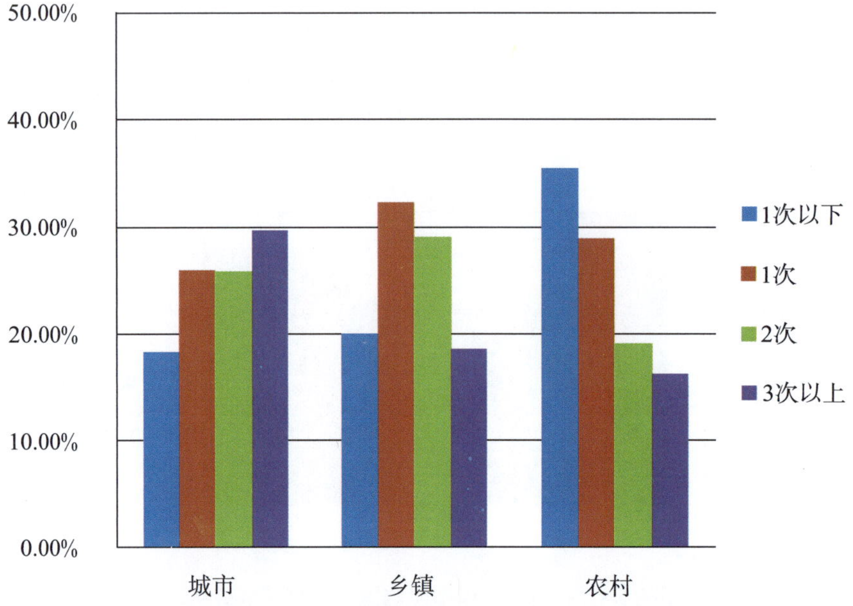

图9-7　家乡所在地对网络购物频率的交叉列联分析

（三）专业

根据卡方检验结果，专业对大学生网络购物时间无显著差异，对网络购物频率的影响差异显著（$P<0.05$）。由图9-8可以看出，专业对大学生网络购物频率的影响差异显著（$F=7.526$，$P<0.01$）。根据事后比较的结果可知，文科生的购物频率显著高于理科和工科学生。

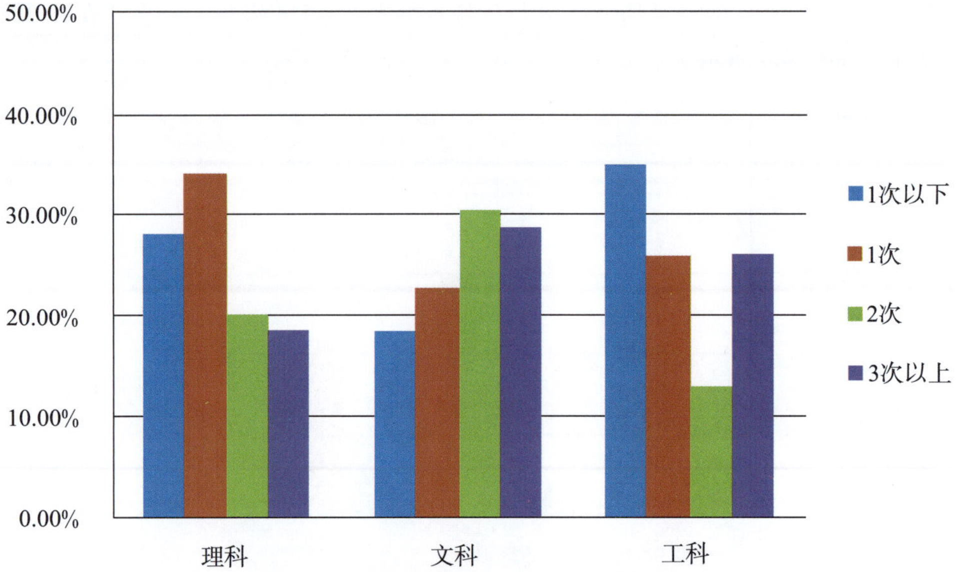

图9-8　专业对网络购物频率的交叉列联分析

（四）家（宿舍）中有无电脑

根据卡方检验结果，家（宿舍）中有无电脑对大学生网络购物时间无显著差异，对网络购物频率的影响差异显著（$P<0.05$），以相应的比例做出条形图9-9。如图9-9所示，可知家（宿舍）中有电脑且能够上网的大学生，其网络购物频率显著高于家（宿舍）中有电脑但不能上网和没有电脑的学生。

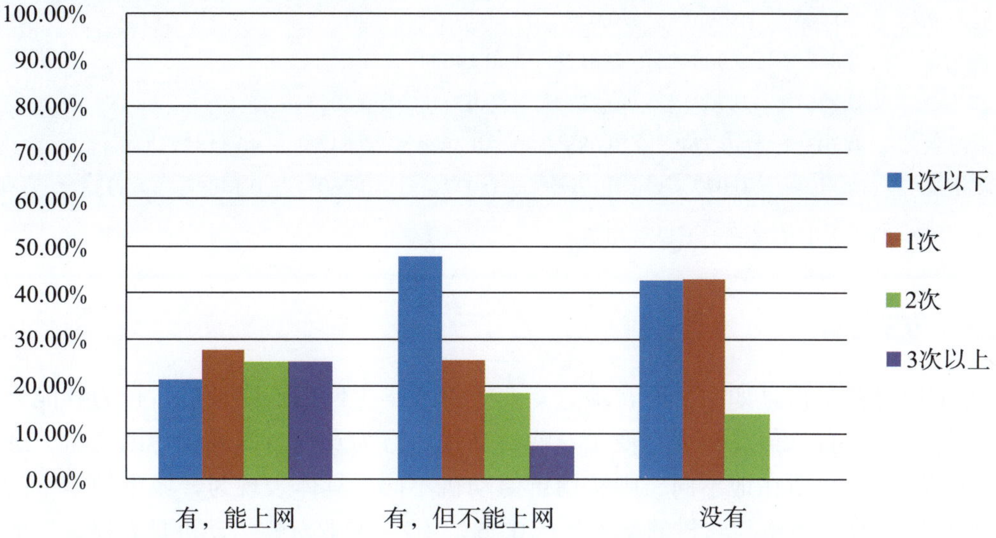

图9-9　家（宿舍）中有无电脑对网络购物频率的交叉列联分析

四、相关分析

为探究各主要变量之间的关系，针对具有网络购物经验的大学生进行相关分析，结果如表9-7所示。（1）购物动机中，实用价值动机与购物行为中的个人独门秘籍呈显著正相关，和与他人互动相关不显著；享乐动机与个人独门秘籍呈显著正相关，和与他人互动呈显著正相关。（2）购物动机的实用价值动机与学习能力和人际交往能力都呈显著正相关，与学习观和网络观都呈显著正相关；享乐动机与学习能力和人际交往能力都呈显著正相关，与学习观呈显著负相关，与网络观相关不显著。（3）购物行为的个人独门秘籍与学习能力和人际交往能力都呈显著正相关，与学习观和网络观都呈显著正相关；与他人互动和学习能力和与人际交往能力呈显著正相关，和学习观呈显著负相关，与网络观相关不显著。

9

表 9-7　大学生网络购物行为相关分析结果

	实用价值动机	享乐动机	个人独门秘籍	与他人互动	能力 1	能力 2	学习观	网络观
实用价值动机	1							
享乐动机	0.196**	1						
个人独门秘籍	0.845**	0.126**	1					
与他人互动	–0.003	0.665**	0.027	1				
能力 1	0.848**	0.308**	0.812**	0.146**	1			
能力 2	0.226**	0.700**	0.227**	0.637**	0.401**	1		
学习观	0.703**	–0.224**	0.683**	–0.382**	0.642**	–0.118**	1	
网络观	0.179**	0.077	0.179**	0.037	0.260**	0.148**	0.333**	1

注：** 在 0.01 水平（双侧）上显著相关。

五、方差分析

为了探讨背景信息如家乡所在地、专业等对大学生网络购物动机、行为和能力、价值观的影响，以背景信息作为自变量，购物动机、行为及能力发展作为因变量，进行方差分析。（1）家乡所在地不同，则实用价值动机不同。具体表现为，城市的学生的实用价值动机明显高于乡镇与农村的学生（$P<0.05$）。（2）专业对购物动机具有显著影响。文科专业学生的购物动机明显高于理科和工科学生的（$P<0.05$）。（3）家乡所在地不同，则网络购物行为不同。城市的学生会通过与他人互动及采用更多的个人独门秘籍做出购买决策（$P<0.05$）。（4）专业对于与他人互动这一行为具有显著影响。文科专业学生与理科和工科学生相比，在网络购物过程中与他人有更多的互动（$P<0.01$）（如表 9-8 所示）。

表 9-8　针对背景变量方差分析的事后多重比较结果

因变量	(I)	(J)	均值比较	标准误差	Sig.
实用价值动机	城市	乡镇	0.302 79	0.120 61	0.012*
		农村	0.546 18	0.112 56	0.000***
购物动机	文科	理科	0.984 78	0.107 71	0.000***
		工科	0.865 23	0.276 63	0.002***
网络购物行为	城市	乡镇	0.301 27	0.139 63	0.031*
		农村	0.495 94	0.130 31	0.000***
与他人互动	文科	理科	–0.730 18	0.242 85	0.000***
		工科	–0.951 42	0.241 85	0.000***

注：其中 * 表示 $P<0.05$，** 表示 $P<0.01$，*** 表示 $P<0.001$。

为了探讨大学生所在区域对是否有电脑、是否有网络购物经历、网络购物时间及网络购物平均次数的影响，以上述基本信息作为自变量、区域作为因变量进行方差分析。通过事后比较发现，处于东部地区的大学生的网络购物平均次数明显多于西部和中部地区的大学生（$P<0.01$）（如表9-9所示）。

表9-9　针对基本变量方差分析的事后多重比较结果

因变量	(I)	(J)	均值比较	标准误差	Sig.
网络购物平均次数	东部	西部	0.487	0.117	0.000***
		中部	0.737	0.216	0.001***

注：其中*表示$P<0.05$，**表示$P<0.01$，***表示$P<0.001$。

为了探讨不同区域的大学生网络购物动机、行为和能力、价值观是否存在显著差异，以网络购物动机、行为和能力、价值观作为自变量，区域作为因变量，进行方差分析。通过事后比较发现：（1）处于东部地区的大学生的实用价值动机明显高于西部和中部地区的大学生（$P<0.01$）；（2）处于东部地区的大学生较西部和中部地区的大学生，对于与他人互动这一行为具有显著影响（$P<0.01$）；（3）区域对于个人独门秘籍差异有显著差异。处于东部地区的大学生与西部和中部地区的大学生相比，更多地会采用个人独门秘籍来辅助做出购买决策（$P<0.01$）；（4）处于东部地区的大学生的学习能力明显强于西部和中部地区的大学生（$P<0.01$）；（5）处于东部地区的大学生较西部和中部地区的大学生，网络购物对其学习观具有显著影响（$P<0.01$）（如表9-10所示）。

表9-10　方差分析的事后多重比较结果

因变量	(I)	(J)	均值比较	标准误差	Sig.
实用价值动机	东部	西部	1.199 61	0.099 74	0.000***
		中部	1.082 47	0.183 53	0.000***
与他人互动	东部	西部	−0.514 67	0.111 31	0.000***
		中部	−0.780 07	0.204 82	0.000***
个人独门秘籍	东部	西部	1.102 63	0.102 84	0.000***
		中部	1.270 95	0.189 23	0.000***
学习能力	东部	西部	0.834 03	0.088 45	0.000***
		中部	0.910 05	0.162 77	0.000***
学习观	东部	西部	1.070 70	0.088 53	0.000***
		中部	1.256 41	0.162 90	0.000***

注：其中*表示$P<0.05$，**表示$P<0.01$，***表示$P<0.001$。

六、回归分析

（一）网络购物动机对大学生网络购物行为的预测

为探究网络购物动机对大学生网络购物行为的影响，以网络购物动机的实用价值和享乐价值两个维度作为自变量，以网络购物行为的两个维度作为因变量，分别进行多元回归分析。（1）大学生的实用价值动机可以显著地正向预测其网络购物商品时与他人互动（T=–4.483，P<0.001）和所采用的个人独门秘籍（T=37.873，P<0.001）。（2）大学生的享乐价值动机只显著地促进与他人互动的行为（T=22.354，P<0.001），而对个人独门秘籍的使用并不显著（P>0.01）(如表9-11所示)。

表9-11　购物动机对购物行为的多元回归分析

因变量	自变量	非标准化系数		标准化系数	*T*	Sig.	共线性检验	
		B	标准误	*Beta*			容忍度	VIF
与他人互动	实用价值	–0.141	0.031	–0.139	–4.483	0.000***	0.962	1.040
	享乐价值	0.775	0.035	0.692	22.354	0.000***	0.962	1.040
个人独门秘籍	实用价值	0.868 8	0.023	0.853	37.873	0.000***	0.962	1.040
	享乐价值	–0.046	0.025	–0.041	–1.809	0.071	0.962	1.040

注：其中*表示P<0.05，**表示P<0.01，***表示P<0.001。

（二）网络购物行为对大学生能力和网络价值观的预测

为探究具体的网络购物行为对大学生能力发展和网络购物价值观的影响，以网络购物行为的两个维度作为自变量，大学生能力发展和网络价值观作为因变量，分别进行多元回归分析。（1）与他人互动可以显著地正向预测大学生的学习能力（T=5.264，P<0.001）和人际交往能力的发展（T=20.580，P<0.001）。（2）个人独门秘籍的使用可以显著地正向预测大学生的学习能力（T=34.310，P<0.001）和人际交往能力的发展（T=6.846，P<0.001）。（3）与他人互动可以显著地正向预测大学生学习观的形成（T=–15.876，P<0.001），而不能预测网络观的形成（P>0.01）。（4）个 人独门秘籍的使用可以显著地正向预测大学生学习观的形成（T=27.452，P<0.001）和网络观的形成（T=4.384，P<0.001）（如表9-12所示）。

表 9-12　购物行为对大学生能力、价值观的多元回归分析

因变量	自变量	非标准化系数		标准化系数	T	Sig.	共线性检验	
		B	标准误差	Beta			容忍度	VIF
学习能力	与他人互动	0.105	0.020	0.124	5.264	000***	0.999	1.001
	个人独门秘籍	0.683	0.020	0.809	34.310	000***	0. 999	1.001
人际交往能力	与他人互动	0.510	0.025	0.631	20.580	000***	0. 999	1.001
	个人独门秘籍	0.169	0.025	0.210	6.846	000***	0. 999	1.001
学习观	与他人互动	–0.351	0.022	–0.401	–15.876	000***	0. 999	1.001
	个人独门秘籍	0.605	0.022	0.694	27.452	000***	0. 999	1.001
网络观	与他人互动	0.020	0.025	0.032	0.791	0.429	0. 999	1.001
	个人独门秘籍	0.111	0.025	0.178	4.384	0.000***	0. 999	1.001

注：其中 * 表示 $P<0.05$，** 表示 $P<0.01$，*** 表示 $P<0.001$。

（三）网络购物行为的中介效应分析

由上文可知，网络购物动机可以在一定程度上正向显著预测网络购物行为，而网络购物行为可以正向显著预测大学生能力发展和网络价值观形成。由此推测，网络购物动机可以通过影响网络购物行为，来进一步影响大学生能力发展和网络价值观形成。

首先，利用Bootstrap方法针对网络购物行为在大学生网络购物动机和能力发展中的中介效应进行检验，发现：（1）与他人互动对实用价值和大学生学习能力的正向关系具有较低中介作用（如表9-13的中介效应1），中介效应的大小为5.52%。与他人互动对实用价值和大学生人际交往能力不具有中介作用。（2）个人独门秘籍的使用对实用价值和大学生学习能力的正向关系具有部分中介作用（如表9-13的中介效应2），中介效应的大小为43.30%。（3）与他人互动对享乐价值和大学生人际交往能力的正向关系具有部分中介作用（如表9-13的中介效应3），中介效应的大小为30.76%。与他人互动对享乐价值和大学生学习能力无中介作用。（4）个人独门秘籍的使用对享乐价值和大学生人际交往能力的正向关系具有较弱中介作用（如表9-13的中介效应4），中介效应的大小为3.94%。个人独门秘籍的使用对享乐价值和大学生学习能力无中介作用。

9

表 9-13　网络购物行为对网络购物动机和大学生能力发展的中介效应分析

	标准回归系数				置信区间		中介效应大小（*ab*/*c*）
	a	*b*	*c*	*c'*	低	高	
中介效应 1	–0.297 9***	–0.181 2***	0.9 781***	0.9 242***	0.029 0	0.087 0	5.52%
中介效应 2	0.940 7***	0.450 2***			0.261 1	0.529 2	43.30%
中介效应 3	0.639 9***	0.300 9**	0.6 262***	0.4 336**	0.149 6	0.252 7	30.76%
中介效应 4	–0.186 5**	–0.132 6***			0.006 9	0.050 7	3.94%

注：（1）回归系数*a*代表自变量对中介变量的直接效应，回归系数*b*代表中介变量对因变量的直接效应，回归系数*c*代表自变量对因变量的全部效应，回归系数*c'*代表自变量对因变量的直接效应。*ab*/*c*衡量中介效应的大小。（2）** 表示P<0.01，*** 表示P<0.001。

其次，利用Bootstrap方法针对网络购物行为在大学生网络购物动机和网络价值观关系的中介效应进行检验，发现：（1）与他人互动对实用价值和学习观和网络观的正向关系均不具有中介作用。（2）个人独门秘籍对实用价值和大学生学习观发展的正向关系具有部分中介作用（如表9-14的中介效应5），中介效应为39.62%。同理，个人独门秘籍对实用价值和大学生网络观发展的正向关系具有较强中介作用（如表9-14的中介效应6），中介效应为34.75%。（3）与他人互动对享乐价值和大学生网络学习观的关系具有较强中介作用（如表9-14的中介效应7），中介效应为80.01%。与他人互动对享乐价值和大学生网络观的关系不具有中介作用。（4）个人独门秘籍的使用对享乐价值和大学生学习观和网络观的关系均不具有中介作用。

表 9-14　网络购物行为对网络购物动机和大学生网络价值观的中介效应分析

	标准回归系数				置信区间		中介效应大小（*ab*/*c*）
	a	*b*	*c*	*c'*	lower	upper	
中介效应 5	0.774 5***	0.397 3***	0.779 6***	0.472 0***	0.192 1	0.404 2	39.62%
中介效应 6	0.357 9***	0.756 7***			0.162 9	0.356 2	34.75%
中介效应 7	–0.450 2***	0.426 1***	–0.239 7***	–0.047 9	–0.240 2	–0.144 0	80.01%

注：（1）回归系数*a*代表自变量对中介变量的直接效应，回归系数*b*代表中介变量对因变量的直接效应，回归系数*c*代表自变量对因变量的全部效应，回归系数*c'*代表自变量对因变量的直接效应。*ab*/*c*衡量中介效应的大小。（2）** 表示P<0.01，*** 表示P<0.001。

第四节　结果与讨论

一、大学生网络购物现状分析

通过研究发现，目前我国大学生网络购物具有以下特点。

1. 大学生网络购物经验具有明显的性别和专业差异

由数据分析结果可知，具有网络购物经验的女生明显多于男生，具有网络购物经验的文科生明显多于理科生和工科生。这说明女生在日常生活中对于网络购物的需求高于男生，符合女生普遍爱购物的现实状况。理工科学生可能由于功课繁忙，较少有时间关注网络购物。

2. 大学生网络购物的月支出保持理智水平

调查数据显示，大多数大学生的网络购物月支出低于300元，仅有极少数学生网络购物花销占月花销的30%以上。大学生的经济尚未独立，仍需父母每月供给生活费，因此，大多数的大学生在网络购物的花销上保持了较理智的水平。

3. 网络购物产品类型平均

数据显示，大学生网络购物产品的类型以服装居多，其他类型，如文体用品、虚拟产品、配饰、食品、数码产品等处于相对平均的水平，说明大学生的生活更加丰富，对于网络购物产品种类的需求更加多样化。

二、大学生网络购物的影响因素

本研究发现，性别、学科、家乡所在地、家中有无电脑、网络购物时间、网络购物频率对于大学生网络购物具有显著影响。

1. 女生在网络购物中处于主导地位

女生参与网络购物的时间和频率都要显著高于男生。女生对于服装、配饰等物品的喜爱程度甚于男生，由此对网络购物更加热衷。

2. 城市、乡镇、农村的学生网络购物时间和频率依次降低

这说明家乡所在地不同引起的经济状况不同，对于大学生参与网络购物具有显著的影响。经济越发达的地区的大学生，倾向于较早接触网络和参与网络购物，进而产生较多的网络购物行为。

3. 家中有无电脑对于大学生网络购物时间和频率也是重要的影响因素

家中有电脑且能够上网的大学生，其网络购物的时间和频率要显著高于其他没有电脑或有电脑上不了网的学生。这说明电脑和网络作为网络购物的工具和渠道，对网络购

物行为的产生起着重要的媒介作用。

4. 网络购物频率对于大学生的网络购物行为具有显著影响

高网络购物频率的大学生，在网络购物过程中会更多地与他人进行互动。这说明随着网络购物频率的升高，大学生对于网络购物的流程和沟通技巧更加熟悉，网络购物的经验和技巧更加丰富，进而能够更好地掌控网络购物行为。

三、大学生网络购物行为的中介作用

从本研究可以看出，网络购物动机通过影响相应的网络购物行为，进而对大学生个人能力发展和网络价值观的形成产生影响，体现为部分中介效应。

1. 网络购物动机对于网络购物行为具有显著的预测效应

大学生的实用价值动机和享乐价值动机，均可以显著地正向预测其购买商品时与他人互动的行为。这说明大学生为了买到所需要的商品，会采取各种各样的方法和手段，来最大限度地降低网络购物成本，同时将网络购物作为一种娱乐体验，通过网络购物过程中与他人的互动和交流，达到轻松愉快购买到所需商品的目的。

2. 网络购物行为对于大学生能力发展和网络价值观的形成具有显著的正向预测作用

一方面，在网络购物过程中通过与他人进行互动，包括向卖家咨询、向朋友介绍、讨价还价等过程，大学生的信息获取能力、沟通交流能力会得到有效提升；通过使用并积累一些购物经验，鉴别质量真伪和做出决策的能力得到加强。另一方面，大学生在网络购物过程中同时通过与他人平等地交流与互动和个人独门秘籍的使用，更加容易买到称心如意、物美价廉的商品，大学生会更加倾向于认为网络世界的信息丰富而多元，网络世界中的人们友好而值得信任。

3. 在网络动机的两个维度与能力发展、网络价值观的关系中，大学生网络购物行为都起到了显著的中介作用

这说明大学生在网络购物之前的动机水平具有重要意义，由于个体内部潜在的实用价值需求或者享乐需求，激发大学生产生了网络购物行为，最终通过网络购物过程中与他人的互动和个人购物习惯的养成，使其个体的能力得到了发展，其对于网络世界的看法也在潜移默化中变得更加积极开放。这对于大学生健康网络方式的形成具有重要的借鉴意义。

四、讨论与建议

本研究的目的是希望从教育学的视角，在了解大学生网络购物现状与行为的同时，探究大学生网络生活之网络购物活动对正在处于身心发展的大学生具有的教育意义。根据研究，我们发现大学生通过网络购物活动在与他人互动能力方面获得了发展，同时也

发展出了一些个人策略来进行网络购物。而大学生对于信息获取的态度更加开放与多元，对于网络的认知更加积极。这些对于发展中的大学生都是非常有益的。随着互联网越来越深入社会生活的各个方面，需要引导他们不断完善其网络生活能力。

1. 完善网络沟通能力

正如网络购物中买家与商家地理位置分离，彼此未曾谋面，未来社会中互联网环境下的社会交往越来越成为当代人必备的能力之一。无论是正式的工作组织内部、在线学习团体，还是非正式的朋友圈、各种社交网站、网络购物，甚至网络突破时空所带来的跨国界、跨文化的交流，网络互动与沟通在人们社会交往中占据的比例将越来越大。因此，需要引导大学生不断完善网络沟通能力。

这种沟通能力被定义为两种：与不同观点沟通的能力和在不同的社区中沟通的能力。为此，需要培养大学生在不同的人与观点之间进行沟通和协商，发展他们积极倾听、彼此尊重的道德准则，培养他们在相同或者不同观点之间交流所应遵循的行为规则。只有沟通能力发展了，才能使他们在未来社会中更好地理解多元视角、尊重甚至是拥抱不同的观点，理解多样的社会规范，以及在不同的甚至是冲突的观点之间进行协商。

2. 发展分析与分辨网络信息的能力

在网络购物过程中，单凭一张图片、文字介绍以及其他买家的评价很难真正把握商品质地。收到的商品与网站上有明显差别，被低档或者过期型号替代，甚至二手商品经过翻新后重新上架的情况时有发生，这都使得大学生消费者很容易上当。本研究发现，一些大学生也为此发展出了独门秘籍使自己购买到合适的商品。在当今社会中，网络越来越成为信息的主要来源，因此，大学生需要不断发展自己的批判性思维，提高分析与分辨网络信息的能力。

批判性思维是建立在良好判断的基础上，使用恰当的评估标准对事物的真实价值进行判断和思考。也就是在面对事物的时候，不能从其表面价值来简单地评定，而是需要清晰地、准确地、相关地、有深度地、有广度地和有逻辑地进行分析和评价。[①]为此，大学生应该不断地锻炼自己的分析、综合以及评价事物的能力，不断地提高自己的思维品质，提升自己的决策和问题解决能力，从而能够应对自身的非理性，使得个体处理网络纷繁复杂的信息能力不断提高。

3. 发展抵御网络诱惑的能力

网上购买的商品与实体商店商品相比，其价格具有很大优势，另外网络购物经常能淘到一些实体店里不容易买到的新奇产品，所以网络购物在大学生中有相当的认可度。又由于较之实体店有较大优惠或者网店推出的一系列秒杀、限时特价等优惠活动往往具有很大的吸引力，购买经验较少的大学生在购物前容易缺乏理性，缺乏冷静计算购物成

① 理查德·保罗,琳达·埃尔德. 批判性思维工具［M］. 侯玉波，等，译.北京：机械工业出版社，2013：5.

本、考虑自己是否真有需要的心理过程，盲目冲动消费。

不仅是网络购物，网络资讯、网络游戏、网络影视、网络社交等都会产生巨大诱惑，一些大学生甚至会形成游戏、购物或者社交上瘾，荒废了学业，甚至误入歧途。为了让大学生的网络生活健康发展，需要培养他们的抵御网络诱惑的能力。不仅要对大学生进行时间管理、经济管理等方面的教育，还应该多组织大学生进行面对面的团体活动，避免他们沉溺于虚拟世界。

4. 培养正确的网络价值观

价值观是社会个体及群体对与之接触的人、事、物等客观事物的基本看法和态度，它形成于人们的社会实践过程，又反过来作用于人们的各项具体实践活动，引导人们实践活动的基本方向。不同价值观指导下的实践活动，所产生的实践结果会显著不同。同样，针对已与人们生活、学习和工作密不可分的网络，人们具有怎样的态度和看法，在发展和使用网络过程中人们到底会采取什么样的价值取向，直接影响和决定着网络对社会生活各方面的作用结果。

上述研究发现，大学生在网络购物时与他人互动、发展自己的购物策略，使得他们拥有更加开放的态度对待网络世界中的人与事，对网络持更加积极和乐观的看法。可以说，网络生活已经深深地影响了大学生的价值观。但是需要看到，网络世界纷繁复杂，甚至比现实世界更加难以把握，大学生不仅受到同辈人群的价值观影响，在网络上也非常容易受到其他群体的价值观影响，因此必须对他们进行正确引导，逐步培养自律、利他、真实的健康网络公民人格[①]。

① 王艳平，岑梦佳，李新建. 90后网络价值观的实证分析——以上海部分高校为例［J］. 思想政治课研究，2014（3）.

第十章　大学生网络角色的定位研究

第一节　问题的提出

一、研究背景

近年来，高等院校的混合式教学、开放课程和大规模在线课程，对现行教育体制、大学生思想政治工作和大学生的行为习惯产生的冲击和由此引起的变革，促使广大教育工作者以高度的热情去研究网络、审视网络。其间，最大的关注点和研究兴趣，莫过于主要放在“高校学生是网络建设、运用、维护工作的生力军，学生网民在网上生活中的网络素质、文明诚信、社会责任、职责履行、舆论引领情况以及在净化网络环境方面所起的作用”上。

探索研究作为普通网民和国家人才的大学生网民的特殊要求，努力引导大学生网民提高自身素质和为净化、优化网络环境、营造良好的网络生态做贡献，是科研工作理性助推社会进步的有益尝试。

二、研究目的

本研究的主要对象是石油高校各类在校学生、艺术学院学生和职业专科学校学生的网络生活，这些大学生的网络生活既具有青年学生的普遍性，又由于石油和艺术行业的全球化程度高而对其网络生活角色定位含有相应的特殊性要求。本章设计了“大学生网络角色定位调查问卷”（见附录二），并据此问卷收集了解大学生网络生活对“学生成人成才”的正、负面效应，研究学生网络生活对学校校风、学风、教风、考风、工作作风以及对学生寝室文化建设的影响；研究总结学生站在党和国家对高端人才高标准思想政治要求的高度，如何树立正确的世界观、人生观、价值观问题，以及研究在真假、是非难辨的网络环境里大学生努力去掉浮躁、看清形势进而努力提高自我教育、自我管理、自我服务、自主创业的能力和水平问题；通过分类研究和研究与实践结合的方式，探讨启迪大学生自觉成为对社会进步有较高责任感和贡献的高素质网民，以及大学生勇敢地承担社会责任，为净化和优化网络环境、营造良好网络环境和网络生态做贡献。

三、研究问题

本章对大学生中普遍存在的网络娱乐现象进行全面考察，旨在解决以下问题。

（一）大学生角色定位的现状与趋向

根据学科专业和学生毕业后的就业趋势，进行情况调查和信息收集时，特别强调研究学生在校的网络生活现状与今后从业的行业要求，从而探讨在校生职业定位的适应性和吻合程度。

（二）不同区域不同专业布局石油高校学生网络生活方式的研究

通过提炼网络环境中行业对石油高校在校学生网络生活的要求内容，分析并探讨在校大学生网络生活方式对学业、事业和学校教育管理的正、负面影响的现象和原因，完成不同区域不同专业布局石油高校学生、艺术院校学生和职业专科院校学生网络生活方式的研究。

（三）大学生网络生活和现实生活中的观念表现及其差异

调查了解各类在校大学生网络生活和现实生活中的“三观”（世界观、人生观、价值观）、“四自”（自我教育、自我管理、自我服务和自主创业）的表现和异同，以便为学生的成人成才、学校的教育管理和思想政治教育工作寻找着力点。

第二节　问卷设计与样本分析

一、调查问卷设计

调查问卷的设计是本研究的一个关键环节，它关系到研究结果是否真实可信。设计调查问卷时，我们遵循合理性、一般性、逻辑性、明确性和非诱导性等原则，经过“拟写初稿、专家分析、修改完善，小范围试调查，师生讨论实施步骤和大规模发放调研”等多道程序和流程，使问卷有较好的信度和效度。

设计问卷之初，我们广泛听取意见，列出了许多问题，通过分析调查主题相关的要素，仔细筛选，所设计调查和询问的问题都力求与“大学生网络角色定位”的调查主题密切相关；设问力求具有普遍的意义，反复推敲避免一些常识性的错误；问题与问题之间力求有一定的逻辑性，使问卷整体形成一个相对完善的小系统。

针对问卷的客观性程度对调查结果影响较大的可能性，我们设计问卷时尽量以客观的角度和尺度去探寻问题范围与领域，根据现阶段大学生接受调查的题型和认真的态度，在语言描述上尽量避免诱导性，以避免受访者反感。

我们所设计的调查问卷体现了层次性、思想性以及加强和改进舆论引领工作针对性等特点。整体来看，问卷包含下列五个方面（详细问卷见附录二）。

（一）基本情况

我们既要弄清在校大学生个人的电脑拥有数，即“你有没有个人电脑”（第1题），又要掌握学生“主要的上网场所”（第2题），即学生在寝室、校外网吧、学校公用机房、随时随地移动上网等情况；既要把握学生的“上网习惯”和对网络实名制的态度（第3题网上匿名与否及其比例、第8题对网络实名制的看法），又要弄清大学生网民是否混同于普通网民以及有责任感、使命感的大学生网民的数量与比例（第24题就“既是一般网民同时还是在校大学生，你对待网络‘偷菜、购物、淘宝、游戏等’活动，受访者所持的态度”），以便摸清学生角色定位情况，进一步弄清“网络对学生生活习惯有什么改变”“网络给学生带来了什么”（第21、22题），进而为学校加强和改进在校学生网络环境下的思想政治教育和管理工作方法提供基础性信息和资料。

（二）大学生对网络生活的态度、方式和看法

我们专门设计了：“你会通过互联网关注本校校风学风建设、人才培养质量和学生就业趋势吗？”（第6题），“当你遇到‘喜怒哀乐’情况时，是否更喜欢通过网络与同学、老师、朋友沟通交流？”（第7题），“当你在学习中遇到难题的时候，解决途径是什么？”（第12题），“网络购物时，当你所购物品出现了质量问题，你的处理的方法是什么？”（第17题），“你有通过网络进行在线学习课程的经历吗？”（第10题），“透过网络看到学校和师生的光辉形象，对此，你觉得——非常自豪、自豪、没感觉、羞愧、不知道”（第23题），以此测试学生对学校的认可程度，“通过网络，你是否约见认识的异性朋友”（第20题），“你经常上网做什么事情——如进行课程相关学习、浏览新闻、娱乐、网上聊天、写博客或微博、网上购物”（第9题），目的在于弄清在校大学生网上活动的主要群体和倾向，以便为高校教育管理的超前性思维提出参考与借鉴意见。

（三）石油高校学生网络生活现状、行业要求与教育管理之间的比较

我们设计了“通过网络获取与专业有关的信息的重要性”，以及基于石油行业国际化对学生外文的要求而了解学生“浏览外文网页的情况”（第5、11题），“透过网络开阔视野后，你对自己的专业——更加满意、由基本满意变为满意、由满意变为不满意、仍然无所谓”（第4题），“你是否使用过学校的数字化图书馆”和“你是否有提高自己使用图书馆技能技巧的意愿”（第14、15题），就石油人的“三老四严”在网络时代的继承和发扬光大问题，专门设计出“在网络环境中，你是否觉得自己是一个‘对待事业，当老实人，说老实话，办老实事；对待工作，有严格的要求、严密的组织、严肃的态度、严明的纪律’这样的人”题目（第25题），让学生选答“喜欢程度、差距、为人立业原则和无所谓态度”，从中寻找即将成为新一代石油人的大学生“先做人后做事”的现状、学校学生教育管理工作的切入点和与培养更多更好的国际化人才的差距。

（四）在校大学生“三观”（世界观、人生观和价值观）和实现“四自”（自我教育、自我管理、自我服务和自主创业）方面情况与分布

我们专门设计了这样几类问题问学生：“网络进寝室方便学生获取网络信息，但同寝室的个别同学老是不自觉干扰了我的正常生活，我真希望——学校官方层面应强制出台相关规定，对违规的同学进行处理、学生干部协调矛盾，解决问题、当事人相互沟通，自行解决和维持现状”（第13题）；“网络环境下你认为学生教育管理如何与时俱进——回答诸如‘建立学生管理的网络平台、辅导员老师也需要提高师生间的沟通能力和利用网络的学生教育管理工作水平、现行的学生教育管理制度方法比较完善了，不需要改进，学校各部门应通力合作和完善现行制度’之类的问题”（第18题），从中既可看出学校的工作水平，也可评判该校学生的责任意识状况与程度；“你觉得后勤是否应建立一个网络渠道，以方便同学发表意见，实现同学和后勤部门的相互沟通，解决同学的实际问题，进一步提高高校后勤服务质量”（第16题）。从调查中得出的数据，说近一点，可为高校后勤利用网络管理和服务育人、改进自己的工作而及时提出参考意见；说远一点，则可为共同提高教书育人、管理育人和服务育人实效贡献自己的微薄力量。

（五）在校大学生对于学校建设与发展的建议

为了突出学生主体地位，让学生既给学校教育改革提意见，也为自己关心学校建设和健康发展建言献策。我们设计了两道学生站在国家、学校高度和学生具有较强的责任感、使命感的角度，回答问题或提出建议：“从利用网络优势促进学生就业指导工作阵地前移角度出发，在学校课程内容设置与企业市场需求更趋合理问题上，你持何种态度”（第19题），“作为在校学生，对学校、相关职能部门和有关老师对学生的教育管理内容和方法，你敢不敢、愿不愿、会不会利用网络与其进行沟通、交流甚至提出你的意见和建议”（第26题），以期考察学生的思想政治素质、主人翁责任意识和创新性工作水平。

二、样本的选取

我们选择确定不同区域不同专业的高校学生为调查研究对象，区位上考虑东西南北的高等院校，学科类别上选择理工科、艺术、职业技术院校，学历上确定专科、本科、硕士和博士等不同层次。虽然在研究样本选取上以石油行业高校为主，但为了调查结果的可比性，增加了四川音乐学院和成都农业科技职业学院，一个是艺术类院校，一个是职业技术类学校，都具有典型性特点。一般石油高校具备“理、工、管、经、文、法、艺、体”的多科性和综合性，因此本研究所选取的西南石油大学、中国石油大学（华东）、重庆科技学院（含原重庆石油高等专科学校）、四川音乐学院和成都农业科技职业学院，可为“大学生网络角色定位研究”问卷调查提供广泛代表性和论证基础，探寻普遍性和特殊性的翔实可信的基础资料、个案研究和相应支撑。

首轮调查是在西南石油大学以班级为单位对学生进行随机调查，共发放问卷1 600份，收回问卷1 347份，回收率为84.18%，其中有效问卷为1 347份，有效率为100.00%。调查对象覆盖了文、理、经济、工、艺术、体育和教育等专业学生。此外，对中国石油大学（华东）、四川音乐学院、重庆科技学院（含原重庆石油高等专科学校）和成都农业科技职业学院等学校也采用了相同的调查研究方式。本次问卷调查在全国5所高校共发放问卷5 000份，回收问卷4 157份，回收率为83.14%。

第三节　调查结果分析

一、大学生网络角色定位

研究发现，大学生虽然有网络角色定位的意识，但网络角色定位不准。

（一）网络实名与网络匿名是双刃剑

在对网络实名制的看法上，选择“有必要采取实名制”的为28.6%，选择“没有必要采取实名制”的为41.4%，选择“无所谓”的为28.4%。在上网使用匿名的频率来看，有42.2%的大学生经常使用，44.2%的大学生偶尔匿名，只有13.0%的大学生从不匿名（如图10-1所示）。

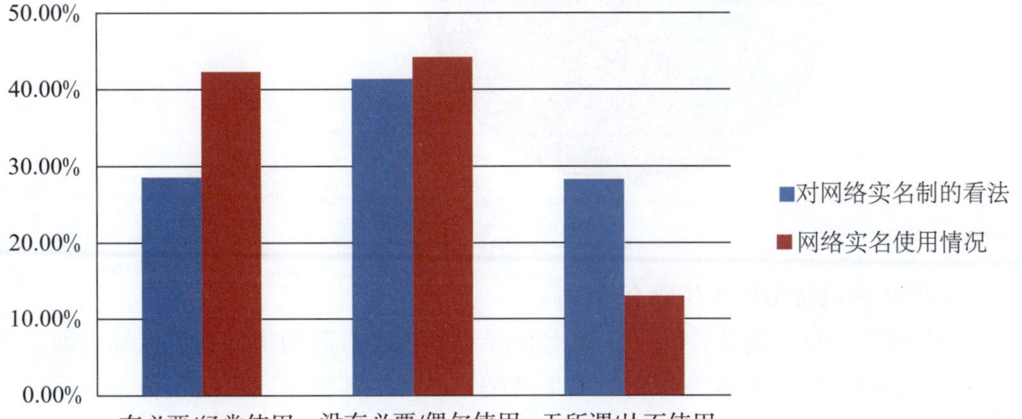

图10-1　网络实名情况分布

对照网络匿名的使用频率来看，大学生无论是行为和认识的层面，大多数都希望在进行网络活动时使用匿名。匿名降低了大学生网络活动的责任感，但是匿名也方便大学生表达自己的真实想法。曾有这样一则笑话：“有一个人在一面新粉刷的墙上写下了几个字：‘此处不准写’。后来旁人经过，遂也写道：‘为何你先写？’接下来又被其他人看到，又被补上两句：‘你写我也写，要写大家写’。”[①]这个笑话表现的就是一种非正规的匿名反馈形式，反馈者不详，但反馈的效果却非常明显。在学校生活中非常普遍的课桌文化、厕所文化也应该归于此种。大学校园BBS实名制的风潮也来源于此。当然，实名和匿名的纷争远没有结束，在此不多做讨论。

（二）学生对学校的认同感急需加强

通过网络看到自己学校和师生光辉形象时，感到“非常自豪”的有12.3%，“自豪”的有44.1%，“没有感觉”的有29.5%，“羞愧”的有7.1%，“不知道”的有4.8%（如图10-2所示）。我们知道，即使是考取一流大学的学生，在刚到学校时对学校的认可度都很低，学生对自己就读学校的认可度的高低既和学校的知名度有关系，但更多又与学校文化和学校精神的感召相关，就是我们常说的“软实力”。在样本中，对学校认同度较低的占41.4%，说明学校的软实力提升还有很大的空间。

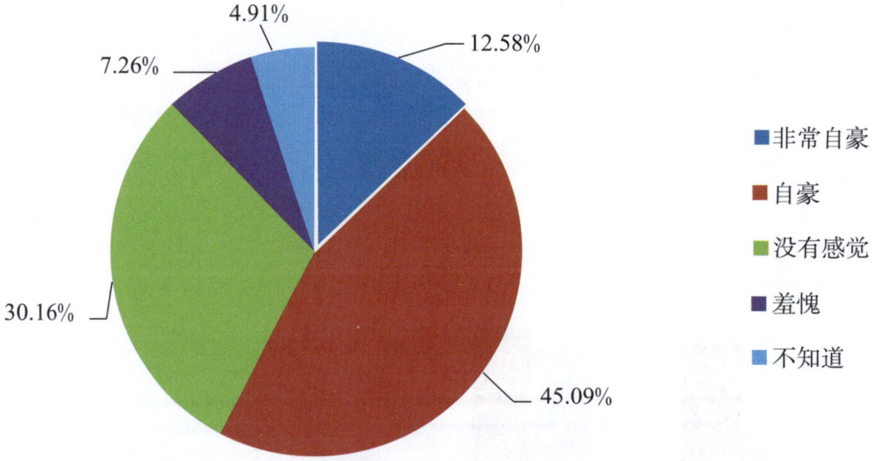

图10-2　学校认同度分布

（三）学生的网络角色责任感有待提高

大学生网民在对“偷菜、购物、淘宝和游戏等”网络活动中的角色认知方面，如图10-3所示，有9.9%的同学认为“因为我是网民，在网络环境中我可以不惜一切手段实现自身利益的最大化”；有40.9%的同学认为，“君子取财有道，在维护自身利益前提下，我将为维护正义、公平和网络健康环境而贡献微薄的力量”；有7.4%的同学认为，“凭我大学生的聪明和智慧，钻政策空子我大赚了一把，很自豪，很有成就感”；有40.1%的同学认为，“玩玩而已，无可厚非”。

① 胡小安，李勇.匿名反馈探析［J］.东南传播，2007（8）.

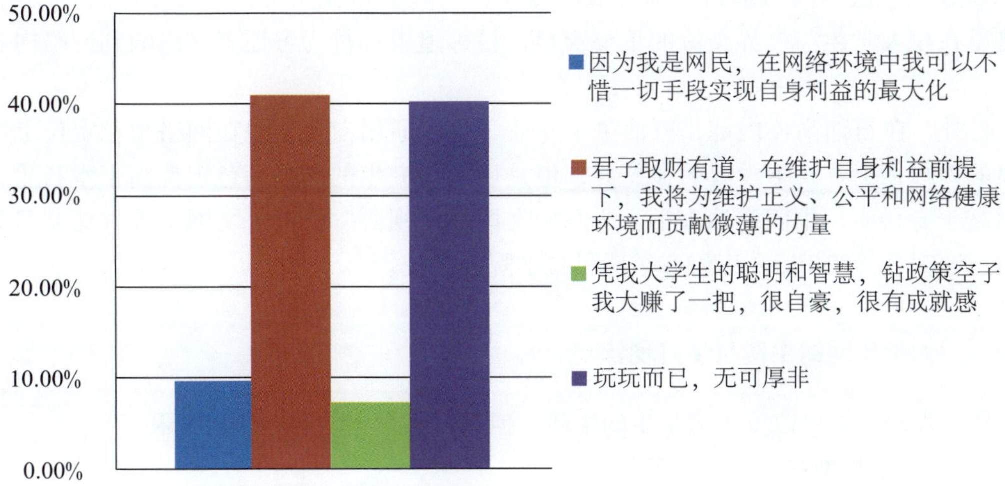

图10-3　大学生网民对“偷菜、购物、淘宝和游戏等”网络活动中的角色认知

由此可以看出，接近一半的大学生网民能够意识到自己作为网民和具有社会责任的大学生的双重身份带给自己的网络职责和网络道德要求。大学生网络角色定位与网络活动就好比思想和行为的关系，思想总是支配着行为，除了人的条件反射行为外，人的绝大多数行为都是由思想所支配的，因此，思想是行为的先导；行为又反映思想，人们往往通过分析行为了解产生该行为的思想动机；再者，行为对思想的形成和发展具有反作用，这主要是指先行的行为实践是新的思想形成和发展的基础和动力。人的思想支配人的行为，人的行为反映人的思想。然而，人的思想与行为之间的关系是比较复杂的，并且思想与行为之间的联系不都是直接的，其间常常要通过动机、态度等作为中介。从调查样本的选项可以看出，网络环境中社会道德意识对人的束缚还是比较弱的，当遇到利益问题时我们都趋利避害。

（四）石油高校大学生网络角色定位与其他高校学生有明显的差异

在某艺术专业学院内对专科生、本科生和研究生进行了网络角色定位的问卷调查，收回有效问卷463份，其中参与的男生有200人，女生有263人。经过对统计结果的分析研究，我们发现，艺术类在校学生网络角色定位和网络环境观察事物的态度，明显带有鲜明的艺术生个性，主要表现在以下方面：“网络在线学习”成学生良好习惯；遇“喜怒哀乐”与同学、朋友、老师交流方式变化明显；网络时代学生思想主流是爱校如家，热爱集体，关心国家大事，培养高贵品质和高尚人格；分配不公、贫富差距、权力腐败以及对“官二代”“富二代”等不良个案现象频频曝光，不时伤害学生感情，也模糊做人、立业原则；网络活动检验学生责任，也拓展其视野，提升网络素质。

而石油高校大学生的网络行为分布特点主要有：宿舍是学生获取网络信息的重要场所，大部分学生拥有个人电脑，多数喜欢匿名上网；网络是学生获取专业信息的重要渠道，多数学生通过网络重新认知自己的专业，明确了自我定位，且对专业满意度增加；网络是在校大学生与外界交流的重要窗口，目标追求和行为习惯直接影响到网络内容的抉择。

另外，在石油高校内部，石油主干专业学生和通用专业学生在网络角色定位上没有明显的差异，男、女生没有明显差异，但是硕士研究生的网络角色定位高于本科生，本科生高于专科生。中国石油大学（华东）在国际化视野、阅读外文网页等方面明显好于西南石油大学、四川音乐学院和重庆科技学院等高校。

二、大学生网络生活与学习现状

研究发现，网络改变了大学生的生活，但是对大学生的学习影响有限。

（一）大学生网络生活丰富多彩

网络活动方面（此题为多选），由高到低依次是："进行娱乐"的（游戏、在线试听）有69.5%，进行"网络新闻浏览"的有68.5%，进行"网上聊天"的有58.0%，进行"网络学习"的有38.4%，"网上购物"的有21.4%，"写博客或微博"的有13.9%（如图10-4所示）。学生网络活动主要还是娱乐、获取新闻和社交，网络学习没有达到它应有的比例，这是我们教育工作者应该加强引导的。

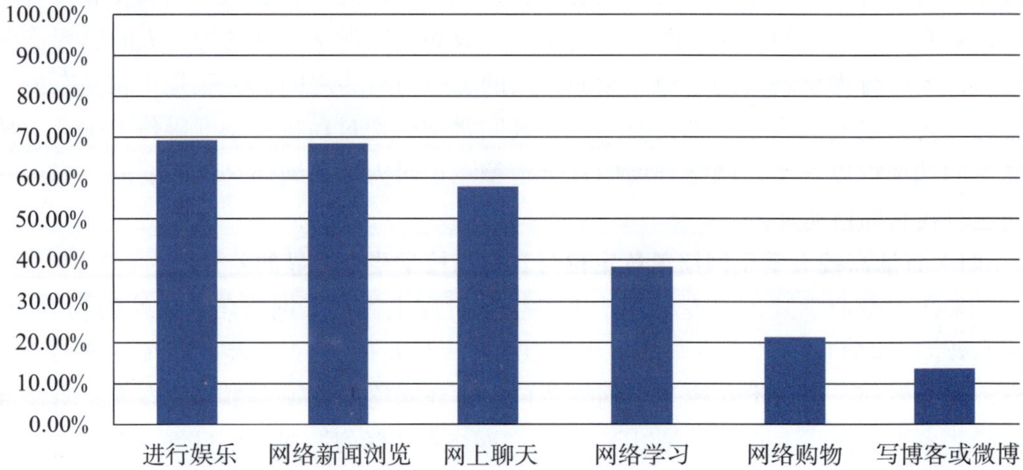

图10-4　网络生活方式分布

在对于网络给大学生们带来什么的问题上，有38.2%的大学生认为是"友情"，有13.7%的大学生认为是"爱情"，有63.2%的大学生认为是"知识"，有22.6%的大学生认为是"刺激"，有28.2%的大学生认为是"其他"（如图10-5所示）。此题为多选题，认为网络是知识的宝库还是占了很大的比例。

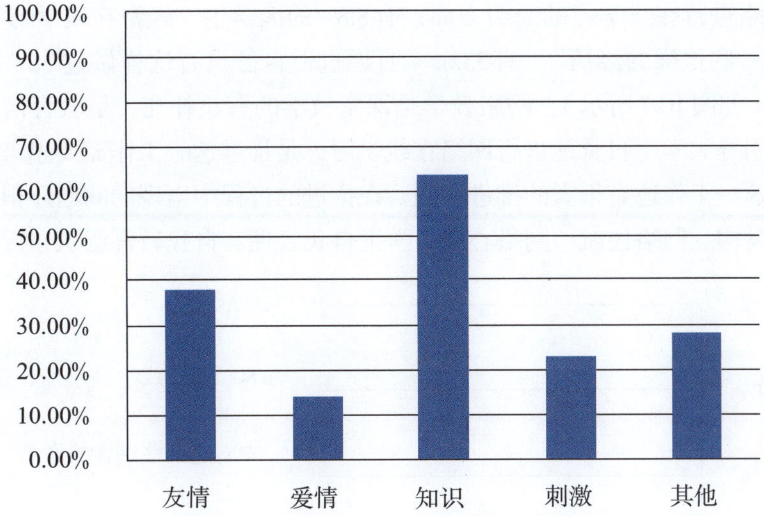

图10-5 大学生对于网络收获的认知

网络让我们的生活丰富多彩，同时我们丰富多彩的生活又反过来充实了网络。大学生在网络中非常活跃。

（二）大学生网络学习意识强而行动弱

通过网络获取与专业有关信息方面，有15.6%的大学生认为“特别重要”，有45.0%的大学生认为“重要”，有32.4%的大学生认为“一般”，有4.9%的大学生认为“不重要”，有1.3%的大学生“不知道”，另有0.8%的大学生“未填写”（如图10-6所示）。通过调查问卷可以从多个侧面了解到，大学生对网络学习的重要性有比较强的意识。

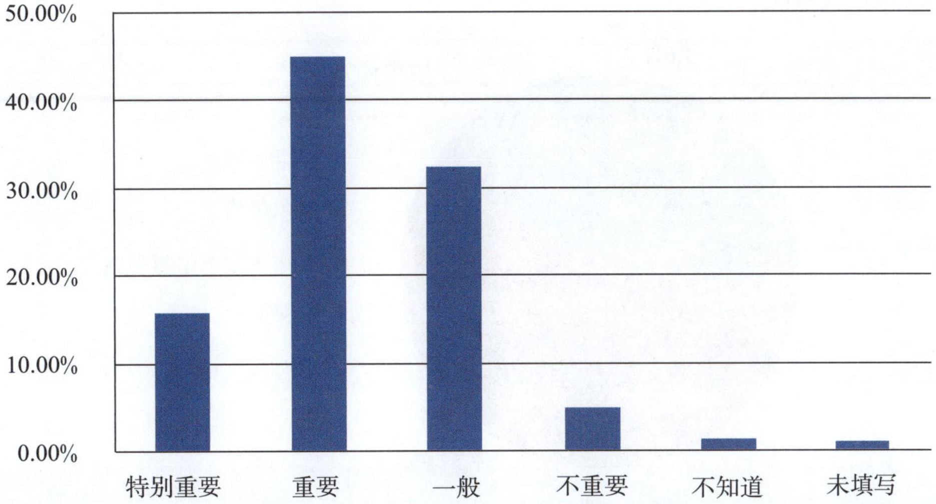

图10-6 大学生对于网络学习的重要性认知

在利用网络进行在线学习的经历方面，有8.8%的大学生“经常在线学习”，有50.3%的大学生“有过一些这样的经历”，有33.6%“听说过但自己没有这样做过”，“从来没有听说过”的有5.9%（如图10-7所示）。网络教学是课堂教学的有益补充，是教育信息化的有力组成部分，如何引导大学生自觉地进行网络在线学习，是推进这一工作需要思考的问题。从现实情况来看，这一工作还有很大的推进空间。在推进的过程中出现的问题还很多，突出表现在学习内容的良构、网络迷航、网络心理、学生自我管理、自我教育意识和行动的加强。

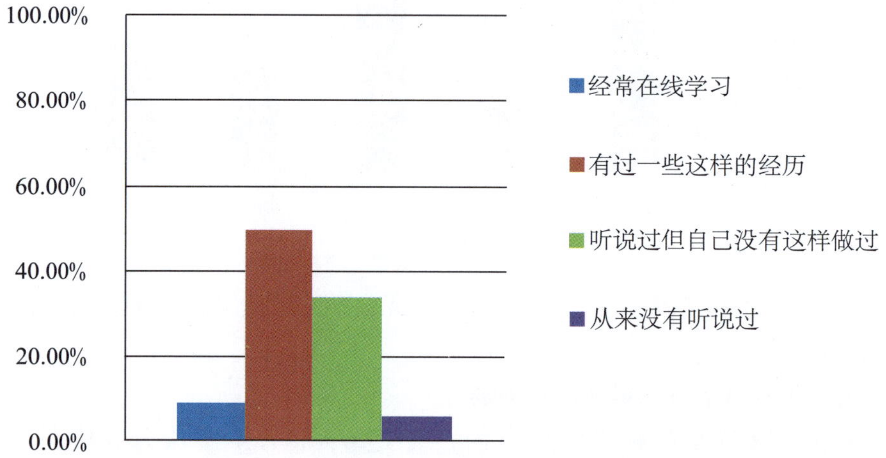

图10-7　大学生利用网络进行在线学习的经历

在数字化图书馆的使用情况上，“经常使用”的大学生有16.0%，“偶尔使用”的大学生有57.8%，“不知道数字化图书馆”的大学生有24.6%，另有1.6%“未填写”（如图10-8所示）。数字化图书馆是学生拓展学习空间，从调查情况来看它的利用情况不容乐观，相关的部门应加大宣传和推广。

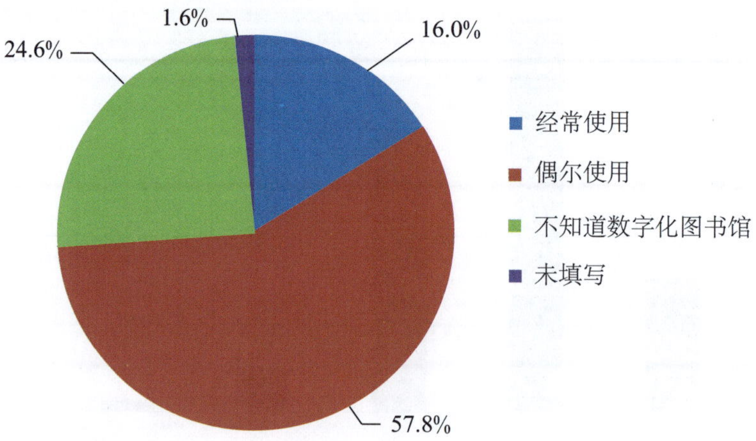

图10-8　大学生对于数字化图书馆的使用情况

对比以上几个问题，又验证了一句老话“知易行难”。很多大学生有网络学习的意识，且网络的确改变了大学生的生活，但是对大学生的学习影响不大。出现这个问题的原因是比较复杂的，主要原因有以下几个方面。

1. 原有教育构架的惯性作用

在原有的教育构架下，大学是培养理论人才的地方，无论课程设置还是教师的教育理念，都是以理论的知晓为主。在这样的教学环境中，我们假设大学生会通过理论来指导实践，结果由于扩招，学生的整体素质下降，人均教学资源减少导致很多学生对专业的学习就仅限于皮毛了。

2. 社会的发展没有跟上经济发展的步伐

随着改革开放，我国经济飞速发展，人民富裕了，国家富裕了，但是经济快速增长的同时，社会发展却没有跟上，导致很多的社会问题：信仰的迷失、道德的沦丧、腐败以及社会公德淡漠等。整个社会显得很浮躁，这样的浮躁也蔓延到了大学生中间。

3. 大学生自我认知缺乏

如果我们能够从旁观者的角度审视自己，就会在我们工作和生活中的某些方面选择不同的行为方式。情商训练的初衷是要提高人们对自我的认知。自我认知的提升过程就是情商训练的过程，就像在人们面前竖起一面镜子，让他们可以把自己看得更加清楚。这其中就包括了让他们明白自己的行为将会如何影响别人，帮助人们充分地利用自身的长处，并且继续满足他们不断出现的新的发展需求。培养情商是一个永无止境的旅程，将会跟随着他们的生活和职业一辈子。从另一方面来讲，对个人行为的培养还必须与不断提高职业效能联系起来。

（三）社会性网络服务改变了学生的交流模式

社会性网络服务（Social Networking Services，简称SNS），是一种方便人们在计算机网络中建立和维护社交网络的网络应用服务①，它包括社交网站、即时通信软件等。根据“六度空间理论”，任何两个陌生人之间的间隔不会超过六个人。正是由于这个原因，社会性网络服务重新聚合了人群，而这种任何人之间的联系从来没有像今天这样方便和容易。

在网络对生活习惯的改变方面，有21.5%的大学生认为网络对他们的生活“有很大改变”，有56.4%的大学生认为网络对他们的生活“有一些改变”，有16.6%的大学生认为网络对他们的生活“没有改变”，有3.5%的大学生“对此问题不置可否”，2.0%的大学生未填写（如图10-9所示）。可见，网络对大学生的生活影响是非常明显的。当代的大学生是伴随着网络成长起来的一代人，他们被称为“网络原住民”，网络在某种程度上不是改变他们的生活，而是融入他们生活中。

① 曹玉月，王娟.SNS网站发展浅析［J］.新闻爱好者，2008（11）.

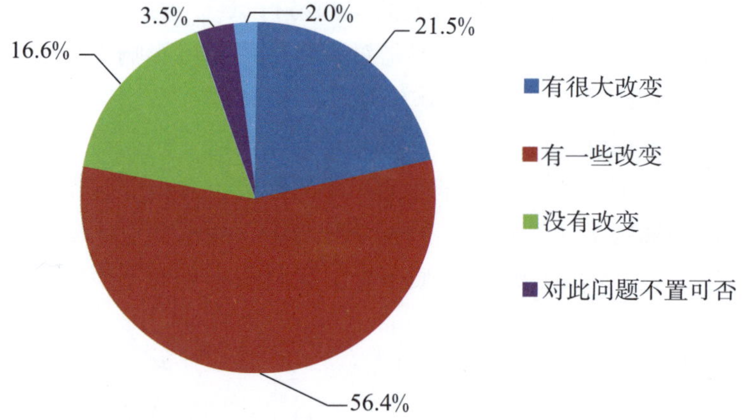

图10-9　大学生对于网络是否改变生活习惯的认知

在通过网络约见并认识异性朋友方面，有66.4%的大学生从来“没有这样做过”；有19.2%的大学生“约见过，有的已成为了朋友”；有8.8%的大学生“约见过，已发展成为恋人”；有4.5%的大学生“约见过，但发现是网络陷阱”；有1.1%的“未填写”（如图10-10所示）。

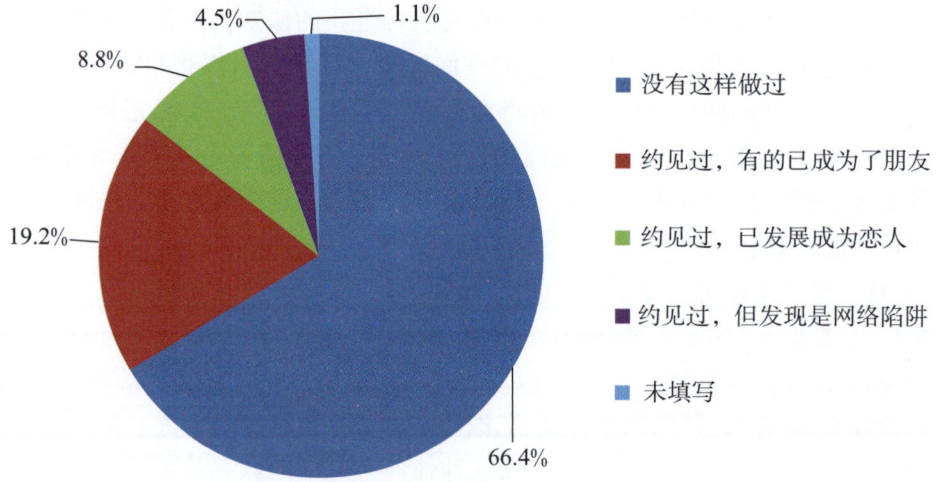

图10-10　大学生约见网友的情况

在遇到“喜怒哀乐”情况时，选择通过网络与他人交流的情况上，非常喜欢的大学生有9.1%，喜欢的大学生有46.9%，不喜欢的大学生有30.4%，很不喜欢的大学生有6.0%，不知道的大学生有7.2%。可见，有半数以上的大学生喜欢用网络交流这种方式与其他人分享经历。

（四）大学寝室是网络学习和网络生活的主阵地，但是缺乏有力的监管和引导

在上网场所上，71.9%的大学生在寝室上网，学校公共机房上网比例为12.8%，在校外网吧上网的比例为9.2%，移动上网的比例为4.1%。大学生上网的主要场所已经由网吧转向了寝室（如图10-11所示）。

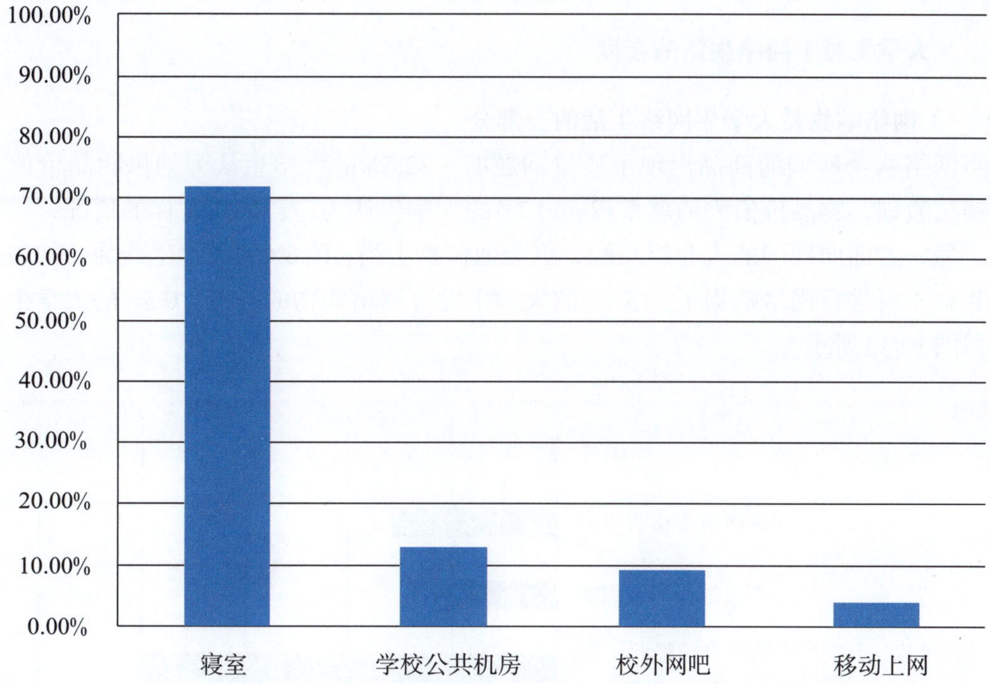

图 10-11　上网场所分布图

网络进寝室方便大学生获取网络信息，但同寝室的个别同学可能会不自觉地干扰了其他同学的生活。当遇到这样的情况时，有14.6%的大学生认为“学校官方层面应强制出台相关规定，对违规的同学进行处理”；有12.4%的大学生认为“学生干部应协调矛盾，解决问题”；有64.1%的大学生认为“当事人相互交流沟通，自行解决”；有7.7%的大学生仍“维持现状”，有1.2%的“未填写”（如图10-12所示）。网络进寝室，有方便也有困扰，但大多数的矛盾都可以在寝室内部化解。

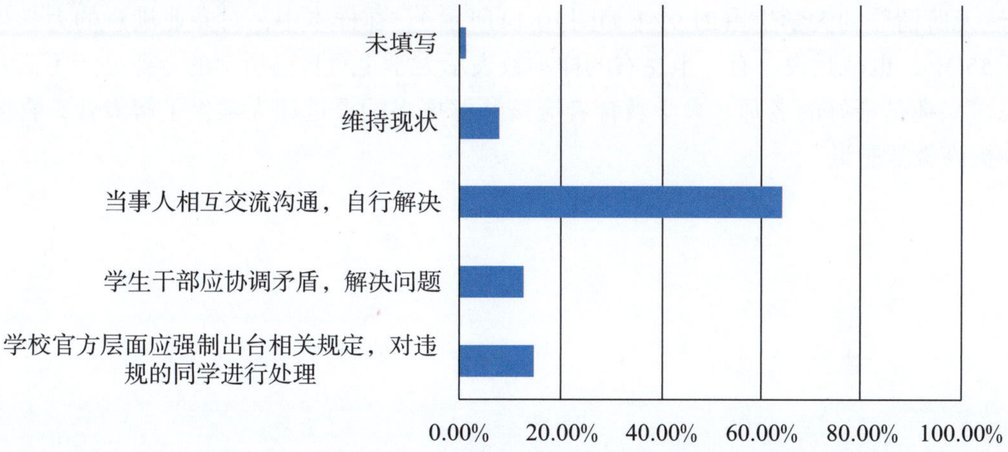

图 10-12　大学生对于宿舍中有关网络纠纷的处理方案选择

三、大学生对于网络生活的态度

（一）网络购物是大学生网络生活的一部分

当网络购物所购的商品出现了质量问题时，32.5%的大学生认为如果物品价值小就当花钱买教训，物品价值大的就维权；40.7%的大学生认为，若出现这样的情况，一方面维权，另一方面向周围的人介绍经验，提醒他们别上当；10.6%的大学生认为，如果是这样，我就不再进行网络购物了；15.7%的大学生没有网络购物的习惯，0.5%的大学生未填写（如图10-13所示）。

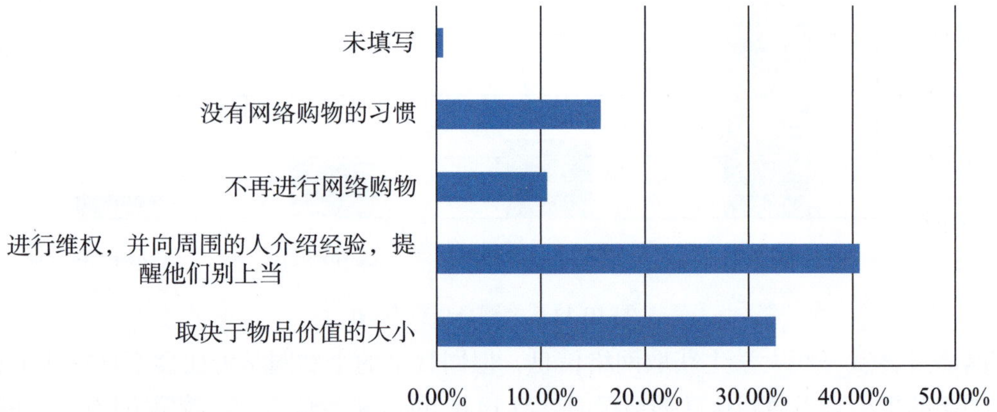

图10-13　当网络购物时出现商品质量问题时，大学生的维权行为选择

（二）网络改变了大学生对自己专业的满意度

大学生在网络上开阔视野后，对自己专业的看法方面：有13.1%的大学生“更加满意”，42.2%的大学生“由基本满意变为满意”，有20.9%的大学生“由满意变为不满意”，“仍然无所谓”的大学生占21.9%（如图10-14所示）。在样本中，对专业满意的大学生占到了55.3%，也就是说，有一半左右的样本数表示大学生对自己所学的专业处于不满意的状态。兴趣是最好的老师，大学教育者应该开辟更多的渠道让大学生了解专业，喜爱专业，提高教学质量。

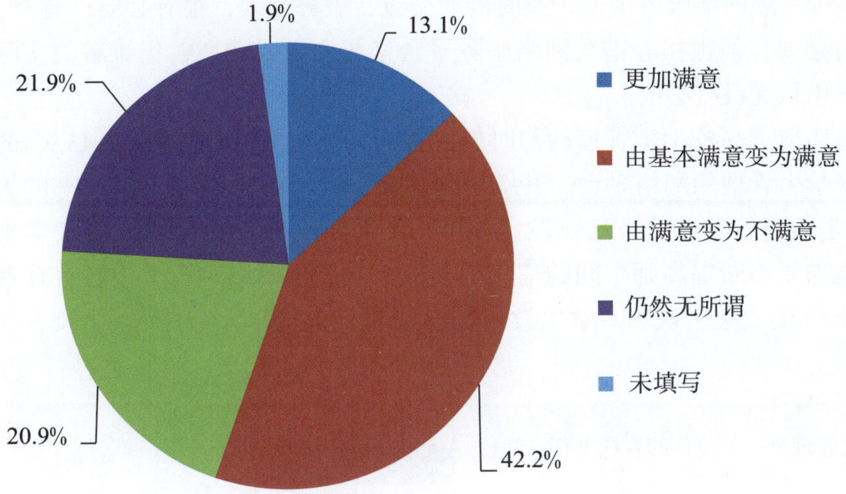

图10-14　大学生在利用网络开阔视野后，对自己专业的看法改变情况

（三）大学生的国际化程度亟待提高

浏览外文网页的情况是，经常浏览的大学生有7.22%，偶尔浏览的大学生有60.02%，从不浏览的大学生有32.76%（如图10-15所示）。石油行业要求高度国际化，从该侧面可以看出还应提高对学生的这方面要求。

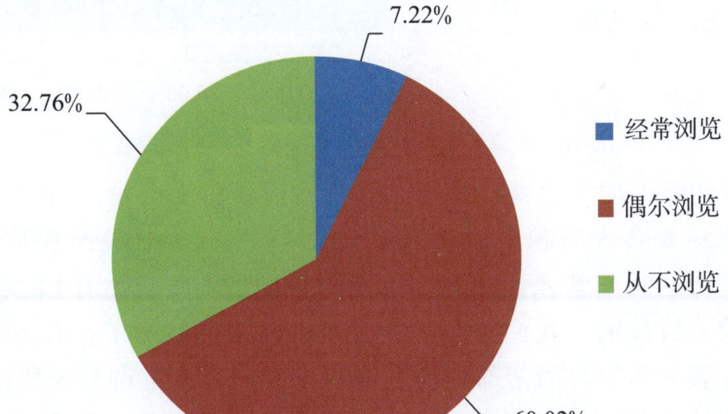

图10-15　五所高校大学生的国际化程度

四、网络化学生管理的现状

关于在后勤是否应建立一个网络渠道以方便学生发表意见，实现学生和后勤部门的相互沟通，解决学生的实际问题，进一步提高高校后勤服务质量方面，有53.7%的大学生

认为建立高校后勤网络服务渠道，及时沟通交流，服务育人，很有必要；有35.8%的大学生认为虽有必要，但也担心不久网络服务平台又成摆设或花瓶，仍难解决实际问题；有9.1%的大学生认为没有必要。

在网络环境下高校学生管理的与时俱进方面，如图10-16所示，有43.9%的大学生认为“应建立学生管理的网络平台，开辟管理的新方法、新途径”；有11.2%的大学生认为“现行的学生教育管理制度方法比较完善了，不需要改进”；有22.2%的大学生认为“辅导员老师也需要不断提高师生间的信息沟通能力和利用网络进行学生教育管理工作的水平”；有20.7%的大学生认为“学生教育管理是一个综合的系统工程，学校各部门应通力合作”。

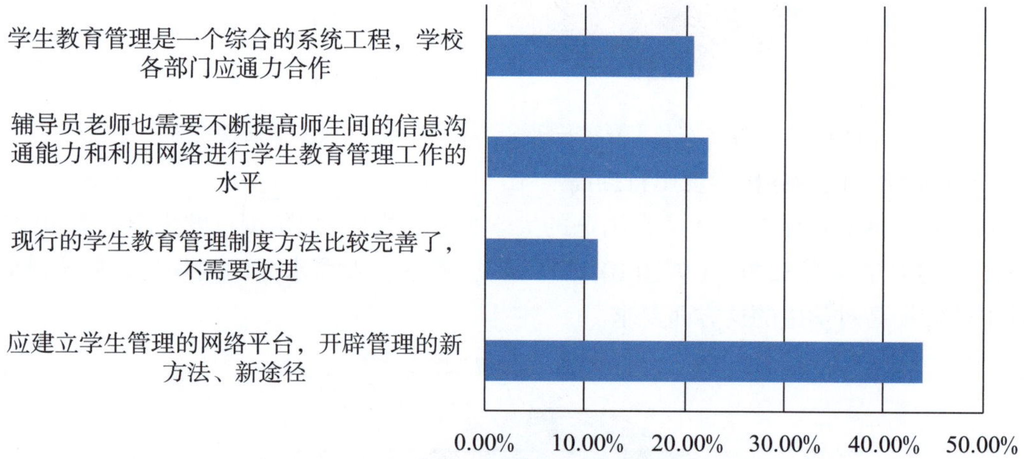

图10-16　大学生对于网络环境下高校学生管理看法

从利用网络优势推动学生就业指导工作阵地前移角度出发，在学校课程内容设置与企业市场需求更趋合理问题上，有37.3%的大学生认为学校课程与教学按部就班，应当利用网络优势适时调整课程内容，以期与市场需求接轨；有14.3%的大学生认为课程计划都是精心设计的，我们按照学校安排认真学习就行了；有29.5%的大学生认为课程教学不代表大学学习的全部内容，课程设置内容调不调整无所谓，但学校应将就业指导工作阵地前移，从而提高学生的自主就业和自主创业能力；有10.9%的大学生认为利用网络优势初次“就业”或多次跳槽，很正常，但学校课程、专业、学科建设更趋合理，一定是利学生、利学校、利国家的大事好事；有5.9%的大学生还没有想这个问题。

作为在校大学生，对学校相关职能部门和有关老师对学生的教育管理内容和方法，是否喜欢利用网络与其进行沟通、交流甚至提出意见和建议的问题上，如图10-17所示，有13.9%的大学生表示“非常喜欢”；有43.7%的大学生表示“喜欢”；有20.9%的大学生表示“不喜欢”；有6.3%的大学生表示“非常不喜欢”；有15.2%的大学生则表示“不知道”。

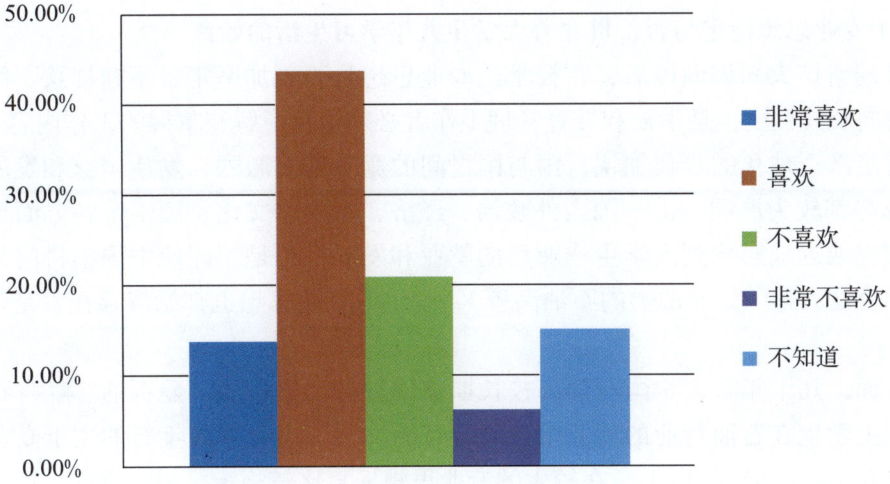

图 10-17　大学生是否喜欢利用网络与学校相关职能部门和有关老师进行沟通交流

第四节　结论与建议

一、结论

根据“理性识环境的角度、履职担责任的高度和实践促创新的力度”之研究构想，整合五所高校的人力、物力和研究资源，认真分析和归类总结，得出的结论有以下几点。

（一）大学生网络角色定位与人才培养目标差距较大

从调查统计的数据来看，一方面，在石油高校中有明确的网络角色意识的大学生与网络角色定位较为模糊的大学生的比例大致相同，其中有42.6%的学生认为自己的网络角色既是网民，又是具有社会责任的大学生和社会主义建设者接班人，在维护自身利益前提下，应该为维护正义、公平和网络健康环境而贡献自身的力量；但同时也有40.1%的学生认为通过网络就是玩玩而已，无可厚非。然而，相当数量的高校学生没有主动把自己的网络角色位置摆正，却是一个不争的事实。另一方面，对于在上网过程中是采用真实姓名或是匿名隐身登录这一问题时，仅仅有13.2%的学生主动使用自己的真实姓名在网络中发表看法，表达自己的真实情感。更多的大学生（42.4%的大学生选择“经常”和44.4%的大学生“偶尔”）选择性地使用真实姓名上网。不管其出自何种原因，高校大学生作为祖国的未来和希望，仅从区别于普通网民，其认识层面还是行为层面，均愿意选择使用匿名的方式来发表自己的看法和见解，这与党和国家的要求相去甚远。有29.2%的大学生赞成使用实名制方式上网，这四分之一多的学生，毕竟让我们看到了“星火燎原”的希望和趋势，但也从另一角度告诉各级政府和学校，培养大学生正确认识自己在网络世界中的角色定位工作是多么的任重而道远。

（二）专业思想稳定与否，贯穿着大学生几年学习生活的始终

通过网络扩大知识面以后，在校学生专业思想是否更加坚定、不断摇摆、间或游离或逐渐转向及其程度，是学校和教育管理工作者必须认真了解和掌握的工作内容

随着经济全球化的步伐加快，国与国之间的竞争越发激烈，发达国家和发展中国家的就业形势都较为严峻。由于国内外政治、经济、军事、文化、民生等各方面形势或多或少、或早或迟地影响到大学生毕业后的就业和发展，于是，即使中国学科门类齐全的多科性综合性大学（如能源类的石油高校），学生的专业思想也都始终存在着是否稳固的问题。

一方面，几十年来，全国石油高校长期坚持进行“学石油、爱石油、献身石油”的教育，加上学生在石油行业的就业率较高，有的高校曾连续十多年石油主干专业毕业生一次性就业率高达95.0%以上，在校生的专业思想一直比较稳定。另一方面，近年来随着就业形势逐渐严峻，如今部分石油高校学生不无感慨地说：“学石油、爱石油，最终石油不爱我！那我该怎么办？”显然，逐渐严峻的石油行业就业形势，会动摇和影响学生的专业思想。当前和今后一个时期，石油高校学生对专业思想的稳定性问题会清清楚楚地告诉学校和教育工作者，学生专业思想不稳定（或摇摆，或逐渐转向）问题可能直接影响到班风、学风和教育质量，值得各方关注和警醒。

值得欣慰的是，通过本次问卷调查我们发现，学生通过网络获取更多更新的专业资讯后，石油高校中有13.5%的大学生对于自己所学专业变得更加满意，有42.7%的大学生从基本满意变为满意，即两者之和超过五成的大学生对自己所学专业比较满意甚至很满意。或许，网络拓宽了学生的视野，反而会更加坚定大学生学石油、爱石油、献身石油的信心和决心，这也恰好证明学校和教师坚持围绕学生专业思想稳定而努力做工作的重要性和必要性。

（三）网络既给学生带来便捷和喜悦，也带来困惑和纠结

调查研究发现：一方面，网络生活让学生收获了便捷和喜悦——网上购物、网上聊天、网上缴费、网上影院和网络宅人，网络已经成为青年学生日常生活的重要组成部分。据调查分析，多于五成的学生每天上网超过4小时，其中一半以上的时间用来从事与学习无直接联系的活动，如聊天、看电影、玩游戏等，而大学生的上网活动则集中在宿舍进行；相当一部分学生已成为典型的“宅人”，在学生宿舍，男生玩游戏，女生看电影；有时，专门从事学生工作的老师推开学生宿舍门，常常只见学生面朝自己的电脑，戴着耳机，或喜或悲，或面无表情，他们不再与酒肉朋友和精神良伴为伍，而是蜗居宿舍。另一方面，网络晚上火红了学生寝室；第二天清晨，却冷淡了学校的各类运动场且远去了众人朗朗的外语读书声。有时，2万—3万名在校生的高校，居然周一至周五早上仅有300—500人零零散散进行晨练，鲜见学生进行外语早读。头晚的网络密集行动，必然影

响到第二天上午第一节课，迟到或旷课的学生也自然不在少数。由此不难看出，网络的负面效应，最大的莫过于不断冲击和影响着学校的学风、校风，谁能相信，这样的恶性循环不会影响到高校的教育质量和人才质量！一方面，网络时代青年学生在情感问题处理上，有56.0%的在校学生喜欢通过网络与同学、老师、朋友沟通交流，以便分享自己的情绪（其中9.1%是“非常喜欢”，46.9%是“比较喜欢”），这既是社会的进步和网络改变学生沟通交流方式的结果，也客观地给高校和思想政治工作者提出了“改变工作方式、探讨与学生口味和习惯相适应”的思想方法和工作方法的更高要求；另一方面，网络也让学生被困惑和纠结所缠绕。部分同学在寝室里只顾自己游戏“享乐”，严重影响同寝室同学的学习和生活，在同学之间沟通解决未果之时，有近两成的学生“特别希望学校官方出台强制性规定，对学生寝室违规的同学进行处理”。这也从另一侧面告诉人们，有相当一部分大学生的责任意识、自律意识仍然比较淡薄，需要学校对此做出强制性规定，使教育管理切实收到实效。

（四）有责任感、使命感的大学生网民，其言谈举止和所思所想，均能客观反映出学生爱国主义、集体主义、社会主义思想的牢固程度以及吃苦耐劳的精神和品质

从调查问卷、论文专著撰写和不断跟进的科学调研中，我们发现，此类情况主要反映在三个方面。

第一，在网络环境中，各高校已经有了一大批党和国家希望的、教育战线渴望的“为祖国加油、为民族争气”的莘莘学子和体现“正能量”的社会主义建设者和接班人。

第二，在网络环境中，“爱别人不如爱自己”“事不关己、高高挂起”的情形，在校大学生中的此类人数绝对不是一个小数，这也是党、国家、学校乃至学生家长最为担忧的事情。

第三，网络时代，针对高校学生教育管理内容、方法可能存在的种种弊端和问题，在校学生“敢不敢、愿不愿、会不会”利用网络与学校、老师沟通交流，其间既存在学校和老师如何引导的问题，更有广大学生是否有“自尊、自强、自信和创新精神”的问题。

（五）网络的“双刃剑”

由于抗干扰能力较弱，不同学历、不同性别的部分大学生，本想评时事匡扶正义，不料却常常在乱象中不分东西，原本重参与仗义执言，却又时不时地在课堂上玩手机扰乱课堂秩序

三年多来，在我国“网络乱象”纷呈的过程中，我们也一直展开连续问卷调查和跟踪研究。经过几年的分析研究，我们发现：网络拓宽社情民意反映渠道，网民及时将各领域各个角落的情况上传下达，其间，既有客观、真实、全面反映情况，并就党和国家各方面工作善意提出的意见和建议，也有将问题无限放大甚至歪曲事实真相的造谣惑众或恶意中伤的情形不断发生；个别网民是非不分、黑白颠倒，主观地、恶意地将谣言上

传网络，多数网民甚至包括不明真相的在校大学生立即在网络上跟风，似乎谁率先占领了网络窗口，谁就首先拥有了话语权和舆论引导权，谁能将所编的谎言由网络“大V”们的口中说出，即使政府、公安、专家教授立即站出来批驳、反对、论证和引导，都将迎来更多网友的质疑和批判。一些网民的投机钻营或网络“大V”们的“网络内外双重人格和多变面孔”，一定程度上扰乱了正常的社会秩序，也给涉事相关领域带来了不可估量的损失。最主要的，还是把人们的世界观、人生观、价值观和正常的视线给搞乱了。

针对网络乱象，党和国家下定决心，重拳出击，开始全力净化网络环境和营造良好的网络生态。随着国家网络法治的不断跟进，理性的网民逐渐增多，认识规律、遵循规律和敬畏规律的“正能量”开始显现。

党和国家网络管理与引导推出的各种举措以及由此带来的新形势、新变化，恰好验证了本研究在校大学生网络角色定位要求的角度、高度和力度。基于青年学生在校期间以学习为主，网络是其学习生活重要的辅助手段，又鉴于在校学生“从学校到学校”，抗干扰能力普遍较弱，于是，高校校园里往往容易出现“不同学历、不同性别的部分大学生，本想评时事匡扶正义，不料却常常在乱象中不分东西；原本重参与仗义执言，却又时不时地在课堂上玩手机扰乱正常课堂秩序”现象，着实令即使社会经历和阅历较为丰富的教职工们雾里看花，却也总是越看越不明白。

综上所述，不难发现：网络是把“双刃剑”，以上所列的各类数据和所论述的各方面事实，强调的就是这个道理；仔细阅读各类统计数据，大学生网络角色的定位现状和趋向，一定会较为清晰和一目了然。

二、对策与建议

鉴于高等院校“混合式教学、开放课程和大规模在线课程”对现行教育体制、学生思想政治工作和学生的行为习惯产生的冲击和由此引起的变革，我们围绕“五点构想”——“摸清五所高校学生网络生活情况”“了解学生利用网络学习生活娱乐和社会交往态度与方式”“用党、国家和相关行业对学生教育管理的要求去比较学生网络角色定位的差距”“重点掌握在校大学生网络内外树立正确的‘三观’‘四自’的情况与分布”“突出学生主体地位和引导学生积极参与学校文化建设、为教育教学改革建言献策”——展开系统研究。这为提出结论“高校大学生网络角色定位的对策与建议”创造了条件。

（一）强调网络环境下大学生树立正确的世界观、人生观、价值观和石油人的“三老四严”精神品质的“立人之本”作用与意义，突出思想政治教育的思想性和针对性

网络环境下的思想政治教育，指的是在网络技术的基础上针对当前大学生的心理特点，运用多样化的教育方式所进行的思想政治教育活动。它是高校抢占网络育人阵地、促进高校思想政治教育手段更新、匡扶网络空间存在的不端行为问题的有力手段。当前

大学生游走于网络虚拟空间和现实社会生活之间，享受网络便捷迅达和精彩纷呈的同时，也不断地感受到网络世界的虚假和真实给人带来的困惑和郁闷。在网络环境下，石油高校学生作为石油行业的后备人选和未来石油事业的中坚力量，在经受社会乱象考验的同时，还会在学校受到一些本不该有的不良影响，一些人的价值观、人生观、世界观发生了偏移。近年出现的考试作弊、论文抄袭等学术不端行为，都给我们敲响了诚信教育的警钟。

我们对老一辈石油人创业、践行并视为做人榜样、做事规范的“三老四严”——“对待事业，当老实人，说老实话，办老实事；对待工作，有严格的要求、严密的组织、严肃的态度、严明的纪律”——在网络时代青年学生心目中的地位和作用进行了调查。共发放石油主干专业学生问卷762份、非石油主干专业学生问卷585份。调查发现，学生认为“‘三老四严’太老套了，我更喜欢展现自我；我是个随遇而安的人，到哪个山唱哪首歌”的比例，石油主干专业学生的选择比例为36.0%，非石油主干专业学生选择的比例为35.3%。学石油、爱石油、献身石油的石油主干专业学生，居然对“三老四严”不了解或者不屑一顾，“展现自我和随遇而安的人”居然多于非石油主干专业的学生，这是很不正常的事。

对于石油高校学生将“三老四严”丢于脑后的情形，学校务必加大学生思想政治教育和思想政治工作力度。学校党务部门和从事思想政治教育的老师们以及专职学生辅导员们，一定要充分利用思想政治教育、开展各种活动和上“形势与政策”课等机会，发挥思想政治教育人员的政治理论优势，抓重点，切中要害，从深层次上解决学生对“三老四严”精神和做人做事准则上的错误认识。教师和管理工作者在传道授业解惑中，既要当“三老四严”进大脑的宣传者，更要做一名实实在在的践行者。同时，学校和各教学院系应建立以“三老四严”为代表的诚信体系，将其视为工作标准、工作作风和做人做事的原则，以“三老四严”为主要内容和工作主线、检测标准，认真做好学生网络思想政治教育工作，并以此作为高校各业务部门的理论创新、制度创新、网络监督和部门间的协调配合成功与否的依据。

具体操作上，一方面要切实将“三老四严”作为内容和工作标准，而不能仅仅挂在嘴上、贴在墙上而不予以落实。另一方面要创新网络思想教育工作机制，实行该统则统、宜分则分、统分结合、形式多样的教育管理和引导机制，正确引导网络参与者、使用者的思想和行为，尤其要准确把握大学生的思想动态，提高思想教育工作的主动性，用石油人却与“三老四严”渐行渐远的客观事实去教育引导学生树立正确的世界观、人生观、价值观，努力形成和建立网络环境下加强思想交流的机制和思想政治工作的快速反应机制。

此外，要用高校学生践行“三老四严”的先进典型去教育引导更多的石油学子，使其保持思想教育、行为规范的切入口与行业特色和要求相一致。在对石油高校学生进行思想教育和行业规范时，要发现和运用身边极具“三老四严”精神品质的青年学生和“闪光点”，要选准教育、管理和引导的切入口，针对石油主干专业特定的就业环境，结合全球石油形势和石油工作者的历史使命，或通过报告、讨论、参观考察，或通过石油工业发展史的参观学习，强化学生的做人做事准则，务必让更多的石油高校学生以国际化人才、国家栋梁之材的高度努力做到“网络内外一个样、领导在场不在场一个样、有人监管和无人监管一个样、别人知道不知道一个样”，用“三老四严”做人做事。

最后，还要建立健全学术道德自律和他律的约束机制。重点关注大学生学术道德水平的高低，因为它事关这一金字塔尖特殊群体的整体声誉。大学生网络环境中的学术道德角色定位，存在自律与他律问题。外在他律是基础，内在自律是关键。一方面，要加强教育引导，提高道德自律水平，发挥道德力量，使之不愿违背学术道德；另一方面，要建立健全科学的、全面的他律约束机制，成立学术道德委员会等学术规范的监督机构，将他律与自律有机结合。有条件的高校，可开设网络资源利用与学术道德教育相结合的专门课程，引导大学生正确利用网络资源，同时要充分发挥各门课程教师的教书育人作用，提高教师的信息素养和责任意识，改革和规范学术评价机制，使大学生成为良好学习氛围的营造者、优良学风的引领者和学术道德的忠实践行者。

（二）以大学校园文化建设和学生寝室文化建设为抓手，强化大学生的责任感、使命感

大学校园文化是指在高校校园区域中，由学校管理者和广大师生员工在教育、教学、管理、服务等活动中形成的一切物质形态、精神财富及其创造形成过程。深刻理解校园文化建设的内涵，既有利于学校、相关职能部门和教师、干部在校园文化建设的内容、方式和工作着力点等方面形成共识，也有利于师生员工在校区文化建设过程中增加前瞻性和自觉性。而大学生寝室文化，则是依靠寝室载体来传播和反映各种大学生文化现象的集合，既包括物质文化因素，也包括精神文化因素。

随着高校校园网建设的不断完善及学生个人电脑日益普及，在学校寝室上网已成为大学生学习生活的一个重要组成部分。网络具有其积极向上的一面，也有其消极阴暗的一面。网络环境中的大学校园文化和寝室文化理所当然地成为学校文化建设的极其重要的一环。而严格说来，寝室文化建设是校园文化建设的一个组成部分。网络的异军突起已经给寝室文化带来巨大的变化和挑战。据调查研究显示，目前在校大学生中，68.4%的大学生拥有电脑，电脑拥有率接近七成。而大学生的上网场所，按被选率由高到低依次是：在寝室上网的学生占65.0%、在校外网吧上网的学生占20.5%、在学校公共机房上网的学生占9.0%、随机移动上网的学生占5.5%，可见，寝室上网成为大学生上网的首选，位列第一位。并且就电脑应用而言，看电影的占70.9%、逛网站和聊天的占59.8%、玩游戏的占48.3%，完成作业、下载课件及查找相关资料的学生占比都低于50.0%。由此可见，随着信息时代的快速发展，与报纸、电视、广播等传统媒体相比，网络已经成为广大学生学习、娱乐，获取信息的第一途径，而寝室也成为学生上网的首要场所，上网的利弊也就成为校园文化和寝室文化建设重点研究的议题。

以大学校园文化建设和学生寝室文化建设为抓手，一方面，要针对大学生寝室文化的弊端，加强对大学生德育的引导力度，切实提高学生的网络文化素质。坚持用科学的理论武装大学生的头脑，营造健康向上的文化氛围，帮助他们树立正确的世界观、人生观、价值观，树立民族意识。要对大学生开展“网络德育”。要利用信息、网络以及数字技术，通过局域网和广域网开展的一系列的德育活动，这种德育活动必须围绕现代德育思想、德育目标和德育内容来开展，德育形式必须体现创新性和实效性，因为它是学校德育的延伸，也是德育现代化发展的必然趋势，尤其要针对学生在寝室中只顾自己不顾他人的恶习，加强教育、管理和监督。另一方面，大学生寝室文化建设方面要细化建设内容，强化同寝室同学的网络课程学习和业余活动时段，形成自律与他律相结合的良好氛围，同时要努力形成本寝室合理的时间管理习惯，具体、清晰的纪律与秩序，一旦由全寝室人员协商确定下来，便要坚决遵守和实行，不然，同学间的不良网络学习习惯会进一步恶化寝室文化环境，甚至让同学间产生更多的隔阂，既不利于团结，也不利于身心健康，更令同年级的其他同学和寝室所不齿。

（三）正确引导学生认识规律、遵循规律和敬畏规律，把弘扬主旋律、高唱正气歌、全面体现法律意识和法治精神的工作落到实处

针对高校学生网民中既有素质较高、符合党和国家需要的“责任感与使命感很强”的社会主义建设者和接班人，又有相当一部分大学生把自己定位于“普通网民”，更有“你不推、我不动”的少数“和事佬”的客观存在，要把引导高校学生网民正确地认识网络规律、遵循网络规律和敬畏网络规律，作为考量我们是否高唱正气歌、强化法治意识、体现法律公平正义的一把尺子。

正确引导学生认识网络规律，既是一门技术活动，更是集思想政治、道德操守、学生教育管理和学生成人成才于一体的专业教育活动。对于大学生来说，其网络素质包括合理获取网络信息和网络信息的创新能力。正确认知网络上信息的起源和发展也正是大学生网络素质的一个重要方面，因而识别网络谣言的过程就是提高大学生网络素质的过程。大学生在网络中要保持与现实言行一致的人格，加强自身修养，减少网上泄愤催生的网络暴力。一是要切实加强学生的自身修养。要提倡学生自觉强化法治观念，健全心理，学会用正确的心态和手段在网络上表达自己的意见或看法，成为一个有社会责任意识的人。在平时生活学习中，要学习并养成理性思考、崇尚科学精神的好习惯，用理性和科学武装自己，正视多元化网络舆情，正确审视网络舆情，不轻信网络谣言。二是大学生是网络舆情的引领者，不能把自己混同于一个普通的网民。大学生作为接受高等教育的较高层次人才，有能力、更有义务去改变不好的网络风气。大学生在上网过程中要坚持健康积极的主流思想，端正自己的言行，时刻保持清醒头脑，不受网络谣言的影响，不与网友争执、辱骂，以身作则建立起一个和谐友善的网络环境。三是面对网络谣言问题，大学生既要以身作则，更要理直气壮，明白无误地展示自己的世界观、人生观和价值观。大学生应结合自身学科和专业优势，用科学和事实主动出击网络谣言。因为大学生具备了这方面的能力，完全大有可为。坚守中国互联网大会提出的七条底线——法律法规底线、社会主义制度底线、国家利益底线、公民合法权益底线、社会公共秩序底线、道德风尚底线、信息真实性底线。大学生完全有条件、有能力、有理由、有责任和义务走在全国普通网民的前面。四是从技术层面上，建立一个风清气正的网络环境。通过实名制上网、网络行为审计等手段，让大学生对网络行为有所顾忌；通过无线网络、网络学习平台、统一身份认证、校园一卡通等手段，方便大学生的校园生活。

就部分大学生"抗干扰能力较弱，本想评时事匡扶正义却常常在乱象中不分东西，原本重参与仗义执言却又时不时地破坏网络生态"等问题，解决的办法是，大学生一方面要努力强身健体提高自身能力，另一方面则务必增强法律意识，加强网络法治。对于学校而言，在学校范围内打造"弘扬主旋律、高唱正气歌"的氛围，牢固树立与时代要求相适应的文化理念，宜大力开展以弘扬时代精神、培育时代新风为宗旨的主题文化活动，大力倡导学生在运用网络工具的时候能够守住自己，做到不编谣、不传谣，全面培养大学生的网络法律意识。在强调弘扬主旋律的同时，又要提倡多样化，例如对大学的校训、校徽、校歌，要做到家喻户晓、人人皆知；对优良的传统，要采取制度化的方法，使全校师生理解和认同，以弘扬光大；在学校范围内，可定期开展诸如"征稿追踪曝光最近典型网络谣言"，举办"网络谣言粉碎冠军"的科普竞技大赛，鼓励大学生利用自身的优势，在专业领域针对网络上的谣言进行深度剖析等来帮助大学生正确认识谣言，拓宽渠道，全面粉碎网络谣言，提高全体学生的辨识网络谣言的能力。此外，要进一步加强和完善信息网络管理，提高对校园网络虚拟社会的管理水平，健全网上舆论引导机制；利用网络平台，关注大学生的基本诉求，增加学校各种教务信息公开与透明，加强与学生良性互动，积极改进工作以促进问题解决。

（四）从技术防范入手，努力提高学生明辨是非和净化网络环境的能力

网络既带给学生便捷和喜悦，也使相当一部分学生不断产生较多困惑，一定程度上影响着大学生的心态、情绪，并不同程度地影响和改变着高校学风、考风和工作作风。对此，高校应及时地为学生提供信息，帮助大学生提高信息把握、识别和判断能力，其技术防范手段，是业内外人士都较为重视的工作内容。

从教育技术角度努力为高校学生创造良好的学习氛围和提供相应的技术支撑，是学校净化网络环境最重要的基础性工作任务。概言之，主要包括以下儿方面。

1. 在全校范围内应推行实名上网制度

实名制上网是国家对网络管理的基本规定。各高校可根据实际情况采取适合的认证方式，保证在校园范围内实名制上网。如西南石油大学在学校的教学区、办公区和实验区采用了802.1X的认证技术，学生凭借学号，教师凭借教工号，可以实名制上网，保证了落地查人，规范上网，为干净的网络环境提供了基础的技术保障。

2. 对外防护上应建设网络防火墙

从美国的“棱镜门”事件，我们可知外部网络复杂和不安全的程度。为保证校园网络高效、稳定和安全地运行，各高校应建设网络防火墙，杜绝来自外部的安全威胁。主研单位为保证网络安全建设了万兆防火墙，防范多种DoS攻击。全国石油高校涉及很多的敏感信息，如采油、采气井口分布，油气资源分布等，都需要严格保密，这类信息必须采用物理隔断的方式，只能让其在专用网络中传递。

3. 在系统应用层应设置防篡改系统

数据的安全有效，是教育信息化的根本保障。各高校在建设数据中心时应配备防篡改系统，实现应用和数据的安全有效管理。西南石油大学等高校在进行数据中心建设时，对服务器进行集群化和虚拟化管理，应用防篡改系统实现内核防篡改、文件保护、安全认证、安全防御、日志审计和数据统计等功能。这些措施保证了数字校园应用和数据的安全。

4. 内部监控方面应构建网络行为审计系统

有的威胁往往来自于系统的内部，如很多“黑客”就来自于在校大学生。所以，对内的防范也是非常必要的。各高校应建立网络行为审计系统，主动发现问题，将网络安全威胁降到最低。西南石油大学在校园网络构建了网络行为审计系统，通过分析网络中的数据包、流量，借助协议分析技术或者异常流量分析技术，来发现网络中的异常和违规行为，尤其是那些看似合法的行为，通过主动防御的方式保证上网安全。

5. 各系统间应建立统一的认证平台

统一认证平台是一所学校系统集成的标志性成果。由于教育信息化发展的渐进性、信息技术发展的快速性，很多学校在信息化进程的各应用系统是分步、分时、分批建设的，我们在使用时常常需要很多的账号和密码，用户的使用非常不便，统一管理的难度也较大。所以，建议各高校在推进信息化时首先应用考虑统一的认证平台。如西南石油大学在全校建立了统一的认证平台，对全校数据进行了清理，实现了学校应用集成、数据集成、进行统一认证。它解决了学校的信息孤岛、各个系统的兼容性。这样，对管理流程进行了再造，优化了管理，简化了流程，提高了运行效率。

就教育管理艺术而言，在研究学生“教室、寝室和图书馆三点一线”的新变化和改进学生教育管理方法上，各高校要有新的举措。

学校的一切工作，均围绕学生而展开，在经济市场化、政治、军事、文化全球化、环境网络化的今天，我国高校要想培养更多更好的社会主义建设者和接班人，必须关注学生“教室、寝室和图书馆三点一线”的新变化和网络生活的现状与趋向。

由于网络的高度普及和智能手机的广泛应用，学生随时随地都在依赖网络，微博、微信几乎成了部分学生课堂内外的学习手段，与以往大学生学习生活“教室、寝室和图书馆三点一线”的内涵和外延相比，今天的深刻变化无法用语言形容。对此，一方面，必须要求授课教师严格课堂纪律，要坚定地管理好课堂，要及时了解和掌握学生迟到、早退或头一天晚上因网络生活休息太晚而影响第二天听课的可能性，与学生沟通交流，也是教师应当具备的教育管理艺术；另一方面，要让各级各类学生干部充分发挥作用，在教师和学生间起好桥梁纽带作用，在教室、课堂、图书馆和寝室起好模范带头作用，同时学生干部要正人先正己，工作向高标准看齐，生活与享受向低标准看齐，网络内外做人做事率先做到“三老四严”；四是网络技术支撑和业务管理部门，应当根据党、国家和学校的育人需要，尽最大可能把业务把关、热心服务的工作做得更为扎实、及时。“众人拾柴火焰高”，围绕培养石油高校、艺术门类和国内外各个行业所需要的人才而工作，高校教职工一定会从中体会到自身存在的价值，而学生也一定会在网络的纠结或困惑中进步，在走向成熟的道路上受益。

基于“网络育人”一盘棋工作思路，政府、学校及相关部门充分运用新媒体优势，逐步提高高校学生在网络内外伸张正义、抵制歪风邪气的信心和决心，目前已势在必行。

在复杂的网络环境里，一方面，高校学生作为一名普通网民，游走于网络虚拟社会和现实物质社会之中，其网络态度、网络行为和网络生活，或得心应手，或悲喜交加，或找到了感觉，实现了价值，或掉进了陷阱，不能自拔，或积累和释怀着纠结，一切皆无可厚非；但另一方面，肩负着党、国家和社会主义建设者接班人重任的大学生网民，理应具有高于社会同龄人网民的思想境界和行为风范，当互联网的“去中心化、发散式和多向度特点”使得人们关注的某些事件真假难辨、是非难辨，而传统意义上的“政治把关、信息过滤和道义支持”又显得力不从心之时，大学生网民们应当义不容辞地勇敢站出来，从履行职责和担当社会责任的角度、高度出发，加大营造良好的网络生态、维护良好的网络舆论环境的工作力度，这是党、国家、民族、人民和社会主义建设事业的需要，也是大学生成人成才、做人做事的责任所在和使命使然。

从几年前全国开展的科学发展观学习实践活动中人们发现，习近平当时所强调的各单位“是不是、愿不愿、会不会”科学发展的问题，具有其他领域学习和借鉴的积极意义。依此推论，在网络环境中大学生的角色定位问题上，不同高校不同专业不同学历的在校学生，“敢不敢、愿不愿、会不会”在网络内外伸张正义和抵制歪风邪气的风气问题？这既是一个认识问题，也是一个信心、决心和具体实践的重大事项。

网络的超常规发展，既给人们的工作、学习、生活、沟通交流、民主参与、社会监督带来了革命性变化，也以一种新媒体形式对传统媒体形成强烈冲击和挑战。目前，数字杂志、微博、网络社区、数字报纸、手机短信、触摸媒体等是新技术支撑体系下出现的媒体形态，与在校大学生息息相关的新媒体如QQ空间、微博、微信等已经在逐步改变着大学生的日常生活，大量填补主流媒体所省略或删除的后台细节，给大学生网民更加完整和真实的信息，其真实性和新鲜感往往令青年学生追捧不已。这也恰好证明：新媒体正颠覆着过往，构建着未来。

据此，政府和学校，一方面，要想方设法加强微博的舆论监管力度，引导民众正确使用微博；另一方面，国家从战略的高度指出要加强网上舆论引导，唱响网上思想文化主旋律，同时加强对即时通信工具等的引导和管理，发展健康向上的网络文化，并提出各地方、各部委直至各基层单位认真开展建设工作，在工作深度和广度上，要能够适应新形势、运用新平台，积极开展微博舆论引导工作，并努力运用微博/博客服务群众、服务社会。一是政府需要尽快开创“官民联动”的新模式，将“官方舆论监督”和“民间舆论监督”有机融合，将舆论监督的触角延伸至社会各个层面，形成疏密有致的监督体系。二是政府应建立应急预案小组，对网络反腐舆情及其他容易引起不利于社会和谐发展的矛盾事件给予高度警惕，最大限度避免和减少因公众猜疑或媒体不实报道而引发的各种负面影响。

同时，学校要主动占领网络思想政治教育平台和阵地，通过这个平台宣传马克思主义的新发展，中国社会主义道路的新成就，国家改革开放的新成果和人民群众建设祖国保卫祖国和维护祖国声誉的新信息，进而激发正能量。各级组织要积极引导学生客观地、理性地看待网络事件和舆情，不信谣、不传谣。这对于培养学生关注国计民生、提高社会责任感、加强社会管理、树立正确的网络价值观等都大有裨益。

毫无疑问，党和国家的司法跟进，对于时常流连忘返于网络空间的“无责任地跟风、无端地造谣惑众或无事生非”的少数大学生以及对社会不负责任、恶意捣乱、心怀侥幸的网络“大V”们是最新的法治警示。对于各高校学生自觉清晰地定位其角色，无疑也是一大促进。而对于高校广大师生员工进一步坚定“网络育人”一盘棋的工作思路，也是一个巨大的支持。

附录

附录一　中学生网络生活方式调查问卷

（第一到第三章所用调查问卷）

亲爱的同学：

首先感谢你对本课题研究的支持。本研究由中央电化教育馆主持，目的在于了解我国中学生网络生活方面的情况。本问卷所收集的信息只做项目研究之用，将按照国家有关法律规定绝对保密，不会对你造成任何不良影响。请你按自己的实际情况放心填写。

填写此问卷大约需要5—10分钟。谢谢你的合作！

中央电化教育馆

2014年5月1日

第一部分：基本信息

1. 你来自________省（或自治区或直辖市）市（或区）；你的年龄：________。
2. 你是否为独生子女：①是　②否________（请注明包括你在内的兄弟姐妹共人）
3. 你的家乡是：①城市　②乡镇　③农村
4. 性别：①男　②女
5. 你目前的学习阶段是：
   ①初一　②初二　③初三　④高一　⑤高二
   ⑥高三　⑦职业初中（或等同）⑧职业高中（或等同）
6. 你是否是住校生：　①是　②否

第二部分：网络使用概况

7. 你经常使用何种方式上网（可多选）：
   ①电脑　②iPad等平板电脑　③智能手机　④手机　⑤其他
8. 你经常上网的地点（最多选择三项）：
   ①网吧　②教室　③家里　④宿舍　⑤朋友或亲戚家　⑥其他
9. 一般来说，你每天花在网络上的时间分布（分钟）

上网时间	网络学习的时间	网络社交的时间	网络消费的时间	网络娱乐的时间	网络游戏的时间
平时					
周末					

10. 在以下网络项目中，你经常使用的是什么？（可多选）
①网上学习　②网络新闻　③搜索引擎　④网络音乐　⑤网络视频　⑥网络游戏
⑦网络小说　⑧电子邮件　⑨论坛/BBS　⑩博客应用　⑪网络购物　⑫网上支付
⑬网络炒股　⑭旅行预订　⑮网上交友　⑯QQ等即时通信
11. 你经常使用下列哪些网络交往工具或系统？
①实时通信软件（如QQ、MSN、Skype等）②聊天室（如QQchat等）
③电子邮件　④BBS/论坛　⑤博客　⑥微博
⑦社交网站　⑧网络游戏　⑨其他
12. 你所在的学校和家长是否就如何合理使用网络交往对你进行指导？（如制订合理的上网时间，处理网络交往与学习的关系，处理与网友的关系，与现实中的同学交往，避免网上欺诈等）
学校：①经常指导　②有时指导　③很少指导　④从没指导过
家长：①经常指导　②有时指导　③很少指导　④从没指导过
13. 家长和学校是否支持你在家庭中利用网络进行学习？
学校：①非常支持　②比较支持　③一般　④不太支持　⑤非常不支持
家长：①非常支持　②比较支持　③一般　④不太支持　⑤非常不支持

第三部分：关于网络学习

14. 学习当中遇到疑难问题时，你会选择哪些方式解决？

请根据你的符合程度打“√”	总是	经常	一般	偶尔	从不
（1）上网搜索答案	⑤	④	③	②	①
（2）上网向老师、同学、专家、论坛提问	⑤	④	③	②	①
（3）查纸质教材或参考书	⑤	④	③	②	①
（4）线下向他人请教（同学、老师、专家、家人等）	⑤	④	③	②	①

15. 请根据你本学期使用网络的频率，以及上网学习主要做什么，回答以下问题。

请根据你的符合程度打“√”	总是	经常	一般	偶尔	从不
（1）为解决学习生活中的问题而上网查阅资料	⑤	④	③	②	①
（2）上网校、课程网站或网络教学平台学习课程、下载学习资料	⑤	④	③	②	①
（3）获取与升学考试有关系的辅导类资料	⑤	④	③	②	①
（4）通过网络与他人交流作业问题	⑤	④	③	②	①
（5）使用外语学习或考试网站和论坛（BBC/太傻等）	⑤	④	③	②	①
（6）通过互联网浏览各种新闻	⑤	④	③	②	①

16. 你在上网学习时喜欢同时从事其他网络活动吗?(可多选)
①不做任何无关事情 ②挂着QQ、MSN、飞信等 ③听音乐
④浏览其他网页 ⑤下载文件 ⑥玩游戏
⑦其他

17. 你对网络学习的评价

请根据你的符合程度打“√”	非常同意	同意	中立	不同意	非常不同意
(1)网络学习资源丰富	⑤	④	③	②	①
(2)网络学习交互性强	⑤	④	③	②	①
(3)网络交流及时,不受时空限制	⑤	④	③	②	①
(4)整体上网络学习对课程学习有帮助	⑤	④	③	②	①
(5)网络学习应该成为课堂学习的重要补充	⑤	④	③	②	①

第四部分:关于网络社交(是指利用e-mail、QQ、微信等工具进行网上交往)

18. 你一般什么时间进行网络社交?(选出频率最高的三项)
①晚上 ②课间休息 ③午休 ④上课时间 ⑤逃课 ⑥早晨 ⑦其他

19. 你在网上交往的对象主要是哪些人?(最多选三项)
①家人、亲戚、老师 ②现实生活中熟悉的同学和朋友
③在网上偶然碰到的陌生人 ④在网上认识的朋友 ⑤其他

20. 你在网上选择交往对象的主要依据是什么?(最多选三项)
①与自己的兴趣爱好相同 ②说话幽默 ③性格好,容易接触
④有学问,知识丰富 ⑤年龄 ⑥与自己对问题的看法相近
⑦机智健谈 ⑧性别 ⑨网名好听
⑩自己认识 ⑪其他

21. 你是否与网络交往结识的网友成为现实中的朋友?
①是 ②否

22. 你会在网络交往中提供自己的真实资料吗?
①不真实资料 ②提供部分真实的资料
③提供美化过的个人资料 ④提供完全真实的个人资料

23. 你进行网络交往的目的是:
①与家人、老师保持联系 ②与同学、朋友保持联系 ③消磨时间
④在网上结交新朋友 ⑤向他人倾诉、宣泄 ⑥微博
⑦社交网站 ⑧网络游戏 ⑨其他

24. 你对网络交往有什么看法?

请根据你的符合程度打“√”	非常同意	同意	中立	不同意	非常不同意
(1)网络交往为我提供更多学习机会，拓宽了我的知识面	⑤	④	③	②	①
(2)网络交往可以促进我与教师和同学的交流	⑤	④	③	②	①
(3)网络交往对社会交往、参与社会活动有积极影响	⑤	④	③	②	①
(4)长期进行网络交往可以使人感到是团体中的一员	⑤	④	③	②	①
(5)与网友交往缺乏信任，无法深入	⑤	④	③	②	①
(6)网络交往使人拥有更大的亲密关系网，从而获得帮助	⑤	④	③	②	①
(7)网络交往比现实交往更能展示自我	⑤	④	③	②	①
(8)网络交往和现实中的交往一样真实，富有感情	⑤	④	③	②	①
(9)我对网上建立的人际关系是满意的	⑤	④	③	②	①

第五部分：关于网络消费

25. 你有通过网络进行购物的经历吗?(如果选②请直接跳转到第35题)
    ① 有　②从来没有
26. 你通过网络购物的时间是：①少于1年　②1—2年　③2年以上
27. 你每月网上购物的平均次数是：① 1次以下　② 1次　③2次　④3次以上
28. 你每月可自己支配的零花钱大约是______元，每个月用于网购的钱大约是______元。
29. 你是如何学会网上购物的?
    ①向父母学的　② 向同学、朋友学的　③ 看杂志或上网学的　④其他
30. 你在网上主要购买的商品是(可多选):
    ①虚拟产品(例如点卡、网游、机票等)　②服装
    ③配饰(例如箱包、饰品、手表、眼镜等)　④数码产品
    ⑤家居商品(例如家具、家饰、床上用品等)　⑥食品
    ⑦文体用品　⑧服务(例如创意服务、租房等)
    ⑨保险(例如意外保险等)
31. 以下为针对网络购物行为的问卷调查，请你根据真实情况，在符合自己的一栏中打“√”。

请根据你的符合程度打"√"	非常符合	符合	中立	不符合	非常不符合
(1)在网上买到价廉物美的东西让我有成就感	⑤	④	③	②	①
(2)在网上购物省时又省力	⑤	④	③	②	①
(3)在网上购物满足个性购物需求	⑤	④	③	②	①
(4)在网络购物中我会充分搜集各种信息资源，力求最大实惠	⑤	④	③	②	①
(5)与网络购物相比，在实体店购物让我更满意	⑤	④	③	②	①
(6)在网络购物时，我会和陌生人、朋友、店家积极地交流互动	⑤	④	③	②	①
(7)通过网络购物，我提升了获取信息的能力和沟通交际能力	⑤	④	③	②	①
(8)我认为，网络信息丰富多元，网络世界公平而值得信任	⑤	④	③	②	①

32. 我从来不在网上购物，是因为(可多选)：

①平时上网不太方便　②对网络购物商品的质量不放心

③喜欢逛街　④不了解网络购物的流程

⑤不知道如何开通网上银行　⑥担心自己的信息被泄露或者被盗用

⑦自己很少买东西，由父母帮助买　⑧其他

第六部分：关于网络娱乐

33. 请根据自身情况对以下表述做出判断：

请根据你的符合程度打"√"	非常符合	符合	中立	不符合	非常不符合
(1)我经常会在网上下载音乐	⑤	④	③	②	①
(2)我经常会在网上与朋友分享音乐	⑤	④	③	②	①
(3)我会上传音乐、视频、图片等供大众娱乐	⑤	④	③	②	①

34. 你经常收看的网络视频内容类型有哪些？(多选)

①资讯　②影视　③综艺　④娱乐　⑤游戏　⑥动漫　⑦财经　⑧体育　⑨旅游

⑩原创　⑪搞笑　⑫音乐　⑬时尚　⑭教育　⑮科技　⑯其他

注：以下游戏泛指在计算机或移动IT设备上玩的各类电子游戏。

35. 你接触电脑游戏的时间为________。

①1年以内　②1—3年　③3—5年　④5年以上

36. 你最经常的玩游戏的时段是________。

①8：00—12：00　②12：00—14：00　③14：00—18：00

④18：00—11：00　　⑤21：00—24：00　　⑥24：00之后

37. 你最经常玩游戏的场所是________。

①在路上　②教室中　③家里或宿舍　④网吧　⑤朋友或亲戚家　⑥其他

38. 你经常和谁一起玩游戏________。

①同学、朋友　②网友　③家人或亲戚　④陌生人

39. 你喜欢的内容类型有________（多选）。

①RPG角色扮演类　②动作类　③射击类　④策略类　⑤音乐类

⑥社交类（如开心农场）　⑦休闲类（如连连看、俄罗斯方块类）

40. 你喜欢的游戏媒体类型有________（多选）。

①大型网络游戏　②网页游戏　③单机游戏　④手机游戏　⑤Flash等小游戏

41. 你在游戏中是否有这些想法和行为？

请根据你的符合程度打"√"	总是	经常	一般	偶尔	从不
（1）加入或组建游戏团队（行会、军团等），与朋友一起打装备	⑤	④	③	②	①
（2）在游戏官网或论坛中发表玩游戏的心得	⑤	④	③	②	①
（3）在游戏中，使用私服、外挂、网络游戏职业代码等行为	⑤	④	③	②	①
（4）用欺骗、暴力或不文明的语言对付游戏中的对手	⑤	④	③	②	①
（5）与玩家对战（PK）	⑤	④	③	②	①
（6）盗取别人的ID或装备	⑤	④	③	②	①
（7）频繁更换所属团队	⑤	④	③	②	①
（8）购买或出售游戏币或装备	⑤	④	③	②	①

42. 请问你玩游戏的目的是什么，选择下列每项描述语句的符合程度。

请根据你的符合程度打"√"	非常同意	同意	中立	不同意	非常不同意
（1）满足我休闲娱乐的需要	⑤	④	③	②	①
（2）通过练级提升游戏等级，不断接受挑战，获得成就感	⑤	④	③	②	①
（3）扮演另一种角色，体验另一种人生	⑤	④	③	②	①
（4）在其中可以聊天交流，结交朋友	⑤	④	③	②	①
（5）满足我的好奇心，寻求刺激	⑤	④	③	②	①
（6）逃避现实生活中的各种压力	⑤	④	③	②	①
（7）无聊，消磨时间	⑤	④	③	②	①
（8）学习到一些知识，开拓我的视野	⑤	④	③	②	①
（9）通过出售游戏道具等赚钱	⑤	④	③	②	①

43. 你通过玩游戏有什么收获和体会？

请根据你的符合程度打“√”	非常同意	同意	中立	不同意	非常不同意
（1）让我学习到了许多课外的知识，发展智力	⑤	④	③	②	①
（2）提高了我的手眼协调能力和空间想象能力	⑤	④	③	②	①
（3）锻炼了我与人交往的能力	⑤	④	③	②	①
（4）提高了我的问题解决能力、领导能力等	⑤	④	③	②	①
（5）让我对各国和各地区的文化有了更多的了解	⑤	④	③	②	①
（6）陶冶了我的情操	⑤	④	③	②	①
（7）让我在紧张的现实生活中得到了放松	⑤	④	③	②	①
（8）损害了我的身心健康	⑤	④	③	②	①
（9）影响了我的学习成绩	⑤	④	③	②	①
（10）总的来说，我认为玩游戏弊大于利	⑤	④	③	②	①

44. 请根据你玩游戏时的实际情况，对下面的题项进行作答。

请根据你的符合程度打“√”	是	否
（1）我会全神贯注于游戏活动，并且在结束后念念不忘		
（2）我需要花更多的时间玩游戏才能得到满足		
（3）曾多次努力控制、减少或停止玩游戏，但都没有成功		
（4）企图减少或停止玩游戏时我会觉得沮丧、心情低落或是脾气容易暴躁		
（5）我的游戏时间往往比原先预期的要长		
（6）曾经为了玩游戏而损失重要的机会（学习或生活）		
（7）我会经常向家人或朋友隐瞒我玩游戏的情况（时间和花费）		
（8）我玩游戏是为了刻意逃避问题或试着减轻焦虑或沮丧		

附录二　大学生网络角色定位调查问卷

亲爱的同学，你好！

首先感谢你抽出宝贵时间来回答这份问卷。你将参与的是一项关于大学生网络角色定位的研究。你所提供的信息对于我们的研究非常重要，谢谢你的合作！对于你将提供的所有信息我们会严格保密！

本问卷旨在了解当代大学生网络角色定位的相关情况。答案没有对错之分，只需按你的同意程度在题后括号中打“√”，或者在括号后写下你的选项即可。

请根据自己的实际情况和真实体验回答，无须过多考虑，注意不要遗漏！

网络角色定位研究团队

性别：男□　　女□

年级：大专□　研究生□　本科大一□　本科大二□　本科大三□　本科大四□

你的学校是专业为_______。

1. 你有没有个人电脑（　　）

   A. 有　B. 没有

2. 你主要的上网场所是什么地方（　　）。

   A. 寝室　B. 校外网吧　C. 学校的公用机房　D. 随时随地移动上网

3. 你在网上是否匿名？（　　）

   A. 经常　B. 偶尔　C. 从不

4. 透过网络开阔视野后，你对自己的专业（　　）。

   A. 更加满意　B. 由基本满意变为满意　C. 由满意变为不满意　D. 仍然无所谓

5. 通过网络获取与专业有关的信息，对你（　　）。

   A. 特别重要　B. 重要　C. 一般　D. 不重要　E. 不知道

6. 你会通过互联网关注本校校风学风建设、人才培养质量和学生就业趋势吗？（　　）

   A. 经常关注　B. 偶尔关注　C. 遇到就看看　D. 从不关注

7. 当你遇到“喜怒哀乐”情况时，是否更喜欢通过网络与同学、老师、朋友沟通交流？（　　）

   A. 非常喜欢　B. 喜欢　C. 不喜欢　D. 很不喜欢　E. 不知道

8. 你对网络实名制的看法如何？（　　）

   A. 有必要　B. 没必要　C. 无所谓

9. 你经常上网做什么事情？可多选，但不多于三个，请按程度排序（　　）。

   A. 进行课程相关学习　B. 浏览新闻　C. 娱乐（游戏、在线视听等）

   D. 网上聊天　E. 写博客或微博　F. 网上购物

   G. 其他（请说明）

10. 你有通过网络进行在线学习网络课程的经历吗？（　　）

    A. 我经常在线学习　　B. 有过一些这样的经历

    C. 听说过但自己没有这样做　　D. 从来没听说过

11. 你浏览外文网页的情况是_______。

    A. 经常　　B. 偶尔　　C. 从不

12. 当你在学习中遇到难题的时候，你的解决途径是什么？

A. 通过网络搜索答案 B. 书本

C. 请教同学和老师 D. 既然无计就不再想它

13. 网络进寝室方便学生获取网络信息，但同寝室的个别同学老是不自觉干扰了我的正常生活，我真希望________。

A. 学校官方层面应强制出台相关规定，对违规的同学进行处理

B. 学生干部应协调矛盾，解决问题

C. 当事人相互交流沟通，自行解决

D. 维持现状

14. 你是否使用过学校的数字化图书馆？（ ）

A. 经常使用 B. 偶尔使用 C. 我不知道这回事

15. 你是否有提高自己使用图书馆技能技巧的意愿？（ ）

A. 我已能很好地使用图书馆了

B. 我希望提高自己这方面的能力，但是苦于没有途径

C. 无所谓

16. 你觉得后勤是否应建立一个网络渠道，以方便同学发表意见，实现同学和后勤部门的相互沟通，解决同学的实际问题，进一步提高高校后勤服务质量？（ ）

A. 建立高校后勤网络服务渠道，及时沟通交流，服务育人，很有必要

B. 虽有必要，但也担心不久网络服务平台又成摆设或花瓶，仍难解决实际问题

C. 没有必要

17. 网络购物时，当你所购物品出现了质量问题，你的处理方法是________。

A. 如果物品价值小就当花钱买教训，物品的价值大就维权

B. 出现这样的情况一方面维权，另一方面向周围的人介绍经验，提醒他们别上当

C. 如果是这样我就不再进行网络购物了

D. 我没有网络购物的习惯

18. 网络环境下你认为学生教育管理如何与时俱进？（ ）

A. 建立学生管理的网络平台，开辟管理的新方法、新途径

B. 现行的学生教育管理制度方法比较完善了，不需要改进

C. 辅导员老师也需要不断提高师生间信息沟通能力和利用网络的学生教育管理工作水平

D. 学生教育管理是一个综合的系统工程，学校各部门应通力合作

19. 从利用网络优势促进学生就业指导工作阵地前移角度出发，在学校课程内容设置与企业市场需求更趋合理问题上，你持何种态度？（ ）

A. 学校课程与教学按部就班，应当利用网络优势实时调整课程内容以期与市场需求接轨

B. 课程计划都是精心设计的，我们按照学校安排认真学习就行了

C. 课程教学不代表大学学习的全部内容，课程设置内容调不调整无所谓，但学校应将就业指导工作阵地前移，从而提高学生的自主就业和自主创业能力

D. 利用网络优势初次“就业”或多次跳槽很正常，但学校课程、专业、学科建设更趋合理，一定是利学生利学校利国家的大事好事

E. 还没有想这个问题

20. 通过网络，你是否约见认识的异性朋友？（　　）

A. 从来没有这样做过　　B. 约见过，有的已成为了朋友

C. 约见过，已发展成为恋人　　D. 约见过，但发现是网络陷阱

21. 上网，对你的生活习惯________。

A. 有很大改变　　B. 有改变　　C. 没有改变　　D. 不知道

22. 网络给你带来了什么？（按照相关度可多项选择）（　　）

A. 友情　　B. 爱情　　C. 知识　　D. 刺激　　E. 其他

23. 通过网络看到学校和师生的光辉形象，对此，你觉得（　　）

A. 非常自豪　　B. 自豪　　C. 没感觉　　D. 羞愧　　E. 不知道

24. 既是一般网民同时还是在校大学生，你对待网络“偷菜、购物、淘宝、游戏等”活动，所持的态度是________。

A. 因为我只是网民，在网络环境中我可以不惜一切手段实现自身利益最大化

B. 由于我既是网民，更是具有社会责任的大学生和社会主义建设者接班人，君子取财有道，在维护自身利益前提下，我将为维护正义、公平和网络健康环境而贡献微薄的力量

C. 凭我大学生的聪明和智慧，钻政策空子大赚了一把，很自豪，很有成就感

D. 玩玩而已，无可厚非

25. 在网络环境中，你是否觉得自己是一个“对待事业，当老实人，说老实话，办老实事；对待工作，有严格的要求、严密的组织性、严肃的态度、严明的纪律”这样的人？（　　）

A. 太老套了，我更喜欢展现自我

B. 我有这样的想法，但是我的行为和它还有一定差距

C. 这就是我为人立业的基本原则

D. 我是个随遇而安的人，到哪个坡唱哪首歌

26. 作为在校学生，对学校、相关职能部门和有关老师对学生的教育管理内容和方法，你敢不敢、愿不愿、会不会利用网络与其进行沟通、交流甚至提出你的意见和建议？（　　）

A. 非常喜欢　　B. 喜欢　　C. 不喜欢　　D. 很不喜欢　　E. 不知道